AF345885

SÉRIE TROUBLES DE CIVILISATION
SÉRIES, LIVRE IV

SÉRIES, PAR German ARCE ROSS
Série Psychopathologie de la mélancolie (Livres I et II)
Série Troubles de civilisation (Livres III et IV)
Série Sexualités actuelles (Livres V et VI, à paraître)
Série Nouvelle clinique de l'amour (Livres VII et VIII, à paraître)

Livre I : Manie, mélancolie et facteurs blancs
Livre II : La Fuite des événements
Livre III : Jouissance identitaire dans la civilisation
Livre IV : Genrisme et jouissance transidentitaire
Livre V : *à paraître*

Collection GORDIENS & BORROMÉENS
Sous la direction de German ARCE ROSS
Les Ruines psychiques
Inceste dans la famille occidentale
Contrôle et transmission en psychanalyse *(à paraître)*

Collection Polynômes de l'Un
Inès Khallil, Le Pacte écrivain-lecteur *(à paraître)*

SÉRIES, LIVRE IV

German ARCE ROSS

GENRISME ET JOUISSANCE TRANSIDENTITAIRE

HUIT INTÉRIEUR PUBLICATIONS
6 RUE DE L'ABBÉ GRÉGOIRE 75006 PARIS
WWW.HUITINTERIEUR.COM

Photo de couverture : © German Arce Ross 2022

Le Code de la propriété intellectuelle définit comme contrefaçon toute reproduction, édition, représentation ou diffusion, par quelque moyen que ce soit, y compris numérique, d'une oeuvre de l'esprit, en entier ou en partie, au mépris des lois et règlements relatifs à la propriété des auteurs. La contrefaçon d'ouvrages publiés en France ou à l'étranger est un délit sanctionné par le Code de la propriété intellectuelle selon l'article L335-2 et suivants

ISBN : 978-2-9573954-6-0

© German Arce Ross, 2024. All rights reserved

Huit Intérieur Publications - 6, rue de l'Abbé Grégoire 75006 Paris, France
www.huitinterieur.com

TABLE DES MATIÈRES

INTRODUCTION

Quelles sont les véritables origines de l'idéologie du genre que je nomme *genrisme* ? Qu'est-ce qui nous permet de situer le genrisme — que certains appellent *wokisme* —comme un mouvement totalitaire ? Comment expliquer la substitution identitaire du sexe par le genre et quelles sont ses conséquences psychiques et macropsychiques ? Avec quels arguments Lacan s'oppose-t-il farouchement à la théorie du genre pendant les années 1970 ? Comment la psychanalyse d'aujourd'hui ne peut que rejeter frontalement le genrisme ? Pourquoi établissons-nous un lien intrinsèque entre idéologie genriste et jouissance transidentitaire ? Quelle évolution prévoir pour la nouvelle macropsychopathologie établie par le genrisme ?

Le présent volume, *Genrisme et jouissance transidentitaire*, soit le Livre IV de nos *Séries*, correspond à la suite logique du Livre III, *Jouissance identitaire dans la civilisation*, paru en 2020. Ces deux ouvrages appartiennent à la série *Troubles de civilisation*.

AVERTISSEMENT

Dans cette étude sur le genrisme et sur une jouissance devenue polymorphe et translimites, les thèmes abordés peuvent facilement créer des polémiques saturées de réactions émotionnelles intenses et souvent négatives. À ce titre, il se peut que certains propos, seulement par le choix des mots ou par le ton employé ou encore par la voix supposée, risquent parfois de déclencher des compréhensions hâtives, des interprétations idéologiquement orientées, des réelles incompréhensions ou des malentendus involontaires.

Je tiens à préciser que je condamne sans hésiter toute forme de haine, de violence et forcément de crimes contre les diversités ethniques, contre les microcultures idéologiques et contre les minorités sexuelles, quelles qu'elles soient. Mais cette position de principe, qui guide sans faillir ma démarche personnelle et professionnelle, ne doit nullement m'empêcher d'analyser les versions identitaires et transidentitaires des minorités sexuelles.

À part mes patients habituels, Français, Européens, Américains et Latino-américains, présentant des problématiques les plus variées, j'ai également depuis des années quelques patients appartenant aux microcultures idéologiques, dont quelques-uns ont milité dans des associations fanatiques. Enfin, je reçois, depuis des années aussi, des patients appartenant aux minorités sexuelles, qu'ils soient homosexuels, hypersexuels, échangistes, bisexuels, asexuels ou transsexes.

En les accueillant tous de manière ouverte et attentive, j'ai œuvré à diminuer autant que possible non pas l'orientation de leurs tendances sexuelles ou politiques, mais bien les excès psychopathologiques de la jouissance identitaire présents chez eux.

Il n'est donc pas question dans ce travail de nous attaquer à aucune personne en particulier, ni à aucun groupe de personnes quel qu'il soit. Mon seul objectif est d'étudier les problématiques psychopathologiques vécues par des sujets radicalisés, transsexes, transidentitaires ou fanatiques du genre ayant perdu l'équilibre psychique.

Mon intention est ainsi d'effectuer une analyse du genrisme en tant qu'idéologie totalitaire qui provoque et stimule la jouissance identitaire et transidentitaire chez de sujets perdus dans leur sexuation.

Définitions

Genrisme

Le genrisme est un terme et un concept que j'ai commencé à utiliser dans plusieurs textes en ligne à partir de 2014 pour remplacer celui d'idéologie du genre pour des raisons pragmatiques et formelles. Dans ce cadre, le genrisme est à entendre comme l'idéologie extrémiste véhiculée par les théories du genre (Arce Ross, 2016) et que certains appellent *wokisme*. En effet, dans ma conception, le terme genrisme, ou son équivalent le genrisme identitaire, se réfère aux processus de radicalisation fanatique, proches de l'expérience sectaire, par lesquels un sujet vient à adhérer émotionnellement à l'idéologie sexidentitaire sous-jacente aux études de genre.

Nous pouvons identifier une véritable théorie de base au fond des multiples théories du genre qui sont véhiculées par lesdites « études » de genre. D'abord, cette théorie basique n'est pas qu'une hypothèse sociopsychologique sur les rôles que peuvent jouer les hommes et les femmes dans leur vécu sexué. Elle n'est pas seulement une psychologie comportementale, donc artificielle et superficielle, qui se veut proche d'une pseudo psychanalyse normative et adaptative, mais elle est également une sociologie comportementale sans aucun fondement dans le réel. Ensuite, cette théorie basique n'est pas une construction conceptuelle neutre, car elle constitue l'expression rationalisée d'une idéologie qui prend comme cibles la masculinité, la féminité, l'hétérosexualité et même la sexuation. Enfin, cette théorie basique est en outre une idéologie violente composée d'aspects prédélirants, dans la mesure où elle ne se fonde pas sur des données concrètes mais prétend reconstruire le réel sur des bases purement idéiques, tout en véhiculant une morale destructrice.

Les idéologues du genre ou identitaires genristes ont tendance à dénier, avec beaucoup d'énergie, l'existence même de la théorie du genre. En général, cette dénégation si insistante est très symptomatique des positions sectaires ou délirantes. Il est bien connu qu'un sujet délirant, notamment lors de moments féconds, ne reconnaît pas son délire comme tel. La reconnaissance du délire en tant que tel ne peut arriver que bien après l'éclatement de la crise délirante et sous certaines conditions. Pareillement, un groupe sectaire réagit avec véhémence lorsqu'il est accusé de véhiculer de fausses thèses sans connexion avec la réalité. Le sujet délirant et le groupe sectaire se trouvent tous les deux dépendants, de manière extrême, vis-à-vis d'un ensemble idéologique exagéré et fanatique qui nie radicalement la réalité ; la nouvelle croyance remplaçant progressivement la réalité.

Le problème du genrisme est qu'il ne s'agit ni d'un phénomène individuel, ni d'un délire collectif en petit groupe, mais d'un phénomène macropsychique très étendu. Il est en outre appuyé par des groupes de pression qui forcent le pouvoir législatif à fabriquer des normes sociétales sur une réalité illusoire. En cela, il sera très difficile de le voir se résorber tout seul. Cela prendra plusieurs décennies pour que la population manipulée idéologiquement se réveille et le mouvement s'éteigne. À moins que les effets négatifs du genrisme viennent le contrer de l'intérieur ou qu'ils incitent à la prise rapide du pouvoir par un groupe extrémiste antigenre (soit islamiste, soit d'extrême droite ou autre encore).

Le problème n'est donc pas de savoir s'il existe bien, ou non, une théorie du genre. D'une certaine façon, les idéologues des études du genre ont raison de dire que la théorie du genre n'existe pas, et ceci pour plusieurs raisons. D'abord, parce qu'il n'y a pas une mais plusieurs théories du genre. Ensuite, parce que ces théories sont tellement pauvres concernant ce qui fait être homme ou être femme qu'elles ne devraient être considérées que comme simples typologies et non pas comme des vraies théories scientifiques. Enfin, parce que les théories du genre, et forcément la théorie basique qui les réunit toutes en quelques traits conceptuels bien précis, ne sont pas à définir comme une thèse rationnelle mais comme une véritable idéologie.

N'oublions pas que les totalitarismes commencent souvent à s'imposer de façon très populaire, car nombreux sont les gens qui croient aisément en ces idées avec ferveur. Le totalitarisme conduit à des larges consensus où, même sans aucune répression et tant que dure l'anesthésie macropsychique, ou hypnose collective, la critique rationnelle devient inaudible. Ce phénomène devient possible parce que, au moins au début, l'idéologie totalitaire s'adresse à l'émotion populaire, au sentiment collectif et à l'identification de masse. À ce stade, la gouvernance totalitaire n'a pas vraiment besoin de répression car le peuple lui-même fonctionne comme un paravent à tout examen de réalité.

Ce phénomène expliquerait pourquoi, après l'établissement des normes sociétales, aussi bien aux États-Unis que dans les pays européens, la critique du genrisme ne semblait au départ séduire que quelques intégristes ou traditionalistes. Il me semble que ce n'était qu'un leurre appartenant au phénomène idéologique totalitaire qui, à force d'un matraquage des consciences, renverse les valeurs et les croyances. Beaucoup de gens de gauche, de centre et de droite ne sont pas d'accord avec les postulats du genrisme, mais leur critique s'était rapidement tue dans la mesure où, au début, les effets négatifs des théories du genre vis-à-vis du lien de civilisation n'apparaissaient pas de façon claire. En outre, les normes sociétales sont venues et viennent encore leur accorder un semblant de légitimité qui contribue à camoufler les dangers du genrisme. Compte tenu que l'offre politique modérée, crédule et naïve ne permettait pas de s'opposer directement à ces problèmes, quelques secteurs de ces citoyens scandalisés se sont tournés vers les partis extrêmes. Ce sont ainsi ces derniers mouvements qui avaient malheureusement pris le monopole de la critique.

Beaucoup pensaient que pour qu'advienne à nouveau une prise de conscience critique des normes sociétales, il aurait fallu attendre que ce que j'appelle les *troubles de civilisation* soient plus aigus, plus incisifs et rationnellement corrélés, au moins en partie, au genrisme. C'est cette corrélation que j'essaie de montrer dans mes derniers travaux. Cependant, il est aussi nécessaire de dire que, sans surprise, on commence déjà, d'ici de là, à entendre des auteurs sérieux et bien intentionnés qui s'élèvent contre le genrisme au sujet du phénomène transidentitaire. Ce qui est heureux, c'est que dans leurs rangs on trouve quelques psychanalystes.

Pour définir plus précisément le genrisme, nous devons dire, premièrement, qu'il représente l'idéologie qui anime la théorie du genre ayant été forgée par les recherches prédélirantes de John Money. Cette idéologie est basée sur la croyance parareligieuse, superstitieuse, selon laquelle les différences sexuelles sont socialement construites et qu'il est possible de vivre en dehors du domaine et du déterminisme de la sexuation.

Notons premièrement que le terme de sexuation est, selon mon point de vue, à comprendre comme la réponse, adaptée ou inadaptée, normale ou pathologique, que le sujet peut mais surtout doit donner à ce qu'il reçoit avant même sa naissance concernant le sexe auquel il appartient. Dans certains cas, pour des raisons strictement psychiques, et non organiques ou physiologiques, cette réponse peut aller radicalement à l'encontre du sexe auquel le sujet appartient. Ces réponses inadaptées et en conflit avec le sexe d'appartenance se manifestent, de préférence, dans ce qu'il est convenu d'appeler l'identité sexuelle. Mais elles peuvent aussi se décliner spécifiquement soit dans l'orientation sexuelle (ou le choix d'objet), soit encore dans l'exercice même de la sexualité (ou les modalités de l'activité sexuelle).

Deuxièmement, le genrisme propose une déconstruction éducative et comportementale de ce qui serait socialement construit de par le sexe d'origine. Sachant au fond que la reconstruction genriste n'est qu'une destruction de l'organisation sexuelle apportée par le développement normal, la conséquence d'un tel procédé est de remplacer le genre au sexe, c'est-à-dire qu'il s'agit de substituer le réel du sexe, du sexué et du sexuel par une fabrication illusoire. Une telle reconstruction idéologique montre, par-là, sa véritable intention, laquelle est au fond d'installer une nouvelle politique concernant la sexuation et la sexualité.

En effet, pour le genrisme il vaut plus l'aspect politique que le déterminisme inconscient du sexe, du sexué et du sexuel. En ce sens, cette nouvelle *Sexpol* considère que l'intimité doit répondre au public et dépendre directement de ce qui devrait être socialement reconditionné. Comme dans les sociétés totalitaires, l'idéologie appartenant au genrisme cherche à imposer un homme nouveau. La nouveauté, par rapport aux sociétés national-socialiste et communiste, est que cet homme nouveau n'est ni vraiment un homme clairement sexué et défini ni vraiment une femme clairement sexuée et définie, mais un être hybride et absolument dépendant de la jouissance, une jouissance devenue pour l'occasion multiple et fluide.

La croyance constructiviste du genrisme est très souvent en lien avec ce que j'appelle le *panféminisme* qui est le féminisme extrême, c'est-à-dire celui qui se définit lui-même, explicitement ou implicitement, comme une antihétérosexualité. Le programme politique et idéologique du panféminisme impulse, entre autres, de multiples théories et pratiques de genre qui ont assez récemment émergé dans les sociétés occidentales, formant une sorte de perversion civilisationnelle.

Troisièmement, le genrisme véhicule une confusion entre les identifications nécessairement multiples d'un sujet et son identité, laquelle est unique. La jouissance identitaire de cette idéologie implique une inversion de la question de l'identité, en ce sens que l'identité genriste devient à son tour multiple et malléable tout comme les identifications. Ainsi, le genrisme s'articule sous le règne des identifications devenues des véritables vecteurs vers une identité idéologique, factice, trompeuse. Et, de cette façon, le sujet passe à collectionner les identités, comme s'il s'agissait d'identifications, afin de dessiner une existence composée d'un *patchwork* identitaire. Le genrisme participe ainsi complètement du phénomène communautariste.

Quatrièmement, le genrisme valorise la jouissance totale, tous les types de jouissance sexuelle, en tant que moteur de l'identité et au détriment de la dialectique du désir. Ceci est un point fondamental pour comprendre la perversion genriste. La jouissance multiple, sans limites ni hiérarchie, pousse à la diversité des identités qui, comme on vient de dire, sont également converties en autant d'identifications multiples se libérant totalement du désir. À ce titre, le genrisme se présente éminemment comme une cause antifreudienne. En tant que pure morale primaire et féroce, le genrisme soumet le sujet, à travers un impératif catégorique de jouissance, à une multiplicité d'identités illusoires, kaléidoscopiques et aliénantes.

Cinquièmement, le genrisme affirme la supériorité de l'égalitaire, à la fois, autant sur la différence sexuelle que sur l'être sexué. Les sexes ne seraient alors pas seulement des constructions sociales mais des identités égalitaires, c'est-à-dire équivalentes et interchangeables à volonté. C'est par ce procédé idéologique, composé d'un égalitarisme sans freins et d'un dogme négateur de la réalité sexuelle, que l'on débouche sur une véritable forclusion de la féminité et de la virilité menant vers l'anomie actuelle de la civilisation occidentale.

JOUISSANCE IDENTITAIRE

Rappelons ici quelles sont les définitions des termes que nous utilisons, tels que jouissance et jouissance identitaire, termes que nous avons déjà présentés dans le premier livre de cette série, *Jouissance identitaire dans la civilisation* (Arce Ross, 2020a).

Le terme de jouissance ne se réfère ni à la satisfaction d'un besoin, ni au plaisir obtenu par l'accomplissement d'un désir. Il se situe dans un domaine extérieur à celui de la relation aux besoins et aux désirs et s'exerce plutôt dans un au-delà du plaisir et dans un au-delà de la satisfaction, à savoir dans l'accomplissement d'une volonté impérieuse. Puisque désirer n'a rien à voir avec vouloir, la jouissance se présente comme une volonté d'obtenir un plaisir extrême ne pouvant exister que dans la connexion avec la douleur et la souffrance. Coupée du système réel des besoins et de l'appareil symbolique qui règle les désirs, la jouissance est ainsi un mélange de plaisir excessif, de douleur et de souffrance.

De son côté, le terme identitaire existe pour définir les phénomènes et les troubles liés à la négation, à la déconstruction ou à la forclusion de l'identité réelle. L'identitaire est à concevoir comme un forçage macropsychique par lequel une multiplicité de fausses identités sont proposées, ou imposées, pour se superposer ou tout bonnement se substituer à l'identité réelle. On peut alors définir la jouissance identitaire comme l'ensemble de ces expériences communautaristes se substituant à une jouissance sexuelle en souffrance, ou la recouvrant. La jouissance identitaire équivaut à la négation radicale de l'identité sexuelle réelle aussi bien qu'au renversement éthique de la jouissance sexuelle.

Avec Lacan, nous pouvons dire que la jouissance identitaire (jouissance *sadienne* ou jouissance perverse, comme il l'appelait) est un complexe postfantasmatique, ou prédélirant, dérisoire mais érigé en lois qui sont appelées ici par mon terme de normes sociétales. En effet, pour Lacan, « *au Tu dois de Kant, se substitue aisément le fantasme sadien de la jouissance érigée en impératif — pur fantasme bien sûr, et presque dérisoire, mais qui n'exclut nullement la possibilité de son érection en loi universelle* » (Lacan, 1959-1960, p. 364). C'est-à-dire que, partant de ces fantasmes sadiens, on peut créer des lois et des nouvelles normes qui renversent l'ordre des valeurs constituantes du lien de civilisation.

Nous trouvons une réalisation historique de ces fantasmes sadiens, soi-disant pour « le Bien du peuple », pour « le progrès de l'humanité », pour les meilleures intentions du monde, notamment dans la construction par exemple de la société totalitaire qu'elle soit national-socialiste ou communiste. Mais aujourd'hui, on peut trouver pareille déconstrution des valeurs de civilisation dans le fondamentalisme islamiste et dans le sociétalisme genriste. C'est dans ces types de société, à savoir là où les dogmes d'une idéologie deviennent monstrueux, totalisants et tyranniques, que peut facilement naître une « *jouissance érigée en impératif* » (Lacan, 1959-1960, p. 364). Autrement dit, c'est toujours autour de cette jouissance sadique modifiant sensiblement la sexualité par une politique normalisante, violente et totalitaire que convergent les doctrines identitaires telles que les national-socialistes, les communistes, les islamistes et les sociétalistes ou genristes.

Une pathologie macropsychique se dessine par ces versants

totalitaires. Elle s'insère dans ce que j'appelle le sujet inconscient du lien de civilisation par le biais d'impressions affectives, émotionnelles, sentimentales, sensitives qui concernent une génération touchée par les grandes ruptures civilisationnelles du moment. Les ruptures civilisationnelles en question sont des moments de transition brutaux, tels que les grandes catastrophes naturelles, les guerres, les révolutions, les grands attentats terroristes produisant dans l'actualité ce que j'appelle les événements translimites par où le traitement au corps se modifie substantiellement. Cette macropsychopathologie touche ainsi de préférence le plus intime du vécu humain qu'est la sexualité, la modifiant ainsi en fonction de ces facteurs extimes et macropsychiques, lesquels peuvent se transmettre d'une génération à une autre.

Comme le soutient Charles Melman, nous vivons aujourd'hui sous un régime pervers qui prône la jouissance pour tous. « *Aujourd'hui le mot d'ordre de l'idéologie libérale, c'est d'assurer la jouissance de tous. C'est devenu la nouvelle morale : que chacun ait le droit de satisfaire pleinement sa jouissance, quelles que soient les modalités de cette jouissance. [...] personne n'a le droit de critiquer quelque jouissance que ce soit. Si vous critiquez quelque jouissance que ce soit, vous devenez politiquement incorrect. Vous êtes rejeté, vous êtes récusé* » (Melman, 2010, pp. 60 et 63).

Si aujourd'hui le genrisme est un totalitarisme exercé par la jouissance perverse, le fait même de parler de genre et d'agir selon le sens et la signification idéologiques de cette notion est déjà, en soi, une macropsychopathologie. En outre, sans aucun doute, de n'importe quel angle que l'on puisse le regarder, le genrisme est une idéologie transidentitaire. Dans cette idéologie pathologique extrêmement pernicieuse, le sujet se crée une identité factice pour fuir son propre corps, son propre sexe, sa propre identité.

PROBLÉMATIQUES

DRAME IDENTITAIRE, DRAME TRANSIDENTITAIRE ET DRAME POSTIDENTITAIRE

DRAME IDENTITAIRE

Dans l'état normal des choses, aucun sujet ne peut devenir sa propre identité. Celle-ci s'y trouve d'emblée en nous. Elle est ce dont on provient. *A priori*, on ne la remet en question, on l'accepte automatiquement assez naturellement, et ceci grâce à l'assomption du langage. On ne la revendique pas plus que l'on n'y fait trop attention, sauf peut-être lors des questionnements existentiels de la prépuberté et de l'adolescence. L'identité réelle que l'on a reçue dès la conception originelle constitue le socle solide où se développe plus tard la personnalité. L'identité réelle est la fondation de ce qui nous accompagnera toute la vie que l'on le veuille ou pas. Si nous avons bien besoin d'une identité, la nôtre, celle inchangeable, on n'a surtout pas besoin de l'identitaire.

L'excroissance de l'identitaire vient, *a contrario*, à exister lorsque le socle de l'identité ne semble pas être très solide pour des raisons qui peuvent être assez différentes. Au moins deux cas dramatiques s'offrent au sujet parvenu à ce stade. Selon une première modalité, le drame du sujet identitaire peut se situer lorsque le sujet s'obstine, coûte que coûte, à vouloir devenir sa propre identité ou à la revendiquer comme si elle avait reçu une attaque externe ou comme si elle était atteinte d'une faiblesse interne. Cependant, si le processus s'emballe et le pousse à traverser des interrogations déstabilisantes sur les conséquences de sa propre origine, le sujet passe à douter dangereusement de son identité. Et, selon cette deuxième modalité, plus grave encore, le drame de l'identitaire commence alors à se manifester lorsqu'il oppose une négation de plus en plus radicale à sa propre identité.

DRAME TRANSIDENTITAIRE

La négation ou le rejet de la propre identité confronte le sujet avec le noyau pathologique de l'identitaire, lequel se présente d'abord sous la forme d'une autre identité possible. Sans aucun doute, l'identitaire veut dire qu'un sujet se trouve aliéné à une autre identité que la sienne, à une autre identité qui lui semble possible et qui se pose comme la solution à la défaillance de la sienne. Le plus grave drame du sujet identitaire, que nous pouvons appeler *le drame transidentitaire*, s'installe durablement lorsqu'une identité factice mais toujours possible est opposée à l'identité réelle d'origine, malheureusement défaillante bien que toujours absolument nécessaire.

L'identitaire serait ainsi à comprendre comme la pathologie de l'identité, en ce sens que celle-ci se trouve rejetée et qu'on lui oppose une ou plusieurs identités-écran. Dans le drame transidentitaire, toutes les identités qu'un sujet réussi à se fabriquer fonctionnent comme des écrans ayant le but de voiler et surtout de se *substituer artificiellement* au réel de l'identité, tout en créant une transdualité malsaine.

DRAME POSTIDENTITAIRE

Comme dans la nébuleuse sectaire, il y a parfois des anciens adeptes du genrisme et de la jouissance identitaire qui, déçus de ces extrémismes populistes, se réveillent de leur longue et profonde hypnose idéologique et émettent des critiques sévères à l'imposture des théories comme celles de John Money ou de Judith Butler. Par exemple, il y a le cas de la psychanalyste Sabine Prokhoris qui, après avoir milité pour les normes sociétales telles que le mariage identitaire (Prokhoris, 2000 ; Prokhoris, 2008), se rend finalement compte — bien que partiellement pourtant — de la nature purement idéologique et identitaire du genrisme.

Ouvrant finalement les yeux sur l'inanité de l'idéologie de Judith Butler, cette psychanalyste perçoit également l'extrême simplisme de l'argumentation de Butler, laquelle manque, selon elle, « *d'une quelconque consistance intellectuelle* » tout en se rabattant sur « *une combinaison de formulations absconses et de raisonnements fallacieux* » (Prokhoris, 2016, pp. 36, 67 et 101). Elle relève aussi les lapalissades et les tautologies flagrantes du raisonnement circulaire de Judith Butler (Prokhoris, 2016, pp. 77-78). Mais le plus juste encore tient au fait de noter « *le vocabulaire curieusement conspirationniste de J. Butler* » et son discours paranoïaque sur les intentions machiavéliques de domination (Prokhoris, 2016, p. 80) appartenant à un mystérieux « Grand Autre Hétérosexuel » ou à un « Grand Autre Patriarcal ».

RÉVEIL CRITIQUE SUR LE GENRISME

À ce propos, lors d'un colloque organisé à la Sorbonne, en janvier 2022, par le Collège de Philosophie et l'Observatoire du décolonialisme, soixante universitaires et intellectuels contestent vivement ce qu'ils appellent « la déconstruction », qui n'est autre chose, selon mon vocabulaire, que le genrisme. Et quand je dis genrisme, j'inclus ce que l'on nomme de *wokisme*. Selon ces universitaires, le mouvement déconstructionniste et fanatique du genrisme engendre « *une mode délétère, prétexte d'un nouvel ordre moral, suppôt d'une idéologie qui envahit les savoirs, tétanise la culture et terrorise le débat* » (Hénin, Salvador & Tavoillot, 2023). Pour eux, les genristes ne sont que des militants qui essaient de faire passer des impostures intellectuelles comme des études scientifiques. Pour cela, les genristes utilisent des signifiants idéologiques tels que « *patriarcat* » ou « *hétéropatriarcat* », société « *cis-hétéronormée* », racisme « *systémique* », « *genre assigné à la naissance* », etc. Selon l'une des chercheurs à La Sorbonne, ces croyances et superstitions équivalent à « *l'avènement d'un crétinarcat* » (Hénin, le 22 mars 2023).

Ce qui est grave, c'est que même des soi-disant psychanalystes, qui ne sont pas autre chose que des militants genristes et superstitieux sexidentitaires, croient s'attaquer également au « *patriarcat* », aux « *stéréotypes de genre* », au « *système binaire du sexe* » et autres fadaises, comme si la psychanalyse était devenue une pauvre psychologie idéologique. Nous savons au contraire que ni Freud ni Lacan, ni la vraie psychanalyse freudienne et lacanienne, n'ont jamais dérivé vers ces formes de fanatisme identitaire. Par ailleurs, la sociologie, l'anthropologie, l'économie, la linguistique ou la psychologie qui n'ont pas été contaminées par le genrisme nous apportent des connaissances de valeur concernant les différences sexuelles.

Ainsi, par exemple, la psychologue du développement Susan Pinker remet en cause l'idéologie complotiste d'un patriarcat antifemmes et explique bien autrement les différences des parcours professionnels des hommes et des femmes. « *Au moins dix études montrent que les femmes, en général, considèrent les aspects sociaux du travail plus importants que les hommes, tandis que ces derniers sont davantage attirés par le salaire et les possibilités de promotion. […] Une ténacité plus typiquement masculine peut avoir un coût en termes de bonheur et de santé. Pour occuper certains emplois de haut niveau, il faut être plus ou moins monomaniaque. Dans les échelons les plus élevés, le travail passe avant tout le reste. Si la réussite professionnelle est le seul but poursuivi, il n'y aura pas de conflit. En revanche, la poursuite de buts multiples ne peut se faire sans concessions. […] Aussi longtemps qu'une proportion significative d'entre elles cultivera des intérêts autres ou plus variés que ceux des hommes, les femmes seront attirées par des métiers différents. Or il se trouve que les professions axées sur les relations humaines et le langage, celles qui plaisent le plus aux femmes, sont moins bien payées que des professions typiquement choisies par les hommes* » (Pinker, 2009, pp. 221, 225 et 320). Cela veut dire que les différences sociales et socioprofessionnelles entre les sexes ne sont pas dues à un Grand Patriarcat Hyper Méchant mais tout simplement aux différences psychiques induites par le sexe d'appartenance.

En revanche, c'est le genrisme lui-même qui produit des injustices sociales et socioprofessionnelles entre les sexes et, de préférence d'ailleurs, au détriment des femmes. C'est le cas du traitement transidentitaire du phénomène transsexualiste par exemple, qui pousse des hommes transsexes à prendre la place des femmes dans les toilettes, les Jeux Olympiques, les prisons, les concours de beauté, etc, ou qui pousse les femmes, les jeunes filles, les adolescentes à se mutiler et à tuer en leur corps les expressions et l'activation d'une partie de leurs fonctions féminines, parfois de manière irréversible.

Contrairement aux présupposés du genrisme et de la jouissance transidentitaire, la différence sexuée ne se réduit pas à l'organe sexuel, à l'anatomie, mais « *elle considère comme un manque la perte liée à la structure de la parole, et ce, de manière différente pour un homme et pour une femme* » (Forget, 2014, p. 27). Une telle différence n'est équivalente ni d'aucune hiérarchie ni d'aucune injustice sociale entre les sexes. Elle est une donnée de structure qui n'a pas lieu d'être contestée. Cependant, nous prenons en compte la profonde intolérance et la violence même du genrisme vis-à-vis de la différence sexuée comme une macropsychopathologie à étudier.

Les penseurs sérieux et très critiques de cette idéologie pernicieuse aussi bien que les déçus du genrisme perçoivent, lors de leur réveil posthypnotique, la réalité paranoïde et complotiste des théories genristes, comme celle de Judith Butler et ses acolytes contre ce qui serait, selon eux, la méchante domination masculine, hétérosexuelle et blanche du monde occidental contre les gens *queer* et contre toute la diversité communautariste en marge de la société. Les hommes blancs, hétérosexuels et occidentaux, accompagnés de leurs femmes féminines mais complices et autant coupables car non féministes, sont vus par les sectateurs du genrisme comme des dominateurs implacables. Le complotisme genriste considère, en effet, que les Occidentaux discriminent les minorités du monde de la diversité *queer*, ou racialiste, les excluant injustement de la société normale.

Prenant pourtant force dans un sursaut d'esprit critique propre au réveil hypnotique, les déçus et victimes du genrisme se rendent compte que les conduites sexuelles alternatives ne sont pas des actes révolutionnaires ni des façons normales d'être mais bien des symptômes appartenant à une psychopathologie très grave. Et que le genrisme est une idéologie fantasmatique tout à fait coupée de la réalité. Ils sont aidés en cette entreprise d'analyse par une quantité grandissante d'auteurs, d'essayistes, d'universitaires, de chercheurs, d'érudits très critiques envers le genrisme.

Ainsi, par exemple, une position très proche de la nôtre, notamment sur la question de la psychopathologie des *crowds*, ou ce que j'appelle la *macropsychopathologie* — laquelle, à mon sens, dépasse largement le concept de psychopathologie des foules —, est celle de Douglas Murray (2019). Pour lui, en développant un antiracisme racialiste et une apologie des perversions sexuelles, le genrisme est devenu une idéologie totalitaire et une politique identitaire produisant des véritables détonateurs d'une militarisation de l'identité et de la violence sociétale.

Pour l'universitaire David Randall, « *les 'droits à l'expression de genre' transforment les universités en une machine qui détruit la personnalité des étudiants, car elle les habitue à la routine du mensonge* » (Randall, 2021). Selon Ernie Walton, le genrisme est sans doute un mouvement totalitaire. « *L'éducation de type totalitaire — qui se manifeste aujourd'hui par l'endoctrinement dans l'idéologie de l'identité de genre — est fondamentalement incompatible avec les idéaux américains et les principes constitutionnels* » (Walton, 2021).

Un travail très consistant de deux auteurs anglophones, sur ce qu'ils appellent « *les impostures intellectuelles* » du genrisme présente également ce dernier comme un véritable totalitarisme. « *Le principe fondamentaliste est à la base des théocraties et des régimes totalitaires laïques ; mais nous le voyons aussi à l'œuvre dans la nature de plus en plus autoritaire des études en Justice Sociale* [donc, le genrisme] *tout comme chez les militants qui s'en réclament et qui cherchent à faire tout simplement taire leurs contradicteurs* » (Pluckrose & Lindsay, 2021, p. 374).

En France, la philosophe Bérénice Levet considère le genrisme également assimilable à un régime totalitaire. « *Il y a au cœur du Genre un ascétisme, un puritanisme résolu à couper les ailes du désir hétérosexuel […]. Il y a, au cœur du Genre, une méconnaissance et un mépris fondamental de la condition humaine, de sa finitude, qu'il ne faut pas laisser sans réponse* » (Levet, 2014, pp. 35-37). Pour cette essayiste, la philosophie à la base du genrisme qui gouverne « *tous les domaines de l'existence* » en Occident est un véritable danger contre l'humain, contre la civilisation, c'est-à-dire contre « *le monde des significations instituées qui nous excède et nous précède* » (Finkielkraut, 2015, p. 73). Si la jouissance identitaire impulsée dans la version genriste est un crime contre la civilisation occidentale, c'est que, comme le dit Alain Finkielkraut, « *on peut faire de l'identité le pire des usages* » (Finkielkraut, 2013, p. 81).

Usage identitaire de l'identité

Le pire des usages de l'identité a toujours été effectué, intentionnellement lors des moments précédant une destruction imminente des conditions habituelles de vie — comme c'est le cas de la déportation et de l'expérience concentrationnaire sous les national-socialistes (Pollak, 1990) —, ou spontanément, dirais-je, lors des moments qui suivent les grands bouleversements humains (catastrophes naturelles, guerres, pandémies, émergence de totalitarismes criminels, etc.). Ce qui arrive lors de ces moments fulgurants et pathologiquement féconds, c'est un véritable vacillement du sentiment de l'identité personnelle parvenant parfois, dans les cas les plus graves, jusqu'à sa destruction totale.

C'est à ce propos que la sociologue Nathalie Heinich parle de troubles de l'identité sociale qui sont, pour elle, les troubles de la continuité, les troubles de la cohérence et les troubles de la qualification sociale (Heinich, 2018, p. 91). « *La décomposition de l'identité fut une épreuve imposée aux déportés lorsque, arrivant en camp de concentration, ils se voyaient privés de ces constituants fondamentaux de l'identification que sont le nom (remplacé par un numéro tatoué) et le visage (défiguré par le rasage des cheveux) : avant même la destruction physique, c'est par la destruction identitaire que commençait l'épreuve de la déportation* » (Heinich, 2018, p. 87).

Si les nazis provoquaient intentionnellement une destruction de l'identité personnelle en vue de l'extermination en masse, une idéologie comme le genrisme impulse la jouissance transidentitaire des sujets transsexes en vue de la probable domination globale des citoyens au moyen d'une neutralisation de l'hétérosexualité. Cela ne veut pas dire que les troubles éprouvés par les sujets transsexes n'existent pas indépendamment du genrisme, ce qui est prouvé et que nous n'avons aucun loisir de nier, bien au contraire. En revanche, ce qui arrive avec l'avènement du genrisme vers la fin du XIXème siècle, comme nous allons le montrer, est que les troubles transsexes — en réaction à des événements macropsychiques — se convertissent spontanément en troubles identitaires, c'est-à-dire en troubles de la jouissance transidentitaire. Et ces troubles transidentitaires sont le fonds de commerce des genristes.

Lorsque l'on parle de genrisme, il faudrait tenir compte des troubles psychiques et macropsychiques qu'il produit. Les victimes du genrisme, qui sont des sujets perdus dans leur sexe, des membres d'une supposée société de la diversité et des justiciers du sociétal, présentent les troubles suivants : négation du réel du sexe, du sexué et du sexuel ; complotisme situant l'homme hétérosexuel comme un Autre méchant ; croyance superstitieuse en l'existence d'un Grand Autre Patriarcal qui fonctionnerait comme le Diable s'attaquant à un Dieu Genré ; hypermoralisme identitaire ; formation d'une identité-écran capable de remplacer l'identité réelle niée ; création de communautés, associations et groupes fanatiques de défense idéologique au détriment du lien social et du lien de civilisation (fonctionnement en secte).

N'ayant rien d'une véritable théorie scientifique, le genrisme est lui-même le trouble psychopathologique, aussi bien que macropsychopathologique, par excellence dans la société occidentale d'aujourd'hui. À ce titre, il se place comme une tentative de suppléance parascientifique et purement idéologique, lamentablement ratée, à la grave problématique que lui-même fait exister.

MACROPSYCHOPATHOLOGIE DE LA CASTRATION

L'histoire du genrisme transidentitaire remonte à l'époque des grands bouleversements de la modernité qui ont débuté lors de la deuxième moitié du XIXème siècle. Si nous pouvons le considérer comme la résultante de ces événements, ce n'est pas seulement parce que le genrisme transidentitaire a été contemporain des grands totalitarismes mondiaux que sont le communisme, le national-socialisme et le fascisme socialiste. C'est surtout parce qu'il en a pris une grande partie de ses sources, comme nous le verrons plus bas.

Les événements macropsychiques à caractère totalitaire nous montrent que les gagnants ne gagnent jamais tout, ni les perdants ne perdent jamais tout non plus. Marx ne disait-il pas qu'il y a un lien intrinsèque, dialectique et paradoxal entre tragédie et comédie dans le cours des événements de l'histoire (Marx, 1852) ? Eh bien, ceci est aussi vrai en termes de gagnants et de perdants. Leurs rapports sont beaucoup plus intrinsèques, dialectiques et paradoxaux que l'on ne pourrait imaginer.

Si l'être civilisé du XXème siècle en Occident a d'abord créé et ensuite réussi à éradiquer du pouvoir le communisme, le socialisme fasciste et le national-socialisme, il n'a pas tout à fait gagné parce que ces perversions polymorphes existent encore bien ancrées dans la vie même de l'homme civilisé et démocratique sous d'autres formes renouvelées et sournoises. D'une certaine façon, le communisme perdant, le fascisme perdant et le national-socialisme également perdant ont, malgré tout et paradoxalement, gagné partiellement la guerre en s'insérant dans les croyances idéologiques, les sentiments amoureux et les comportements sexuels de l'homme du XXIème siècle, lui rendant une existence aussi inattendue qu'identitaire et transidentitaire.

Les totalitarismes semblent avoir engendré des violentes pratiques inhumaines, bien qu'acceptées et réclamées par le plus grand nombre, au sein même de la vie soi-disant humaniste, civilisée et démocratique. C'est le cas, entre autres, du traitement réservé à des manifestations psychiques de grande envergure psychopathologique et ayant des racines dans la décomposition de la famille depuis la Révolution. C'est le cas aussi du traitement réservé à des phénomènes de dissociation de la personnalité, de dépersonnalisation, du sentiment d'étrangeté, de négation de la réalité et de la fabrication d'identités alternatives.

Les totalitarismes paraissent avoir exacerbé les pratiques primitives qui confondaient le psychisme avec l'organique, les faisant passer d'un statut brutal, sans intentionnalité, vers un autre statut où le brutal, le grotesque et l'inhumain deviennent volontaires et même jouissifs. Par l'absorption de ces contraintes totalitaires, la dégradation de la civilisation occidentale, qui perdait progressivement par la même occasion sa force de résistance, a contribué à un retour aux violences du protosexuel (Arce Ross, 2020a) sous la forme néanmoins d'une plus-value idéologique.

En s'alliant partiellement à la psychiatrie et à la psychologie, la psychanalyse a eu, pendant un temps, le mérite d'empêcher que ces traitements violents, abusifs et irrationnels se répandent de manière excessive. Malheureusement, cela n'a duré que l'espace de quelques décennies entre le milieu et la fin du XXème siècle. Durant cette période, il a germé en Occident une fièvre sexidentitaire qui, en sourdine, a eu le pouvoir de remettre au goût du jour le genrisme transidentitaire comme s'il s'agissait d'une discipline salutaire.

En l'occurrence, le paradigme des traitements abusifs et violents de cette idéologie totalitaire — tels que les automutilations, les forçages hormonaux et les multiples atteintes somatiques — est bien la castration réelle, laquelle reste corrélée au suicide psychique du sujet. C'est curieux et extrêmement paradoxal que cette pratique venue de la nuit des temps, territoire primitif et cauchemardesque de l'homme protosexuel, se consacre à une valorisation identitaire de la jouissance, alors qu'en psychanalyse nous considérons la castration symbolique comme ayant une force proportionnellement contraire à toute velléité de jouissance. Précisons que nous considérons par jouissance le mélange sadomasochiste d'un plaisir excessif avec la douleur extrême et la souffrance psychique.

Castration réelle dans la secte russe des castrats

Un esclavagisme paradoxalement revendiqué

Lors des années 2000, un pédophile multirécidiviste, Francis Evrard, lui-même violé à l'âge de 10 ans, avait de son propre chef demandé la castration chirurgicale comme mesure préventive à des futurs crimes et en tant que sanction substitutive à la peine imposée (L. D., 2009). Évidemment, sa demande n'a pas reçu de réponse positive, car, en France, la castration réelle ou chirurgicale est strictement interdite par la loi. En revanche, spécifiquement en tant que mesure de substitution à la peine de mort dans les cas de viols ou de pédophilie, elle a été appliquée et est encore appliquée de nos jours dans d'autres pays comme la Suisse, le Canada et la République Tchèque (F.G., 2019).

Cela a été également le cas lorsque, aux États-Unis, par une loi promulguée en 1778, Thomas Jefferson — le grand Président d'origine britannique, précurseur de la gauche américaine et auteur principal de la Déclaration de l'indépendance des États-Unis — avait choisi la castration réelle comme une sanction de substitution à la peine de mort dans les cas de viols, de sodomie ou de pédophilie (Jefferson, 1778). Pour Thomas Jefferson, la castration réelle contribuait ainsi à humaniser et à adoucir, un tant soit peu, la peine pour les criminels et délinquants sexuels. Malheureusement, cela concernait aussi les homosexuels non-délinquants, ce qui était évidemment inhumain et inacceptable. Et c'est pour cette raison que, par la suite, la loi de la castration réelle de Thomas Jefferson a été toutefois vue par les organisations de lutte contre l'homophobie comme une mesure injuste envers les droits des homosexuels (Powell, 2016). Cependant, nouveau revirement, ce qui avait été appliqué comme une sanction maximale pour éviter la peine de mort aux criminels sexuels et qui a été ensuite considéré comme homophobe est paradoxalement réclamé aujourd'hui par les militants transsexes comme une liberté et comme un droit. C'est cela la perversion sociétale que j'appelle du terme de *genrisme, genrisme identitaire* ou *genrisme transidentitaire*.

Dans un total renversement de valeurs, typique de notre monde occidental hyperperverti, l'ancienne punition extrême est devenue un droit militant et un souhait identitaire. C'est un peu comme si à l'avenir certains militants d'une cause fanatique, radicalement nihiliste et revendiquant une identité de « morts-vivants », réclamaient la peine de mort comme un droit inhérent à leur statut. Et imaginons ce qui arriverait si un nouveau gouvernement décrétait de soumettre à une castration chirurgicale la plupart des sujets souffrant d'homoérotisme extrême ou de transsexualisme fanatique. Beaucoup s'y opposeraient à juste titre, car ces mesures rappelleraient les pires agissements des criminels contre l'humanité dans les camps de concentration national-socialistes et communistes. D'ailleurs, la castration réelle reste considérée actuellement comme une mutilation génitale, comme une atteinte intolérable contre le corps humain et donc comme une action inacceptable, sauf dans les cas de nécessité thérapeutique, par l'Organisation mondiale de la Santé. Excepté qu'utiliser la clause de « *nécessité thérapeutique* » implique forcément la reconnaissance non seulement implicite, mais explicite, raisonnée, argumentée et prouvée d'une pathologie physique. De son côté, la stérilisation forcée fait partie de la liste des crimes contre l'humanité définis dans le *Statut de Rome* par la Cour pénale internationale (CPI, 1998, p. 4). Pourtant, ce qui se passe aujourd'hui, c'est que ce sont les patients transsexes eux-mêmes qui réclament aux psychologues, aux psychiatres, aux médecins et aux juges de telles mesures extrêmes comme étant la meilleure des thérapies pour leur mal-être sexué, lequel d'ailleurs ne peut en aucune façon être confondu avec une pathologie physique.

Il faut dire que, bien avant d'être appliquée comme une peine, la castration réelle (différente donc de la castration symbolique dont parle la psychanalyse), existait comme une pratique religieuse, existentielle et artistique. C'était le cas des eunuques chinois, arabes ou occidentaux qui, insérés dans des codes sociaux précis, faisaient l'objet d'une sorte de purification sexuelle presque totale en vue de buts considérés bien plus élevés. Ainsi, par exemple, « *en 1588, Sixte V récidive et interdit la présence féminine sur scène, sous prétexte que le théâtre incite au libertinage, voire à la prostitution, en se référant à une tradition née à l'époque de saint Augustin. C'est donc encore les hommes qui incarnent les rôles féminins. De nouveau, les castrats dont la voix possédait une octave de plus, deviennent la solution idéale, notamment lors de l'apparition du mélodrame, qui exigeait des performances vocales hors* *d'atteinte pour les femmes. La castration [réelle] se propagea ainsi de façon exponentielle aux XVIIème et XVIIIème siècles »* (Franchini, 2021). Néanmoins, nous vivons aujourd'hui un retour impressionnant aux pratiques sur les castrats du XVIIème et du XVIIIème siècles, sauf que pour des raisons de jouissance identitaire et non plus de sublimation ou de suppléance mystique. Le nouvel esclavagisme n'opère plus par le biais du travail obligatoire ni par la restriction d'aller et de venir ou encore de posséder des biens, mais par une puissante influence idéologique produisant une soumission aux injonctions sexidentitaires.

N'oublions pas, à ce titre, que l'on ne peut pas dissocier le cas des eunuques d'une histoire de l'esclavage. Plusieurs auteurs soulignent le rapport entre castration réelle et esclavagisme. « *L'eunuque devrait apparaître comme une victime par excellence et comme un cas de figure exemplaire, archétypique, du sacrifice des corps opéré par l'institution servile* » (Dakhlia, 2019 ; Grosrichard, 1979). Sans possibilité de descendance, sans intérêt sexuels précis, de par le sacrifice de sa virilité, l'eunuque devient un collaborateur parfaitement servile (Dakhlia, 2019), ce qui le situe à une place d'assistant de rêve pour un pouvoir totalitaire.

L'homme moderne, héritier de la Révolution, a voulu s'opposer à toute forme d'absolutisme par la défense des droits du peuple, contre les puissants, contre les injustices sociales et contre les inégalités. Sauf que, par cette noble action, il a paradoxalement et involontairement donné naissance aux totalitarismes, à l'uniformisation de la pensée et à un renversement très dangereux des valeurs de civilisation. En ayant l'obsession d'identifier des coupables de la moindre injustice sociale pour les pénaliser, l'homme moderne a involontairement créé des minorités victimisées de façon permanente qui réclament des droits et dont les représentants se relaient régulièrement au pouvoir en reproduisant et en légiférant les relations de victimisation en guise de citoyenneté. Dans ce contexte social, politique et surtout civilisationnel de sujets identifiés à la victime, les questions liées à la sexualité, à la pratique de la sexualité, à l'appartenance au sexe réel et donc à l'identité sexuelle n'ont pas non plus échappé à ce processus totalitaire de victimisation desdites minorités sociales. Progressivement, le monde moderne a alors donné naissance à une forme inversée de relation à la castration symbolique et ce renversement s'est en partie concentré sur les rapports sadomasochistes au corps, sur les violences du lien sexué et sur une inattendue revalorisation des automutilations dont la castration réelle.

D'une certaine façon, c'est l'apparition du romantisme qui a permis l'abolition temporaire de la castration réelle en Europe (Franchini, 2021), notamment en Italie et dans les pays produisant des opéras. « *Ce ne fut, en effet, qu'en 1898 que Léon XIII, poussé par l'opinion publique très hostile à cette pratique barbare, mit à la retraite tous les castrats* » (Franchini, 2021). C'est ainsi que le dernier castrat de l'Église, Alessandro Moreschi, a chanté jusqu'en 1903. Toutefois, l'abolition cléricale n'a duré que jusqu'à la résurgence des castrats, cette fois-ci en dehors de l'Église et sous la forme de sujets demandeurs d'un changement d'identité sociale, ce que l'on a vu apparaître vers la fin du XIXème siècle, particulièrement comme un des effets de la société national-socialiste ou de la période qui la prépare. Il s'agit aussi d'une étape de l'histoire moderne où surgit une poussée genriste et transidentitaire bien avant la formalisation de la notion de *genre* par John Money, comme nous l'étudierons plus bas.

En parallèle, nous voyons alors dans la période qui va du XVIIIème au XXème siècle la présence du phénomène de la secte russe des castrats. « *La castration [réelle et] rituelle encore pratiquée par les Skoptzy (secte de vieux croyants russes créée dans les années 1750, qui s'étend à la Roumanie à partir de 1820) attire des chercheurs en sciences médicales ou sociales jusqu'aux années 1930 : ils sont les derniers témoins d'une forme révolue de masculinité et leurs caractères physionomiques, psychologiques et sociologiques interpellent* » (Serna, 2020). Regardons alors de plus près ce qui se passait dans la secte russe des castrats, laquelle est immédiatement antérieure au surgissement de la sexualité anomique appartenant à la société national-socialiste en Europe.

Selon les témoignages recueillis par Nicolaï Volkov, la secte russe des castrats pratiquait la castration réelle et la mutilation d'organes et de muscles, dont la double mastectomie, à des enfants et des adolescents âgés de neuf, dix ou quatorze ans (Volkov, 1995). La mutilation, le suicide ou le meurtre sectataires peuvent convoquer un sentiment de dégoût et de répulsion pour leur caractère violent, aussi bien que de l'incompréhension pour les motifs injustifiés, voire injustes ou même dérisoires, pathétiques, de tels actes. Et la réaction de l'interlocuteur, choqué, peut évidemment être d'autant plus véhémente lorsque l'épidémie se développe en chaîne, mettant en péril les bases déjà instables du lien social et, au-delà, du lien de civilisation.

Cependant, pour nous, il ne s'agit ni de culpabiliser les castrats ni de les défendre contre ce qui pourrait être une persécution des autorités tsaristes ou communistes, ni de succomber non plus devant l'émotion suscitée par les horreurs commises par la secte des castrats. Il faut dire qu'il y a une relation inversement proportionnelle entre l'irrationnel à la base des cultes religieux et les rationalismes, qu'ils soient tsaristes ou communistes. Comme preuve, on peut indiquer que l'avalanche ou le réveil de ces cultes, idéologies et pratiques accompagnent de près la chute de la forteresse soviétique vers la fin du XXème siècle.

Pour nous, il s'agit surtout de cerner cliniquement la structure de ce type de jouissance macropsychique. Malgré toutes les horreurs, chez les castrats, de l'atteinte au propre corps et au sexe réel, l'argument de la servitude volontaire et consciente du sujet avait été avancé pour défendre le bien-fondé de ces pratiques. Prenons alors en considération l'hypothèse de cet esclavagisme revendiqué pour nous aider à mieux étudier l'esclavagisme sexidentitaire d'aujourd'hui.

STRUCTURE CLINIQUE DES SECTATEURS CASTRÉS

Il est évident qu'un sujet profondément et psychiquement affaibli peut faire partie de la liste des recrutables et des convertis de cette secte, que celle-ci possède la capacité d'établir un fort lien communautaire entre ses membres et que les rites, les cérémonies et les transes extatiques sont vécus avec l'intensité et le caractère d'une hystérie collective. L'organisation de la secte pourrait nous faire penser à une structure névrotique. Cependant, nous laissons de côté l'hypothèse de la névrose, car on ne peut pas dire que l'on trouve chez les sectateurs des traces de culpabilité inconsciente, de remords, ni de séquelles d'angoisse ou de doute. Posons plutôt l'hypothèse selon laquelle la structure du recruté-type, s'il y en a une, n'est pas névrotique. Si le névrosé est tout imprégné par l'angoisse propre au complexe de castration, les castrats, eux, n'en forment aucun complexe.

S'il y a bien quelque chose qui définit l'organisation collective d'une secte, c'est son type d'identification foncièrement vertical dans le lien affectif et pseudofilial de chaque adepte au guide spirituel ou à la narrative fanatique. En corollaire, la modalité d'identification horizontale est pervertie, au point de ne représenter qu'un complément d'utilité à la première, car les sectateurs se comportent entre eux, non comme des sujets responsables ou autonomes, mais comme des frères ou enfants d'une seule grande famille dépendant d'un seul père qui le peut tout. Le caractère collectif et manifestement a-subjectif de l'expérience fanatique ne doit pas être considéré comme faisant lien social, parce qu'il présente simplement une phénoménologie de passion factieuse ou communautariste. En lieu et place du lien social, les sectes ont vocation à faire lien de groupe, lien de faction, lien de communauté-à-part, tout en s'attaquant de front au lien de civilisation.

Dans toute secte, l'image d'altérité vient faire fonction d'identité, mais cette image-écran comble tant bien que mal le rejet préalable à l'admission. La secte s'installe comme une famille refermée sur elle-même, une cellule familialiste vivant à la marge de la société et imposant des relations et des rapports de parenté endogamiques. La secte serait ainsi une famille déformée et pervertie, car elle ne constitue pas un ensemble intergénérationnel autour d'une seule femme devenue mère et encadré par un chef de famille. La secte constitue plutôt une communauté de « frères » sous la jouissance d'un pseudo-père tout-puissant et tyrannique, dans la mesure où il ne dépend lui-même d'aucune loi, mais de sa seule volonté de jouissance. Selon Lacan, le tyran est « *celui qui s'arroge le pouvoir d'asservir le désir de l'Autre* » (Lacan, 1963, p. 784) pour satisfaire sa volonté de jouissance.

Le phénomène sectataire ne serait pas ainsi à opposer à une modalité sociopolitique en particulier, mais à toute tentative d'établir, ou de maintenir, les fondements et les principes d'une véritable structure sociale pacificatrice et surtout civilisatrice. En contrepartie, la condition principale d'appartenance à la secte est sans doute la dissolution de la subjectivité et de tout désir dans la pure altérité et soumission volontaire. Le sujet doit se dépouiller de ses intérêts, de ses jugements, de ses désirs pour offrir sa révocation, son renoncement et son abnégation au sceau de la volonté de l'Autre ainsi qu'à la passion altruiste, à l'idéologie hypersentimentale qui désormais commandera ses pensées et ses actes. Peut-être sommes-nous, dans ce cas, devant ce que l'on pourrait appeler la destitution subjective psychotique ?

D'après les témoignages et les textes en provenance des sectateurs, on pourrait effectivement penser à une structure psychotique dans la mesure où les propos sont délirants, à thématique mystique et religieuse, et les passages à l'acte, mutilateurs, suicidaires ou meurtriers, se profilent au seuil de l'admission. Toutefois, le rapport contradictoire entre la féminisation du corps masculin et la neutralisation du corps féminin ne permet pas de parler d'une claire collectivisation du pousse à *La* femme, car il ne s'agit pas vraiment de devenir « *la femme qui manque aux hommes* » (Lacan, 1959, p. 566), selon l'indication lacanienne du délire schrébérien. Pour Lacan, dans ce cas, « *ce n'est pas pour être forclos du pénis, mais pour devoir être le phallus que le patient sera voué à devenir une femme* » (Lacan, 1959, p. 565).

Dans le cas des castrats, au lieu — ou en surplus — d'une opération symbolique ou imaginaire, la castration devient réelle, sauf que cela ne semble pas conduire forcément aux satisfactions psychotiques de la transformation en *La femme qui n'existe pas* ni même, directement ou spécifiquement, à la pratique transsexualiste. Toutefois, pour eux, la pratique de l'éviration rejoint trois éléments que l'on peut définir comme psychotiques. Premièrement, l'annulation ou l'homogénéisation androgyne des différences sexuelles. Deuxièmement, le caractère de mortification du désir, puisque le thème de la mort et l'au-delà sont présents en ce qui concerne la sexualité. Troisièmement, l'altération, voire l'inexistence, de la fonction paternelle symbolique.

En effet, sur ce dernier point, il faudrait supposer que les castrats refusaient la fonction de la procréation directe et « *pouvaient trouver chez Böhme la théorisation de la procréation "magique"* » (Volkov, 1995, p. 167, note de C.S. Ingerflom). Ainsi, chez les castrats, il y a un seul père, un seul homme qui procrée de façon magique et, en principe, aucun autre castrat n'a la possibilité de devenir père à son tour. Pour cela, la conception même de la féminité n'a pas de place dans cette communauté. Non seulement la sexuation est la cible d'un démenti de la castration féminine, mais cela se fait par un rejet de tout ce que la femme apporte en termes de désir. Les castrats ne composent pas une communauté de plusieurs pères ou mères de famille, mais plutôt un ensemble d'êtres qui, n'étant ni pères ni mères, sont tous frères et n'étant ni hommes ni femmes, sont tous des anges dans un paradis perverti.

On pourrait se demander un peu naïvement : si le castrat-type n'est pas vraiment un sujet névrosé, comment pourrait-on comprendre alors qu'il puisse engendrer une certaine cohésion sociale ? Ceci, dans la mesure où s'il était un psychotique classique, il n'aurait ni les moyens ni ne désirerait du tout réaliser ce lien. Alors, quant à la question posée : ne nous resterait-il comme explication que la perversion ? Mais la question demeure : comment se fait-il que ce sujet réussisse, même de façon marginale ou dénaturée, à produire et reproduire un lien collectif ? En plus, s'il n'était seulement qu'un pervers, à savoir un sujet qui dément la castration, comment expliquer alors que le castrat réitère la castration niée en allant jusqu'à la réaliser effectivement sur soi et sur les autres ?

PERVERSION SECTATAIRE ET JOUISSANCE IDENTITAIRE

Nous pouvons décrire un sujet sectateur — à savoir, celui qui traverse un processus de conversion identitaire — en indiquant les caractères suivants.

RUPTURE DU LIEN DE CIVILISATION ET REMPLACEMENT DU DÉSIR PAR LA JOUISSANCE IDENTITAIRE

Le recrutement ou l'adhésion volontaire, sous la forme d'une addiction hypnotique et profondément sentimentale, s'effectue le plus souvent chez des sujets en proie à une très grande instabilité familiale, sociale, sexuelle, sexuée ou professionnelle. Le sujet ciblé par la secte correspond à quelqu'un qui se trouve immergé dans une situation psychique de rupture avec les valeurs, la morale, les croyances, les certitudes ou les principes de la civilisation ; une civilisation qui paradoxalement encadre pourtant, tant bien que mal, son idéologie et ce qu'il croit être.

Le vacillement et la déchéance des valeurs sociales, des valeurs républicaines mais surtout des valeurs civilisationnelles sont accompagnés d'un affaiblissement ou, pire, d'une annihilation du désir. Cet affaiblissement se situe dans les relations du sujet avec ce qui produit et maintient le lien de civilisation. Autant le lien de civilisation que son vacillement peuvent rester inconscients derrière ce que le sujet peut considérer comme une critique justifiée et absolument nécessaire des normes, devoirs ou principes encombrants parce que traditionnels. Facilement, la secte peut alors se poser comme l'alternative désirable et unique à ce vacillement à travers une écoute active des soucis du sujet ainsi qu'au moyen d'une véritable prise en charge affective, morale et psychique laquelle est, cela dit, totalisante pour ne pas dire totalitaire.

Pour Jean-Marie Abgrall, le profil des candidats d'une secte se définit, en général, dans la tranche d'âge entre 18 et 25 ans aussi bien que dans celle de 50 à 60 ans où le sentiment de solitude peut être le plus marqué. Le sujet recruté peut également être traversé par des graves conflits familiaux ou sociaux, par une terrible absence de critique, de recul, de sagesse ou *in fine* par un profond besoin d'aide psychologique, dans le cas de « *personnalités schizoïdes avec hyperémotivité et hypersensibilité* » (Abgrall, 1996, pp. 118-122).

Pour Nicolaï Volkov, la secte des castrats impose également au novice des obligations qui reposent sur des privations ainsi que sur l'assimilation d'une nouvelle morale solide lesquelles impliquent forcément une « *rupture totale avec la société* » (Volkov, 1995, p. 59). Cette rupture d'avec la société mais surtout la rupture d'avec ce qui fait civilisation comporte une altération complète de la subjectivité et une fusion totale avec un ensemble d'ordres et de règles contre le lien de civilisation. Si la secte se situe à l'opposé du lien de civilisation, c'est parce qu'elle vient remplir la place où se joue le rejet de la fonction paternelle, c'est-à-dire en imposant au sujet une nouvelle version du père, une *père-version* voire une jouissance identitaire.

DÉSUBJECTIVATION ET VOLONTÉ DE S'ASSERVIR À UNE AUTRE IDENTITÉ

À part l'exigence d'une abrogation de la personnalité et des aspects les plus significatifs de la subjectivité, en plus de la soumission aux normes sociétales et aux insignes de la communauté sectataire ou identitaire, une autre condition est requise pour l'appartenance à la secte. Il s'agit de ce qui fonde la servitude volontaire du sujet, c'est-à-dire de ce qui le motive à se faire objet ou instrument de la volonté de jouissance d'un Autre au-delà de la Loi du Père. Nous savons que cela peut aller jusqu'au suicide individuel ou collectif, psychique ou macropsychique, notamment celui dit altruiste ou encore celui anomique selon Émile Durkheim (1930) voire le suicide que j'appelle identitaire (Arce Ross, 2020a).

Un sujet qui dépose tous ses biens, sa vie, son identité d'origine, ses enfants et son être-même à la disposition du guide ou de la secte, inscrit forcément sa subjectivité dans un événement radical, sans issue. Ce processus implique chez le sujet le fait d'éprouver un désespoir indépassable — à savoir, l'expérience de la mort symbolique, laquelle, en marquant une cassure drastique de l'identité d'origine, pousse vers une transformation corporelle, ou transformation du rapport au corps, et vers une conversion identitaire. Il anticipe ainsi l'asservissement absolu à l'identité Autre et parfois la mort réelle.

FOI SENTIMENTALE

La troisième condition de l'admission sectataire, et donc de la conversion identitaire, est ainsi celle d'une modification globale et radicale de l'expérience subjective produite en parallèle d'un sentiment de désespoir quant aux formes de vie et d'existence. De façon complémentaire, ce désespoir se soutient de la nostalgie passionnelle en un espoir brillant ou plutôt en une foi hypersentimentale en l'au-delà, en un bonheur incommensurable, en la jouissance d'une identité objectale voire en une jouissance de mort. D'où, une altération radicale de l'enthousiasme identitaire vécu désormais comme une manie passionnelle couplée fatalement au désespoir.

Parfois, la passion fanatique ou la foi hypersentimentale du sectateur, simple idéologue ou activiste militant, se pose donc comme une solution au désespoir qui l'accable, mais à condition qu'elle s'alimente de l'altruisme. C'est en ce sens que l'on peut reprendre les propos de Durkheim au sujet de l'altruisme. « *Quand l'altruisme est à l'état aigu, le mouvement a quelque chose de plus passionnel et de plus irréfléchi. C'est un élan de foi et d'enthousiasme qui précipite l'homme dans la mort. Cet enthousiasme lui-même est tantôt joyeux et tantôt sombre, selon que la mort est conçue comme un moyen de s'unir à une divinité bien-aimée ou comme un sacrifice expiatoire, destiné à apaiser une puissance redoutable et qu'on croit hostile* » (Durkheim, 1930, pp. 319-320).

La naissance de cette passion s'effectue sous la forme d'un amour au guide, ou à la mentalité du gourou, et est réalisée par l'intermédiaire d'une solide croyance en des théories pseudo-scientifiques ou carrément ésotériques ou mystiques. L'enthousiasme que cette passion provoque est ainsi centré autour du père de la secte.

DEMANDE DE HAINE ET JOUISSANCE DU SUPPLICE

Il nous faut également faire référence à l'incidence de la pulsion de mort sous la forme, dans le cas présent, d'une nécessité ou d'une demande de haine formulée à l'Autre. La haine de soi est canalisée par l'extrême moralité d'un sujet pris dans le souci indépassable du péché de l'Autre. *L'âmoralité çadienne*, selon les termes de Lacan, rejoint l'impératif de la douleur dans la conduite sexuelle et « *se termine au niveau du ça* » (Lacan, 1972-1973, p. 80). La morale ainsi élaborée implique que pour atteindre la jouissance il ne faut pas désirer mais, au contraire, rechercher désespérément la douleur. De cette façon, à la place du désir en tant qu'envers de la Loi (Lacan, 1963, p. 787), le sujet sectateur pose la volonté de jouissance en tant que haine de soi sous la forme du masochisme féminin freudien et de son corrélat, la répétition du crime.

En effet, selon Freud, le masochiste veut être traité comme un petit enfant méchant. Le contenu de ses fantaisies « *signifient être castré* », à savoir « *être baillonné, ligoté, battu de douloureuse façon, fouetté, maltraité d'une manière ou d'une autre, contraint à une obéissance inconditionnelle, souillé, rabaissé. Bien plus rarement et seulement dans des limites fort restreintes sont aussi incluses dans ce contenu des mutilations »* (Freud, 1923-1925, p. 14).

La pulsion de mort, dans ce cas, se présente comme une demande de mort, (Lacan, 1963, p. 777), c'est-à-dire comme une offre de soi en tant qu'objet de sacrifice ou de supplice. Parfois, cependant, cette volonté de jouissance peut se renverser sur l'Autre et ainsi, par exemple, ce qui fait douleur d'exister pour le sujet peut s'inverser en demande de douleur à l'Autre. C'est par là que la volonté de se faire tuer ou mutiler prend son sens. Si, d'un côté, le mélancolique se trouve submergé par la douleur d'exister, le pervers, de son côté, rejette cette jouissance de l'être ou de l'identité sur l'Autre. C'est dire qu'en démentant la castration par une opération dans le réel, le sujet pervers rejette son retour dans le symbolique par une opération qui serait inverse à celle de la psychose : la volonté de jouissance. Et ici, dans le transsexualisme débordant de la secte russe des castrats, il s'agirait de vouloir jouir d'un supplice infligé par l'Autre de la science.

Par conséquent, le sujet proprement sectateur présente un désir faible voire il ne présente pas de désir du tout. Fort imprégné d'une passion hypersentimentale frôlant la haine, retenu dans le gouffre des tendances altruistes ou âmorales et socialement instable, le sujet pervers est dominé par la volonté de se faire objet de jouissance de l'Autre de la Loi.

Voyons maintenant comment on peut passer du sujet probablement pervers de la secte russe des castrats aux sujets du genrisme transidentitaire qui revendiquent également la castration réelle comme une forme de salut nécessaire.

Sources national-socialistes de la castration transidentitaire

Les sujets transidentitaires version transsexes du début du XXème siècle prennent en quelque sorte le relais des sectateurs de la secte russe des castrats, notamment après les procès intentés par les communistes pendant les années 1929-1930 contre cette secte.

D'un côté, les sujets transidentitaires souffrent de la même psychopathologie que les castrats de la secte russe mais, d'un autre côté, les réponses à cette souffrance passent d'être encadrées par le domaine clérical, mystique, ésotérique et perversement sublimatoire vers le champ médical. C'est à partir de ce passage de la religion vers une science médicale convertie en prestataire de services techniques que se développent les premières thérapies de conversion transidentitaires, à l'orée du XXème siècle, dans une Allemagne déjà devenue largement national-socialiste bien avant l'avènement d'Adolf Hitler.

N'oublions pas que le national-socialisme n'a évidemment pas commencé avec Adolf Hitler. Les bases de la société national-socialiste, comme le pangermanisme, la surpuissance du mot *Volk* (peuple) et de ses dérivés dont le populisme socialiste, la décomposition de la bourgeoisie, l'exigence antidémocratique, le racisme et l'antisémitisme, étaient déjà bien présents sous le IIème Reich, soit entre 1890 et 1918, et ont continué à se développer sous Weimar, soit entre 1918 et 1933 (Larousse, 1971-1976 ; Mommsen, 1997). En effet, *« les idées politiques et sociales des nazis se rattachent à la pensée antidémocratique du XIXème siècle »* (Richard, 1978, 1988, p. 23) et, par conséquent, les modes intimes de vie et notamment la sexualité sont affectés en première ligne par les turbulences macropsychiques de cette fin de siècle. Pour cela, lorsque je vais me référer à la société national-socialiste, je vais la considérer comme ayant commencé lors du dernier quart du XIXème siècle.

Les anciens castrats, réduits à un esclavage envers une secte, deviennent des patients transsexes soumis cette fois-ci à un esclavage transidentitaire. En réclamant les thérapies de conversion transidentitaire à la médecine, comme si leur corps portait une maladie physique, ils deviennent en quelque sorte des objets à part entière de leur propre esclavage. La psychopathologie reste alors éludée, inconnue, ignorée autant par les patients que par les médecins. Comme nous le verrons plus bas, cet esclavage moderne prend naissance alors que le monde occidental est terriblement convulsionné par l'émergence d'autres idéologies totalitaires qui donnent lieu à ce que j'appelle une *psychopathologie macropsychique*, dont le phénomène transidentitaire peut être l'une de ses versions.

PREMIERS CAS DU GENRISME TRANSIDENTITAIRE

En effet, les thérapies de conversion transidentitaire, telles que nous les connaissons aujourd'hui, tout comme les théories du genre, ont eu un véritable début dans la culture anomique, perverse et inhumaine qui a également permis le développement de la société national-socialiste. Et ceci, malgré le fait que l'on considère, à tort, que tout avait commencé avec John Money pendant les années 1950.

Beaucoup connaissent le patient transsexes George Jorgensen, qui se produisait sous le pseudonyme Christine depuis les années 1950 dans le monde du spectacle, et le considèrent, également à tort, comme le premier homme opéré pour avoir une allure de femme. D'autres situent à cette place le dénommé Einar Wegener (Lili Elbe), un autre transsexes opéré lors des années 1930. Cependant, bien avant George (Christine) Jorgensen et un peu avant Einar Wegener (Lili Elbe), d'autres patients se sont adressés à des médecins, souvent militants et parfois travaillés eux aussi par les mêmes questions, pour des opérations chirurgicales en vue de ressembler extérieurement à une femme.

En effet, bien avant George (Christine) Jorgensen, la castration réelle d'un autre patient à avoir été victime de ce que j'appelle la thérapie de conversion transidentitaire eut lieu, à Berlin, lors de la montée fulgurante de la société national-socialiste, en 1930. À cette époque, Einar Wegener (Lili Elbe) avait malheureusement succombé à ses blessures mais son expérience servit pour que des médecins sans scrupules affinent plus tard leur technique. Toutefois, quelques semaines avant lui, il y a eu celui que l'on considère, pour l'instant, comme le véritable premier transidentitaire opéré de l'époque genriste, Rudolph (Dora) Richter.

RUDOLPH (DORA) RICHTER
Dans l'histoire du genrisme, Rudolph Richter, un homme instable et

dissocié se faisant appeler Dora ou Dörchen (petite Dora), est reconnu comme le premier sujet ayant subi une castration réelle pour des buts clairement transidentitaires. Comme pour beaucoup d'autres qui ont suivi, comme pour les dénommés Einar Wegener (Lili Elbe) ou Arno (Toni) E., cela s'est passé dans *l'Institut de recherches sexuelles* de Magnus Hirschfeld.

Né en 1891, dans la région d'Erzgebirge, en Allemagne, Rudolph (Dora) Richter, étant depuis très tôt profondément dissocié dans son identité sociale concernant son sexe d'appartenance, alternait entre ses postures naturelles masculines et un travestissement féminin de plus en plus fréquent. Selon son médecin Felix Abraham, tous ses frères et soeurs étaient sains et sans anomalies. Cependant, le petit Rudolph a des tendances autoagressives qui se sont manifestées à ses 6 ans où il a tenté d'arracher « *son pénis avec une cordelette. Parce que cet organe semblait le gêner, il tenta par de tels moyens de le faire tomber. La tentative a été découverte à temps et il a été possible d'éviter à l'enfant d'autres complications difficiles ; son penchant pour les attitudes et les comportements féminins, cependant, devenait de plus en plus fort* » (Felix Abraham, 1931).

La problématique du petit Rudolph, dont on n'a malheureusement aucune donnée des complexes familiaux susceptibles d'éclairer son cas, s'est manifestée ainsi « *dans l'enfance par une aversion pour les vêtements de garçon et l'amena à être autorisé à vivre comme une fille* » (Felix Abraham, 1931). Plutôt que d'interroger pourquoi l'enfant était si agressif y compris envers lui-même et pourquoi il ne voulait pas accepter son corps masculin, c'est-à-dire, plutôt que de prendre ses plaintes comme une demande d'aide pour cause probablement d'une problématique familiale, on a laissé l'enfant se débrouiller tout seul avec son rejet psychique du sexe réel. Déjà, probablement dans sa famille, il y avait une tolérance naïve ou complaisante pour les dérives identitaires du petit garçon. Et, à l'âge de 30 ans, il devient l'objet des expérimentations de Felix Abraham, un médecin proche de Magnus Hirschfeld, qui lui ôte brutalement les testicules à sa demande et, près de dix ans plus tard, il lui fait subir une castration totale.

ARNO (TONI) E.

Un autre patient de Felix Abraham, était Arno (Toni) E., un peintre de 52 ans, marié et ayant un fils malgré son inclination pour l'homosexualité. De par ce mariage très malheureux, il ressentait de plus en plus fortement le penchant pour porter des vêtements féminins, quelque chose qui n'était pas aisé à faire vu sa vie familiale et professionnelle. Ce n'est donc qu'après la mort de sa femme qu'il a pu vivre complètement en s'habillant en femme, dans la meure aussi où il comptait une vaste garde-robe féminine. Néanmoins, le caractère de dissociation de ce symptôme identitaire était clairement défini car son attitude changeait s'il portait des vêtements masculins ou féminins. *« Alors qu'il était totalement calme et raisonnable dans ces derniers, dans les vêtements masculins, il était désemparé, nerveux et totalement sans valeur »* (Felix Abraham, 1931). Si, en général, l'habit ne fait pas le moine, ici, c'est tout à fait le contraire. L'accoutrement se présente comme une identité imaginaire qui, par le regard réel ou supposé de l'Autre, le pousse à s'autoriser vers une suppléance de la forclusion du sexe propre.

C'est ainsi que, sans que le médecin prenne en compte aucune considération psychologique de manière critique ou analytique, Arno (Toni) E. subit une castration, une amputation et une vaginoplastie en moins de deux ans. Pour le semblant de vagin, les restes du *scrotum* doivent être placés plus bas et utilisés comme lèvres plus tard. La procédure consiste aussi à insérer *« un cathéter dans le moignon du pénis pour éviter les dommages. Après cela, une incision est pratiquée dans le sens vertical dans les muscles de la région périnéale et le vagin est travaillé en profondeur jusqu'à ce que le péritoine soit atteint. En règle générale, une profondeur de 11 à 12 cm. sera atteint, qui est la profondeur finale du vagin. Ensuite, une pince à spéculum en deux parties est insérée et le nouveau vagin est dilaté. Pendant ce temps, une éponge en caoutchouc mesurant 11 à 12 cm. est préparée. Il sera tapissé de greffons de Thiersch prélevés sur le haut de la jambe et de telle manière que la surface cutanée soit du côté de l'éponge et que le corium touche les parois vaginales. [...] Si au bout de trois semaines l'adhésion des greffons à la chair n'est pas complète, on peut introduire une nouvelle éponge, mais naturellement cette fois sans greffes de peau. Après cela, une intervention chirurgicale est pratiquée et des post-traitements avec rinçages, pommades, etc., et plus tard, une dilatation des parois vaginales avec un dilatateur. [...] Assurément, [cette technique] est à préférer à une procédure dans laquelle une partie des intestins est ensuite utilisée comme vagin »* (Felix Abraham, 1931).

Comment expliquer que des médecins aient pu pratiquer des techniques aussi brutales, intrusives, inutiles, irrationnelles, barbares, alors qu'ils avaient en face d'eux des patients à l'évidence psychiquement atteints ? Le même Felix Abraham tente d'y répondre en disant que l'on « *pourrait élever une objection à ce type de chirurgie, qu'il s'agit d'une sorte de chirurgie de luxe avec un caractère frivole, car le patient retournera éventuellement chez le médecin après un certain temps avec des exigences nouvelles et plus importantes* » (Felix Abraham, 1931). Cependant, il tient à affirmer que la décision n'était pas facile pour les médecins qui ont dû opter pour acquiescer à des demandes aussi absurdes par le risque que couraient les patients si les médecins n'obtempéraient pas. « *Les patients étaient dans un état mental qui rendait probable que l'automutilation, avec des complications mettant leur vie en danger, pouvait être possible. D'autres cas nous ont appris que les travestis se causent en effet de très graves dommages si le médecin ne répond pas à leurs souhaits* » (Felix Abraham, 1931). Il fallait donc, selon Felix Abraham, accepter de pratiquer ces procédures brutales pour sauver les patients des pires atteintes somatiques qu'eux-mêmes pourraient s'infliger.

Nous croyons que l'argumentation de la défense des médecins est trop légère et à la limite de la complaisance plutôt que vraiment thérapeutique et rassurante. Comme le dit Felix Abraham lui-même, il n'est pas exclu que les patients demandent et redemandent d'autres mutilations et d'autres actes brutaux pour répondre à leurs croyances ou certitudes identitaires.

Pour Felix Abraham, qui était évidemment bien plus médecin que psychiatre ou psychologue et pas du tout psychanalyste, les cas de Rudolph (Dora) Richter et d'Arno (Toni) E., correspondaient selon ses propres mots à « *deux travestis homosexuels* » auxquels il a tenté d'apporter une « *forme* » selon leur « *inclination spécifique* » (Felix Abraham, 1931). C'est-à-dire que, comme dans le cas des chirurgies esthétiques, la guérison d'une telle pathologie ou anomalie passe par une tentative de rendre la forme qui manque et dont justement souffre le patient. Tout ceci est très mal agencé, d'autant qu'en plus d'intervenir auprès des travestis et des transsexes, Felix Abraham travaillait avec des criminels ayant commis des abus sexuels ainsi qu'avec des sujets traversés par de l'infantilisme, l'exhibitionnisme et les flagellations (Felix Abraham, 1931 ; GVWW, 2016). Nous voyons bien que les collaborateurs de Magnus Hirschfeld s'occupaient bien de ce que la psychanalyse appelle les perversions, dont certaines très graves, bien avant que nous puissions parler de jouissance identitaire et de genrisme transidentitaire.

Sans doute, la médecine s'est, dès le début, placée dans ces cas au service entier de la souffrance humaine, non pas pour la réduire mais au contraire pour la renforcer et la réconforter dans la perception déformée et dans la jouissance identitaire qu'elle procure au sujet. Selon les propres termes de Felix Abraham, « *la féminisation a été faite au moyen de la castration. La castration avait entraîné, bien que de façon peu étendue, un corps plus rond, plus plein, une diminution de la croissance de la barbe, une initiation mammaire perceptible et une féminisation du tissu adipeux des fesses et du reste du corps* » (Abraham, F., 1931). Autrement dit, le pousse à *La* femme se ferait par les techniques médicales.

EINAR WEGENER (LILI ELBE)

Einar Magnus Wegener, un peintre paysagiste de nationalité danoise, est un autre patient soumis à une thérapie de conversion transidentitaire en 1930, à l'âge de 48 ans. Étant étudiant à l'Académie Royale des Beaux-arts, à Copenhague, Einar rencontre Gerda Gottlieb, artiste et illustratrice de magazines de haute couture comme *Vogue* ou *La Vie Parisienne*, avec qui il se maria très vite lorsqu'il avait 22 ans et elle à peine 19. Cependant, le couple n'aura jamais d'enfants (The Danish Girl, 2001).

La place de sa femme est très importante dans la mise en forme de la jouissance transidentitaire qui a poursuivi Einar jusqu'à sa mort prématurée. Un simple événement qui aurait pu être anecdotique en est l'illustration parfaite. Un jour, l'une des femmes modèles de Gerda n'a pas pu être présente et celle-ci, puisqu'Einar avait une silhouette fine et stylisée, lui a alors proposé de porter ses robes à la place. Dans son journal, Einar a déclaré qu'il s'était étonnamment senti très à l'aise dans le déguisement des robes et des bas. « *Je ne peux pas nier, aussi étrange que cela puisse paraître, que je me suis amusé dans ce déguisement. J'ai aimé la sensation des vêtements doux pour femmes. Je me suis senti très à l'aise en eux dès le premier instant* » (Daily Telegraph ; Hausman, 1992). À partir de ce moment, naît le pseudonyme Lili qui va accompagner non seulement la vie intime, fétichiste de tissus, de son couple avec Gerda, mais également le reste de sa vie transidentitaire. « *Le personnage de Lili a été créé à l'origine pour servir de modèle de substitution à l'épouse artiste d'Einar, mais est devenu une compagne pour elle et une évasion de la masculinité pour Wegener lui-même* » (Hausman, 1992).

À partir de cette expérience qui n'était pas si anodine que cela mais constituait en vérité une autorisation complaisante de sa femme pour développer la jouissance transidentitaire dans le couple, Einar a mis en question son identité sexuelle d'appartenance et a commencé à s'habiller ouvertement en femme, tout en adoptant le pseudonyme Lili. Pour échapper aux rumeurs, le couple s'est évadé, d'abord en Italie, pour finalement s'installer à Paris en 1912. D'ailleurs, plusieurs commentateurs ont suggéré que Gerda pouvait être bisexuelle ou qu'elle était en fait un homme transsexes. *« Je ne pense pas nécessairement que Gerda s'attendait à la vie qu'elle avait avec Lili, mais elle semblait incroyablement ouverte à cela »* (Stryker, 2008). N'oublions pas non plus qu'Einar (Lili) et Gerda sont restées en couple pendant de nombreuses années, malgré la conversion transidentitaire de son compagnon (The Danish Girl, 2001).

Cela dit, malgré les rumeurs, l'époque anomique et prétotalitaire était encline à ce genre de perversions. La complaisance anonyme, présente dans les liens culturels d'une société lors d'une transition critique de son histoire, est une donnée macropsychique non négligeable dans ces affaires. En tout cas, c'est la théorie que je développe depuis mes travaux sur la jouissance identitaire (Arce Ross, 2020a). En effet, nous savons que les premières décennies du XXème siècle en Europe, et notamment les années 1910 et 1920, années folles — alors que se répandaient à un rythme effréné les idéologies totalitaires qui allaient devenir les plus criminelles de la modernité —, ont été également un *« point culminant pour la culture trans et queer »*, affirme (Susan) O'Neal Stryker, un homme transsexes, historien, cinéaste et professeur à l'Université d'Arizona (Stryker, 2008).

Einar Wegener (Lili Elbe) a réussi, dans un premier temps, à changer officiellement son véritable nom en *Lili Else Elvenes*, mais il a repris rapidement le pseudonyme de *Lili Elbe* (Meyer, 2015, pp. 15, 312-313 et 311-314). C'est important de noter ici que les patients dissociés quant à leur identité sexuelle restent obsédés par l'acquisition de nouveaux noms, prénoms et pseudonymes qui accompagnent symboliquement le changement d'apparence identitaire et le remplacement de nomination. Dans ces cas, le Je devient un Il, un Elle, un tiers comme dans l'autodénomination de certains psychotiques. D'ailleurs, dans le film *The Danish Girl*, les médecins et les psychologues qualifient Einar de schizophrène (Hooper, 2015).

Quelques témoignages considèrent toutefois que Einar Wegener (Lili Elbe) n'était pas du tout un patient transsexes mais bien intersexes. Dans ses mémoires, Einar Wegener (Lili Elbe) suggère d'ailleurs que, lorsque les médecins effectuaient les opérations de remplacement de sexe, une paire d'ovaires rétrécis auraient été découverts cachés dans son corps (Harrod, 2016). Tout cela reste à déterminer selon chaque cas. Il est indéniable que nous avons, d'un côté, les psychotiques stabilisés par les perversions et les vrais identitaires, et, d'un autre côté, les intersexes. Ces deux populations sont très diverses et je ne considère absolument pas l'intersexuation comme appartenant, à ce seul titre, à la psychopathologie. Cependant, on ne peut pas non plus exclure la possibilité et la fréquence importante d'une psychopathologie dissociative et identitaire chez les intersexes, laquelle peut redoubler la problématique intersexes en s'y superposant. D'ailleurs, une partie des transsexes, c'est-à-dire quelques uns de ce 0,01 % de la population générale (DSM5, 2013), ne devraient-ils pas se trouver, à vrai dire, dans la rubrique des intersexes ?

Le couple finit par divorcer à l'amiable, en 1930, et Einar Wegener (Lili Elbe) entame une relation avec le marchand d'art Claude Lejeune tout en attendant avec impatience sa dernière intervention chirurgicale impliquant une greffe d'utérus, afin qu'ils puissent un jour avoir des enfants (The Week, 2015). Sans pouvoir accomplir un tel passage à l'acte, il décède des complications postopératoires l'année suivante, à quelques jours de son 50ème anniversaire. Plus précisément, Einar (Lili) décède d'une paralysie cardiaque en lien avec le rejet d'organe qui a lieu environ trois mois après avoir entrepris sa cinquième et dernière opération de changement de sexe, au mois de juin 1931.

Notons toutefois que son passage à l'acte — qui consistait à transplanter un utérus dans son corps masculin dans l'espoir identitaire d'avoir des enfants — s'inscrivait dans un projet suicidaire présent depuis très longtemps, puisqu'il avait même choisi la date à laquelle il se suiciderait, précisément le 1er mai 1930 (Hausman, 1992 ; Hoyer, 2004 ; HVH, 2015). Sans vouloir entrer ici dans les détails de cette question, nous savons que les sexidentitaires, notamment les transsexes, sont soumis à des prédispositions psychologiques au suicide non pas pour une quelconque discrimination sociale, mais bien à cause de leur propre dissociation entre leur sexe réel et leur orientation inversée ou entre ce qu'ils sont effectivement et ce qu'ils croient ou voudraient être (Arce Ross, 2020a).

Chaque transidentitaire et chaque transsexes ayant accompli une transsexion (tentative de remplacement de sexe) ou sur le point de l'accomplir, peut éprouver les sensations ou les sentiments, les impressions ou les fantasmes, les pensées ou les constats d'avoir commis un assassinat contre l'homme qu'il avait autrefois été et qu'il est malgré tout encore aujourd'hui, même si on lui a prélevé le sexe anatomique. Cette terrible dissociation est déjà en soi un facteur de risque suicidaire, encore plus lorsqu'elle trouve son achèvement dans le réel du passage à l'acte castrateur. Il n'a rien valu à Einar d'exprimer son bonheur avec sa nouvelle identité de Lili à peine trois mois avant sa propre mort, car celui qui meurt n'est pas vraiment l'image transsexualisée par le prétendu remplacement de sexe mais bien le sujet en chair et os qui la supporte.

Après les premières opérations d'Einar en 1930, pour tenter de remplacer son identité d'origine par une identité physiquement apparente de l'autre sexe, nombreux de ses amis masculins ont refusé de s'associer à sa nouvelle identité factice. Cela les aurait également mis, de manière inévitable, dans la dissociation identitaire accomplie et désormais impossible à résoudre, car autrement cela aurait impliqué être collectivement complices de l'assassinat psychologique de celui qu'ils connaissaient tous (Harrod, 2016).

Souvent, dans les troubles transidentitaires — comme dans les structures psychopathologiques en général, lesquelles ont toutes forcément une origine psychique et non pas organique —, les relations avec les autres, tant dans l'enfance et dans l'adolescence qu'à l'âge adulte et notamment dans la sexualité et la relation de couple, ont une contribution importante dans la cristallisation des troubles en question. C'est pour cette raison que certains commentateurs ont pu évoquer l'éventualité assez probable que Gerda Gottlieb ait été lesbienne. Pour eux, ce fait aurait certainement joué un rôle dans le désir et surtout dans la décision d'Einar de remplacer son apparence somatique en femme, en partie pour faire plaisir à Gerda, dont les peintures et les dessins représentaient souvent des scènes sexuelles explicites entre femmes (Harrod, 2016). Aussi, Gerda Gottlieb avait témoigné en ce sens en s'adressant directement à Einar avec une certaine culpabilité. « *Ces derniers mois, j'ai ressenti des remords parce que j'ai été, dans une certaine mesure, la cause de la création de Lili chez toi, de l'avoir fait sortir de toi. Et d'être devenue ainsi responsable d'un désaccord en toi qui se révèle le plus distinctement ces jours-ci où Lili n'apparaît pas* » (Hoyer, 1933, 2004).

Cela dit, nous ne pouvons pas non plus exclure qu'il y ait eu dans ce couple un mimétisme pathologique, au point de se créer *un abus psychique mutuel*, comme dans les couples reclus, où chaque partenaire tente inconsciemment de faire accomplir à l'autre les fantasmes et les questions en souffrance propres à chaque sujet. Il n'y a aucune raison de trouver curieux un couple entre une femme homosexuelle, ou bissexuelle, et un homme transsexes.

GEORGE (CHRISTINE) JORGENSEN

Bien plus tard, en 1952, au Danemark, un ex-GI Americain, George Jorgensen, avait été soumis à une opération chirurgicale de transformation de l'apparence sexuelle dans le but de « devenir » *Christine Jorgensen*. Tandis qu'aux États-Unis et jusqu'aux travaux de John Money, les médecins américains se refusaient fermement d'exécuter ces chirurgies de remplacement de l'apparence sexuelle, George Jorgensen est devenu le premier patient aux États-Unis à avoir été l'objet d'une thérapie de conversion transidentitaire. Après l'opération, George (Christine) Jorgensen a lancé à ses parents les propos typiques du discours transidentitaire et genriste, à savoir que « *la nature avait fait une erreur* », « *qu'il était convaincu d'être piégé dans le mauvais corps* », qu'il « *ne s'est jamais identifié à un homosexuel mais plutôt à une femme qui se trouve dans le corps d'un homme* », qu'il avait finalement « *corrigée* » cette erreur de la nature et qu'à présent il était leur « *fille* » (Hadjimatheou, 2012).

C'est-à-dire que, selon son discours transidentitaire, ce ne sont pas seulement les adultes qui « assignent » de manière erronée le sexe des enfants mais que la nature elle-même se trompe, commet des erreurs sur les corps des gens concernant le sexe et qu'il faudrait réparer cela de manière médicale comme si c'était une tare physique ou un handicap génétique. Ce discours suppose aussi qu'il y aurait une instance supérieure à la nature pour déterminer que celle-ci est dans l'erreur et que c'est le sentiment du sujet qui en est le juge. En outre, il y a l'idée que cette instance supérieure, d'un ordre purement moral d'ailleurs, a le pouvoir d'amender la nature, comme si on pouvait se passer de cette dernière. Et que le pouvoir des techniques médicales pourrait vraiment et complètement changer le sexe des enfants et des adultes. Nous avons-là trois énoncés totalement faux. Ils font partie intégrante du discours genriste jusqu'à nos jours.

George (Christine) Jorgensen avait témoigné, en 1958, en disant qu'après l'opération et tout le protocole de conversion transidentitaire, il se sentait comme une femme ayant subi une hystérectomie (Hadjimatheou, 2012). Logiquement, ce produit apparemment réussi d'un hypothétique remplacement global, mais en vérité de pure apparence, est devenu un objet de fascination et de curiosité au point d'intégrer l'industrie du spectacle à Hollywood. George Jorgensen, sous le pseudonyme Christine (prénom au féminin de son chirurgien), s'est consacré à la chanson et au *showbiss*.

Non seulement le public et Hollywood, mais aussi George (Christine) Jorgensen lui-même l'avaient tellement bien compris que tout chez lui n'était qu'apparence et qu'il était toujours un homme mais avec un semblant réussi de femme, qu'il s'est rendu à l'évidence que « *tous veulent jeter un coup d'œil* » sur son sexe factice de femme (Hadjimatheou, 2012). Beaucoup de transsexes de par le monde, chez qui la plastique a plus ou moins réussi, ont également pris cette tendance à se produire en spectacle dans les cabarets, les bars, restaurants, télévisions, cinéma, etc. Le transsexes, agent et victime à la fois des thérapies de conversion transidentitaire, devient inévitablement un objet de la curiosité scopique des autres. En revanche, le réel revient au galop et pénètre par les fenêtres ou les cheminées s'il a été renvoyé par la porte. George (Christine) Jorgensen, comme tant de transsexes, ne peut pas nier qu'il a été un homme et surtout qu'il est toujours derrière ses apparats ressemblant au féminin un homme, peut-être contrarié mais un véritable homme. En effet, « *il a moins bien réussi dans sa vie personnelle. Sa première relation sérieuse s'est rompue peu de temps après la rencontre* » (Hadjimatheou, 2012).

Sous l'apparente réussite de sa nouvelle transidentité qui le faisait ressembler à une femme, sommeillait chez George (Christine) Jorgensen sa réelle identité d'homme, ce qui le contraignait à vivre désormais dans une constante dissociation de sa personnalité. Évidemment, sans aucune possibilité de synthèse entre ces deux identités si opposées et divergentes. Le résultat manifeste était sa terrible solitude concernant la sexualité et l'amour, d'un côté, et l'alcoolisme, d'un autre côté, ce qui l'a conduit à mourir d'un cancer à l'âge de 62 ans (Hadjimatheou, 2012).

Pour devenir une victime de la thérapie de conversion transidentitaire, George (Christine) Jorgensen avait été influencé par des articles de Christian Hamburger, un médecin danois qui « *expérimentait la thérapie de genre en testant des hormones sur des animaux* » (Hadjimatheou, 2012). Pour Christian Hamburger, George était un véritable transsexes. C'est pour cela qu'il lui a conseillé de s'identifier socialement à une femme et de se travestir en public pendant qu'il commençait son « traitement » hormonal. En effet, pour réussir sa thérapie de remplacement transidentitaire, ce médecin a demandé l'aide du psychologue Georg Sturup qui partageait également la conviction que leur patient, bien qu'étant un homme, devait au fond être plutôt une femme et qu'il fallait donc lui apporter une identité globale qui ressemble à un type féminin. C'est-à-dire que, dès le départ et jusqu'à nos jours, pour ces techniques médicales et comportementales tout est dans l'apparence : il faut remplacer l'apparence anatomique, l'apparence physiologique, l'apparence sociale, l'apparence psychologique.

Pour Hamburger et Sturup, il s'agissait de créer chez George Jorgensen une néoréalité forcément artificielle. Il s'agissait de renforcer la jouissance transidentitaire du patient pour lui fabriquer une apparence en accord avec ses sentiments, ses croyances ou ses certitudes, indépendamment du fait qu'il ait eu une structure perverse, névrotique ou psychotique. Cependant, il leur manquait un appui considérable, sans lequel rien ne pouvait vraiment aboutir de manière globale : la collaboration juridique. C'est pour cela que, dans un premier temps et avant même d'oser demander officiellement le remplacement de sexe dans l'état civil, le psychologue Sturup a demandé avec succès au gouvernement danois de modifier la loi pour autoriser la castration réelle et autres mutilations aux fins de l'opération (Hadjimatheou, 2012).

Comme si les techniques soi-disant révolutionnaires pouvaient trouver des alliés dans des pratiques primitives, la castration est venue ainsi s'ériger en tant qu'élément réel et *sine qua non* du remplacement de sexe. Plus tard, d'autres pratiques également inhumaines comme la mastectomie et les graves manipulations hormonales sont venues compléter le catalogue commercial de la conversion transidentitaire.

VIOLETTE MORRIS, TRANSIDENTITAIRE ET TORTIONNAIRE DE LA GESTAPO

L'histoire de Violette Morris raconte le parcours d'une grande championne transformée en monstre. Mettant toujours en avant son corps et son hyperbisexualité à la dérive, Violette Morris est devenue, au fil du temps, un agent de haine, de torture et de collaboration active avec les crimes de l'occupant national-socialiste. Personnage ahurissant et extrêmement macho-féministe, à la personnalité taciturne et introvertie lors de son enfance, elle développe un véritable don pour la magnificence de son corps, sous des multiples formes sadomasochistes au détriment des promesses inhérentes à son sexe d'appartenance. Chez elle, l'amour et le désir féminins ont été délaissés au profit d'une évidente jouissance transidentitaire.

Née en 1893, d'un père militaire, très mécontent d'avoir un deuxième enfant de sexe féminin, et d'une mère d'origine palestinienne, très effacée et plus jeune de vingt ans que son mari, Violette Morris, vigoureuse et potelée, se développe en manquant cruellement de l'affection habituellement si importante lors de la prime enfance (Ruffin, 2004). Toute sa vie, elle aura souffert de ce terrible manque affectif de son enfance ainsi que de multiples abandons et d'autres événements de rupture. Petit à petit, elle s'est constitué un caractère fantasque et agressif voire violent qui l'a poussée à s'identifier au garçon manqué que ses parents avaient tellement désiré. À partir de là, la masculinisation de sa personnalité a pris de proportions monstrueuses, au point de devenir bien plus agressive et violente que la plupart des hommes civilisés.

UNE TRANSIDENTITÉ HYPERBISEXUELLE REPOSANT SUR UN PROFOND MANQUE AFFECTIF

Nous pouvons critiquer la cristallisation chez elle d'une personnalité pathologique faite de féminisme radical, hypermasculinisation, négation de la féminité, choix d'objet rempli de perversions sexuelles, conversion au national-socialisme, brutale collaboration avec la Gestapo et tortures contre les Résistants ou les civils en général. Toutefois, cela ne peut aller sans une sérieuse prise en considération de ses souffrances liées à une enfance et une adolescence sans tendresse, sans aucune affection ou intérêt de ses parents voire « *sans chaleur et sans âme* » (Ruffin, 2004, p. 20). Ce sont ces souffrances, contenues si longtemps et manifestées par un état taciturne de réserve, de rétention et de résultats scolaires médiocres, qui l'ont d'abord poussée à se concentrer sur son développement corporel et notamment sur ses exploits sportifs.

N'ayant pas été aimée, sans être franchement rejetée, ne sachant pas non plus aimer et encore moins se faire aimer, Violette Morris se défendait comme elle pouvait grâce au développement de ses muscles et de ses performances sportives. Dans la pension des religieuses très strictes où elle était confinée voire abandonnée par ses parents, Violette Morris a rapidement appris à combiner son développement physique et sportif avec la pratique de l'onanisme mutuel, avec une fille bien plus petite qu'elle, comme recherche compensatoire de l'affect qui lui avait toujours manqué. L'amitié homoérotique avec Clotilde, héritière pervertie d'une riche famille, l'accompagnera toute sa vie.

Son appétit sexuel, de plus en plus obsédant, ses anxiétés pour éprouver l'enivrement des triomphes sportifs, son exigence pour obtenir de l'amour, qu'elle recevait effectivement de ses objets de séduction ainsi que du public en général, lui permettaient sans doute de fortifier son seul narcissisme. Cependant, cette spirale imaginaire et dangereuse faisait inévitablement barrage à la nécessaire construction d'un projet équilibré en tant que femme et, si elle l'avait réellement été, même en tant qu'homme. À cet égard, elle n'a jamais eu comme objectif celui de se marier et de fonder une famille, mais seulement de vivre la frénésie par laquelle elle collectionnait des acquis symboliques, sexuels, imaginaires et notamment les insignes et les emblèmes pouvant conforter sa nouvelle identité de femme omnipotente.

Comme le montre Lacan lorsqu'il évoque le drame passionnel des homosexuelles envers leur père (Lacan, 1953-1954, p. 246), la pauvre Violette s'est vue forcée à se replier devant le rejet surtout paternel et, pour prendre sa revanche envers ce père du désamour, elle s'est identifiée à lui jusqu'à créer un véritable complexe viril de conquérant. Si sa féminité était dépourvue d'affect paternel, un féminisme radical et une masculinisation excessive pouvait en être la réponse. Si l'amour avait manqué, elle pouvait le compenser par les plaisirs sexuels qui lui ressemblent car ils impliquent le corps et un exutoire de la tendresse en souffrance. Si les hommes sont si faibles, comme celui ayant tenté de la violer (Ruffin, 2004, p. 30), elle allait prendre sa revanche en les battant au moins dans le sport, pour commencer. Si l'homme de sa vie, son père, ne l'a pas aimée, qu'à cela ne tienne, elle allait en séduire plus d'une et faire bien mieux qu'un homme. Ses exploits dans le sport, dans le sexe, dans l'amour, la placent toujours comme agent actif du processus, jamais comme objet passif et manquant. La jouissance *pas toute phallique* ne pouvait absolument pas être un moyen de satisfaction pour elle.

Après, lors de sa vie de jeune adulte, Violette Morris ne rencontrait ni n'avait de commerce intime qu'avec les femmes dominées par une extrême volonté de séduction et par la jouissance perverse, ainsi qu'avec quelques hommes naïfs bien que sincèrement bien intentionnés. C'est ainsi qu'elle rencontre Marie-Claire, une autre bourgeoise, perverse polymorphe ayant développé un savoir-faire dans la séduction, les intrigues, l'amour et surtout la sexualité saphique. Pendant une époque, Violette Morris a vécu une relation à quatre avec Marie-Claire, dans un moule proche du transmariage identitaire ou double mariage identitaire (Arce Ross, 2020a, pp. 186-187). Marie-Claire, ayant été mariée avec un homme homosexuel qui couchait avec son secrétaire dans la maison conjugale, a eu l'idée de recevoir un temps Violette Morris dans ce qui est devenu un véritable mariage transidentitaire, c'est-à-dire un double mariage pour tous ou concubinage sexuel entre deux couples mariés, où tous les membres ont des relations homosexuelles. *« Les deux couples cohabitaient parfaitement, chacun semblant y trouver son compte »* (Ruffin, 2004, p. 49). Voilà comment Violette Morris pouvait être stabilisée au niveau affectif mais seulement sur le plan identitaire car, pour le réussir, elle avait besoin de renforcer son identité faussement virile.

Son hypersexualité échangiste a commencé très tôt et s'est poursuivie même lorsque Violette Morris s'était mariée avec un homme aisé qui l'aimait sincèrement. Celui-ci la quitte sur le champ lorsqu'il la découvre, dans le salon de leur appartement, dans une partouze lesbienne avec ses amies. Évidemment, la conjonction du désir pervers avec la jouissance débridée, qui exigent des plaisirs de plus en plus extrêmes et qui caractérisent ainsi une sexualité translimites, débouche toujours, comme l'effet terminal des drogues, sur un terrible désenchantement. Malheureusement, au bout du désenchantement produit par l'hypersexualité, on retrouve non seulement une profonde désillusion généralisée, mais aussi une grande anomie sentimentale et sexuelle, la dépendance du désir vis-à-vis de la jouissance translimites et des échecs de plus en plus réguliers dans la vie affective. Ces échecs, comme celui du mariage, représentent la fragmentation galopante de sa personnalité et sa transformation en une identité factice, composée de révolte haineuse, de brutalité et de revanche criminelles.

COMPLEXE D'HYPERMASCULINITÉ, MASTECTOMIE SUICIDAIRE ET ANTISÉMITISME

Entre 1912 et 1935, pratiquant d'innombrables sports dans un cadre professionnel où elle a été bien souvent classée très haut, sélectionnée dans l'équipe de France de football, de handball, participant aux Jeux olympiques, boxeuse, nageuse, avant-centre de l'Olympique de Paris, pilote automobile, cycliste, aviatrice, Violette Morris a été nommée meilleure athlète du monde (Bruggeman, 2018). Par ailleurs, elle a pratiqué hors compétition d'autres sports, comme le tennis, l'équitation, le tir à l'arc, l'haltérophilie, le plongeon de haut vol, le *water-polo* ou la lutte gréco-romaine, où elle excellait également (Bruggeman, 2018). Cependant, pour cause de son comportement déplacé, de sa vie dissolue de plus en plus encombrante et de ses réactions violentes, elle a été écartée des compétitions officielles.

Alors, soi-disant pour réagir à cette interdiction, Violette Morris commet une mastectomie sauvage en se coupant l'un des seins elle-même avec un couteau de cuisine et en faisant retirer l'autre à la clinique de la Garenne-Colombes qui l'a reçue en urgence (Bruggeman, 2018 ; Ruffin, 2004, p. 109). Aussi bien sa frénésie corporelle au sport que l'hypersexualité semblent avoir été la manifestation d'un processus autodestructeur qui aurait pu terminer en suicide, mais qui, au moins pour le moment, n'a eu qu'une approche, une tentative avortée. Toutefois, ont accompagné ce passage à l'acte suicidaire plusieurs autres signes psychotiques dont la haine délirante et passionnelle, aussi abrupte qu'injustifiée, contre la France (Bruggeman, 2018). Son délire de préjudice, en plus d'être adressé contre les membres de la Résistance, l'a menée pour l'instant à se faire du mal à elle-même, bien qu'elle insulte violemment la France et son peuple. « *Un jour, sa décadence [de la France] l'amènera au rang d'esclave, mais moi, si je suis toujours là, je ne ferai pas partie des esclaves. Crois-moi, ce n'est pas dans mon tempérament* » (Ruffin, 2004, p. 121).

Tous ces échecs personnels, ruptures professionnelles et désastres affectifs, liés à son complexe de masculinité, à l'hypersexualité translimites aussi bien qu'à sa tendance à l'autodestruction, ont poussé Violette Morris vers la ruine financière. Elle y a réagi par une solide haine des Juifs. Ainsi, lors d'un séjour en Allemagne, en août 1934, elle jubile devant les magasins juifs fermés et strictement surveillés par les Sections d'assaut nazies, les SA (Ruffin, 2004, pp. 124-127). Une telle disposition psychologique la rend facilement vulnérable à la propagande national-socialiste en général, ainsi qu'à la manipulation hypnotisante déployée par les agents du Service de renseignements du Parti National-socialiste, le SD, à son égard. Dans une lettre de cette époque qu'elle écrit à une amie, Violette Morris justifie la trahison qu'elle va infliger à une autre amie très proche pour la cause national-socialiste. Elle y affirme que « *la ploutocratie judéo-bolchevique doit crever, même si c'est au prix de la destruction des alliances ou du reniement des amitiés* » (Ruffin, 2004, p. 147).

Étant à la recherche inconsciente d'adoption par des gens qui enfin l'aiment et la respectent selon l'identité qu'elle s'était anciennement confectionnée, la transidentitaire adopte et se laisse adopter par la nouvelle identité de collaborationniste adulée que lui proposent tacitement les agents du SD. Autrement dit, par la satisfaction de son narcissisme haineux et par l'acceptation de son identité de femme masculine à l'homosexualité translimites qui lui offrent aisément les agents national-socialistes, Violette Morris plonge allègrement, d'abord, dans la trahison et, ensuite, dans le crime. Une véritable conversion transidentitaire à connotation sexuelle et pseudo-héroïque, mais abjecte et criminelle, voit alors le jour chez elle.

Pourtant, certains auteurs dressent de cette femme un portrait laudatif, parfois à l'excès, la considérant presque une héroïne des luttes féministes. Le roman de Gérard de Cortanze la présente comme une *« figure des nuits parisiennes et du music-hall [et comme] une grande amoureuse : Joséphine Baker et Yvonne de Bray, grâce à qui elle rencontra Cocteau et Marais, furent parmi ses conquêtes »* (Cortanze, 2019). Pour Claire Bonnet, Violette Morris n'est qu'une jeune bourgeoise très intrépide et ayant un énorme palmarès de conquêtes sportives, sociales et érotiques dont les gens de son époque étaient admiratifs et n'hésitaient pas à louer sa personnalité *« extrêmement chargée et d'une extraordinaire diversité. [...] Lors du Bol d'Or automobile, en 1927, elle a battu une vingtaine d'hommes. Tout le monde était sidéré »* (Bonnot, 2020).

En effet, puisque Violette Morris *« n'a jamais été égalée dans l'histoire du sport féminin »* (Bonnet, 2011) et qu'elle revendiquait le droit de jouir de la liberté des hommes dans la mesure où elle les battait, pour des auteurs comme Marie-Jo Bonnet, Violette Morris montrait par sa propre expérience *« qu'elle méritait cette liberté et ce statut civil »* (Bonnet, 2020). C'est-à-dire qu'une femme brutale, par le seul fait d'être violente, lesbienne, hypermasculine, plus que simple garçonne, et en se comportant comme un salaud, peut s'arroger le droit d'acquérir une identité de féministe héroïque. Aussi, elle tue un homme d'un coup de revolver venu cambrioler la péniche qu'elle occupait avec sa compagne mais elle est acquittée pour légitime défense, malgré le fait d'avoir été considérée comme dangereuse par la Cour (Bonnot, 2020). Donc, quelque part, l'auteur laisse entendre que Violette Morris se défendait très bien et à aucun moment cette narrative ne lui soulève un grief pour avoir tué un homme dans des conditions assez obscures.

Violette Morris devient ainsi, dans ces publications, un personnage haut en couleurs et tout à fait en accord avec les mouvements culturels, artistiques, intellectuels et sociaux de son époque. Plus que cela, dans la biographie qu'elle lui consacre, Marie-Jo Bonnet laisse entendre que cette femme aurait plutôt subi une injustice dans la mesure où elle représentait une certaine *« anormalité »* puisqu'elle voulait simplement vivre comme un homme, c'est-à-dire se conduire comme eux ou faire autant de sports que les hommes (Bonnet, 2011).

En effet, dans une bande dessinée consacrée à son histoire, Bertrand Galic, Kris, Javi Rey et Marie-Jo Bonnet suggèrent que, malgré les faits de collaboration avérés, le cas de Violette Morris s'assimilerait à une terrible injustice. Selon ces auteurs, Violette Morris aurait été victime — en tant que femme exceptionnelle aussi bien que par son physique, par sa sexualité et par son comportement hors-normes — du moralisme traditionnel d'une époque qui cherchait, par tous les moyens, à sauvegarder l'image de la féminité (Galic, Kris, Rey et Bonnet, 2018 et 2019). Cette prétendue héroïne aurait payé par sa chair pour toutes les femmes qui ne pouvaient pas exercer leur droit à la liberté. Contrairement à cet argument, il faut néanmoins souligner que le sens de l'époque laissait libre cours à toutes les perversions possibles et imaginables et que les femmes possédaient aisément des espaces qui, de plus en plus, leur étaient acquis. Un exemple très parlant de cette situation, et même du libertinage qui régnait à l'époque, est l'émergence du mouvement des garçonnes.

Notons clairement que sa conversion transidentitaire est non seulement autodestructrice et suicidaire, mais aussi criminelle. Au fond, pour Violette Morris, être garçonne n'était pas, contrairement à tant de femmes de l'époque, une simple apparence mimétique pour suivre une mode passagère et sans conséquences. Chez elle, être garçonne était un état d'hypermasculinité qu'elle avait depuis longtemps et qui se manifestait par le fait de se comporter comme une femme macho, violente, abjecte, brutale, non seulement envers les hommes mais aussi envers les femmes. C'était le cas déjà de sa relation sadomasochiste avec une ancienne danseuse des bars de la nuit, Lucienne Dewilder, qu'elle recueille pour devenir sa servante, sa confidente, son amie mais également son souffre-douleur, en quelque sorte son esclave sexuelle (Ruffin, 2004, p. 181).

C'est parce qu'elle était profondément touchée par la psychopathologie genriste et par l'homosexualité anomique que Violette Morris est plus facilement devenue un agent zélé du national-socialisme et qu'elle a plus tard participé activement à des tortures commises contre des femmes pour le compte de la Gestapo (Bruggeman, 2018). Déjà, son antisémitisme était très clair au moment où les troupes national-socialistes occupent Paris. À une amie, elle affirme ceci. *« Si nous avions eu des hommes à la hauteur ayant pratiqué cette politique d'union fraternelle que proposait alors le Reich, si nous n'avions pas été dirigés par une juiverie affairiste et des politiciens incapables, nous n'en serions jamais arrivés-là »* (Ruffin, 2004, pp. 158-159). C'est ainsi que les premières lois de Pétain interdisant les sociétés secrètes, retirant la nationalité des Juifs d'Algérie et promulguant le statut des Juifs, sont très bien accueillies par Violette Morris.

FÉMINISME NATIONAL-SOCIALISTE, HYPERBISEXUALITÉ ET CRUAUTÉ ENVERS LES FEMMES

Malgré la négation radicale de sa féminité dans l'affirmation d'un féminisme national-socialiste et de sa volonté d'être un homme, on ne peut pas dire que Violette Morris ait été transsexes jusqu'au bout. En revanche, son travestisme et sa bisexualité rapidement transformée en homosexualité exclusive, aussi bien que son passage à l'acte suicidaire contre son corps sexué, sont des éléments qui, combinés aux autres caractères psychiques et à son fanatisme idéologique, la placent comme un véritable sujet transidentitaire. Paradoxalement à sa féminité rejetée, Violette Morris affirmait sa condition de femme comme étant homologue ou même supérieure à celle de l'homme. À ce titre, sa jouissance identitaire était de devenir non pas tout à fait un homme mais une femme extrêmement masculine, bien plus d'ailleurs que la plupart des hommes, un Sur-homme. En somme, Violette Morris était une digne représentante du suprémacisme panféministe qui pouvait être associé au pangermanisme des national-socialistes allemands.

D'allure hypermasculine, corpulente et travestie en permanence en homme élégant de la pègre ou carrément déguisée en simple truand, portant souvent un complet-cravate et de très grosses chaussures, usant d'un vocabulaire de charretier, fumant de deux à trois paquets de cigarettes par jour, ayant fréquemment des attitudes agressives et brutales, Violette Morris a développé une confession panféministe avec des profonds ressentiments contre les hommes, exactement comme certaines genristes hypermasculinisées d'aujourd'hui. Dans le paroxysme de ses croyances fanatiques, elle avait par exemple développé comme slogan *« ce qu'un homme fait, Violette peut le faire »* (Bruggeman, 2018). Très marquée par la psychopathologie macropsychique des années folles — ce féminisme couplé avec les sexualités anomiques, les phénomènes translimites, les idéologies sur la non-différenciation sexuelle et les opérations chirurgicales pour tenter de changer les organes sexuels des travestis et des transsexes —, Violette Morris a absorbé et incarné les principaux troubles de cette psychopathologie ayant débuté dans la société national-socialiste d'avant-guerre, en Allemagne.

Volontairement ou non et de manière bien plus extrême que

n'importe quelle autre femme en France, Violette Morris vivait, pendant les années 1910 et 1930, comme les bohèmes et transidentitaires de Berlin. Ceci est un aspect à relier au fait que le vaincu d'une guerre peut influencer subrepticement le vainqueur. En gagnant la guerre, ce dernier cannibalise l'ennemi vaincu, au point d'absorber ses pires tares dans une sorte de fête orgiaque commandée par sa fureur triomphaliste et revancharde.

Après avoir été exclue par la Fédération Féminine Sportive de France, en 1927, pour avoir donné un mauvais exemple aux femmes (du fait d'être divorcée, toujours habillée en homme et faisant l'apologie de la bissexualité), Violette Morris nourrit une profonde haine de la France, comme si la Fédération se confondait avec le pays dans sa globalité. Sa jouissance identitaire prend alors une tournure éminemment politique qui la mène vers les bras criminels de la collaboration avec l'occupant national-socialiste (Weber, 2010). Elle participe aux Jeux olympiques de 1936, avec la présence notamment d'Adolf Hitler et rencontre les autorités du Troisième Reich. « *Invitée d'honneur de l'Allemagne hitlérienne [...], Violette y développe un intérêt pour le nazisme qui vire rapidement à l'admiration. Elle est remarquée par des services allemands sensibles à ses relations dans les milieux sportifs, artistiques et intellectuels comme par le parfum de scandale qui entoure sa vie privée : habituée des nuits parisiennes, Violette en sait long sur les petits secrets du tout-Paris. Toujours bon à prendre : Violette est recrutée* » (Weber, 2010).

Selon un documentaire produit par *France 3*, « *le faste et le décorum nazi impressionnent l'ancienne championne* » (Weber, 2010). À partir de cette époque, Violette Morris décide d'exécuter des trafics du marché noir et commence à fréquenter la pègre parisienne. C'est à ce moment également qu'elle rencontre les membres de la bande de la rue Lauriston et qu'elle devient, en 1937, une auxiliaire du Service de Renseignements de la SS. « *Recrutée par le chef [de ce Service à Paris], Helmut Knochen, elle engage des espions, cherche à infiltrer les premiers réseaux de résistance dans l'ouest et s'oppose aux efforts du SOE, les services spéciaux anglais* » (Weber, 2010). Violette Morris crée également un réseau de jeunes femmes collaborationnistes qui la suivront jusqu'au bout de ses crimes.

La tortionnaire bisexuelle fréquentait le 93 de la rue Lauriston, *la Carlingue*, une sorte d'antenne française de la Gestapo, par l'intermédiaire d'un ancien truand, Henri Chamberlin-Lafont. La rue Lauriston était « *un étrange mélange d'ex-flics et d'anciens criminels reconvertis dans la torture et le renseignement au service du contre-espionnage nazi, [...] torturant et exécutant suspects et résistants pour alimenter les réseaux allemands en renseignements. Sans qu'on connaisse son rôle exact, il est certain que Violette participe personnellement aux séances de torture, en se concentrant plus particulièrement sur les femmes. Elle y gagne le surnom de "Hyène de la Gestapo"* » (Weber, 2010 ; Allézard & Robert, 2019). Malheureusement, c'est une telle collabo et tortionnaire qui est considérée par certaines féministes comme une héroïne et comme un exemple de libération pour les femmes.

Développant sans scrupules, selon les nouvelles conjonctures de la guerre, une carrière de tortionnaire de femmes, la féministe national-socialiste et championne de la cruauté envers les femmes est devenue l'une des femmes le plus détestées de l'histoire de France. Elle a torturé des femmes avec des moyens aussi cruels que créatifs : elle les jetait violemment par terre, enlevait la peau de leur dos, cassait leurs os, leur arrachait les ongles (Bruggeman, 2018). Quelques exemples des brutales exactions commises contre des jeunes femmes par Violette Morris ont été répertoriés grâce au travail d'investigation de plusieurs historiens. On peut faire référence à la jeune résistante Odile S., de 22 ans, qui reçoit des insultes, des brimades, des gifles, des coups de cravache sur son corps complètement nu, des coups qui tombent sur la poitrine et le ventre. « *Elle la jette à terre et roue de coups le dos, les cuisses, le visage sur lesquels la cravache imprime des zébrures rougeâtres* ». La jeune Odile S. en témoigne. « *J'ai passé la nuit et la quasi-journée du lendemain dans une espèce de débarras tout juste meublé d'un lit de camp. On ne m'a pas donné à manger ni à boire et j'ai souffert de la soif car je me sentais fiévreuse. [...] La suite, vous la devinez : la prison, la déportation, les camps allemands...* » (Ruffin, 2004, pp. 196-198).

À cette époque, Violette Morris agissait parfois en compagnie du collaborationniste fanatique Pierre Paoli, un très jeune tortionnaire bestial qui s'acharnait avec violence mais aussi sexuellement sur ses victimes. Il arrêtait de préférence des familles juives ou communistes desquelles il prélevait des très jeunes femmes, parfois dès l'âge de 14 ans, pour se livrer à des viols collectifs. Il fut jugé et fusillé en 1946. Avec lui, Violette Morris formait un « *tandem redoutable* » (Ruffin, 2004, pp. 202-203) et elle se déchaîne contre un autre jeune, Adrien Florent, membre du réseau « *Fana* » des *Forces françaises combattantes* : des violents coups de poing, de cravache, de nerf de bœuf et des sévices au chalumeau pleuvent toute la nuit sur le corps du jeune homme. Violette Morris contraint également un jeune de 17 ans à collaborer avec la Gestapo sous la menace de tortures et de viols sur sa petite sœur de 12 ans (Ruffin, 2004, pp. 203-205 et 231-233).

Une jeune innocente de 19 ans, Suzanne Leverrier, est arrêtée pour avoir apporté une enveloppe avec des informations compromettantes à une résistante qu'elle ne connaissait pas et en ignorant le véritable contenu de la correspondance. Les deux femmes ont été sauvagement torturées par Violette Morris. En arrivant dans la pièce de torture, Suzanne Leverrier aperçoit l'autre femme *« entièrement nue suspendue par les poignets un gros crochet fixé dans le plafond. Sa tête retombait en avant [...] et ses cheveux masquaient son visage. Le corps marqué de traces rouges et bleues était sillonné de filets de sang. [...] la Morris prit sa cigarette qu'elle écrasa fortement sur l'un de ses seins. La malheureuse gémit mais sans crier, l'autre saisit alors son briquet, l'alluma et le plaça sous le mamelon. Cette fois, la jeune femme poussa un grand cri de douleur. [...] Cela dura longtemps. La Morris était déchaînée, elle alternait les rafales de coups avec les brûlures au briquet »* (Ruffin, 2004, pp. 237-238). Ayant succombé au charme de la très jeune Suzanne Leverrier et voyant qu'elle était vraiment innocente, Violette Morris l'épargna de ses coups mais pas de la prison cette nuit ni des deux ans passés dans les camps en Allemagne.

Après avoir trahi sa condition féminine en essayant de la camoufler par son apparence et ses attitudes hypermasculines, profondément identifiée qu'elle était à une attitude violente envers les femmes et ayant tranché ses seins comme s'il s'agissait d'une castration réelle sous l'irruption du phénomène transidentitaire, Violette Morris passe à une nouvelle existence, cette fois-ci national-socialiste en plus de panféministe et genriste. Au moment où elle décide de trahir la France et de collaborer activement avec les national-socialistes, elle tient à s'en prendre aux autorités sportives françaises en particulier et à la France en général. Elle explique ainsi sa conversion au nazisme et sa haine de la France. *« J'ai fait briller le nom de la France à l'étranger. J'ai même fait retentir la Marseillaise. Mais deux ou trois putains m'ont empêché de continuer ! Mais, c'est quoi ce pays de merde où les bons à rien, les hypocrites et les pétasses font la loi ! »* (Weber, 2010).

Notons ici que lorsque Violette Morris exigeait que les femmes qu'elle allait torturer se dénudent, elle assistait, complaisante, à l'apparition progressive de ces corps féminins, jeunes et souvent harmonieux, vis-à-vis desquels elle était si sensible. Et de tous les témoignages apportés, nous pouvons facilement déduire que plus Violette Morris se sentait sexuellement excitée devant le spectacle de ces corps féminins nus, plus elle éprouvait l'envie pressante de déchaîner sa brutalité. Dans cette réaction, il s'agissait d'un analogon de ses anciennes partouzes, surtout celles exclusivement lesbiennes.

PSYCHOPATHOLOGIE DE LA BISEXUALITÉ ET JOUISSANCE TRANSIDENTITAIRE

L'homosexualité, la bisexualité, l'hypersexualité, l'asexualité et la transsexualité sont des choix d'objet réactionnels appartenant à une hétérosexualité contrariée, conflictuelle ou forclose selon les cas. Elles n'ont aucune origine organique ou génétique mais appartiennent aux troubles psychogéniques. Pour cette raison, elles se situent bien, quoi que l'on dise, dans la psychopathologie. Les patients homosexuels, bisexuels, hypersexuels, asexuels et transsexuels ne s'y trompent pas et s'adressent d'eux-mêmes aux psychologues cliniciens, aux psychiatres et aux psychanalystes. Dans la grande majorité des cas, ils ne demandent pas de changer leur choix d'objet sexuel, car il est déjà suffisamment ancré dans leurs vies, bien que parfois il y ait des surprises à ce sujet. Nous avons à cet égard évoqué la plasticité et la réversibilité spontanées de ces états dans certains cas (Arce Ross, 2016), même si c'est très difficile que, passé un certain stade, le choix d'objet sexuel puisse changer d'orientation. Cependant, en règle générale, ces patients demandent plutôt une cessation des troubles bien réels qui affectent leurs vies et qui ont un lien intime avec leur choix d'objet. Pour cela, il y a bien un moment où le psychanalyste dirige la cure vers le contexte de base ayant permis le choix d'objet réactionnel.

Les processus vis-à-vis desquels ces sexualités contrariées, conflictuelles ou forcloses sont la réaction varient d'un cas à l'autre. Plus précisément, dans le cas de la transidentité on peut trouver, comme chez Violette Morris, un profond déficit de l'affectivité parentale, déficit couplé à des séries de ruptures ou d'abandons parfois très précoces dans la vie familiale, scolaire, professionnelle et amoureuse. Vis-à-vis de cette situation initiale et selon certaines conditions spécifiques, la transidentité apporte un élément supplémentaire à la simple homosexualité, bisexualité, hypersexualité, transsexualité ou asexualité.

Chez Violette Morris, la psychopathologie de la bisexualité s'enrichit d'un aspect identitaire. Elle ne devient pas à proprement parler transsexes, mais adopte sans aucun esprit critique une identité masculine totalement étrangère à son sexe d'appartenance. Elle fait tout pour ressembler psychologiquement et sociologiquement à un homme, tout en demeurant néanmoins réellement femme. Sans aller jusqu'à l'extrême du transsexualisme, elle se fixe dans une hyperbisexualité transidentitaire.

En effet, la transidentité de Violette Morris procède par l'ajout d'une hypermasculinité, de l'idéologie panféministe et de l'adhésion aux brutalités criminelles du national-socialisme venant écraser sa féminité. Dans sa transidentité, il y a bien donc le traitement de la sexualité, de l'attitude générale envers le monde et notamment du corps — dont la double mastectomie en est le malheureux reflet —, par une identité artificiellement fabriquée. Celle-ci redouble, s'oppose et même domine l'identité réelle du sexe d'appartenance. Le terrible conflit de la double identité cohabitant chez un même sujet, ainsi que l'écrasement de l'identité factice sur celle réelle, sont les éléments principaux de la dissociation de l'identité sexuelle dans la transidentité.

NAZISME ET GENRISME TRANSIDENTITAIRE

L'un des traits communs des totalitarismes, qu'ils soient fascistes-socialistes, communistes ou national-socialistes, c'est la tentative de détruire les valeurs de la civilisation occidentale pour la remplacer par une autre soumise à des dogmes inédits et pervers, imposés à tous. Le genrisme, tant identitaire que transidentitaire, a le même but et, en outre, nous savons qu'il prend ses sources dans la société national-socialiste de l'Allemagne dès le début du XXème siècle.

Le national-socialisme allemand n'a pas attendu la Seconde Guerre Mondiale ni même l'accès d'Adolf Hitler au pouvoir pour voir le jour. Les tendances national-socialistes, telles que le pangermanisme, le paganisme, l'eugénisme, le racisme, la haine de la famille, l'antichristianisme ou l'antisémitisme, existaient déjà bien avant les années 1920 (Richard, 1978, 1988). Toutefois, en plus de celles-ci, la société allemande de la fin du XIXème siècle et du début du XXème siècle présentait également une autre caractéristique : la sexualité anomique ayant été au fondement tant du national-socialisme que du genrisme.

En parallèle du pangermanisme, le genrisme s'est constitué dès les origines comme un panféminisme, c'est-à-dire comme un suprémacisme féministe, ayant comme but pervers celui de féminiser en les neutralisant les fonctions masculines des hommes aussi bien que de masculiniser à outrance les vertus féminines des femmes. Le genrisme conserve le paganisme, l'eugénisme, le racisme sous couvert de racialisme et l'antichristianisme des national-socialistes. En tant qu'analogon des caractères totalitaires, fermés et extrêmement pervertis du national-socialisme, le genrisme a développé le communautarisme et la jouissance identitaire. D'ailleurs, les groupes sexidentitaires de nos jours ressemblent énormément et possèdent les mêmes buts que les factions d'autrefois, telles que *les Oiseaux migrateurs*, qui ont permis la naissance du monde national-socialiste (Richard, 1978, pp. 28-29).

Ces nouvelles factions identitaires cherchent à soi-disant « libérer » les jeunes du joug de l'école, des traditions, de la famille, des institutions consacrées de la civilisation occidentale pour créer des communautés idéologiques où les membres vivent selon des dogmes séparatistes, classistes, racistes et genristes. La pensée uniforme, la *cancel culture*, la perversion de la langue et des coutumes, le développement incessant d'une propagande identitaire par tout média volontariste et zélé, la judiciarisation du comportement érotique, la victimisation et les revendications irréalistes des minorités autoproclamées victimes, sont quelques uns des traits proches des attitudes totalitaires des nazis comme l'interdiction de journaux, la mise au feu de livres critiques, la réécriture de livres soi-disant gênants ou le contrôle total de la liberté d'expression.

De son côté, l'aspect transidentitaire du genrisme a apporté le principe selon lequel la seule esthétique (par exemple, celle de la femme) aurait le pouvoir de créer une harmonie intérieure (celle de se sentir femme et donc d'en être vraiment une). Cette croyance correspond exactement au principe développé par Adolf Hitler dans *Mein Kampf* (Richard, 1978, 1988, pp. 35-36) qui prône une relation de cause à effet entre l'esthétique et l'harmonie intérieure. Sans doute, l'esthétique comme cause et comme but essentiel se trouve au fondement même des thérapies de conversion transidentitaire et au cœur du développement d'une médecine substantiellement techniciste, sans respect pour les valeurs de l'éthique.

FACTEURS PRÉCURSEURS DU GENRISME DANS LA SOCIÉTÉ NATIONAL-SOCIALISTE

Depuis son panflet anonyme *Sappho et Socrate* (Hirschfeld, 1896) et ses prises de position contre la criminalisation de l'homosexualité selon l'article 175 du Code allemand de l'époque, le sexologue homosexuel Magnus Hirschfeld était surtout connu pour développer une apologie de l'homosexualité et de la transsexualité de la même façon que Karl Heinrich Ulrichs, également homosexuel, de qui il reprend d'ailleurs la notion de *troisième sexe* (Ulrichs, 1864-1880, 1994). Au demeurant, il faudrait situer Karl Heinrich Ulrichs comme l'un des précurseurs, sinon *le* précurseur, du véritable genrisme, bien avant John Money et même si cette idéologie ne portait pas encore ce nom. Néanmoins, la notion de genre y était bien présente dans les travaux et notamment dans l'application des techniques de conversion de Magnus Hirschfeld, lesquelles techniques tentaient d'appliquer dans la réalité la notion du soi-disant *troisième sexe* (Ulrichs, 1864-1880, 1994).

L'apologie théorique de l'homosexualité prend des accents identitaires lorsque Magnus Hirschfeld s'attache à la considérer comme ayant une source organique vis-à-vis de laquelle il faudrait appliquer un traitement médical. C'est ainsi que Hirschfeld fait l'analogie entre homosexuels (voire transsexes) et handicapés (Hirschfeld, 1904), mais ceci lui valut de grandes critiques et des désertions. En effet, rabattre l'homosexualité et la transsexualité sur la notion de handicap revient à faire équivaloir ces sexualités à l'idée de déficit, ce qui est tout à fait opposé à la réalité et, en plus, assez choquant pour les intéressés. Par ailleurs, ce qui le rapproche du genrisme n'existant pas encore à l'époque est également le fait que Magnus Hirschfeld considère qu'il y a une gradation, un *continuum* possible entre les pôles masculin et féminin et que, sous certaines conditions, un sujet peut naviguer de l'un vers l'autre (Hirschfeld, 1906).

Certains considèrent que si les homosexuels national-socialistes se sont opposés à Magnus Hirschfeld et l'ont chassé de Berlin, c'est parce que, pour eux, la race supérieure était située chez les homosexuels masculins, alors que, par ses techniques de conversion transidentitaire, Hirschfeld prônait une version féminisante de l'homosexualité masculine, ce que les premiers ne pouvaient absolument pas accepter. Autrement dit, ce que les national-socialistes — dont les leaders principaux étaient des homosexuels hautement sublimés, profondément pervers et strictement dominés par leur idéologie criminelle, soit des *homoérotiques identitaires* selon ma propre terminologie —, reprochaient aux opérations de Magnus Hirschfeld, qui apportaient une apparence féminine à des hommes homosexuels, était que celui-ci tentait de créer au sein de la transsexualité, et par extension de l'homosexualité, une *hétérosexualité artificielle* (Lively & Abrams, 1996).

En tout cas, les théories genristes et identitaires de Karl Heinrich Ulrichs sur le troisième sexe trouvaient une concrétisation dans les techniques de castration réelle exécutées dans la clinique de Magnus

Hirschfeld et, malgré tout, elles ont été récupérées par les homoérotiques national-socialistes. Une telle récupération des travaux d'Ulrichs et de Hirschfeld s'est concrétisée dans les théorisations du psychologue national-socialiste Hans Blüher. En effet, à partir des travaux de Hans Blüher, un homosexuel misogyne, antisémite, militant identitaire de la cause homosexuelle, proche des théories de Magnus Hirschfeld et appartenant au parti nazi jusqu'en 1934 (Morgenstern, 2003 ; Blüher, 1922 ; Blüher, 1933), un genrisme plus en accord avec les dogmes national-socialistes a pu voir le jour.

Soulignons ici que Rudolph (Dora) Richter, Arno (Toni) E. et Einar (Lili Elbe) Wegener étaient bien le produit de la société profondément anarchique, désorientée et anomique qui a donné naissance aux perversions national-socialistes. Vers la fin du XIXème siècle et pendant les premières décennies du XXème siècle, lorsque montait parallèlement en Allemagne la passion criminelle des national-socialistes, Berlin était devenu l'antre du sexuel, de la prostitution, de l'indifférenciation sexuelle, de la mise en spectacle d'une multiplicité de perversions et de violences sexuelles. Ce n'est pas pour rien que naissent, surtout dans l'Allemagne national-socialiste du XIXème siècle, les études sur les déviances et les perversions sexuelles dont notamment les travaux de Richard von Krafft-Ebing (1886) et de Magnus Hirschfeld (1904 ; 1906).

Même avant, lors des dernières décennies du XIXème siècle se situent clairement les prémices des perversions et des violences sexuelles qui vont alimenter non seulement les représentations sexuelles, mais aussi et surtout les pratiques d'une sexualité devenue anomique et criminelle (Corbin, 2005, p. 189). C'est aussi à cette époque que se situent les précurseurs macropsychiques autant de l'hitlérisme national-socialiste que du genrisme, lesquels secouent la capitale allemande, autrichienne, française voire anglaise et accompagnent de près l'éclosion de multiples perversions sexuelles telles que la prostitution masculine d'enfants et adolescents, la pédophilie, la pédérastie, le travestisme, le transsexualisme, les partouzes en tout genre, etc.

À cet égard, pendant les années 1890, en Autriche, Otto Weininger, un philosophe, écrivain et psychologue, suicidé à l'âge de 23 ans, développe une théorie proche du genrisme en faisant l'apologie des perversions comme la bisexualité aussi bien que des points de vue sexistes, antisémites, misogynes et racistes. Pour lui, « *il n'existe heureusement pas d'individu qui soit tout entier d'un seul sexe* ». C'est-à-dire que, pour cet auteur, comme pour les genristes d'aujourd'hui, « *la classification des êtres vivants en mâles et femelles apparaît insuffisante pour rendre compte de la réalité* » (Weininger, 1903). De par son positionnement faisant l'apologie de l'homosexualité, de la bisexualité et de la transsexualité, ce psychologue antisémite, national-socialiste, homosexuel et genriste avant l'heure est devenu, au fil du temps, une référence pour le discours d'extrême droite et notamment des néonazis d'aujourd'hui.

Freud, qui avait rencontré brièvement Otto Weininger et avait lu son livre sans en être convaincu, tient à faire la critique de ces théories sur la bisexualité lesquelles tentent maladroitement de copier ce que disait Freud sur la bisexualité initiale dans le développement psychosexuel d'hommes et de femmes.

Lorsque Freud analyse l'émergence du complexe de castration du Petit Hans au moment où cet enfant reçoit un éclaircissement sur la différence sexuelle, Freud fait un parallèle avec le cheminement de pensée d'Otto Weininger qu'il considère, en faisant référence à son homosexualité, « *hautement doué et sexuellement perturbé* » (Freud, 1909, p. 31). À propos de Weininger, Freud pose un parallèle entre le mépris de la femme dans l'homosexualité masculine et l'antisémitisme autour du complexe infantile de castration à la mode du Petit Hans. Voici ce que dit Freud sur le bisexuel, homosexuel, genriste et antisémite Otto Weininger. « *Le complexe de castration est la plus profonde racine inconsciente de l'antisémitisme, car dès la chambre d'enfants le garçon entend dire que l'on coupe au juif quelque chose au pénis — un morceau de pénis, pense-t-il —, et cela lui donne le droit de mépriser le juif. De même, la morgue envers la femme n'a pas de racine inconsciente plus forte. Weininger [...] a gratifié le juif et la femme de la même hostilité et les a accablé des mêmes outrages. Weininger se trouvait, en tant que névrosé, entièrement sous la domination de complexes infantiles ; la relation au complexe de castration est là ce qui est commun au juif et à la femme* » (Freud, 1909, p. 31).

Grâce aux travaux de Karl Heinrich Ulrichs, Magnus Hirschfeld, Otto Weininger ou Hans Blüher, entre autres, nous voyons alors que les pratiques sexuelles et les théories des premiers national-socialistes, ayant vécu quelques décennies avant le début officiel de la société nazie, s'assimilent à et constituent·les facteurs précurseurs de l'idéologie genriste. Nous avons de nombreux exemples non seulement en Allemagne mais également en France.

Justement, en France, par exemple, le témoignage autobiographique dans les années 1860 d'Arthur X, un travesti, homosexuel et prostitué, raconte l'histoire d'un enfant qui, par excès d'amour maternel et ayant été abusé sexuellement dès son enfance, est attiré par d'autres hommes, tombe très vite dans le travestissement grâce à la complaisance des deux parents et finit tristement dans la prostitution (Legludic, 1896).

Le parcours psychopathologique d'Arthur X est assez classique en ce qu'il montre l'enchaînement bien connu des événements subjectifs en cause dans l'étiologie de sa perversion sexuelle. Nous pouvons y repérer la position incestuelle de la mère à son égard, la complaisance d'un père passif, faible, vaniteux et assez éloigné des intérêts masculins à transmettre à son fils, le conditionnement infantile pour l'amour des vêtements féminins et la détestation des masculins opéré par une mère couturière, des abus sexuels depuis l'enfance, l'immersion totale dans un monde strictement féminin, l'esclavage vis-à-vis de l'apparence, la rencontre avec un pédophile lors de l'adolescence et la chute dans une prostitution précoce et frénétique.

Comme tant d'autres sujets homosexuels, bisexuels, travestis ou transsexes, Arthur X se plaint clairement de la psychopathologie d'origine sexuelle qui le submerge sans pourtant pouvoir ni vouloir la contrer ou la rendre réversible, du fait de sa grande dépendance vis-à-vis de cette modalité de jouissance. « *Le regret cuisant, le chagrin qui empoisonne ma vie, qui m'a causé tant de défaillances d'esprit et de corps et qui m'a inspiré des envies qu'aucun tourment ne saurait égaler, c'est de n'être pas conformé sexuellement comme tous les hommes* » (Legludic, 1896, pp. 30-31).

Toujours en France, l'autoproclamé « *pédéraste* » André Gide et ses passages à l'acte pédophiles, dans lesquels il abusait d'enfants âgés de 8 ans, appartiennent aussi à cette époque de transition entre les deux siècles (Gide, 1911, 1924). André Gide fréquentait assidûment le parcours classique du tourisme sexuel à Berlin pour trouver les enfants qui convenaient à sa sexualité pervertie. À Frank Lestringant, le pédophile homosexuel André Gide jubile lorsqu'il dit que « *Berlin a l'air de se prostituer de haut en bas* » (Lestringant, 2012, p. 570). L'arrivée au pouvoir d'Adolf Hitler ne gêne pas du tout André Gide dans son habitude d'abuseur sexuel d'enfants et adolescents à Berlin sachant que dans la capitale allemande, à l'époque de Hitler, « *tout paraissait dédié à la pédérastie* » (Simonnot, 2015, p. 29).

Nous savons qu'aujourd'hui des cas comme ceux-ci sont extrêmement répandus avec la seule différence que désormais le travestisme, la pédophilie et la prostitution infantile sont presque considérés comme des sexualités alternatives appartenant à la « diversité » des pratiques normales et dont il faut même être « fier ». Nous savons aussi que, comme au début du XXème siècle, la révolution sexuelle identitaire de notre siècle s'accompagne d'une recrudescence des dogmes national-socialistes et des politiques d'extrême droite.

NORMALITÉ TRANSIDENTITAIRE : UNE NOUVELLE PSYCHOPATHOLOGIE

Comme les homoérotiques identitaires et les médecins de la société national-socialiste, les militants sexidentitaires d'aujourd'hui qui tentent d'évacuer de la psychopathologie les perversions, les violences sexuelles ou les sexualités identitaires rangées sous la rubrique des sexualités alternatives — telles que l'homosexualité, l'asexualité, la transsexualité, la pansexualité, l'échangisme, la pornographie, la pédophilie, l'inceste, le fétichisme, le voyeurisme, l'exhibitionnisme, le sadomasochisme, la sexualité avec les objets, la sexualité avec les robots, la zoophilie, etc. —, se heurtent à une impasse conceptuelle. Dans leur démarche, ils sont contraints d'imposer une identité artificielle à chacune de ces grandes manifestations de la sexualité comme si elles étaient un gage de normalité. Le développement du genrisme sert justement à cela, et c'est pour cette raison que cette idéologie si fanatique est un danger pour la civilisation.

Le problème est que, en ce faisant, ces auteurs contraignent notamment les patients transidentitaires en général, et particulièrement les transsexes, à s'adresser aux techniques médicales, psychologiques, juridiques, comportementales, toutes strictement cosmétiques, pour faire vivre dans l'imaginaire, dans le sociétal, dans le semblant, dans l'apparent, les nouvelles identités factices que le genrisme a fabriqué. Et, si ces patients sont obligés de passer par ces techniques, notamment médicales, c'est qu'ils montrent implicitement que leurs relations à la sexualité ne sont pas si normales que cela et qu'elles posent un véritable problème, non pas tellement pour les autres mais surtout pour eux-mêmes. En effet, si ces sujets avaient vraiment une relation équilibrée et normale à la sexualité, ils n'auraient besoin d'aucun subterfuge pour devenir autre chose que ce qu'ils sont déjà ou ce qu'ils ont déjà.

Alors, pour forcer un passage vers une apparence se situant « complètement » dans la normalité — c'est-à-dire, dans une normalité devenue une terrible injonction tyrannique sous peine de suicides ou au moins d'automutilations —, le sujet se voit contraint de coller sur lui une forme étrangère qu'il sent présente en lui, mais qu'en vérité il n'avait pas auparavant. C'est, par conséquent, spécifiquement le processus de conversion, ce besoin impérieux qui l'oblige à se voir appliquer des techniques qui le rendent Autre, qui constitue la manifestation la plus évidente de la nouvelle psychopathologie dont souffre le sujet. À travers le processus de conversion transidentitaire, le sujet essaie de se persuader qu'il prend le bon chemin, que finalement son problème (puisqu'il en a bien un) est en train de se résoudre. Cependant, c'est par ce processus même qu'il fait coller paradoxalement les emblèmes de sa psychopathologie sur sa peau comme un vêtement éternel et qu'il plonge, tête baissée, dans une autre problématique, celle de l'identitaire.

L'un des problèmes psychologiques des chirurgies abusives de conversion, ainsi que des mesures juridiques de légalisation de leur nouvel état, c'est qu'elles donnent le sentiment au patient homme de devenir véritablement une femme et à la patiente femme l'impression de devenir véritablement un homme, ce qui est totalement impossible dans les deux cas. Le patient passe alors à vivre complètement dissocié, encore plus qu'avant, entre deux identités inconciliables : celle réelle, qu'il a eu et qui malgré tout s'inscrit encore chez lui, et celle artificielle, laquelle devient son identité sociale, juridique et apparente. Les processus psychiques et somatiques de son sexe réel d'appartenance sont pourtant toujours là et se manifestent, tôt ou tard sinon en permanence, sous l'aspect extérieur, dans le cas d'un patient homme, d'une fausse féminité redoublée par le vécu biologique et psychique d'être un homme, et vice-versa dans le cas d'une patiente femme.

Ce que certains appellent la « culture » ou la « normalité » des transidentitaires présente en vérité les aspects psychopathologiques suivants : l'énorme importance de l'apparence physique, le fétichisme des vêtements, l'utilisation obsédante de pseudonymes à la place du prénom d'origine, la résurgence de cette problématique lors des périodes macropsychiques anomiques et totalitaires de l'histoire humaine, la recherche obstinée d'une reconnaissance sociale de l'identité fabriquée jouant le rôle d'une légitimité alternative, l'identification à des communautés identitaires à la marge du lien de civilisation, l'affirmation d'une identité Autre reposant sur la négation totale de soi, la création d'une complaisance approfondie à l'intérieur des couples et des communautés identitaires. Cette liste non exhaustive des aspects psychopathologiques nouveaux indique une expérience proche des états psychiques présents dans les sectes, à savoir dans les groupes fermés où les membres vivent selon des normes qui mènent vers une uniformisation communautaire de l'apparence au détriment de l'expression subjective au sein de la société libre.

DISSOCIATION DE L'IDENTITÉ

La plus grande problématique des sujets transidentitaires c'est la dissociation de leur identité en au moins deux identités différentes, opposées, dichotomiques, inconciliables, qui n'ont aucune possibilité de synthèse entre elles.

Nous savons que les techniques médicales ou juridiques en général, même les plus performantes et avancées, n'équivalent pas toujours, en termes psychologiques, à des réussites dans le domaine subjectif. Dans la nouvelle psychopathologie qui nous occupe, même à supposer qu'il y ait technologiquement parlant une réussite médicale — ce qui, en plus, est loin d'être avéré —, le sujet se verrait inévitablement confronté à une grave problématique psychique. Autrement dit, même si, vue de l'extérieur, dans des rares cas, la conversion transidentitaire semble fonctionner de manière satisfaisante au niveau strictement médical, le sujet se trouve malgré tout en termes psychiques inévitablement coincé entre deux positions mutuellement exclusives qui cohabiteront pour le reste de sa vie.

Nous savons qu'à un moment ou à un autre, lors des premiers contacts avec les médecins, avec les psychiatres ou avec les psychologues, beaucoup de ces patients transidentitaires ont été considérés comme des schizophrènes. Dans un certain sens, il se trouve que ces cliniciens avaient raison, au moins partiellement. S'ils croyaient déceler, à juste titre, au fond de ces patients, une psychopathologie proche de la schizophrénie, c'est qu'ils percevaient-là une sorte de dissociation. Alors, pour pouvoir introduire la question de la dissociation transidentitaire, prenons un instant quelques exemples venant d'autres configurations psychiques très différentes du transidentitaire mais qui comportent un trait phénoménologique proche.

À cet égard, certaines femmes ayant avorté peuvent avoir l'impression d'avoir commis un infanticide ou d'avoir tué une part d'elles-mêmes. Il s'agit d'une impression génératrice d'angoisses, du sentiment de culpabilité et surtout du sentiment d'étrangeté, comme si le bébé mort non-né pouvait être encore là dans le corps de la femme ayant avorté. Également, chez les amputés d'une jambe par exemple, il existe une sorte d'hallucination post-opératoire par laquelle le sujet éprouve magiquement la présence du membre amputé. Pareillement à ces deux situations, la problématique la plus importante des transidentitaires après la thérapie de conversion est une souffrance rémanente concernant ce qui a été nié, refusé, rejeté mais qui est et reste toujours lui-même. Autrement dit, même si l'opération médicale semble avoir réussi au niveau purement technique, le sujet se trouve malgré tout devant une nouvelle identité ne l'empêchant nullement d'éprouver, derrière elle, des manifestations inévitables qui ont à voir avec ce qu'il était avant et qu'il est encore malgré tout après la thérapie de conversion.

Dans le cas des femmes ayant avorté, la culpabilité vis-à-vis du sentiment d'avoir tué l'enfant non-né et le sentiment d'étrangeté de porter un bébé mort peut heureusement s'évanouir, comme aussi bien chez les amputés, l'hallucination du membre manquant peut se dissiper avec le temps. Dans les deux cas, l'enfant n'est plus là, il est mort, ou la jambe n'est plus là, elle a été retirée. En dehors des cas exceptionnels, le sujet ne se confond pas avec le bébé mort non-né ni avec la jambe amputée. En revanche, le sujet transidentitaire opéré est déjà autre chose et, en même temps, il est toujours et encore lui-même, c'est-à-dire qu'il demeure ce qu'il a nié en lui. Ce qui a été rejeté non seulement fait retour tout seul parce qu'il est toujours là dans le réel mais, en plus, il est paradoxalement et constamment rappelé par la nouvelle identité créée par les médecins, les juges et les psychiatres. Plus les autres le réconfortent dans son choix et plus le sujet essaie de se persuader qu'il est « devenu » quelqu'un d'Autre. Plus les autres le reconnaissent dans son identité technomédicale et plus ce qu'il est toujours au fond, mais qu'il a pourtant rejeté — et qu'il doit absolument rejeter en permanence —, s'affirme devant la négation intrusive.

La terrible négation psychique, même celle réussie techniquement par des médecins experts, réapparaît inévitablement après l'opération, sous la forme d'un sentiment très profond d'avoir supprimé, assassiné, suicidé l'identité que le sujet avait auparavant. L'explication est que l'identité du sexe réel d'appartenance ne peut pas être gommée par les opérations d'intrusion somatique, idéologique, psychologique, psychiatrique ou sociale.

D'ailleurs, la société actuelle croit, à juste titre, que les thérapies de conversion pour forcer les homosexuels à changer d'orientation sexuelle sont violentes et inefficaces, et pourtant la société actuelle croit, en même temps, que les thérapies de conversion pour forcer le corps des transsexes à changer de sexe ne seraient pas violentes et auraient même une grande efficacité. On interdit les premières et on favorise les secondes exactement pour les mêmes raisons et avec le même argumentaire : forcer un sujet à changer la pratique de sa sexualité ou forcer le corps humain à perdre la possession de son sexe réel. Là aussi, la communauté scientifique qui véhicule volontiers le discours de la conversion du sexe est traversée par la même dissociation transidentitaire, à savoir celle entre la négation du sexe réel d'appartenance du patient et l'affirmation d'un mirage apparemment sexué.

Dans le cas d'une négation extérieure intrusive, l'identité du sexe réel d'appartenance se manifeste toujours de deux façons. Elle se manifeste sous la forme du souvenir contrarié, à savoir là où ce qui a été rejeté exerce sa force pour neutraliser le rejetant. Le rejeté contamine en permanence ce qui a été ajouté parce qu'il est toujours là. Mais l'identité du sexe réel d'appartenance se manifeste également malgré tout de manière très affirmée, parce qu'elle provient de fonctions qui n'ont pas pu être complètement désactivées ni rejetées. Le prix à payer est de s'y opposer constamment, de les neutraliser en permanence. Pour parvenir à un véritable résultat naturel et réussi, il faudrait que le sujet meure et qu'il naisse à nouveau mais dans d'autres conditions, sous d'autres paramètres biologiques, ce qui est manifestement impossible. Tout du sexe d'appartenance ne peut pas être ôté par la thérapie de conversion dans la mesure, justement, où le sexe réel ne se réduit pas à l'anatomique mais s'inscrit surtout dans le fonctionnel. Évidemment, si la technique médicale ne réussit pas, le sujet se trouve confronté toujours entre, d'un côté, ce sentiment d'avoir tué l'identité qu'il avait auparavant, tout en l'ayant malgré tout encore vivante en lui, et, d'un autre côté, la nouvelle identité factice qu'il aimerait bien avoir mais qu'il sait, au fond, ne pas pouvoir avoir comme unique et véritable identité.

La thérapie de conversion transidentitaire, apportée par une science techniciste et médicale faisant fi du sujet vient ainsi renforcer la dualité dissociative initiale du patient transidentitaire, celle qui le rapproche dangereusement de la position schizophrénique tout en lui accordant une assise matérielle, une nouvelle réalité, comme le cauchemar éveillé du sujet psychotique. Si avant l'opération de conversion le sujet transidentitaire était un peu ressemblant au schizophrène, après la soi-disant conversion, il se trouve carrément plongé jusqu'à l'os dans un tourbillon dissociatif, confronté qu'il est à une schizoïdentité, c'est-à-dire à une identité scindée en deux. D'une part, il a une identité réelle mais niée. D'autre part, il passe à avoir, en plus, une identité technologiquement affirmée mais factice, artificielle. Si le sujet décide d'alterner entre ces deux identités, état que j'ai appelé *transschizoïdentité* dans un travail précédent (Arce Ross, 2020a, p. 260), il est condamné à vivre dans la même position que le schizophrène. Mais s'il décide de ne pas alterner entre ces deux identités, il tombe inévitablement dans la problématique transidentitaire, à savoir qu'il reste fixé à la transition elle-même. Il demeure coincé à la frontière entre deux identités sans pouvoir assumer entièrement aucune d'elles.

Conçue en ces termes, l'opération de conversion transidentitaire peut être définie comme un crime exercé par une idéologie totalitaire qui trompe les patients souffrant des troubles de l'identité sexuée. Nous voyons avec satisfaction que dans plusieurs pays, tels que l'Angleterre, les États-Unis, etc., plusieurs voix s'élèvent pour contester le genrisme. À cet égard, Helen Pluckrose et James Lindsay alertent vivement sur « *la prolifération incontrôlée de ces croyances antiLumières* », selon lesquelles par exemple le sexe biologique n'existe pas. Ces auteurs indiquent que « *[cette nouvelle orthodoxie autoritaire et nuisible] constitue une menace non seulement pour la démocratie et la liberté de penser mais aussi pour la modernité elle-même* » (Pluckrose & Lindsay, 2021). En effet, le genrisme s'attaque à des patients crédules et démunis par le moyen d'une intrusion extérieure, violente, non-dialectique et profondément inadaptée à l'essence de l'humain, pour faire advenir artificiellement un Homme nouveau. Or, nous savons à quel point les totalitarismes tiennent à se fabriquer un Homme nouveau. C'était le cas du communisme, du fascisme socialiste et du national-socialisme.

ÉVÉNEMENTS TRANSLIMITES, TRANSFORMATIONS DU CORPS ET CRIMES DU GENRISME

Comme résultat d'une progression soutenue dès le début du XXème siècle — laquelle s'est renforcée lors des modifications sociales, géopolitiques et industrielles substantielles après chaque Guerre Mondiale et surtout après les événements des années 1960 —, nous observons dans la société occidentale des transformations anthropologiques très importantes et inédites du traitement du corps.

Ces mutations impressionnantes partent d'une surpuissance de l'image en général et de l'image du corps en particulier, prenant de plus en plus comme objets privilégiés la sexualité et la sexuation. Elles se situent de préférence dans la désincarnation généralisée du vécu, dans une hyperidentification imaginaire et multiple, dans la confusion des sexes véhiculant une paternité et une maternité aux contours imprécis, aussi bien que dans l'écrasement de principes symboliques au profit de l'omnipotence de la jouissance.

Au-delà de cela, elles se manifestent aussi nettement dans toutes les expressions figuratives, parfois exhibitionnistes, d'un désir hyperhédoniste, extrêmement autocomplaisant, qui dicte une nouvelle morale et devient loi.

Transformations du corps et événements translimites

Fuite en avant vers les signes de la jouissance identitaire

Les mutations actuelles si impressionnantes du corps, ou plutôt celles de la relation de l'homme occidental à son corps, prennent une traduction concrète, principalement dans le cadre d'une exagération sociale et idéologique du regard. Celle-ci se combine avec la tendance diffuse qui s'oriente vers un individualisme égalitariste et communautariste.

Dans la reconfiguration sociale après Mai 68, on est passé de la lutte imaginaire des classes à une lutte intolérante et tout autant imaginaire entre des groupes d'intérêt. Ceux-ci sont composés d'individus solitaires qui s'y associent autour de la recherche collective des signes du bien-être. Plus que cela, si ces groupes d'intérêt ne constituent en fait que des parcelles minoritaires de la société, ils contribuent largement à la construction d'une nouvelle moralité aux accents extrêmes. De plus, ce nouveau moralisme, sournoisement totalisant voire totalitaire, s'impose subrepticement en poussant le sujet vers une fuite en avant à la recherche effrénée des signes imaginaires d'un bien-être virtuel.

Dans cette nouvelle organisation frôlant la perversion, car elle est contraire à la hiérarchisation de la loi symbolique du père, ce n'est plus l'ordre de la différence sexuelle ni celui de la famille ordonnée autour de l'autorité paternelle qui orientent un lien social et un partage intersubjectif désormais en complète déliquescence. Toutes les valeurs sont interchangeables et équivalentes dans cette organisation asociale ou plutôt sociétale car collectiviste.

En analysant la société occidentale, Gilles Lipovetsky nous disait, en 1983, que « *c'est moins la fuite devant le sentiment qui caractérise notre temps, que la fuite devant les signes de la sentimentalité. [...] Hommes et femmes aspirent toujours autant à l'intensité émotionnelle des relations privilégiées, mais plus l'attente est forte, plus le miracle fusionnel semble se faire rare et en tout cas bref »* (Lipovetsky, 1983, p. 86). Sans aucun doute, la partie occidentale de l'humanité vit une crise très étendue et très profonde, non seulement au niveau financier, au niveau des relations au travail, à l'économie, à la politique, mais également dans l'érotisme, dans la sexualité, dans l'amour ainsi que concernant les valeurs qui fondent la civilisation.

Nous nous sommes éloignés des valeurs qui nous aidaient à construire le bonheur d'être avec autrui et de partager, tout en nous cantonnant dans des pathologies narcissiques où la volonté individuelle devient un droit. Chaque groupe d'intérêt exige ses droits, comme si de cette exigence surgissait magiquement le bonheur, ou plutôt le droit au bonheur. Or ce que l'on obtient n'est en rien le bonheur, mais quelque chose qui s'approche du semblant de bien-être. On n'obtient, par ces revendications, que les signes les plus artificiels du bien-être. Le bonheur du réel partage est ainsi évidemment mis à la trappe au profit d'une agglutination en fonction du sentiment de complicité autour d'une jouissance et d'une détestation communes. Car il y a une forclusion collective des véritables valeurs qui, seules, pourraient permettre la construction d'un bonheur réel bien que relatif ou mesuré. Dans ces conditions, la nouvelle société occidentale est construite à partir d'une multiplicité de fétiches communautaires, individualistes et imaginaires qui se posent comme autant de versions artificielles de contrepouvoir, en lieu et place du père symbolique. La conséquence est que le nouveau surmoi ainsi créé, hyper tyrannique mais diablement efficace par la féroce servitude volontaire qui lui est attachée, produit une mutation radicale de notre relation au corps.

Les transformations anthropologiques du corps peuvent être classées en quatre types selon qu'elles soient involontaires, volontaires ou qu'elles partent de motions inconscientes, tant en lien avec l'intimité que selon la relation du sujet à son extimité. Nous allons voir en détail chacune de ces quatre modalités.

TRANSFORMATIONS AUTOPLASTIQUES INVOLONTAIRES DU CORPS

Nous avons, premièrement, les transformations autoplastiques involontaires, selon que l'on traverse les étapes cruciales de la vie qui ne cessent pas de produire leurs effets dans le corps. Quand je dis qu'elles sont involontaires, je veux dire qu'elles ne dépendent en rien des actions conscientes du sujet, mais bien du temps qui passe ou, plus précisément, elles se manifestent en fonction de la croissance et de l'évolution normales du corps tout au long des étapes de la vie. Elles sont, disons, automatiques, inévitables. Par exemple, un organe comme le nez a une évolution indépendante des agissements du sujet, en fonction de son contingent génétique, alors qu'au début presque tous les nez des nourrissons se ressemblent. Et il y a d'autres transformations autoplastiques involontaires du corps comme en fonction de tomber enceinte, avoir des cycles menstruels, etc.

Mais d'autres modifications autoplastiques et involontaires du corps peuvent également se produire lors d'événements subjectifs que l'on choisit de se construire. Nous avons comme exemple la perte de poids importante chez certaines femmes due au manque d'appétit, au dégoût de la nourriture, aux nausées et aux vomissements devant une ou plusieurs ruptures familiales ou amoureuses (Arce Ross, 2000, pp. 87-100) ou la poussée incontrôlée de cheveux blancs, définitive ou temporaire, lors d'un deuil. À ce propos, en parlant d'un patient de Georg Groddeck, auquel il fait référence dans *le Livre du ça* et qui est atteint d'un grisonnement de ses cheveux lors de la mort de son père, Karl Abraham évoque un épisode de sa propre vie. Également à la mort de son père, Abraham avait éprouvé un processus d'introjection sur la personne de son père dont « *un grisonnement marqué de [sa] chevelure en était le signe le plus évident. Il fut suivi par une réapparition de la couleur de [ses] cheveux au bout de quelques mois* » (Abraham, 1924, 1966, p. 268).

Pareillement, tomber amoureux, après une longue période d'absence du désir amoureux incarné, est le processus psychique par excellence qui peut apporter tellement de modifications somatiques que le corps devient plus beau ou montre une image plus saine et en forme qu'auparavant. Il s'agit donc aussi de modifications autoplastiques tout à fait involontaires mais plutôt bienvenues. Seulement, il faut faire attention à certains événements subjectifs. Car il y en a qui touchent de trop près le corps propre et, dans ce cas, ils peuvent être dangereux car parfois largement destructeurs, dévastateurs. C'est ainsi, par exemple, que, dans le travail psychothérapeutique avec des psychotiques, il peut y avoir des suppléances sur le corps propre au lieu de suppléances produites en dehors du corps. Pour un travail thérapeutique efficace et sain, nous devons toujours favoriser ces dernières et éviter les premières (Arce Ross, 2016, deuxième édition : 2020).

TRANSFORMATIONS PLASTIQUES VOLONTAIRES DU CORPS

Deuxièmement, nous avons les transformations plastiques volontaires, dans la mesure où elles existent comme conséquence de choix délibérés du sujet dans son style de vie. Ces transformations corporelles concernent la perception du propre corps, souvent sous la forme de l'insatisfaction ou de l'idéalisation imaginaires. C'est-à-dire que, sous certaines conditions, on peut être amené à inverser les choses et à confondre les valeurs. Ainsi, on peut chercher à produire des modifications plastiques du corps, qui ne sont au fond que des réalités virtuelles comme l'image de beauté, ou l'image de santé, de façon volontariste et parfois artificielle, pour attirer ou pour posséder fantasmatiquement les effets positifs d'un amour factice mais lourdement idéalisé.

Les modifications plastiques volontaires du corps se produisent selon les décisions que l'on prend, les circonstances que l'on vit ou les événements qui nous affectent, c'est-à-dire selon le mode de vie que l'on se permet d'avoir. Le corps humain est une sorte de batterie où est stockée en permanence la mémoire et l'histoire de notre vie. Cependant, en suivant les nouvelles valeurs extrêmement individualistes de notre société, certains sujets sont tentés de modifier volontairement et surtout artificiellement la présentation extérieure du corps en procédant à des modifications anatomiques inutiles.

Nous observons ainsi que, pour échapper aux multiples formes de perversion par lesquelles se traduit aujourd'hui le mal-être du corps, les tentatives collectives passent, d'abord, par un traitement imaginaire et éphémère constamment changeant : canons de beauté, empire de la mode, musculation extrême, stéroïdes anabolisants, *piercing*, tatouages, chirurgie plastique, addictions toxiques, régimes alimentaires et autres traitements extrêmes de l'image du corps. Tout ceci s'exerçant en lieu et place d'une élaboration symbolique de la sexualité, de l'érotisme ou de l'amour faisant cruellement défaut. Par exemple, on cherche plus l'amour sous sa forme la plus apparente, on cherche plus les signes de l'amour que vraiment à aimer ou à maintenir une relation amoureuse de couple. On cherche plus à montrer les signes du bien-être qu'à vraiment construire son bonheur. On cherche plus les signes de la mauvaise foi supposée à l'Autre, ou à vouloir croire en une illusoire confiance en soi, qu'à construire la confiance dans la relation à l'Autre. Et nous savons que les signes fétichisés de la jouissance perverse collective se logent facilement derrière les signes du bonheur supposé, ou derrière ceux d'un bien-être idéologique. Ainsi, on perd les ressorts nécessaires pour construire un projet de vie, voire une *œuvre* donnant sens à la condition humaine selon le concept de Hannah Arendt (1961 et 1983), dans le partage, dans la transmission et dans le lien social. Et on s'enferme dans l'idéologie du narcissisme, de l'individualisme, de l'hyperjuridique, de la crise financière, de la crise politique et morale voire dans l'empire de la méfiance collective.

Aussi bien dans la fonction constructive du bien-être que dans la psychopathologie du bonheur, on constate qu'il y a une inscription inévitable, et parfois incontrôlable, des événements subjectifs dans le corps. La version optimiste est néanmoins celle où, grâce au travail analytique par exemple, c'est-à-dire en mobilisant les énergies positives et négatives des événements cruciaux du sujet, on parvient à faire d'un défaut, ou d'une impasse, un véritable atout.

Pour pouvoir faire d'une faiblesse, ou d'une impasse, un véritable atout, il faudrait pouvoir mobiliser un désir très fort qui se dégage de l'histoire de la vie du sujet et qui se connecte avec l'actualité de son existence. En faisant cela, le sujet, tel un acteur de théâtre ou de cinéma, parvient à nous capter par un charisme nouveau grâce auquel nous pouvons nous connecter à quelques aspects émotionnels et affectifs de nous-mêmes qui pourtant nous échappaient. Et ce charisme nouveau opère en nous car il permet que l'on s'oublie soi-même dans le jeu d'expression de l'Autre.

Chez un acteur de théâtre ou de cinéma, il s'agit de faire exprimer quelque chose d'opaque qui vient d'un intérieur peuplé d'éléments hétéroclites, à savoir qu'ils ne sont pas tous seulement intimes mais aussi qu'ils appartiennent à des complexes extimes, tel le personnage qui vient se superposer à la personnalité de l'acteur. Toutefois, il ne faudrait pas qu'il y ait chez celui-ci un conflit entre le personnage qu'il joue, encore moins entre celui qu'il s'est construit pour tenir dans la vie, d'une part, et sa véritable personnalité, d'autre part. Il faut donc qu'il prenne constamment du recul vis-à-vis de ce personnage qui le poursuit, parfois lourdement, pour ne pas être englouti par les images kaléidoscopiques qui le composent, ainsi que pour laisser exprimer sa propre personnalité librement. Ce travail psychologique presque permanent est facilité lorsque l'acteur s'inscrit dans le sillon d'une œuvre, son œuvre.

TRANSFORMATIONS AUTOPLASTIQUES INTIMES DU CORPS

Troisièmement, il existe également des transformations possibles et souvent inconscientes dans le traitement intime du corps, qui se font présentes principalement mais pas exclusivement dans le vécu de la sexualité, selon les événements traumatiques ou non-traumatiques de la vie. C'est-à-dire que ces transformations corporelles dépendent d'événements intersubjectifs surchargés d'affect, que le sujet a vécu ou vit encore dans le présent. Par exemple, le sujet peut choisir d'utiliser inconsciemment la sexualité comme une sorte d'écran pour se défendre des conséquences excessives ou délétères de ces événements.

C'est alors qu'en tant que représentant l'Autre du sujet, le corps et surtout la sexualité sont les domaines privilégiés où se produisent les effets les plus malsains de la crise profonde du lien de civilisation. Bien plus que dans les siècles passés, le corps est devenu à partir de la deuxième moitié du XXème siècle un objet de culte narcissique, mais aussi un espace tangible de plusieurs modalités de souffrance psychique. C'est probablement pour cette raison que du culte du corps on est passé très rapidement à sa marchandisation. On peut le penser puisque nous avons comme exemples : l'individualisme narcissique, la pornographie, les chirurgies esthétiques de confort, l'abus de produits pharmaceutiques non essentiels comme la cosmétologie, la psychopharmacologie, etc.

Le corps comme objet marchand est un nouvel esclavage, volontaire et jouissif cette fois-ci. Et paradoxalement, cet esclavage marchand du corps va ensemble avec un sens aveugle, manipulé, aliéné, des libertés individuelles. Sans doute, les velléités de liberté si diffuse dans la société actuelle mène inévitablement vers une multiplicité d'aliénations volontaires : aliénation morale, aliénation conjugale, aliénation sexuelle, aliénation affective…, ce qui revient au fond à une profonde aliénation de la liberté.

TRANSFORMATIONS AUTOPLASTIQUES EXTIMES DU CORPS

Quatrièmement, il y a enfin des transformations, partant toujours de processus inconscients, dans le traitement extime du corps, à savoir dans le traitement de cette part de l'Autre qui est en chacun de nous. Je fais référence notamment à la fonction de procréation inscrite potentiellement dans le corps et qui le modifie en fonction des choix dans le domaine de la capacité à porter un enfant ou à le générer, ce qui est convenu d'appeler en psychanalyse la sexuation. Nous pouvons dire cela dans la mesure où le domaine de la procréation est intrinsèquement lié à l'existence des deux sexes, que l'on ait des enfants ou pas.

Dans la mutation anthropologique débutée avant la fin du XXème siècle, les périodes classiques de la vie sont chamboulées (enfance, adolescence, vie adulte, troisième âge) : l'être humain vit globalement plus longtemps en bon état, mais paradoxalement il s'attaque de plus en plus à son propre corps, l'inondant de produits nocifs ou le re-dessinant à outrance. Plus que cela, le corps est la proie d'un déni de tout ce qui rappelle la procréation. Nous avons comme exemples le déni de l'expression visible de la différence sexuelle, la banalisation des arrêts volontaires de grossesse, les maladies liées à la pilule contraceptive, la marchandisation des naissances (PMA, GPA, etc.).

Les transformations extimes peuvent se situer dans la relation du sujet avec son corps sexué en tant qu'il devient un objet à rejeter au profit d'un Autre apparemment sexué faisant effraction et irruption. Mais cet Autre peut également se décliner sous la forme d'une entité factice non nécessairement sexuée, à savoir en tant qu'un Autre étranger qui s'accapare l'identité du sujet.

HYPERPERMISSIVITÉ, ULTRA-INDIVIDUALISME ET ÉVÉNEMENTS TRANSLIMITES

Les nouvelles transformations du corps, de la sexuation et de la sexualité nous semblent dépendre, ou plutôt découler, des événements translimites du lien de civilisation en fonction de facteurs s'apparentant au champ macropsychique et plutôt macropsychopathologique. Dans un contexte collectif de rupture radicale, les événements translimites constituent les impressions affectives et émotionnelles liées à des événements macropsychiques. Cela englobe évidemment l'émergence des idéologies qui accompagnent ces événements et manipulent le sujet à travers des injonctions surmoïques déguisées en promesse d'un nouveau bonheur.

À la suite de changements profonds dans la relation au travail (tels que la société des services, etc.) mais également lors de l'émergence de deux phénomènes très singuliers, il n'y a pas tellement d'opposition entre « classe ouvrière » et « élites » concernant le traitement du corps. Ces événements très singuliers dans le traitement du corps sont, d'une part, la substitution des « classes sociales » par des communautés et des minorités hyperagissantes de tout bord qui tendent vers l'ultra-individualisme. D'autre part, un autre phénomène compensatoire mais associé : la mondialisation très étendue et ravageuse qui tend vers l'uniformisation des us et coutumes s'effectuant sur des bases inédites qui tendent à égaliser et non pas à mettre en tension l'ancienne distinction entre « classes sociales ». Les véritables différences se trouveraient ailleurs aujourd'hui.

Il y a une différence entre les incidences corporelles liées aux fonctions sociales dans la relation au travail, et notamment celles desdites classes sociales, d'une part, et les modifications autoplastiques du corps, d'autre part, lesquelles ne sont plus dictées par l'appartenance, ou le sentiment ou la conscience d'appartenance, à une « *classe* » sociale. Celles-ci sont dictées désormais, dans la société occidentale, par la confluence de plusieurs facteurs. L'un d'eux est l'extrême individualisme ou la société d'individus agglutinés en communautés mais séparés par une constante compétition entre elles et même par des rivalités internes à chaque communauté. À ce propos, l'un des représentants de la sociologie psychanalytique, tel Norbert Elias, soutient que « *depuis les origines de l'histoire de l'Occident jusqu'à nos jours, on assiste à une différenciation de plus en plus poussée des fonctions sociales sous la pression accrue de la compétition* » (Elias, 1975, p. 185). Un autre facteur, comme je viens de le dire, est l'uniformisation des mœurs dictée par la mondialisation. Et ces facteurs, comme d'autres que l'on aura l'occasion d'énumérer plus bas, se forment sur une longue période de telle façon que l'observateur, en regardant en arrière, ne discerne « *que quelques symptômes isolés de la modification du rapport des forces* » (Elias, 1974, p. 308).

Prenons un exemple de modification autoplastique du corps : le tabagisme et ses conséquences sur la santé. Cet événement de corps addictif n'a pas à voir avec l'appartenance à une classe sociale déterminée. Pourquoi ? Nous imaginons bien que patrons et ouvriers ont leurs propres intérêts et leurs propres modifications corporelles liées aux modes de travail qui leur sont propres. Les ouvriers peuvent se plaindre de leurs conditions matérielles de travail, de leur rapport aux machines, etc., tandis que les patrons peuvent souffrir d'autres maux plus en lien avec les relations socioprofessionnelles dans les bureaux ou dans les tâches de commercialisation. Cependant, là où ils peuvent se retrouver, aussi bien les patrons, les dirigeants, les cadres supérieurs, les employés que les ouvriers, c'est dans l'addiction au tabac. Là, il n'y a plus de différence d'appartenance à une classe sociale ou à une autre, sauf peut-être, lorsque le cancer du poumon arrive, le patron aura un meilleur traitement médical que l'ouvrier. Mais le tabagisme ne connaît pas les différences sociales, ou si peu. Nous pouvons dire la même chose de la consommation d'anxiolytiques, d'antidépresseurs, d'alcool, de drogues, etc. Il peut y avoir des différences entre plusieurs couches de la gradation sociale, mais elles sont minimes. Le phénomène addictif et les événements de corps sont uniformes et diffus dans l'étendue de la société occidentale.

Un autre exemple serait l'exercice de la violence contre autrui dans ses rapports avec la violence autodirigée. Si nous relions cela au point de vue de Norbert Elias, tout en prenant en compte la tendance que nous observons de l'éducation hyperpermissive des enfants dans notre société, nous pouvons évoquer son hypothèse. Selon lui, « *dans les sociétés où il est interdit d'infliger des souffrances physiques à autrui, on rencontre un taux plus élevé de personnes se portant à elles-mêmes de blessures physiques* » (Elias, 2010, p. 122).

UNE BARRIÈRE DE PHOBIE NORMALE

Dans la perspective de Max Weber, le respect de l'autorité et l'autocontrôle des motions agressives ou violentes sont corrélées au monopole de la force physique que le parent représenterait pour l'enfant (Weber, 1971 ; Weber, 2003). Et, plus précisément, surtout de la menace réelle de l'utilisation d'une telle force. La menace vient à la place de l'exercice de la force, même si celle-ci a une existence bien réelle. La menace se conjugue, dans une éducation normale et équilibrée, en créant forcément un système de peurs et même d'angoisses à peine phobiques et légères tout à fait normales. Privation, frustration et castration symbolique sont solidaires entre elles dans le processus de formation et d'intégration du surmoi classique freudien. Dans ce sens, en suivant l'idée de Max Weber sur l'autocontrôle conscient que développe un sujet pour répondre « correctement » aux exigences du social, Norbert Elias fait référence à « *un mécanisme d'auto-contrôle automatique et aveugle [c'est-à-dire inconscient en termes freudiens], qui dresse contre toute déviance une barrière de phobie* » (Elias, 1939).

Les phobies normales créées par ce système d'autocontrôle weberien, ou de surmoi freudien, permettent le jeu interactif du lien social. Ces phobies légères seront cependant profondément modifiées et réintégrées symboliquement à la personnalité lors du passage de l'adolescence. Mais elles sont nécessaires dans la mesure où elles constituent des barrières ou des limites claires à ne pas dépasser, ce qui est rassurant et donne des repères efficaces pour l'avenir.

Dans l'état actuel de la société occidentale, cette *barrière de phobie* normale et nécessaire pour la vie en société est complètement contestée voire annihilée dans un large secteur de la population mondialisée. Ce qui, d'une part, la fait produire des phobies multiples, cette fois-ci pathologiques car non-encadrées et, d'autre part, la pousse dans des actions et interactions où se mélangent phobies et perversions variées. Cet état de fait produit un nouveau malaise dans la civilisation, un malaise à caractère identitaire, et est composé, de façon généralisée, d'une perte dramatique ainsi que d'une recherche effrénée d'un sens à donner à la vie.

ÉVÉNEMENTS TRANSLIMITES

Ceci avait été compris par l'un des grands critiques de l'idéologie marxiste et de la société technicienne, comme Jacques Ellul, qui analysait la société de façon très fine lors des événements de Mai 68. Pour lui, « *plus l'homme a acquis de science et de pouvoirs, moins il a trouvé une signification à son histoire et à sa vie. Les religions éliminées, le sacré désacralisé, l'homme s'est retrouvé avec les plus grandes incertitudes que la science ne l'aidait pas à apaiser, au contraire. […] Plus que tout autre, l'homme occidental a le sentiment de perdre sa vie, parce qu'il n'a plus d'objectifs proches, évidents auxquels s'accrocher avec la certitude que cela réalisé, tout changera — ou parce qu'il n'a plus un sacré lui permettant de donner un sens à tout ce qu'il vit — que ce soit de cette absence de signification et de valeurs que nous souffrions avant tout, bien plus que de déficiences matérielles me paraît indiscutable* » (Ellul, 1969, pp. 281-282).

En suivant ce raisonnement, on peut dire que l'hyperpermissivité ou la démission parentale, loin de se situer comme l'exercice d'une liberté, peuvent être vécues par l'enfant comme des véritables violences. En effet, de la même façon qu'une éducation violente ou maltraitante, l'éducation trop permissive, dans laquelle on s'interdit d'interdire à tout va, pousse l'enfant à se construire tout seul une série de phobies paradoxales et incontrôlables qui sont non encadrées par un système cohérent et rassurant. Ces dernières phobies deviennent pathologiques en ceci que l'enfant ne peut pas les utiliser pour l'autocontrôle de ses motions agressives puisque, au contraire, elles sont le lieu même où celles-ci s'expriment. Autrement dit, l'éducation hyperpermissive a tendance à repousser de plus en plus loin, jusqu'à effacer les repères et les bornes, les limites de ce qui est acceptable pour le développement psychosexuel de l'enfant. Dans ce système où les limites sont dépassées et repoussées à l'extrême, dans un va-et-vient vertigineux, les déviances deviennent la norme, et la norme, une déviance.

Dans ce système hyperpermissif, les limites existent bel et bien, au moins comme traces inconscientes de la transgression permanente, ce qui vient à vider la transgression de sa signification principale. Le sujet se voit alors contraint, non pas à transgresser puisqu'il n'y a pas grand chose à transgresser, mais il est contraint de se créer des événements que l'on peut appeler *translimites*. Il s'agit d'événements subjectifs ou intersubjectifs qui ne tiennent pas compte des limites symboliques de l'équilibre désir-plaisir-jouissance. Les *événements translimites* supposent un dépassement incessant de la barrière de phobie dont parlait Norbert Elias, c'est-à-dire la barrière phobique normale. Concrètement, les *événements translimites* se traduisent par une confusion ou une inversion des valeurs familiales, sexuelles et de filiation, par une recherche constante de l'expression de la jouissance addictive, par la construction d'un féroce contre-surmoi (pilier d'un nouveau moralisme), par la déconstruction inutile de l'existant pour reconstruire forcément sur les mêmes bases une parodie de l'antérieur.

Comme corollaire au processus de désindustrialisation, nous sommes passés à une société technicienne de services où l'homme est dominé par des techniques scientifiques de plus en plus étendues qui le confinent à vivre dans le vide ou le virtuel, parfois sans sens ni signification. Comme à la suite de la fin de l'idéologie des classes sociales, on est passé à un aggloméré de communautés et de groupes d'intérêt changeant selon les modes et où prime une collectivisation de l'individualisme doublé de son uniformisation. Comme conséquence de l'éducation hyperpermissive et autres facteurs à décrire, nous nous retrouvons en proie à des violences urbaines, familiales et sociales, aussi bien que nous subissons une violence autodirigée dès le plus jeune âge.

Tout cela cohabite néanmoins avec d'autres secteurs de la société qui vivent de manière opposée, c'est-à-dire en respectant la *barrière de phobie*. Mais, ceux chez qui la barrière de la phobie normale a été ainsi dépassée, passent collectivement à provoquer une limite supérieure qui viendrait, de manière tyrannique ou paternaliste, mettre fin à ce nouveau désordre du lien social. En quelques décennies, nous sommes alors passés d'une fiction très pernicieuse à une autre qui l'est tout autant. C'est-à-dire que l'on est passé du mythe des classes sociales, et de la lutte des classes, à d'autres illusions comme celle de la collectivisation des individus en communautés d'intérêt. En effet, après la chute de l'illusion communiste et des deux mondes en « équilibre », c'est le temps de l'aliénation mondialisée par le communautarisme, par l'individualisme collectiviste, par la consommation et par la volonté de jouissance au détriment du lien social et surtout au détriment du lien de civilisation.

Mais, ne nous méprenons pas. Ces troubles si importants liés au puissant domaine de la mondialisation ne sont pas cantonnés à la seule société occidentale. Là où vraiment il y a des classes sociales en tension et où le discours capitaliste règne encore plus de façon perverse, c'est bien dans des pays comme la Chine ou la Corée du Nord où le parti communiste exerce une domination déviante et corrompue. D'ailleurs, les partis communistes dans le monde ont toujours bien servi à cela.

Cela résonne avec une phrase de Lacan qui, n'étant évidemment ni marxien ni marxiste, loin de là, mettait en lien la perversion dans le discours du capitalisme avec la perversion du communisme. *« L'histoire montre-t-elle qu'il a vécu pendant des siècles, ce discours [du Maître], d'une façon profitable pour tout le monde, jusqu'à un certain détour où il est devenu, en raison d'un infime glissement qui est passé inaperçu des intéressés eux-mêmes, ce qui le spécifie dès lors comme le discours du capitaliste, dont nous n'aurions aucune espèce d'idée si Marx ne s'était pas employé à le compléter, à lui donner son sujet, le prolétaire. »* Et il continuait en disant que *« grâce à quoi, le discours du capitalisme s'épanouit partout où règne la forme d'État marxiste. »* Et, pour finir son idée, il note que *« ce qui distingue le discours du capitalisme est ceci, la Verwerfung, le rejet, le rejet en dehors de tous les champs du symbolique avec ce que j'ai déjà dit que ça a comme conséquence, le rejet de quoi ? De la castration »* (Lacan, séance du 6 janvier 1972). Et, justement, c'est ce que nous vivons aujourd'hui, dans les temps de la jouissance perverse du discours mondialisé, à savoir le rejet (plutôt sous la forme du désaveu ou du démenti) de la castration de tous les champs du symbolique et sa réapparition dans le réel. Ce qui varie, entre la société orientale et occidentale, ce sont les figures et les objets de choix de leurs systèmes pervers.

LUTTE DE COMMUNAUTÉS ET CRISE D'IDENTITÉ

En tant qu'ex-fan des sixties, je peux dire que, contrairement à nos anciens idéaux, Mai 68 a malheureusement créé une nouvelle exploitation de l'homme par l'homme. Il a permis de créer de nouveaux groupes de pression très puissants, ultra-individualistes et intolérants qui suivent rigoureusement leurs idéologies communautarisées de façon souvent fanatique.

La crise financière internationale, qui semble s'éterniser, a repris un cycle aggravant juste après Mai 68, lors de la crise du pétrole à l'orée des années 70. Mais cette crise financière a été accompagnée d'une crise morale se manifestant par une inversion radicale des valeurs traditionnelles, par la chute progressive de toutes les figures d'autorité sociale aussi bien que par l'émergence d'une idéologie ultra-individualiste qui pousse vers la jouissance sans limites.

Cette idéologie ultra-individualiste et narcissique est une marque morale de l'émergence de factions identitaires qui fondent leur existence en s'opposant radicalement au lien de civilisation ainsi qu'aux valeurs universelles de partage. Une telle idéologie se pose comme une nouveauté et, à ce titre, elle a la prétention de se faire considérer comme progressiste, alors que tout ce qui est nouveau n'est pas de l'ordre du progrès, surtout quand la nouveauté ne consiste qu'en une inversion des valeurs précédentes. Nous sommes bien là dans un au-delà imaginaire et fétichisé du plaisir. Car, ce qui fait courir ces communautés, ce n'est pas vraiment ce qui fait lien social, mais bien les signes fétichisés d'un excès de plaisir au-delà du plaisir que l'on peut supporter, là où celui-ci rejoint la douleur et la détresse. Les domaines privilégiés pour l'inscription des signes de cette nouvelle jouissance sont le corps et le regard actuels.

La frustration et la castration symbolique sont nécessaires pour la vie en société mais, aujourd'hui, les barrières nécessaires ayant sauté, on se retrouve dans une situation où tout est équivalent. Les institutions sociales ne sont plus suffisamment encadrantes et rassurantes. Bien au contraire, les marchés financiers, le contrat social, la vie politique, le régime démocratique, les institutions scolaires et de santé, les liens familiaux, les relations sociales, la vie économique et le monde du travail sont dans une crise permanente qui tend à s'aggraver sans retenue. L'autorité, la discipline, le respect du propre corps comme du corps de l'autre, le désir de réussir par le mérite, considérés presque illégitimes, peinent à s'imposer dans les relations humaines. L'intimité n'est plus réservée ni discrète. Loin de là, elle est projetée sans cesse comme si la pornographie, l'exhibitionnisme, le remplacement de la honte par la fierté et l'obscénité, étaient devenues des formes artistiques ; comme si l'amour et la sexualité étaient des instruments d'une nouvelle action « politique » ou comme si la transgression pouvait devenir la norme.

Le désir, pour être supportable, doit être encadré par une loi symbolique, quitte à être transgressée. C'est ce que la métaphore paternelle produit normalement. Mais, contrairement à la société traditionnelle, aujourd'hui la société communautarisée et identitaire revendique le désir comme droit, la jouissance comme loi, la consommation comme liberté et la fétichisation comme norme. En devenant une norme, la transgression translimites devenue extrême et monstrueuse prend par la même occasion une valeur de fétiche.

TRANSFORMATIONS TRANSLIMITES DUES AU GENRISME

De la même manière que les idéologies mensongères s'opposant au réel et aux libertés individuelles maltraitent la société et les valeurs de civilisation, chaque sujet sous emprise finit par maltraiter son corps et sa sexualité selon les impératifs catégoriques de ces manipulations. Autrement dit, les événements translimites du sujet accompagnent les oscillations et injonctions hypermoralisantes des transformations translimites ayant lieu à un niveau macropsychique. Ce processus a été vrai dans le cas des sociétés soumises aux idéologies totalitaires du XXème siècle et c'est le cas aujourd'hui sous l'étendue absolutiste du genrisme occidental.

Pour Aldous Huxley, la liberté sexuelle extrême, la confusion des sexes et même l'encouragement aux perversions sexuelles n'appartiennent pas aux sociétés libres et développées. C'est même le contraire. Elles appartiennent, selon lui, à une société totalitaire qui fonde son pouvoir absolu sur la servitude volontaire de ses sujets, devenus des consommateurs dépendants de jouissances déviantes. Dans sa préface de 1946 au *Meilleur des mondes*, Aldous Huxley affirme ce qui suit. « *À mesure que diminue la liberté économique et politique, la liberté sexuelle a tendance à s'accroître en compensation. Et le dictateur [...] fera bien d'encourager cette liberté-là. Conjointement avec la liberté de se livrer aux songes en plein jour sous l'influence des drogues, du cinéma et de la radio, elle contribuera à réconcilier ses sujets avec la servitude qui sera leur sort* » (Huxley, 1932, préface de 1946). De façon surprenante, ce constat aurait pu être fait pour commenter les tendances de notre temps.

MONDIALISATION COMMUNAUTARISTE ET BONHEUR TRANSIDENTITAIRE

Sans doute, la manière la plus efficace d'aliéner les gens de la plupart des pays occidentaux est de leur faire croire que leurs nouvelles façons de se droguer et de jouir, y compris sexuellement, sont un progrès pour l'humanité. C'est de cette façon, par une adhérence volontaire à la servitude sociétale où le corps de chacun devient « *la propriété sexuelle commune de tous* », qu'un projet totalitaire mondialisé serait possible et rentable pour les oligarchies. Dans ce cas, le projet révolutionnaire du Marquis de Sade aurait vaincu, en lieu et place de la véritable liberté.

En analogie avec le monde imaginé par Huxley, les tendances que nous observons depuis le milieu du XXème siècle sont : a) la dégradation de la sexualité par la multiplication exacerbée d'une sexualité addictive, souvent totalement disjointe de l'amour ; b) l'hyperidéalisation de l'amour sous la forme d'images surchargées de couples irréalistes ou impuissants ; c) la destruction de la famille, par la chute des figures du père et de la mère au profit d'une parentalité fraternelle et communautaire ; d) la confusion des identifications à la sexuation par la mise en valeur d'une modalité androgyne et transsexes. En outre, dans toutes ces tendances, nous pouvons identifier ce que nous appelons les *phénomènes translimites* : en quelque sorte, le mélange des perversions, phobies et addictions.

L'intérêt de ces caractéristiques sociétales touchant l'amour, la sexualité et la famille est de dominer les autres par une manipulation appuyée et constante, en faisant appel aux endroits les plus reculés de l'inconscient et aux émotions les plus profondes de chacun. De cette façon, la nouvelle morale est intégrée avec plaisir, avec une sorte de bonheur complaisant et surtout sans aucun esprit critique. Au lieu de punir et de contraindre, on pousse les autres à adhérer docilement et durablement en leur donnant ce qu'ils croient aimer. Au fond, il ne s'agit que d'une sorte de corruption des esprits par la faiblesse du corps. On pousse tout un chacun à devenir addict d'une substance et d'une pratique sexuelle sans les contraintes et devoirs de la vie familiale.

Pour parvenir à ce totalitarisme du futur que prophétisait Huxley, mais qui pour nous est en grande partie déjà le présent, il y a des moyens anthropologiques presque indépendants de l'intention de l'homme et d'autres au contraire fabriqués par lui. Tous ces moyens ne sont en soi ni forcément mauvais ni forcément destructeurs. Certains constituent même un progrès pour l'humanité en ce sens qu'ils contribuent au savoir que l'on peut extraire du réel. Cependant, sous certaines conditions historiques, sociales, géopolitiques et surtout anthropologiques, ces moyens peuvent servir comme des outils indispensables, terriblement efficaces, pour asseoir un régime totalitaire au niveau mondial. Ces moyens d'un contrôle extrême peuvent être conçus également comme des phénomènes inévitables de l'évolution humaine depuis la deuxième moitié du XIXème siècle et, de manière plus aiguë, notamment depuis la fin de la Seconde Guerre Mondiale.

La question essentielle de ce nouveau type de société totalitaire est celle de la servitude volontaire, c'est-à-dire cette servitude où le sujet a la certitude de se sentir bien y compris lorsqu'il vit des situations où il ne devrait pas être vraiment heureux. On arrive à cela par une manipulation non seulement émotionnelle mais également biologique, corporelle et sexuelle.

Le nouveau totalitarisme, ni capitaliste classique ni communiste traditionnel, n'est pas alors un régime méchant, qui torture et qui emprisonne les gens dans des camps de travail ou d'extermination, mais bien un régime qui œuvre par le bonheur des gens. Il s'agit d'un régime qui manipule en enfermant les gens dans un bonheur scientifiquement contrôlé, un bonheur apporté par les drogues et par des médicaments psychoactifs, un bonheur obtenu par une liberté sexuelle pervertie et sans limites, un bonheur qui détruit la famille et les liens de parenté au profit d'une hyperdépendance vis-à-vis de la seule jouissance de consommation. Le nouveau totalitarisme est une dictature sans dictateur, une dictature par le bonheur identitaire, une dictature qui vit de la démocratie et de la participation active et volontaire des nouveaux esclaves, sans lutte de classes mais dans un conglomérat de communautés individualisées, concurrentielles et mondialisées.

En effet, la manipulation sociale et politique du désir sont d'autant plus efficaces lorsque le sujet y participe activement, volontairement. Et si le sujet s'y implique à ce point, c'est parce qu'il obtient un bénéfice de jouissance duquel il dépend et auquel il lui est presque impossible de renoncer en l'état. C'est l'exemple de l'addiction aux drogues, à l'alimentation, à la sexualité, au jeu ou aux médicaments psychotropes. Mais cela peut aussi se traduire, ou se transposer, en termes d'un vécu très profond et intégral de l'intimité, plus particulièrement sous les espèces de l'identité sexuelle, de la constitution de liens familiaux hétérodoxes (avant leur destruction par dépérissement progressif) ou de la mise en place des projets de vie hyperindividualisés et pourtant uniformisés.

Pour mieux identifier ces phénomènes sociétaux, qui sont aussi des moyens à vocation totalitaire, nous pouvons nous référer alors aux éléments suivants tout en nous appuyant en partie sur la théorie d'Aldous Huxley.

MORALISME IDENTITAIRE ET IDÉOLOGIE DE LA CONSOMMATION

CRISES FINANCIÈRES, MORALES ET IDENTITAIRES

En premier lieu, il y a la crise économique et financière au niveau mondial. Huxley parle en principe de la croissance exponentielle de la population mondiale, notamment dans les pays du sud, ce qui est en outre doublé par l'accroissement de l'espérance de vie et par l'inévitable vieillissement constant de la population dans les pays occidentaux. Mais nous pouvons inclure ces phénomènes à l'intérieur de la crise plus générale de la vie économique et financière mondiale, laquelle est toujours forcément accompagnée d'une crise des valeurs morales. Plus précisément, l'émergence de nouveaux codes moraux renverse littéralement les anciens, de telle façon que des nouvelles formes de jouissance ainsi qu'une nouvelle psychopathologie se dessinent clairement. Le premier élément de cette nouvelle psychopathologie est le fait que la psychopathologie elle-même devient le normal et ce qui était normal devient presque « pathologique ».

En outre, des crises économiques, morales et identitaires très généralisées, graves et longues, surgissent bien évidemment des avancées scientifiques, accompagnées par des idéologies dures et contraignantes. Et nous savons que chaque idéologie est, au fond, un moralisme. En effet, tout système idéologique comporte ses propres codes moraux qui, si l'on regarde bien, se révèlent inévitablement intolérants vis-à-vis de la différence. Il y va ainsi non seulement du catholicisme, du traditionalisme ou du machisme, mais également de l'islamisme terroriste, du panféminisme, du genrisme, ou *wokisme*, de l'homosexisme ou du transsexisme. Si le prix de la liberté est la surveillance permanente, il faut alors se méfier des « *pièges sémiotiques* » de la propagande idéologique (Huxley, 1958). À cet égard, il y a les images subliminales, les messages implicites ou les inductions interprétatives dans le discours manipulateur, qu'il soit idéologique, politique ou simplement interrelationnel. Dans ce dernier domaine, nous observons ces phénomènes, par exemple, dans ce qu'il est convenu d'appeler depuis peu le syndrome d'aliénation parentale où l'un des parents, en conflit avec l'autre, manipule l'enfant avec le but d'aliéner l'enfant à cet autre parent.

Dans le *Brave New World*, où les gens sont coupés radicalement de l'expérience d'une solitude analytique et créative, il n'y a pratiquement que la communauté d'appartenance qui compte ainsi que la communauté identitaire universelle. Tout est communauté et individu. L'individu se reconnaît dans et par la communauté et celle-ci est produite et alimentée par des individus en constante concurrence pacifique. Tout lien social devient normalisé, conforme, adapté, sans aspérités émotionnelles ou affectives, presque sans véritable désir. Le nouveau régime totalisant à la Huxley est celui qui fait de chaque citoyen un consommateur d'idéologies non seulement dans sa tête, mais également et surtout dans son corps, dans son cœur et sa sexualité. En parallèle avec le monde de Huxley, l'idéologie mondialisée de la crise occidentale actuelle est également un mélange entre identité communautaire et morale individualiste avec une tendance à la consommation et à la jouissance sans limites.

Une autre question, présente en filigrane, est celle du bonheur car le soi-disant bien-être individuel ou développement personnel — dont il ne s'agit en fait que des signes apparents d'un bonheur artificiel — est devenu un maître plus exigeant que la vérité. Il y a aujourd'hui, sans aucun doute, un impératif catégorique de jouir des signes du bonheur identitaire lequel est donné comme une drogue sociale et impartie de façon scientifiquement calculée. Ce bonheur matérialiste, il faut le consommer sans limites, à condition de le consommer dans un sens communautariste. Il s'agit d'une sorte de communisme obligatoire de la consommation à tout va dans une société qui se veut stable et pacifique, sans contestation ni critique, mais qui est en vérité traversée de violences, d'une inversion dangereuse des valeurs de civilisation et d'anomie intersubjective. À cet égard, manquant de son potentiel de maternité et forcément d'amour, comme aussi bien de cause de désir, la femme est prise-là non pas comme *pas-toute*, mais comme *toute*, sans manque, sans douleur, sans souffrance, sans sujet de l'inconscient. En effet, dans cette forme de totalitarisme, si l'homme souffre de *père-versions*, la femme devient *toute*. Elle existe finalement sans mystères et rencontre l'homme nouveau dans des perversions multiples et variées.

MONDIALISATION DES TENDANCES SOCIÉTALES

En deuxième lieu, si Aldous Huxley avait prévu une *over-organisation,* ou surbureaucratisation, de la vie sociale au niveau presque planétaire, à notre époque nous observons le phénomène de la *mondialisation*. La guerre identitaire d'aujourd'hui n'est ni froide ni chaude. Elle se fait plutôt par le biais d'organisations internationales, non-gouvernementales, identitaires, communautaires, ou de groupes d'intérêt, *lobbies* en tout genre ou encore des partis politiques. D'ailleurs, certains *holdings* transnationaux, *lobbies* mondialisés ou partis communistes, sont parfois bien plus puissants que certains pays en voie de développement.

Se targuant de progrès scientifiques et techniques bien qu'au détriment de l'humain — inversé celui-ci en posthumain ou transhumain —, la mondialisation du communautarisme identitaire s'exerce surtout grâce notamment aux avancées technologiques dans le domaine de la biologie, du comportement, de l'intelligence artificielle, de l'information et de la communication. La surorganisation mondialisée associe, paradoxalement, une tendance généralisée à l'individualisme, à l'uniformisation galopante des mœurs et des nouvelles normes.

MANIPULATION ÉMOTIONNELLE, NOUVELLES ADDICTIONS ET DÉPENDANCES PHARMACOLOGIQUES

En troisième lieu, nous devons parler de la dérive psychologique impressionnante du comportementalisme dans la trajectoire qui va du début du XXème siècle au début du XXIème siècle. Cette dérive s'est traduite en deux formes actuelles de la psychologie. D'une part, les théories comportementales et cognitivistes qui soutiennent les thérapies cognitivo-comportementales (TCC) avec les résultats décevants et les effets néfastes que l'on sait, et, d'autre part, les théories du genre avec les polémiques que cela suscite surtout en France et dans les pays où la psychanalyse est implantée. Ces deux courants en psychologie s'associent inévitablement à deux symptômes concernant le sexe à notre époque : l'addiction sexuelle, approfondie et généralisée, d'un côté, et les modifications anthropologiques du corps et de la sexuation, d'un autre côté. Il faut dire évidemment que ces quatre phénomènes, à savoir les TCC, le genrisme, les addictions sexuelles et la crise de la sexuation et du corps, sont les symptômes macropsychiques les plus récents et les plus fréquents de notre civilisation.

En outre, ces quatre symptômes sont malgré tout contrôlés, calculés, favorisés et alimentés par un discours de la science qui laisse peu de place au sujet de l'inconscient. Toutefois, il y a également la question des addictions en général en lien avec les avancées de la science médicale et notamment de la pharmacologie. Noyés par un *tsunami* permanent de psychotropes, neuroleptiques, antidépresseurs, anxiolytiques, sédatifs, stimulants, anticonceptionnels, calmants, somnifères, antidouleurs, médicaments pour maigrir, les populations de plusieurs pays vivent en grande partie dépendantes du trafic de drogue aussi bien que de la surconsommation de psychotropes remboursés par l'assurance maladie.

Dans le monde parfaitement totalitaire d'Aldous Huxley, qui est devenu en partie aussi le nôtre aujourd'hui, la liberté est contrôlée de façon cognitive et comportementale par une psychologie du conditionnement dès très tôt après la naissance. Et même avant. La conception, la procréation, l'expérience placentaire, la naissance, les premières années de vie de l'enfant... sont toutes scientifiquement programmées et effectuées en dehors de tout univers humain. Elles deviennent des expériences désincarnées, ce qui produit progressivement et inexorablement, à terme, une transhumance de la sexuation. La GPA (Gestation pour autrui) pour des couples sans femme et pour des enfants sans mère et la PMA (Procréation médicalement assistée) pour des couples sans homme ou pour des femmes seules et pour des enfants sans père ne seraient ainsi aujourd'hui que des étapes vers l'accomplissement d'un semblable programme.

D'abord, dans le monde d'Aldous Huxley, qui est un peu le nôtre aussi, il y a équivalence et égalité de fonctions entre homme et femme, ce qui permet un double rôle pour chaque être. Ensuite, un effacement possible des sexes au profit d'une uniformisation genriste, désincarnée et artificielle. Aucune femme n'enfante, ni ne procrée. Aucune femme ne porte d'enfant. Aucune femme ne peut être mère, aucun homme à son tour ne peut devenir père non plus. Plus que cela, les figures de père et mère deviennent obsolètes, obscènes et même interdites. Les femmes n'ont alors plus besoin d'être des femmes substantiellement différentes des hommes qui, eux, ne sont plus vraiment des hommes non plus.

Cependant, pour être justes, nous ne devons pas considérer que toutes les théories et toutes les applications du comportementalisme cognitiviste ont cette tendance. En même temps, toujours pour être justes, nous devons reconnaître qu'il y a des tendances psychanalytiques qui collaborent, volontairement ou involontairement, par excès de confiance, par naïveté ou par mauvais calcul, avec un projet de société totalitaire. En effet, il y a bien des psychanalystes qui collaborent avec ces psychologies suggestives et coercitives, avec la psychopharmacologie, avec les addictions sexuelles et même avec le genrisme.

Fétichisation du corps, de la sexualité et de la sexuation

En quatrième lieu, nous pouvons clairement observer l'influence qu'exercent ces trois premiers aspects sur les modifications anthropologiques du corps, dans le domaine intime et extime, à savoir, respectivement, en termes de vécu de la sexualité et de la sexuation. Il s'agit d'une surfétichisation ou d'une virtualisation extrême du corps s'exerçant en termes de consommation de toute une panoplie d'objets en lien avec l'apparence de chaque sujet soumis à ces dogmes.

La consigne généralisée est que l'on doit consommer un tas d'objets oraux, anaux, phalliques, vocaux, sensibles, individualisés, communautarisés aussi bien que des objets en termes de sexualité et même de sexuation. Encore que Huxley ne fait pas directement référence à la tendance transsexuelle de la civilisation dans l'avenir qu'il imaginait. De par cet état de faits sociétaux, il se développe une forclusion de la maternité, une forclusion de la paternité et, puis, une forclusion de la féminité, de la masculinité, de l'hétérosexualité, de l'amour, de la liberté et même de la solitude. Les idéaux sont aussi jetés dans le bac à poubelle de l'histoire, y compris l'Histoire elle-même, car, pour le *Brave New World*, le passé n'a pas d'importance non plus. En revanche, tout ce qui a trait aux multiples formes de fraternité fantasmatique et d'égalité identitaire est promu au rang de valeur de consommation.

Dans *le Meilleur des mondes*, les femmes ont été rendues « *neutres* », c'est-à-dire stérilisées. Et le terme *neutre* veut bien dire qu'une part essentielle de leur féminité leur a été enlevée, à savoir la partie qui fait qu'elles soient potentiellement mères. Neutralisées, elles restent femmes, parce que la féminité ne se réduit pas à la fonction de maternité, mais une sacrée partie de leur féminité leur a été écornée. Face aux hommes, elles se retrouvent alors en tant que simples objets d'échange et non plus, comme avant, en tant que *cause* du désir. Ainsi, les femmes sont forcloses de l'amour. Et, du coup, les hommes aussi.

Par ailleurs, la monogamie étant proscrite dans le sens où « *chacun appartient sexuellement à tous les autres* », l'amour, qui est par essence exclusif et non pas « communautarisable », se voit également proscrit. Autrement dit, la féminité étant presque totalement interdite dans l'expérience sexuelle de ces hommes et de ces femmes du *Brave New World*, l'amour est forcément exclu du vécu de désir également. C'est-à-dire que ces hommes et femmes ne conservent que le désir et la jouissance sexuelles, tandis que le désir d'amour, « *la passion violente* », ils n'en connaissent pas. Tout fonctionne en termes de plaisir et de satisfaction, mais il n'y a pas de place pour la création, pour l'art, pour la sublimation et pour le désir d'aimer et d'être aimé. Alors, chez eux, la castration symbolique serait allée trop loin ou pas assez ?

Les quatre phénomènes sociétaux qui favorisent l'installation d'un régime totalitaire, qui induisent psychologiquement ce que j'appelle les symptômes translimites et qui sont largement présents actuellement, sont donc les suivants. D'abord, une large crise économique, financière et démographique qui est aussi une crise des valeurs morales et politiques, laquelle pousse vers une idéologie de la consommation et de la jouissance. Ensuite, un développement approfondi des avancées technologiques notamment dans le domaine de la biologie, de la médecine, de l'information et de la communication, facilitant la tendance à la mondialisation, ou à la généralisation identificatoire, des dogmes, des moeurs et des tendances sociétales. Après, la dérive antipsychanalytique d'une psychologie de la manipulation émotionnelle, de l'éducation identitaire et du contrôle rationnel. Finalement, la fétichisation du corps, de la sexualité et de la sexuation.

Le constat global que ces quatre phénomènes macropsychiques nous indiquent est que la société occidentale aujourd'hui est devenue une formation collective profondément pervertie.

FORCLUSION PERVERSE DE LA FAMILLE

Les principes de la psychologie du conditionnement, telle que Huxley la conçoit, se retrouvent, en tant que psychologie cognitivo-comportementale, à la source des théories du genre qui dominent aujourd'hui la tendance sociétale vers l'indifférenciation des sexes, vers la négation de la famille et vers la négation des fonctions de père et mère.

De malheureux psychanalystes qui collaborent avec le genrisme sont habitués depuis longtemps à une contestation de ce qui était appelé un jour les appareils idéologiques de la société capitaliste. Ils sont, en outre, sensibles aux positions féministes proches de l'idéologie d'une Simone de Beauvoir, mais ils trouvent également une inspiration dans la critique récurrente et obsessionnelle de la famille et du mariage qui pouvait être faite par certains antipsychiatres, tels que David Cooper. Il s'agit non seulement de s'attaquer à l'université, à l'entreprise, à l'école, etc., mais aussi et surtout à la famille et à la figure d'autorité du père. Plus précisément, il s'agit de contrer, de rabaisser, la figure de l'homme blanc appartenant à un niveau socioéconomique élevé parce qu'il serait coupable d'exploiter les faibles et les femmes, comme le fait le genrisme, cette théorie purement émotionnelle, complotiste, paranoïde, victimiste.

David Cooper considère que l'un des grands problèmes de l'humanité est l'existence du système familial, qu'il s'acharne à détruire (au moins par les paroles) dans son livre *Mort de la famille*. Il croit que pour devenir ce qu'il appelle un « *citoyen normal* » ou « *libre* » et ne pas « *devenir fou à la fin de l'adolescence* », il faut que le sujet découvre l'autonomie « *durant la première année de [son] existence* » (Cooper, 1971, pp. 19 et 20). Il critique le fait que « *la famille impose à tous les enfants un système de tabous* », estime que « *le complexe de castration est une nécessité inhérente aux sociétés bourgeoises* » (p. 29) et s'oppose énergiquement au fait que « *la famille interdit à ses membres de se toucher, de se sentir, de se goûter* » (p. 30). On croit rêver ! David Cooper continue sa critique de la famille en suggérant comme solution, de façon à peine voilée, non seulement l'inceste entre frères et soeurs mais également la pédophilie. Il dit ainsi que, dans la famille, « *les enfants peuvent s'ébattre avec leurs parents, mais une stricte ligne de démarcation est dessinée autour des leurs zones érogènes. [...] Les étreintes et attouchements entre sexes opposés deviennent vite, dans l'esprit de la famille, une dangereuse sexualité* » (p. 30). Évidemment. Mais, comment ne pas agir en ce sens ?

David Cooper s'attaque aussi aux signifiants de père, mère et enfants, en disant qu'ils appartiennent à « *un langage archaïque et foncièrement réactionnaire* » et prône la dissolution de ces fonctions. « *Nous n'avons pas besoin de père et de mère, nous avons besoin d'attention paternelle et maternelle* » (Cooper, 1971, pp. 30 et 31). On ne voit pas comment sans un homme pour l'incarner, la fonction paternelle pourrait s'exercer de manière adéquate. Et on ne voit pas comment sans une femme pour être la mère, la fonction maternelle pourrait exister. Cependant, pour Cooper, tout à fait en accord avec le genrisme en vogue aujourd'hui, la fonction paternelle et maternelle seraient seulement un exercice « *conditionné socialement* » et éventuellement de façon communautaire. À ce sujet, il dit que « *la fonction maternelle peut s'étendre à d'autres personnes : le père, les frères et soeurs et surtout d'autres personnes extérieures à la famille biologique* » (p. 31). C'est-à-dire que plein de gens pourraient être la mère de chaque enfant ! Et, dans ce cas, on ne serait pas loin du monde imaginé par Huxley où la maternité est supportée par une communauté institutionnalisée et aliénée à chaque femme, car aucune ne doit devenir mère. Et pour appuyer son discours il dit même être tenté de créer un nouveau vocabulaire, un nouveau langage, sauf qu'il ne développe pas cette tentation que l'on observe effectivement réalisée, par ailleurs, dans *1984* de George Orwell (1950) et dans *le Meilleur des mondes* d'Aldous Huxley (1932).

Après les mouvements de la prétendue libération de la femme qui ont parsemé tout le XXème siècle, comptant sur une éducation de plus en plus permissive, laquelle nous vient des années 1960, et vivant des acquis sociétaux de la révolution sexuelle, on pourrait croire, à tort, que nous sommes finalement parvenus à une société saine et équilibrée. Toutefois, c'est exactement tout le contraire qui se passe. La révolution sexuelle est devenue une multiplicité d'addictions en croissance, telles que l'hypersexualité, la pornographie, l'asexualité, l'homosexualité, l'échangisme ou le libertinage, sans parler du développement alarmant d'abus, de viols voire d'actes pédophiles. Dans la sexualité, l'Autre est devenu un véritable objet de consommation et la liberté, un exercice de conformité à l'impératif de jouissance. D'une part, il y a un individualisme forcené ; de l'autre, une dépendance excessive vis-à-vis des contraintes sociales imposées par la nouvelle normalité. Individualisme et uniformisation, ce sont les caractéristiques principales de la dernière société occidentale. À cet état de fait s'associe l'autre tendance : une véritable destruction de la famille malheureusement mise en pratique.

Dès la fin du XXème siècle, nous observons l'existence de programmes de détestation et de mise à mort de la famille. Dans la fiction d'Aldous Huxley, les personnages évoquent la famille avant qu'elle ait été supprimée de la vie sociale dans des termes très durs et sans appel. Ils soutiennent des discours antifamille. « *Le foyer, la maison, quelques pièces exiguës, dans lesquelles habitaient, tassés à s'y étouffer, un homme, une femme périodiquement grosse, une marmaille, garçons et filles, de tous âges. Pas d'air, pas d'espace ; une prison insuffisamment stérilisée ; l'obscurité, la maladie et les odeurs [...] et le foyer était aussi malpropre psychiquement que physiquement. Psychiquement, c'était un terrier à lapins, une fosse à purin, échauffé par les frottements de la vie qui s'y entassait, et tout fumant des émotions qui s'y exhalaient. Quelles intimités suffocantes, quelles relations dangereuses, insensées, obscènes, entre les membres du groupe familial ! Pareille à une folle furieuse, la mère couvait ses enfants (ses enfants)... elle les couvait comme une chatte, ses petits...*

mais comme une chatte qui parle, une chatte qui sait dire et redire mainte et mainte fois : "Mon bébé, mon bébé !... Mon bébé !" » (Huxley, 1932, p. 63).

Pour ces raisons, dans *le Meilleur des mondes* on a supprimé le père et la mère, on a supprimé les frères et les soeurs, on a supprimé les parents et les relations filiales, on a supprimé la famille ainsi que la reproduction vivipare, c'est-à-dire la conception, la grossesse et l'accouchement par les femmes. Chaque enfant est fabriqué comme un produit de consommation pour devenir, à l'âge adulte, consommateur et travailleur à son tour, membre participant et contribuant à la stabilité de la société et ses normes. Les enfants sont conçus pour être des gens conformes, sans personnalité, sans désirs subjectifs autres que la volonté de jouir de ce qui est permis et de consommer sans ambages, des êtres sans réflexion critique, sans conflits, sans psychopathologie. Tous correctement normaux !

Avec ses addictions sexuelles, avec sa nouvelle psychopathologie atypique (pas là où l'on croirait), avec sa manipulation des consciences par l'idéologie de la consommation d'un bonheur apparent, par sa confusion des sexes, par son endoctrinement concernant la sexuation et par son programme de rejet et de destruction de la famille biologique, la société occidentale aujourd'hui, malade du genrisme, semble s'orienter vers le monde ébauché par Aldous Huxley, George Orwell et David Cooper.

Grâce à notre analyse des événements macropsychiques translimites liés au genrisme, nous pouvons percevoir que les violences du XIXème siècle, ensemble avec celles du XXème siècle — découlant de la Première et de la Seconde guerres mondiales, du communisme, du socialisme fasciste et du national-socialisme ainsi que de Mai 68 — nous ont obligé à hériter, à l'aube du XXIème siècle, le meilleur des mondes, celui traversé par la mort de la famille, par le totalitarisme genriste et par la jouissance transidentitaire.

Ces événements translimites du vécu macropsychique ont impulsé l'émergence de crimes chez des sujets sombrant dans la jouissance transidentitaire.

CRIMINOLOGIE DU GENRISME TRANSIDENTITAIRE

Y A-T-IL UNE HAINE IDENTITAIRE ?

Au mois de décembre 2022, à Paris, un retraité de 69 ans, ancien conducteur de train, de nationalité française, ayant déjà commis plusieurs crimes et ayant été condamné pour ces raisons, s'est présenté devant une boutique de coiffure et dans une association culturelle congregant des personnes d'origine kurde avec une arme automatique. Il a tué trois personnes et blessé plusieurs autres. Après avoir été maîtrisé par les policiers, il a facilement avoué avoir commis ces crimes ayant été poussé par une « *haine pathologique des étrangers en France* ». Il reconnaît être « *dépressif* » et « *suicidaire* » et précise avoir « *toujours eu envie d'assassiner des migrants, des étrangers* » depuis un cambriolage à son domicile en 2016. Le choix des Kurdes s'expliquerait, selon lui, parce qu'ils auraient « *constitué des prisonniers [chez les terroristes islamistes] lors de leur combat contre Daesh au lieu de les tuer* » (Lefebvre, le 25 décembre 2022). Un tel terme de haine pathologique, en provenance de la psychiatrie actuelle, nous interroge. Qu'est-ce qu'il veut dire ?

En premier lieu, on peut dire que ceux qui parlent de « *haine pathologique* » doivent forcément accepter l'existence d'une *haine normale*. Évidemment, nous savons tous que, comme la jalousie, le désir de possession ou les manœuvres de vengeance, bien souvent la haine est malheureusement associée à l'amour, notamment à celui que l'on appelle, à tort ou à raison, l'amour passion. Sans aucun doute et malgré que ce soit un mal, la haine est une conséquence normale de certaines conjonctures complexes ou compliquées de l'amour. La haine est ainsi un mal normal qui appartient à la vie quotidienne lorsque celle-ci se confronte à certains obstacles, impasses ou déceptions découlant de changements importants et vus comme insurmontables par celui qui l'éprouve.

Dans d'autres domaines, l'être humain est habitué à ressentir le mal sans que celui-ci soit forcément considéré pathologique mais tout à fait normal et même bienvenu. Par exemple, la douleur, dans sa catégorie physique, est bienvenue et normale lorsqu'il s'agit d'une réaction physiologique qui alerte le sujet sur un problème organique à soigner en priorité : blessure, brûlure, irritation, dysfonctionnement d'un organe, etc. À ce point, la douleur est normale sauf si elle persiste en amplitude, fréquence, intensité. Et surtout si, déconnectée des conjonctures inhabituelles qui normalement la provoquent comme signal d'alerte, elle se transforme en moteur d'agression.

Tout comme la douleur, la jalousie ou la colère, la haine est un mal tout à fait normal. Mais seulement à deux conditions. D'abord, à condition qu'elle demeure intimement associée à une complication de la relation d'amour — tout en cédant si cette complication se résout — et ensuite, à condition qu'elle reste confinée à un éprouvé passif qui ne requiert aucune action d'agression.

En deuxième lieu cependant, ces deux conditions de la haine normale peuvent manquer et cet affect peut s'associer à un embryon d'idéologie mobilisant une jouissance que nous appelons identitaire. Dans ce cas, peut-être certains psychiatres parlent d'une haine pathologique, haine psychotique ou haine psychopathique et je l'appelle *haine identitaire*. Selon une partie de ma recherche sur ces sujets publiée en 2020, la haine identitaire, pathologique donc, peut se décliner en trois versants ayant des différences phénoménales mais des similitudes structurales.

Selon notre travail sur *Jouissance identitaire dans la civilisation*, le racisme transforme les angoisses anomiques en haine des ethnies étrangères, le terrorisme islamiste se supporte d'une haine acérée de la civilisation occidentale et le genrisme développe une haine de l'identité réelle, une haine idéologique du masculin et du féminin ainsi qu'une haine du sexe d'appartenance (Arce Ross, 2020). Tout en ayant quelques différences concernant les cibles de choix, ces trois modalités de la jouissance identitaire véhiculent une même haine profondément angoissée, radicalement sadomasochiste, primaire ou primitive et donc anticivilisation. On peut haïr l'Autre, on peut se haïr soi-même, son propre sexe, ou on peut aussi haïr son corps sexué, mais au fond il s'agit d'un même progrès maladif du crime anticivilisationnel.

Ces trois expressions de la haine identitaire, qui vont ensemble avec le développement d'une jouissance sadomasochiste et angoissée, débouchent inévitablement vers des crimes sur autrui et sur soi. Apparemment, il est facile de visualiser ce destin criminel dans la haine identitaire des racistes et des terroristes islamistes. Mais notre recherche a pu montrer que le genrisme est également une idéologie criminelle en ce sens qu'il développe des graves mutilations des organes du corps et du sexe, tout en produisant également des suicides identitaires chez certains de ses gourous. Nous l'avons étudié dans les suicides identitaires d'Oksana Chatchko (la leader *Femen*), de David Buckel (le fameux avocat des sexidentitaires américains qui s'est mis le feu dans un parc à New York), du prêtre homosexuel Alfredo Ormando (immolé également par le feu sur la place Saint Pierre, à Rome) ou de la militante animaliste Sandy Lertzman ayant tué aussi ses nombreux animaux avant de se donner la mort (Arce Ross, 2020). Nous avons pu voir que ces formes de crimes suicidaires sont l'apanage de la haine identitaire de soi qui anime profondément les genristes parvenus à un stade très avancé de leur radicalisation idéologique.

Nous considérons que la haine identitaire, en tant que seulement haine de l'Autre, de l'étranger, repose en vérité sur une haine angoissée de soi (Davis, 2017) ainsi que sur une profonde haine du lien de civilisation (Arce Ross, 2020). Au fond donc, la haine identitaire est une haine suicidaire de soi et de ce qui fait lien d'identité autour de soi, à commencer par la sienne propre.

CRIMES DU GENRISME TRANSIDENTITAIRE

Nous devons avoir présent à l'esprit que le genrisme n'est pas seulement une idéologie comme une autre. Le genrisme est une idéologie pathologique et criminelle qui manipule les sujets transidentitaires et transsexes, des patients en grande souffrance et confus quant à leur place dans le monde, au point de les pousser à commettre des graves délits sexuels et même des meurtres à visée sexuelle. Pour cause de la diffusion à large échelle de cette idéologie dans la société tout entière, notamment chez les législateurs et les autorités juridiques, les pourcentages des crimes du genrisme transidentitaire dépassent largement ceux de la population générale. Ceci est visible dans plusieurs pays occidentaux.

QUELQUES CHIFFRES SUR L'ÉTAT DE LA CRIMINALITÉ DES TRANSSEXES
Notons d'abord que les premières statistiques sur les crimes commis par des patients transsexes ou se déclarant de la sorte en Angleterre et au Pays de Galles n'ont été collectées qu'à partir du mois d'avril 2016. À partir de ces données, on apprend que « *le nombre de*

détenus transgenres a augmenté à la suite de la nouvelle réglementation entrée en vigueur en janvier 2017 [...] et trois mois plus tard, le nombre de prisonniers transgenres avait presque doublé » (Biggs, 2020). Ainsi, selon les données du Ministère de Justice du Royaume Uni, en 2019, alors que le taux de sujets condamnés pour viol dans la population masculine normale (non transsexes) est de 16,8% et de 3,3% chez les femmes biologiques, dans la population des hommes transsexes le taux de condamnés pour viol est de 58,9% (MOJ, 2019).

Des proportions similaires ont été trouvées par le Bureau des prisons des États-Unis, car selon leurs données, *« près de 50 % des détenus masculins transidentifiés sont incarcérés pour des délits sexuels, contre seulement 11 % dans la population masculine générale »* (Slatz, 2022). Ensuite, si l'on compare les hommes et les femmes transsexes aux États-Unis, on peut vérifier que *« 48,47 % des détenus masculins biologiques s'identifiant comme des femmes sont en détention fédérale pour des délits sexuels, contre seulement 4,71 % des femmes biologiques s'identifiant comme des hommes »* (Slatz, 2022). À partir de ces données, nous pouvons constater que les hommes qui souffrent de transsexualisme, c'est-à-dire ceux qui croient être des femmes ou qui veulent être reconnus comme telles, ont les plus grands taux de criminalité, non seulement plus que les femmes transsexes (qui croient être des hommes) mais également bien plus que les hommes hétérosexuels non transsexes.

Notons à ce propos que la situation dans les prisons pour femmes est devenue intenable dans certains pays comme les États-Unis et le Royaume Uni. Par exemple, selon les données recueillies par le Département de Corrections et réhabilitation de Californie en décembre 2021, parmi les hommes incarcérés qui cherchent à être transférés dans des prisons pour femmes, 33,8 % sont des délinquants sexuels enregistrés (CDCR, 2022). C'est-à-dire qu'il s'agit d'un tiers de tous les criminels sexuels.

Dans une communication rédigée par un comité du Parlement du Royaume Uni, il est affirmé que *« les hommes transexuels [qui se présentent comme femmes] sont six fois plus susceptibles d'être condamnées pour un délit que leurs homologues féminines et 18 fois plus susceptibles d'être condamnés pour un délit violent »* (Freedman, Stock, & Sullivan, 2021). Les auteurs se réfèrent à une longue étude faite en Suède sur une cohorte de 324 patients ayant subi une thérapie de conversion transidentitaire, c'est-à-dire impliquant un traitement hormonal et chirurgical entre 1973 et 2003 avec changement d'identité civile (Dhejne, Lichtenstein, Boman, Johansson, Långström, & Landén, 2011). L'objectif principal de ces auteurs — peine perdue, à notre avis — était de savoir si la chirurgie pouvait être bénéfique sur le plan social et sanitaire. Pour cela, les auteurs se sont concentrés sur les condamnations pénales pour des crimes avec violence après la thérapie de conversion transidentitaire.

Les conclusions de cette étude étaient prévisibles. « *Les personnes atteintes de transsexualisme, après un changement de sexe, présentent des risques de mortalité, de comportement suicidaire et de morbidité psychiatrique considérablement plus élevés que la population générale* » (Dhejne, Lichtenstein, Boman, Johansson, Långström, & Landén, 2011). Un peu complaisants et un peu naïfs, les auteurs suédois considèrent néanmoins que la thérapie de conversion transidentitaire ne serait donc pas suffisante et qu'il faudrait que ces patients transconvertis suivent un traitement psychiatrique. C'est-à-dire, plus de drogues après les hormones et la chirurgie. Tout ceci au lieu de tirer la conclusion qui s'impose : c'est la thérapie de conversion transidentitaire elle-même qu'il faudrait supprimer, non pas parce qu'elle est insuffisante mais plutôt parce qu'elle n'est pas l'indication adéquate.

En tout cas, l'étude suédoise indique clairement que « *les hommes transsexuels [ayant subi une thérapie de conversion transidentitaire totale] ont conservé un modèle masculin en ce qui concerne la criminalité et les crimes violents* » (Dhejne, Lichtenstein, Boman, Johansson, Långström, & Landén, 2011).

Voyons maintenant, dans quelques cas choisis, comment se présentent les abus et les crimes sexuels chez les sujets transsexes et ce que nous pouvons en extraire de ces données qui restent néanmoins seulement à un niveau descriptif ou phénoménologique.

MARTIN PONTING (JESSICA WINFIELD) ET LES VIOLS DE JEUNES FILLES

En 1995, Martin Ponting (Jessica Martina Winfield), père de trois enfants, a été condamné à la prison à vie pour le viol de deux jeunes filles, dont l'une était la fille handicapée d'un ami de sa famille. En 2007, alors qu'il était détenu à la prison de Whitemoor, en Angleterre, il a déclaré qu'il voulait débuter un processus de conversion transidentitaire pour être considéré en tant que femme par les autres. D'abord, comme le font pratiquement tous les transsexes, il a changé de nom en choisissant le pseudonyme Jessica Martina Winfield et a porté plainte contre l'administration pénitentiaire pour non reconnaissance de son statut de transsexes. Finalement, portant des robes, une perruque, du maquillage, se laissant pousser des seins et ayant subi une thérapie de conversion transidentitaire avec chirurgie, Martin Ponting (Jessica Martina Winfield) a été transféré dans une prison pour femmes, celle de Bronzefield (KPSS, 2020-2023a).

Pour les femmes violées par ce prédateur, il a été insupportable que Martin Ponting (Jessica Martina Winfield) se fasse financer par la sécurité sociale anglaise, la NHS, la chirurgie de conversion anatomique, pour une valeur de 10.000,00 £ alors qu'il purgeait une peine de prison à perpétuité (Evans, 2017). Cependant, l'opération de conversion physique ne comprenant pas l'ablation de son pénis, six mois après son transfert à la prison de femmes, Martin Ponting (Jessica Martina Winfield) a dû être séparé des femmes après qu'il ait fait des « *avances inappropriées* » à quelques détenues. Selon ces dernières, « *on ne comprend pas pourquoi un double violeur condamné comme 'Jessica' est autorisé à se mêler aux femmes malgré son pénis. Les responsables de la prison craignaient qu'il ne s'y essaie avec des prisonnières et leurs craintes se sont avérées exactes. Les détenues étaient furieuses de se retrouver avec un violeur condamné et elles le sont encore plus aujourd'hui* » (KPSS, 2020-2023a).

Alors que son ex-femme et les codétenues de la prison pour femmes où il a été placé le considèrent comme un homme dangereux pour les femmes, Martin Ponting (Jessica Martina Winfield) a obtenu en novembre 2022 un *Certificat de reconnaissance de genre* (CRG), c'est-à-dire que grâce à cela il est reconnu par la société comme une « femme ». Déjà, c'est mensonger qu'un homme puisse vraiment devenir femme, même s'il ne s'agit que de manière administrative, c'est-à-dire que cet acte équivaut à un semblant juridique. En outre, il est incompréhensible que l'administration qui se charge de la reconnaissance genriste pour le soi-disant changement de sexe puisse accorder des homologations officielles de ces changements (CRG) sans prendre en compte les grands risques d'agressions sexuelles et de meurtres qui peuvent exister dans des cas pareils, notamment chez des hommes déjà condamnés. Justement, l'une de ses victimes a pu déclarer avec beaucoup de pertinence que « *l'on peut changer les organes génitaux de quelqu'un, mais cela n'enlèvera pas l'envie et la pulsion qu'il a en lui de faire des choses horribles à des enfants* » (Doran, Diaz, Moriarty, & Wells, 2017).

John Stephen (Sally Ann) Dixon et la pédophilie
Déjà emprisonné pendant six mois en 1997 pour avoir abusé

sexuellement d'un adolescent, John Stephen (Sally Ann) Dixon, un homme transsexes, âgé de 58 ans, a été condamné, en septembre 2022, à une peine de prison de neuf ans pour une trentaine d'abus sexuels. Parfois répétés pendant plusieurs mois, ces viols ont été commis entre 1989 et 1996, sur deux garçons et cinq filles dont la plus jeune avait sept ans. Selon la description faite au tribunal, il s'agit d'un prédateur sexuel effronté et insensible s'attaquant à des enfants vulnérables par le biais de relations familiales (KPSS, 2020-2023a).

Suivant l'idéologie genriste dominant des larges secteurs de la société aujourd'hui y compris les tribunaux, John Stephen (Sally Ann) Dixon, se déclarant désormais « femme », a été envoyé dans le quartier des femmes de la prison de Bronzefield, en Angleterre, pour purger sa peine. *« Compte tenu de la nature et de la gravité de son délit, il s'agit d'une décision d'affectation particulièrement importante et préoccupante. Les données publiées par le Ministère de la Justice en 2021 montrent que moins de 1 % des hommes qui s'identifient comme transgenres et qui n'ont pas de* Gender Recognition Certificate *[ou* Certificat de reconnaissance genriste, *CRG] sont détenus dans le quartier des femmes. Ce chiffre contraste avec les 90 % de ceux qui ont un CRG. Il est facile de voir que le fait de ne pas avoir de CRG réduit considérablement la probabilité qu'un détenu de sexe masculin puisse être transféré dans le quartier des femmes »* (KPSS, 2020-2023a).

Pourtant, une fois en prison, John Stephen (Sally Ann) Dixon a continué sa série pédophile en s'attaquant à une détenue considérée psychologiquement « vulnérable », c'est-à-dire ayant *« des difficultés d'apprentissage et des problèmes de santé mentale »* (Jones & Lyons, 2022). Malgré cela, tant la police de la région de Brighton, la capitale anglaise des sexidentitaires, dans laquelle il a sévi, comme celle de la prison de Bronzefield, ont été trop dociles envers ce prédateur transsexes et il a été maintenu dans cet établissement pénitentiaire pour femmes. Toutefois, un élément intéressant à noter est que Suella Braverman, la Ministre de l'Intérieur de l'époque, *« a vivement réprimandé les forces de l'ordre en leur disant qu'elles devaient cesser de "faire de la politique identitaire et arrêter de nier la biologie" »* (Jones & Lyons, 2022).

Très tôt, John Stephen (Sally Ann) Dixon s'est marié une première fois en 1983, à l'âge de 20 ans, et une deuxième fois en 1985 avec une fille de 17 ans avec laquelle il a eu deux enfants. En plus de travailler comme DJ et électricien, John Stephen (Sally Ann) Dixon gérait une maison close et utilisait beaucoup sa fameuse caravane dans laquelle certaines des petites filles étaient attirées pour être violées (Jones & Lyons, 2022). Et ce qui est à remarquer c'est que pendant la période où les viols de ces enfants ont débuté, il ne présentait aucun signe de féminité (Jones & Lyons, 2022). Sa féminisation psychique est venue progressivement se développer au fur et à mesure du développement de ses crimes pédophiles. Cette évolution transsexuelle parallèle à la pédophilie a fini par trouver son point culminant avant son procès.

Les données extraites de cette histoire nous apprennent que les transsexes qui arrivent à la prison de Bronzefield *« ont des antécédents d'abus sexuels ou ils viennent avec des organes génitaux masculins. Nous n'avons tout simplement pas la capacité d'assurer la sécurité des femmes. Les statistiques semblent confirmer ce point de vue. En 2019, un tribunal a appris qu'il y avait 163 prisonniers transgenres en Angleterre et au Pays de Galles, et que 81 d'entre eux — soit la moitié du total — avaient été condamnés pour des délits sexuels. Sur les 163, 24 étaient détenus dans des prisons pour femmes »* (Jones & Lyons, 2022). Le problème est que si la police ou les statisticiens continuent à considérer les hommes transsexes auteurs de crimes sexuels sous une fausse identité féminine, il y a un grand risque pour que ces crimes soient comptabilisés comme étant commis par des femmes réelles.

SHAUN PUWELL (MICHELLE LEWIN) ET LA PÉDOPHILIE EN SÉRIE

Ayant commis de multiples crimes sexuels sur enfants et présentant encore un grand danger de passages à l'acte, Shaun Pudwell (Michelle Lewin) a été condamné en 2007 à une durée indéterminée d'emprisonnement au titre de la protection de la société. Cependant, lors de son séjour en prison, il a fait évoluer son transsexualisme au point d'obtenir, en septembre 2018, un *Certificat de reconnaissance genriste* (CRG) en tant que « femme ». À ce titre, il a été transféré dans le quartier des femmes de la prison de Peterborough, en Angleterre, qui accueille à la fois des femmes adultes et des jeunes délinquantes. Si ces femmes ont été terrifiées par sa présence entre elles, c'est parce qu'au moment du transfert vers cette prison, Shaun Pudwell (Michelle Lewin) *« était en attente d'une "opération de changement de sexe", ce qui indique qu'il avait encore, à ce moment-là, des organes génitaux masculins intacts »* (KPSS, 2020-2023a).

Dans des cas de ce type, le transsexualisme chez des hommes sexuellement criminels arrivé à sa plus grande expression, joue involontairement le rôle de castration préventive contre les viols génitaux mais pas contre toutes les autres formes d'abus et de crimes sexuels que ces patients peuvent mettre en acte.

Notons ici que Shaun Pudwell (Michelle Lewin) s'est marié pour tous avec un autre homme, Mark Lewin, qui purgeait également une peine de prison de trois ans pour harcèlement sexuel et pour posséder des photos d'autres hommes en train de violer des petites filles (Edwards, 2015). Nous savons aussi que, comme tant d'autres sujets sexidentitaires en général et transsexes en particulier, Mark Lewin a été victime de maltraitances physiques et sexuelles pendant son enfance (Edwards, 2015).

ALAN BAKER (ALEX STEWART) AVEC DANIEL (SOPHIE) EASTWOOD ET LES MEURTRES EN SÉRIE

Alan Baker (Alex Stewart) est un homme transsexes condamné à la prison à vie pour avoir assassiné, en janvier 2013, John Weir, de 36 ans et père de deux enfants, après l'avoir invité chez lui, en le poignardant dans la poitrine pas moins de 16 fois. Quelques heures à peine avant le meurtre « *méchant et brutal* », les deux hommes s'étaient connus sur un site de rencontres *gay* (McLeod, 2018), ce qui n'a pas empêché Alan Baker (Alex Stewart) — ayant des antécédents de violence à l'encontre de ses anciens partenaires masculins — de commettre le crime (KPSS, 2020-2023a).

En 2018, après avoir changé de nom pour faire semblant de devenir femme, Alan Baker, se présentant désormais sous le pseudonyme d'Alex Stewart, a été transféré dans le quartier des femmes de la prison de Greenock. « *Bien qu'il n'ait pas subi d'opération de "réassignation", il aurait pris des douches avec les détenues et a également remporté le très convoité trophée Miss Fitness de la prison. Une source pénitentiaire a raconté que "les autres n'auraient même pas dû prendre la peine d'y participer. C'était surréaliste. Tout le monde savait que ce n'était pas très équitable, mais personne n'avait le droit de le dire. Les détenues ont dû accepter que Stewart soit autorisé à vivre en tant que femme, bien qu'il n'ait pas été opéré. Cela signifie qu'il se trouve dans les douches en même temps que les autres détenues, ce que certaines ont trouvé assez gênant* » (KPSS, 2020-2023a).

Non seulement Alan Baker (Alex Stewart) avait en prison les mêmes droits que les femmes mais en plus il bénéficiait de certains avantages naturels, de par sa corpulence et force masculines. Ainsi, il a triomphé de toutes les autres codétenues dans des disciplines telles que l'aviron, les poids, les haltères, les redressements assis et les pompes. Quelques-unes des codétenues continuent à croire malgré tout à l'inclusion et à l'égalité, mais d'autres ont eu honte, se sont senties trompées et ont compris dès le départ des compétitions qu'elles n'avaient aucune chance contre lui. De son côté, Alan Baker (Alex Stewart), Roi narcissique du drame sous un aspect caricaturalement féminin, a accepté le titre et le trophée de Miss Fitness 2017 en se montrant très satisfait de lui-même (McLeod, 2018).

En 2018, Alan Baker (Alex Stewart) a entamé une relation avec un codétenu transsexes, Daniel (Sophie) Eastwood, également condamné pour meurtre, le couple ayant l'habitude d'avoir des relations sexuelles devant les détenues. En outre, nous devons noter de manière anecdotique *« qu'Eastwood, qui est resté dans la section des femmes, s'identifiait désormais comme un bébé. Eastwood aurait reçu une tétine et exigerait des couches, de la nourriture en purée et serait autorisé à tenir la main d'un agent lorsqu'il est escorté hors de sa cellule »* (KPSS, 2020-2023a). Voici l'un des exemples qui me permet de situer le transsexualisme comme le paradigme de la jouissance transidentitaire.

CHRISTOPHER (CHRISTINE) WESTON CHANDLER ET L'INCESTE

En 2014, Christopher Weston Chandler, un homme transsexes et probablement autiste, de 39 ans, créateur de personnages de bandes dessinées et prolifique *YouTuber*, est arrêté pour inceste à Richmond, dans l'état de Virginie, aux États-Unis (Brown, 2021). L'arrestation de celui qui se fait désormais appeler *« Christine »* et qui se croit être devenu femme a été rendue possible grâce à une fuite audio en ligne où il aurait avoué avoir abusé sexuellement de sa mère, âgée de 79 ans et qui souffre de démence.

Pour sa défense, il tient à souligner que c'est sa mère qui l'aurait séduit en admettant toutefois qu'elle se montrait *« partiellement confuse »* et qu'il lui aurait fallu *« plusieurs essais »* avant de réussir à accomplir les actes sexuels sur elle. À partir de là, l'inceste serait devenu une sorte de *« relation ouverte »*, selon ses termes, et ils se seraient habitués à avoir des relations sexuelles *« tous les trois soirs »* (Longstaff, 2021).

Chris Chandler avait l'habitude de faire intervenir sa propre mère, Barbara, qu'il appelait du surnom de *« Barbie »*, comme la poupée, dans des mises-en-scène filmées et transmises directement en ligne. Dans ses vidéos *Youtube*, Christopher présentait les nouvelles coiffures de sa mère en disant : *« Barbie Chan a eu une coupe de cheveux stylisée. Je l'ai fait : couper les cheveux de quelqu'un pour la première fois. Ça a l'air vraiment bien* » (Longstaff, 2021). Christopher Chandler, qui utilise d'autres pseudonymes comme *Rosechu*, *CWCville* ou *Sonichu* (Brown, 2021), a affirmé que s'il a accepté de commettre un inceste avec sa mère ce serait, selon lui, parce que Dieu lui a donné l'autorisation (Brown, 2021).

Au moment de son arrestation, le transsexes incestueux a lancé à la caméra, en faisant référence à ses dessins animés, que « *je suis docile, je suis bon et de bonne foi. Tout va bien se passer. Je suis Chris Chan Sonichu, votre déesse Blue Heart et je reste forte et je maintiens tout avec CWCville et mon Sonichu, Rosechu et tout le monde* » (Brown, 2021). Par ailleurs, on sait que la mère de Chandler, Barbara, avait déjà souffert également de troubles psychiques graves. D'ailleurs, dix ans auparavant, le couple mère-fils avait déjà été arrêté après que Barbara ait renversé avec sa voiture le gérant d'un magasin de jeux. Et le jeune transsexes avait été également condamné, à une peine de prison avec sursis, pour une autre affaire de violences avec une bombe aérosol d'auto-défense contre un employé de *GameStop* (Mulraney, 2021).

Christopher aurait été abusé sexuellement à l'âge de 18 mois par sa *baby-sitter*. Celle-ci aurait enfermé le petit Christopher dans sa chambre remplie de jouets chaque fois qu'il se mettait en colère et, selon lui, cela a pu être la cause de son autisme de haut niveau, ce qui d'ailleurs, connaissant l'étiologie psychique de l'autisme, peut être tout à fait plausible mais seulement en tant qu'élément auxiliaire, sans être réellement la cause. Christopher n'a commencé à parler qu'à l'âge de 7 ans après avoir eu des consultations avec une orthophoniste. Sa mère Barbara également aurait abusé de lui aussi bien que de son demi-frère, Joseph Cole Smithey, en menaçant les deux garçons de se suicider s'ils n'obtempéraient pas (Chandler, 2012).

Par la suite, Christopher aurait été victime d'harcèlement à l'école et il affirme avoir été maltraité par les enseignants et les directeurs de l'école qui l'auraient cloué au sol, tenant ses poignets et ses chevilles et enregistrant ses cris lorsqu'il devenait trop violent. Bob, le père, et sa mère ont intenté une action en justice contre l'école. Ils ont obtenu la proposition de placer Christopher dans une école d'éducation spécialisée, mais les parents ont refusé l'offre, craignant que leur fils ne soit institutionnalisé. C'est ainsi qu'est née l'idée d'une prise en charge totale de Christopher par sa mère. En 1993, quelqu'un s'étant apparemment trompé dans la prononciation du prénom de Christopher, ce dernier l'a pris comme un signe de Dieu et a décidé de le changer en *Christian* (Chandler, 2012). Tout ceci c'était bien avant qu'il passe à se considérer femme et à vouloir changer son identité et son prénom, cette fois-ci, en *Christine*.

SCOTT (AMBER) MCLAUGHLIN ET LE CRIME CONTRE L'AUTRE SEXE

Scott McLaughlin, un homme transsexes de 49 ans, aussi appelé « *Amber* » depuis qu'il s'est autoproclamé « *femme* » trangenriste, est devenu ce que certains appellent un « *criminel violent* » (CBS, le 3 janvier 2023). Au début des années 2000 et avant sa transsexion — c'est-à-dire, avant la transformation de son corps pour le rapprocher de la forme d'un corps de femme —, cet homme avait longtemps harcelé, violemment frappé, violé et enfin tué à l'aide d'un grand couteau celle qui avait été sa copine, Beverly Guenther.

Bien avant les violences, les abus, le viol et le meurtre dont elle a été victime, Beverly Guenther devait souvent se cacher à l'intérieur de l'immeuble où elle travaillait car, selon les dossiers judiciaires, Scott (Amber) McLaughlin venait lui imposer sa présence, la dominer, la manipuler, la maltraiter. Au point que Beverly Guenther avait fini par obtenir une ordonnance restrictive et les policiers étaient parfois obligés de l'escorter jusqu'à sa voiture, après le travail (CBS, le 3 janvier 2023).

En janvier 2023, Scott (Amber) McLaughlin a été exécuté dans l'État du Missouri comme résultat d'une longue procédure pour crime au premier degré. Aucune clémence ne lui a été accordée dans la mesure où Scott (Amber) McLaughlin a également jeté le cadavre de son ex-copine dans le Mississippi, à Saint Louis, et cherché à maquiller sa responsabilité. Il est ainsi devenu le premier transsexes à avoir été condamné à la peine de mort et effectivement exécuté pour des violences et des meurtres du lien sexué.

Un autre transsexes, autoproclamé « *Jessica* » Hicklin, détenu dans la même cellule ou était placé Scott (Amber) McLaughlin et qui a passé 26 ans en prison pour un meurtre lié à la drogue en 1995, témoigne de la personnalité trouble de ce dernier. C'est pourtant cet homme-là, (Jessica) Hicklin, qui a poussé Scott (Amber) McLaughlin, ainsi que d'autres transsexes criminels, à commettre un processus de conversion transidentitaire, ou *transsexion* (selon notre terme), en prison. Malgré avoir passé ensemble une dizaine d'années en prison, (Jessica) Hicklin déclare que Scott (Amber) McLaughlin était toujours taiseux, très fermé en lui-même et qu'ils avaient « *rarement des contacts* » entre eux. C'est toutefois à partir du moment où ce dernier est finalement passé à l'acte de la transsexion que les deux criminels se sont rapprochés, Scott

(Amber) McLaughlin voulant obtenir des conseils sur ses troubles psychiques (CBS, le 3 janvier 2023).

Grâce à la plaidoirie des avocats de la défense, nous savons que Scott (Amber) McLaughlin a eu, comme il est suffisamment connu dans la psychopathologie transsexuelle, une enfance hautement traumatisante et qu'il aurait souffert du syndrome d'alcoolisation fœtale. D'ailleurs, Scott (Amber) McLaughlin reconnaît lui-même être « *mentalement malade* » (Farberov, 2023). À savoir qu'il aurait été un enfant abandonné, adopté dans de très mauvaises conditions, maltraité, discriminé, abusé. Par exemple, l'un de ses parents adoptifs lui aurait frotté des excréments sur le visage lorsqu'il était enfant et son père adoptif, qui était policier, l'aurait violemment battu avec une matraque (Farberov, 2023). Nous retrouvons de pareilles causes psychiques dans d'autres cas de transsexualisme observés en psychothérapie, en contrôle ou en supervision. De là que Scott (Amber) McLaughlin ait tenté de se suicider à plusieurs reprises, tant dans son enfance qu'à l'âge adulte (Farberov, 2023).

Face à un tel vécu lors de l'enfance, on peut aisément concevoir une haine identitaire prenant naissance à l'encontre de son existence dans le monde et plus précisément de son propre sexe, d'autant plus lorsque celui-ci est confronté au désir de l'Autre sexe. On peut supposer que, dans certains cas comme celui de Scott (Amber) McLaughlin, le sujet peut transformer la haine identitaire qu'il éprouve vis-à-vis de son propre sexe en une haine transidentitaire de l'Autre sexe. Et ceci, notamment lorsque normalement en tant qu'homme il crée un lien sexué avec une femme.

Par ailleurs, un élément supplémentaire peut s'y développer comme c'est le cas pour tout un chacun qui est forcément confronté à la non-complémentarité homme-femme. À savoir que devant l'impossibilité d'écrire le rapport sexuel, dans certains cas de sujets transsexes traversés par la haine transidentitaire, à la complexité inévitable de la relation entre les sexes peut s'ajouter un puissant *pousse à la femme* (Lacan, 1972). Et notamment des profondes déceptions, frustrations, privations, malentendus, incompréhensions prenant naissance dans le lien sexué. Dans ces cas, la jouissance à l'œuvre dans la relation genriste, prenant le pas sur la différence des sexes, peut alors convertir la haine transidentitaire en une tendance à l'agression et au crime transsexuel.

Audrey (Aiden) Elizabeth Hale et le crime de masse

Le 27 mars 2023, Audrey Elizabeth (Aiden) Hale, une jeune femme transsexes (qui se croit être un homme), de 28 ans, s'est introduit dans son ancienne école chrétienne, la Covenant School, à Nashville (Tennessee), où, armée de deux fusils d'assaut et d'un pistolet 9 mm, a fusillé trois adultes et trois enfants de 9 ans (Harriet, Smith, & Serna, 2023). Celui-ci est un cas de conversion de la haine transidentitaire en crime de masse.

L'un des problèmes qui se présentent dans l'analyse d'un cas de ce type est la manière macropsychique de le classer. Pour beaucoup de commentateurs et pour les médias, le problème se trouverait dans les armes, c'est-à-dire dans le fait que les armes sont en libre circulation et commercialisation aux États-Unis. Cependant, indépendamment du fait politique que les armes doivent ou non être interdites pour l'usage du grand public, il est certain que les armes elles-mêmes ne tuent personne toutes seules. Nous devons nous tourner plutôt vers le sujet qui les porte et qui en fait usage. C'est dans la réalité psychique d'un sujet qu'une arme pourra être utilisée comme moyen privilégié d'un crime. Nous devons donc nous tourner vers les éléments que nous avons à notre disposition sur la criminelle de masse en question.

Sous un aspect assez masculin, Audrey Elizabeth (Aiden) Hale travaillait comme graphiste *free-lance* et apparemment essayait de vivre sous une identité d'homme en adoptant le prénom masculin Aiden. Son travail artistique est très coloré, avec des thèmes et des formes infantiles, ludiques, naïves, où se condensent des éléments fragmentaires bien distincts mais sans relevance particulière.

Avant de passer à l'acte, elle avait laissé un document écrit où elle affirmait éprouver une rancune et une haine identitaires vis-à-vis de l'école Covenant où elle avait été scolarisée. Sa mère étant très croyante et pratiquante, ce qu'elle avait probablement à reprocher à l'école était son enseignement hyper religieux. Est-ce pour cela qu'elle a tué ceux, adultes et enfants, qui, par hasard et sans les connaître personnellement, se présentaient devant elle ? (Harriet, Smith, & Serna, 2023).

Le crime n'étant apparemment pas personnalisé mais ayant comme source un facteur éminemment idéologique et la femme criminelle étant mue par une jouissance transsexuelle, nous pouvons donc déduire qu'il pourrait s'agir d'un crime transidentitaire.

Tel que nous l'avons formalisé dans notre livre sur *Jouissance identitaire dans la civilisation* (Arce Ross, 2020), le suicide ou le crime identitaire est une forme de solution pathologique à la terrible situation où le sujet se trouve entre deux identités inconciliables de lui-même. L'une de ces deux identités étant artificielle et mensongère, il ne peut plus vivre sans cette doublure aliénante qui semble devenir désormais son être, tandis que l'autre identité reste bien réelle et présente tout en demeurant impossible à assumer.

Pour résoudre un tel impossible à exister, le sujet trouve le suicide comme solution magique qui devient, en même temps, le vecteur d'une sérénité perdue ou jamais vécue. Le problème étant que le sujet ne peut pas suicider l'identité artificielle, simple mirage recouvrant son identité réelle.

Dans certains cas, le suicide identitaire passe par une phase préliminaire de haute intensité jouissive où le sujet s'attaque à des représentants de son identité réelle, celle qu'il déteste. Dans ce cas, il pourra commettre des attentats, des crimes contre des personnes proches, qui sont intimement associées à l'identité haïe ou qui la lui rappellent. Or, sans aucun doute, la forclusion transsexuelle, doublée de sa suppléance pathologique en ce sens qu'elle défaille, est un phénomène transidentitaire par excellence.

Nous savons également que la femme transsexes Audrey Elizabeth (Aiden) Hale a probablement été autiste étant petite. Cela veut dire qu'elle souffrait déjà, depuis petite, d'une psychopathologie plus ou moins lourde et il aurait été intéressant de se pencher sur son vécu psychique depuis sa naissance pour tenter d'expliquer un tel résultat. Mais surtout, cela nous donne encore une preuve de la terrible manipulation effectuée par l'idéologie genriste et transidentitaire dont sont victimes les enfants et adolescents autistes depuis quelque temps.

Ces sujets, étant assez naïfs émotionnellement parlant, bien que souvent considérés à haut potentiel intellectuel et artistique, se trouvent facilement prisonniers d'oscillations identitaires dont le genrisme fait largement son sinistre marché.

ADOLESCENTES VICTIMES DU GENRISME TRANSIDENTITAIRE

Depuis quelque temps, je postule l'existence d'événements psychiques dans une échelle large, générationnelle, collective, en lien avec des événements historiques importants. Les événements macropsychiques seraient plus particulièrement les impressions sensitives, affectives, émotionnelles, sentimentales, inconscientes ou pas, absorbées par une génération directement ou indirectement affectée par les mêmes événements historiques. Parfois, la psychopathologie macropsychique, ou macropsychopathologie, veut dire qu'une génération en particulier est affectée indirectement par des événements historiques vécus par une génération précédente.

Concernant la question transidentitaire, c'est le cas des générations se succédant depuis la fin du XIXème siècle jusqu'à nos jours. Nous avons vu que les premiers cas de transsexes selon les normes pathologiques très proches de celles en vigueur aujourd'hui se sont présentés dans la deuxième moitié du XIXème siècle. Ces phénomènes s'expliquent, en partie, probablement par l'extrême violence en masse et par les crimes de masse engendrés pendant un siècle, en partie, par les massacres, les exécutions sommaires et autres exactions de la Révolution française (Luxardo, 2023) et, en partie, par la concomitance de l'avènement des totalitarismes tels que le communisme et le national-socialisme ayant produit le genrisme.

NOUVELLES VICTIMES DES THÉRAPIES DE CONVERSION TRANSIDENTITAIRE :
LES ADOLESCENTES

Nous savons que jusqu'au XXème siècle, le degré d'incidence du transsexualisme n'était que de 0,01 % de la population au maximum, c'est-à-dire une incidence d'un sujet sur 10.000 (DSMV, 2013 ; Shrier, 2020, p. 88), ce qui pourrait être rapproché d'ailleurs de la population intersexes. Aujourd'hui, l'incidence est passé à 2% (Johns et al., 2017). La proportion de l'augmentation est gigantesque. Par ailleurs, de la même façon que pour beaucoup de perversions sexuelles il s'agissait dans la plupart des cas de sujets masculins, aujourd'hui ce sont les adolescentes qui sont les nouvelles victimes. Sans aucun doute, nous vivons aujourd'hui un phénomène inédit.

Du fait de l'étendue impressionnante de la propagande genriste tous azimuts, si la population dite affectée par le transsexualisme et la transidentité a augmenté, lors des deux premières décennies du XXIème siècle, de manière exponentielle, absurde, monstrueuse même, il s'agit en effet d'une population éminemment très jeune et surtout féminine. Selon une association américaine d'enseignants militants, appelée *Gay, Lesbien and Straight Education Network* (GLSEN), environ 91 % des enfants victimes du genrisme et des thérapies de conversion transidentitaire sont des filles (GMP, 2021). Nous déduisons de ces données épidémiologiques qu'à la différence de ce que l'on sait des intersexes, le phénomène transidentitaire d'aujourd'hui possède bien des origines plutôt macropsychiques et non biologiques.

Nous savons que 70 % des adolescents qui croient être du sexe opposé à celui auquel ils appartiennent, parviennent spontanément ou grâce à une psychothérapie, à une solution, c'est-à-dire à laisser tomber ces croyances loufoques (Shrier, 2020, p. 34). C'est peut-être pour cela que, comme dans les cas d'anorexie, d'hystérie et dans certaines formes de suicide, quelques observateurs essaient d'expliquer le phénomène de la transidentité et plus particulièrement de la transsexualité par une contagion mentale par les pairs (Shrier, 2020, p. 90).

Il me semble qu'il y a bien, en partie, un élément d'identification hystérique, une hystérisation du lien aux pairs. Cependant, ces troubles de l'identité sexuelle ne peuvent pas trouver une explication seulement dans l'hystérisation sociale. Ce phénomène possède une telle ampleur et diffusion que cela dépasse largement la simple imitation ou l'influence à travers la relation avec les amis ou même avec les réseaux sociaux. En revanche, nous pouvons déceler l'existence d'idées-force, de tendances de société, d'événements historiques facilement repérables qui composent, à mon avis, les facteurs macropsychiques capables de produire une psychopathologie très étendue, parfois sur plusieurs générations.

En l'occurrence, il s'agit ici de ce que j'appelle *les facteurs translucides*, à savoir l'une des modalités des facteurs macropsychiques qui font que certaines impressions affectives s'inscrivent, dans la chaîne signifiante de manière pathologique, notamment à partir de la relation à la mère et ceci parfois dès la vie intra-utérine.

Les théories sur la contagion mentale pourraient éventuellement être partiellement acceptées si elles allaient un peu dans le sens des travaux de Harry Stack Sullivan et d'une certaine façon aussi de celle de Harold Searles. Dans la conception de Harry Stack Sullivan, ce qu'il appelle « *contagion émotionnelle directe* » peut s'élaborer en trois générations. « *Un individu ne peut espérer un développement normal de sa personnalité si les personnes marquantes auxquelles il s'est ajusté consciemment et inconsciemment, lors de sa petite enfance et de son enfance, ne sont pas exemptes de certaines attitudes et croyances destructrices. Si tel n'est pas le cas, il évoluera inévitablement vers un type de personnalité gauchi, qui se caractérisera par un mauvais ajustement soit direct soit compensatoire, relativement aux questions sexuelles. Ses enfants perpétueront le "cercle vicieux" : sur une succession de ce type, il se présentera un certain nombre de personnes "normales" relativement malheureuses ; une certaine proportion d'individus franchement homosexuels ; une certaine proportion de psychonévrosés ; une certaine proportion de psychotiques* » (Stack Sullivan, 1929, 1998, p. 232). De son côté, Harold Searles, s'appuyant en partie sur les travaux de Harry Stack Sullivan, considère que « *l'instauration de toute interaction interpersonnelle qui tend à favoriser un conflit affectif chez l'autre — qui tend à faire agir les unes contre les autres différentes aires de sa personnalité — tend à le rendre fou (c'est-à-dire schizophrène)* » (Searles, 1965, 1977, p. 157). Sauf que ces concepts ne sont pas du tout présents, ni de près de loin, dans les théories qui tentent d'expliquer aujourd'hui la transidentité. Sachant toutefois, en outre, que les travaux de Harry Stack Sullivan et de Harold Searles ne font évidemment pas non plus référence aux facteurs macropsychiques que je suis en train de formaliser avec les présentes recherches. Déjà, parce qu'ils n'ont pas eu le besoin d'analyser ces problématiques. À leur époque, ces questions n'étaient pas vraiment à l'ordre du jour, au moins pour la psychiatrie sociale et pour la psychanalyse qui s'en dégageait et dont ils sont quelques-uns des représentants les plus éminents.

ATTEINTES CORPORELLES ET SEXUELLES DES THÉRAPIES DE CONVERSION TRANSIDENTITAIRE SUR LES ADOLESCENTES

Il y a d'innombrables atteintes somatiques, sexuelles, sociales et psychiques perpétrées par les thérapies de conversion transidentitaire sur les filles et les adolescentes. Les éducateurs, enseignants, psychothérapeutes, médecins militant pour le genrisme suggèrent lourdement aux adolescentes que la solution aux crises d'identité de leur âge passe par une thérapie de conversion transidentitaire. Elles sont poussées à rejeter les différences sexuelles et à abandonner leur identité sexuelle.

Au niveau psychologique, le harcèlement idéologique contribue efficacement à provoquer une chute considérable du désir d'enfanter un jour et de devenir mère, un rejet de la sexualité, un intérêt accru pour l'asexualité, une détestation de la famille et de la complicité avec les parents, une normalisation de la psychopathologie et une pathologisation du normal. Par ce biais, si des symptômes invalidants comme l'anorexie, les automutilations et les suicides ne se développent pas encore, les adolescentes sont poussées à se constituer ce que ces professionnels militants du genre appellent une « dysphorie de genre ». Parce que c'est à partir du pseudo tableau clinique de « dysphorie de genre » que le programme de conversion transidentitaire trouvera une justification et pourra être proposé comme solution magique.

La « dysphorie de genre » qu'ils cherchent à créer chez ces adolescentes consiste notamment en deux éléments. D'une part, il faut que l'adolescente ait le sentiment que son corps est mal sexué. C'est-à-dire qu'elle se dise qu'elle est née dans un corps et avec un sexe erroné, qui ne lui convient pas. D'autre part, il faut qu'elle développe une haine de son corps et surtout une haine de son propre sexe. Nous savons que les transsexes présentent une véritable souffrance, mais nous savons aussi qu'elle n'est pas ce que l'on croit comprendre comme « dysphorie de genre ». D'ailleurs, il doit être rappelé que, selon des études réalisées sur le sujet, entre 70% et 88 % des enfants que l'on considère « dysphoriques de genre » surmontent spontanément ce que l'on croyait comme étant leurs problèmes, sans aucune intervention médicale ou psychologique et évidemment sans avoir été soumis aux thérapies de conversion transidentitaire (Shrier, 2020, pp. 207 et 212).

Cependant, quelle pourrait être la pathologie qui ne serait ni devrait s'appeler « dysphorie de genre » ? Il me semble que la souffrance et donc la jouissance des sujets transsexes serait à considérer comme une psychopathologie du lien au corps sexué. Pour cela, j'ai introduit et formalisé en 2020 le terme de jouissance identitaire et dans le présent travail ceci prend la forme de jouissance transidentitaire. Nous verrons plus bas cette question. En tout cas, ce que les genristes apportent aux supposés dysphoriques de genre c'est seulement de les rendre *euphoriques du genrisme*.

Progressivement, la thérapie de conversion transidentitaire proposera, par exemple, aux jeunes adolescents des inhibiteurs d'hormones comme le Lupron lequel est un médicament produisant une sorte de ménopause artificielle chez des filles de 14 ou 16 ans et qui est utilisé pour la castration chimique des délinquants sexuels (Tsoulis-Reay, 2015). Si certains inhibiteurs d'hormones utilisés dans les thérapies de conversion transidentitaire des adolescents, tel que le Lupron, ont été approuvés par la Food and Drug Administration (FDA), l'organisme officiel qui régule la commercialisation des médicaments aux États-Unis, ils l'ont été seulement pour stopper la puberté précoce et non pas pour arrêter la puberté normale. On sait d'expérience que la plupart des enfants mis sous les inhibiteurs de la puberté, dans le cadre des thérapies de conversion transidentitaire, « *continuent ensuite par la prise d'hormones de transition vers l'autre sexe* » (Shrier, 2020, pp. 154 et 275). Et, lorsque ces jeunes filles se trouvent à ce stade et qu'elles sont bombardées d'hormones mâles, elles ont de grands risques de devenir stériles de manière irréversible, entre autres troubles et risques graves.

Les risques avérés de l'application des inhibiteurs hormonaux, qui augmentent de façon considérable lors de l'administration d'hormones mâles chez les filles, sont : absence du développement normal de la densité osseuse, ostéoporose, perte de la fonction sexuelle, perturbation du développement du cerveau, limitation intellectuelle, diminution de la capacité à éprouver des orgasmes, infertilité irréversible (Schneider, 2017). Ensuite, avec la phase d'administration d'hormones mâles aux jeunes filles, les risques sont : troubles cardiovasculaires, attaques cardiaques, atrophies vaginales, addiction à la testostérone, augmentation de l'agressivité, perte de la lucidité, cyclothymie, accroissement du risque de mortalité, stérilité irréversible, cancers de l'utérus. Enfin, vient l'époque de la chirurgie et les atteintes somatiques et sexuelles sont les suivantes : double mastectomie, hypertrophie du clitoris par la phalloplastie qui peut, dans certains cas, provoquer une gangrène et une perte de l'appendice (Shrier, 2020, pp. 278-287).

Nous venons de le voir : suivre une thérapie de conversion transidentitaire équivaut sinon à passer à l'acte suicidaire, au moins, à commettre un suicide sexuel.

PARENTS D'ADOLESCENTES VICTIMES DES THÉRAPIES DE CONVERSION TRANSIDENTITAIRE

Concernant l'étiologie de la transexualité et de la transidentité, nous avons vu que les dogmes et les habitudes, les us et coutumes des grands totalitarismes du XXème siècle, à savoir le communisme et le national-socialisme, ont largement influencé la production du genrisme en général et du genrisme transidentitaire en particulier. Ces totalitarismes ont insensiblement contribué à produire, au sein même de la société occidentale et démocratique, des dogmes totalitaires acceptés par le plus grand nombre, presque sans se rendre compte de leurs effets néfastes.

Par quel biais ces totalitarismes ont créé un troisième ? Il me semble, et les résultats de plusieurs observateurs le corroborent parfois même sans se rendre compte, que l'un des éléments qui expliquent l'étiologie de la transidentité se trouve dans l'acceptation, de plus en plus étendue lors de tout le XXème siècle, de ce que j'appelle *les normes sociétales*. Comme nous l'avons vu, cela a commencé par la sexualité anomique ayant fait irruption lors de la société national-socialiste, notamment en Allemagne. À la même époque est né l'esprit féministe qui a accompagné la Première Guerre Mondiale. Ce féminisme, de plus en plus fanatique, a permis au genrisme des années 1950-1970 de se muer en normes sociétales, telles que par exemple le mariage identitaire ou la valorisation extrême de pratiquement toutes les déviances et perversions sexuelles possibles.

L'une des données non négligeables pour expliquer pourquoi autant de jeunes adolescentes souffrent de transidentité et notamment de transsexualité se trouve dans le fait qu'elles ont des parents complaisants vis-à-vis de l'idéologie genriste ou *woke* (Littmann, 2018). L'épidémiologie atteste qu'il s'agit à 90 % de parents Blancs, à 88 % de parents trop dociles à la propagande genriste sur les transsexuels et croyant donc à l'existence des transgenres, mais surtout qu'il s'agit de parents qui à 85 % déclarent soutenir le mariage identitaire ou mariage homosexuel (Shrier, 2020, p. 96). « *En grande majorité, ces parents étaient instruits, issus de la classe moyenne supérieure, Blancs et politiquement progressistes, mais j'ai aussi reçu des courriers de croyants et légèrement conservateurs — qui votent républicain, mais soutiennent le mariage* gay » (Shrier, 2020, p. 165). On comprend aisément que des parents appuyant idéologiquement les positions des sexidentitaires, dont le mariage homosexuel, aient des enfants susceptibles de devenir victimes de phénomènes comme le transsexualisme.

En plus d'être trop complaisants envers ces idéologies, ces parents sont souvent paralysés devant toutes les nouvelles perversions sociétales. Non seulement ils laissent faire leurs enfants pour des raisons idéologiques, mais en plus ils ne parviennent absolument pas à s'opposer aux dérives transidentitaires de leurs enfants ou adolescents lorsqu'elles ont lieu, et échouent, pour ces mêmes raisons, à exercer leurs devoirs parentaux. Voici donc l'une des influences néfastes du mariage homosexuel et du genrisme sur des populations hétérosexuelles qui n'auraient pas ces troubles sexuels sans la complaisance des parents, des enseignants et des praticiens de santé vis-à-vis des perversions ou normes sociétales.

À cet égard, 64% de ces parents s'abstiennent d'interdire leurs enfants lorsque ceux-ci les qualifient de « transphobes » et osent à peine questionner leur soi-disant « identité de genre » (Shrier, 2020, p. 96). Cependant, nous savons que la prétendue « dysphorie de genre » n'existe pas. D'abord, parce que les êtres humains n'ont pas de genres comme c'est au contraire le cas des mots. Ensuite, parce que le phénomène sensitif d'être coincé dans un corps et un sexe qui ne correspondent pas au souhait du sujet ne veut pas dire que ce corps et ce sexe ont quelque chose d'erroné ou de défaillant. Mais que, pour des raisons psychiques, c'est le sujet qui rejette et son corps et son sexe, ce qui suppose dans certains cas une haine du propre corps et une haine du propre sexe. Finalement, parce que, genre ou pas, ce qu'il s'agit d'appréhender c'est la problématique identitaire laquelle est une donnée nouvelle dans la clinique et la psychopathologie. La problématique identitaire veut dire que le sujet s'identifie à une identité artificielle qui vient se superposer à la sienne laquelle, qu'il le veuille ou pas, le suivra toute sa vie.

Si le genre n'existe pas chez l'être humain, en revanche, ce qui existe ce sont les sexes ainsi que les identités sexuée et sexuelle au sexe réel d'appartenance, comme nous le verrons plus bas. Cela veut dire que ce que l'on essaie au fond de signifier avec la très mauvaise nomenclature « dysphorie de genre » est bien l'incidence d'une *jouissance identitaire* dans le vécu du sexe, du sexué, du sexuel et de la sexualité à travers le phénomène macropsychique du genrisme.

Le problème est qu'il existe une série très importante de fausses informations qui sont véhiculées sur le sujet et qui trompent les parents. Beaucoup de médecins, de psychiatres, de psychologues et même de psychanalystes présents dans des comités de direction d'institutions dites scientifiques, de manuels diagnostics comme le DSM et de cliniques, tous adhérant activement au discours du genrisme ou collaborant passivement avec lui, considèrent qu'être homosexuel ou transsexes est une donnée biologique ou génétique. Et en tant que telles, l'homosexualité et la transexualité ne seraient pas, selon eux, des rubriques psychopathologiques mais de styles de vie normales.

Ceci constitue pourtant un renversement total d'un aspect purement moral et non pas clinique. Car il est avéré que les homosexuels et les transsexes présentent une gamme très importante de troubles et de symptômes psychiques. Et que les sujets qui souffrent de ces pathologies requièrent une aide neutre et bienveillante et non d'être instrumentalisés pour servir une cause politique. Mais nous savons où conduisent ces renversements moraux et idéologiques comme ceux du communisme et du national-socialisme : vers une perversion à large échelle du vécu humain pour son asservissement.

Ce qui est curieux c'est que pour le discours sexidentitaire et genriste, on ne naîtrait pas femme mais on pourrait seulement le devenir et probablement on ne naîtrait pas homme non plus mais on le deviendrait. Bien que ceci soit un mensonge, admettons l'absurdité. Cela voudrait dire alors également que l'on ne naît pas homosexuel ni transsexes mais qu'on le devient. Cependant, les genristes, contre leur propre théorie, considèrent que, différemment aux hommes et femmes, on naît homosexuel ou transsexes. Curieuse distribution de l'origine et de l'essence des sexes, du sexué, du sexuel et de la sexualité à laquelle nous reviendrons plus loin dans notre travail. Eh bien, non ! On ne peut pas considérer que la différence des sexes soit fluide ou dépendante de la culture et, en même temps, que l'orientation sexuelle contraire au propre sexe ou l'identité sexuelle opposée au sexe d'appartenance soient naturelles. En vérité, c'est exactement le contraire.

Manipulation des crises d'adolescence

Comme dans les écoles et institutions sociales du communisme, du national-socialisme ou du fanatisme islamiste (trois des quatre formes de la jouissance identitaire dans la civilisation occidentale), il y a dans nos pays occidentaux un « *endoctrinement massif* » (Shrier, 2020, p. 143) mené par un genrisme préparant le terrain vers le sexidentitaire et le transidentitaire.

Les moments féconds de l'assomption de la jouissance transidentitaire se situent de préférence lorsque les adolescents rencontrent leurs premières crises. Devant ces moments critiques, les écoles et institutions sanitaires et sociales ayant déjà été suffisamment contaminées par cette idéologie peuvent plus facilement pousser les adolescents vers la jouissance transidentitaire comme fausse solution thérapeutique à leurs crises psychiques.

En plus d'une complaisance des adultes sexidentitaires vis-à-vis de la souffrance des adolescents lors de leurs crises, pour que le phénomène identitaire se produise, il est également nécessaire que les parents se sentent obligés d'accepter le programme de conversion sexuelle proposé. Et c'est là qu'interviennent les institutions scolaires, universitaires et sanitaires, le plus souvent bien acquises à l'idéologie genriste. Elles réussissent à convaincre ces parents, qui se trouvent déjà dans une énorme difficulté devant les symptômes transidentitaires de leurs enfants, à tolérer l'inacceptable. Cependant, il ne s'agit pas de n'importe quels parents mais, comme déjà dit plus haut, de ceux qui ont adhéré par négligence, par ignorance, par aveuglement idéologique, par militance politique ou par inertie modale aux dogmes du genrisme ainsi qu'aux normes sociétales, comme le mariage de même sexe.

À cet égard, Abigail Shrier note également le complexe familial jouant un rôle important dans le processus transidentitaire, à savoir : un échec de la paternité et une mère complaisante envers l'homosexualité (Shrier, 2020, pp. 166 et 169). À cela, nous pouvons ajouter l'insuffisante transmission des principes de la féminité chez la fille et des aspects de la virilité chez le garçon. Au fond, ce que l'on observe c'est que les enfants et adolescents victimes du genrisme et de la jouissance transidentitaire possèdent déjà un terrain fertile pour l'absorption de l'endoctrinement scolaire et social.

Loin d'être salvatrices, les thérapies de conversion transidentitaire proposées par le genrisme sont de nouvelles violences dont sont victimes les adolescents en crise et, plus particulièrement, ceux éventuellement confus quant à leur identité sexuelle. Elles fonctionnent par complaisance quant aux symptômes tout en affirmant mensongèrement la supposée réalité de la velléité transidentitaire contre le réel du sexe d'appartenance. Cela conforte sournoisement l'adolescent dans sa recherche désespérée de contenants clairs, mais l'enfonce dans un projet que l'on pourrait considérer comme criminel.

Étant donné qu'une part importante des thérapeutes de conversion aux États-Unis sont eux-mêmes sexidentitaires ou transexes (Shrier, 2020, p. 183), il leur est plus facile de manipuler les adolescents pour qu'ils soient convaincus de la nécessité d'un programme de transformation sexuelle. Et voilà que l'adolescent se trouve désormais victime d'une série innombrable de propos sexnégationnistes, de mensonges, de réalités virtuelles, de narratives sexrévisionnistes et de graves atteintes à son corps, à ses caractères sexuels secondaires et même à ses organes génitaux. Tout commence par l'attribution de pseudonymes et de pronoms, c'est-à-dire de signifiants du mensonge pour se référer à l'adolescent. À cela s'ajoute un changement de narrative sur l'histoire du sujet et la création d'un roman imaginaire qui conforteront l'idée que son corps n'est qu'une erreur et que la virtualité transidentitaire est la nouvelle réalité de son existence. C'est à partir de là que se renforcent chez l'adolescent victime du genrisme les souffrances liées à la jouissance transidentitaire, à savoir les souffrances de la double identité.

PSYCHOTHÉRAPIE DÉDIÉE AUX VICTIMES DU GENRISME TRANSIDENTITAIRE

Dans plusieurs pays notamment occidentaux de par le monde, des psychiatres, des psychologues et des psychanalystes libres d'idéologies sont consultés pour développer des psychothérapies capables d'aider les patients qui, d'un façon ou d'une autre, ont été et sont encore victimes du genrisme en général aussi bien que du genrisme transidentitaire en particulier.

PATIENTS NON GENRISTES VICTIMES DE PSYCHOTHÉRAPEUTES GENRISTES

Au fur et à mesure que l'idéologie genriste se répand dans les mentalités, à l'école, dans les universités et même dans les entreprises, nous observons des phénomènes macropsychiques telles que l'écriture identitaire, la judiciarisation du désir hétérosexuel, le déboulonnement de statues et monuments historiques, l'ostracisme racialiste des populations blanches, une apologie de la pédophilie et de l'inceste dans l'art, une violence accrue entre des communautés fanatiquement identifiées aux signes de leur narcissisme mais qui commence à déborder sur le reste de la société, la diabolisation de la virilité et du patriarcat, le renversement des valeurs féminines en leur masculinisation, une éducation hyperpermissive, la censure dans le discours, dans les actes et dans la pensée, et même le révisionnisme de certains livres classiques.

Devant cet état de faits si puissant, si violent, beaucoup de gens qui ne sont pas malintentionnés mais qui critiquent le genrisme en général et le genrisme transidentitaire en particulier, éprouvent des angoisses et de la culpabilité mal placée, souvent après avoir été victimes d'ostracisme, de censure sociale ou d'isolement.

Malheureusement, comme beaucoup d'enseignants universitaires se sont convertis en marchands du genrisme, du transidentitaire et des thérapies de conversion transsexuelle, également une part considérable de psychologues, de psychiatres et même de psychanalystes sont devenus, aux États-Unis mais également en Europe, des militants politiques antihétérosexualité, antiblancs, antifamille et antiOccident. Ce faisant, ils poussent les élèves et les étudiants psychologiquement fragiles à devenir des victimes du discours et surtout des programmes totalitaires des thérapies de conversion transsexuelle.

À ce propos, reproduisons ici quelques témoignages de ce qui se passe dans les psychothérapies dominées par le genrisme.

Dans une clinique de psychothérapie à New York, un patient juif, étudiant diplômé, présentant un tableau de dépression et d'anxiété sociale et ayant été pris en charge par un psychothérapeute de couleur, *« a exprimé sa frustration parce qu'il avait l'impression d'avoir perdu une bourse de recherche basée sur la discrimination positive »* (Hartz, 2022). Notons que, bien que créée pour contrer la discrimination raciale et sexuelle dans l'emploi, la discrimination positive finit, aux États-Unis, par avoir des effets pervers et permettre involontairement l'ostracisme des Blancs hétérosexuels démunis en faveur des gens issus des minorités raciales et sexuelles.

La *cancel culture* émerge dans ces pseudothérapies qui ne sont que des conditionnements contraignants de manipulation mentale. Le groupe *« ethniquement diversifié »* de psychothérapeutes genristes, composé de psychiatres, travailleurs sociaux et psychologues, lui a manifesté que *« s'il ne voulait pas surmonter ses préjugés, on lui demanderait d'arrêter la thérapie »*, dans la mesure où *« il serait "injuste" pour un thérapeute non Blanc de devoir suivre une thérapie avec un patient aussi raciste »* (Hartz, 2022).

Une autre patiente s'est vue insultée de *« raciste »* et humiliée devant sa classe par le professeur pour une phrase qu'elle aurait prononcé. Cette lycéenne Noire, fille d'immigrés africains, a dit en classe que *« tous les gens sont les mêmes, quelle que soit leur race »* (Hartz, 2022). Comme le mot « race » n'était pas bienvenu, les autorités de l'institution où cette patiente était en psychothérapie ont considéré que *« le thérapeute devait [...] convaincre la patiente du point de vue de son professeur sur la politique identitaire [et que] la guider vers une "pensée correcte" était censé être nécessaire à la guérison thérapeutique »* (Hartz, 2022). Pourtant, ils utilisent bien le mot *raciste*, qui vient du terme *race*.

Un autre patient Blanc avait été victime de *« la haine antiblanche dans le passé — brimades raciales à l'école, professeurs haineux à l'université, collègues Blancs et non Blancs faisant des commentaires insultants sur les Blancs sur le lieu de travail. Pourtant, il hésitait à partager ces expériences en thérapie parce qu'il pensait que je réagirais comme d'autres l'avaient fait : en minimisant son expérience ou en le présentant comme fragile et privilégié. […] J'ai entendu des thérapeutes reconnaître avec fierté qu'ils avaient critiqué des patients pour leur choix de mots sexistes. J'ai entendu des superviseurs cliniques dire que quiconque pouvait voter pour Donald Trump devait être "fou, stupide ou diabolique". J'ai entendu des patients ayant des croyances spirituelles conventionnelles être qualifiés de "pensée magique", et des patients religieux être qualifiés de bigots parce qu'ils pensent que leur foi est supérieure à celle des autres »* (Hartz, 2022).

Sans doute et compte tenu de ces faits, la pratique psychothérapeutique est devenue un puissant moteur de manipulation mentale due à l'influence croissante du genrisme appliqué à la justice sociale, phénomène que l'on appelle de « *wokeness* ». Plusieurs professionnels de la santé mentale s'inquiètent sérieusement de cette évolution malsaine dans les cliniques de psychothérapie, notamment de la nature antithérapeutique de ce qui est devenu la psychothérapie genriste aux États-Unis. Ils dessinent le phénomène en soulignant que « *les [psychothérapeutes militants] recadrent le récit de la thérapie, prennent le contrôle des organismes professionnels et des institutions, et enseignent aux futurs thérapeutes à considérer que leur rôle principal est de changer la société. Toute critique est annulée : les détracteurs sont qualifiés de réactionnaires et de fanatiques* » (Thomas, 2023). Comme l'enseignement secondaire et supérieur, les entreprises et quelques gouvernements, la psychothérapie est devenue malheureusement également vulnérable à une manipulation politique autoritaire largement dominée par le genrisme, une idéologie totalement incompatible avec l'éthique de la psychanalyse.

Voilà où en sont quelques psychothérapeutes et quelques institutions de santé mentale complètement gangrenés par l'idéologie genriste, mais cela n'est rien en comparaison avec les enfants et jeunes adolescents soumis à des thérapies de conversion transidentitaire. Dans la mesure où le genrisme a commencé à envahir le territoire même de la psychothérapie et de la psychanalyse, ce qui a rendu la prise en charge des victimes du genrisme malaisée, d'autres psychothérapeutes et d'autres psychanalystes n'ayant pas succombé à l'idéologie genriste se sont liés en réseaux internationaux dans le but de se rendre disponibles pour ces patients.

Services de psychothérapie voulant se défaire du transsexualisme

Plusieurs associations de psychologues cliniciens, psychiatres et psychanalystes qui œuvrent dans l'aide aux patients victimes du genrisme, des transidentités et des thérapies de conversion transsexuelle existent désormais, notamment en Afrique du Sud, Allemagne, Angleterre, Australie, États-Unis et Irlande. En voici quelques unes.

Un groupe de cliniciens du Royaume-Uni et d'Irlande, *Clinical Advisory Network on Sex and Gender*, composé de médecins, infirmières, psychologues et psychothérapeutes, propose une meilleure compréhension sur les effets néfastes du genrisme dans les soins de santé. Pour ce réseau clinique qui défend les valeurs de l'universalisme et le respect des droits de l'homme, la devise est « *First, do no harm* », c'est-à-dire « *D'abord, ne pas nuire* » (CAN-SG, 2023).

Réunis autour de la même cause éthique, Stella O'Malley, psychothérapeute, et Joseph Burgo, psychologue clinicien et psychanalyste, font partie du réseau *Genspect*. Cette association se présente comme une alliance internationale de cliniciens, de patients transsexes, de ceux qui sont dans un processus de dé-conversion transidentitaire, de groupes de parents et d'autres personnes qui recherchent des soins de haute qualité pour la détresse liée au genrisme et aux thérapies de conversion transidentitaire (Genspect, 2022). Réunissant 25 organisations dans 23 pays, *Genspect* se pose comme une alternative clinique et lucide à l'*Association professionnelle mondiale pour la santé des personnes transsexuelles* (WPATH, 1979).

Selon *Genspect*, dont l'un des réseaux de cliniciens s'appelle *Beyond Transition*, il y a des patients, comme nous le savons tous, qui, se sentant angoissés et ambivalents par la conversion transsexuelle, viennent à « *abandonner une idéologie qui leur faisait croire qu'ils pouvaient devenir une autre personne et ils ont pris conscience que cette idéologie pouvait être néfaste* » (Beyond Trans, 2022). Et c'est pour cela que *Beyond Trans* propose une thérapie pour aider les patients ayant été victimes de la thérapie de conversion transidentitaire aussi bien qu'aux patients transsexes qui risquent de le devenir (Beyond Trans, 2022).

Il y a cependant plusieurs problèmes qui se posent dans cette aide, dans la mesure où un nombre important de patients qui souhaiteraient se dé-convertir de la conversion transsexuelle ont paradoxalement des réticences à « *s'engager à nouveau dans le processus ardu de la détransition. [...] Nous nous sommes rendu compte que l'étiquette "détransition" ne rendait pas compte du mécontentement croissant face aux nombreux défis liés à la transition et que les détransitionneurs n'étaient pas les seuls à avoir besoin d'une voix. Le 12 mars 2022, nous avons donc organisé un webinaire pour la Journée de sensibilisation à la détransition, au cours duquel des détransitionneurs ont pu parler de leurs propres expériences, avec leurs propres mots* » (Beyond Trans, 2022).

De son côté, *Thoughtful Therapists*, un groupe de psychologues cliniciens et de psychothérapeutes basé au Royaume-Uni et en Irlande, partage la même inquiétude quant à « *l'impact de l'idéologie de l'identité de genre sur les enfants et les jeunes* ». Ces psychothérapeutes veulent « *protéger l'intégrité de l'exploration ouverte de la pensée et des sentiments qui a toujours été, et est encore aujourd'hui, la base d'une thérapie éthique et efficace* » (Thoughtful Therapists, 2021, 2023).

Comme je le fais dans le présent travail, les cliniciens de *Thoughtful Therapists* utilisent le terme de *thérapie de conversion* pour désigner les thérapies de conversion transidentitaire et critiquent durement le soi-disant concept d'identité de genre. Selon eux, l'identité de genre est « *un terme fluide et non défini, qui a brouillé les pistes et rendu impossible aux psychothérapeutes de pratiquer de manière éthique sans s'exposer par inadvertance à des accusations infondées de thérapie de conversion* » (Thoughtful Therapists, 2021, 2023). En effet, ce sont les transformations transsexuelles médicalement assistées, notamment sur enfants et adolescents, les véritables thérapies de conversion et non les psychothérapies qui aident les patients voulant se prémunir du transsexualisme ou, lorsque c'est trop tard, à se dé-convertir de l'idéologie transidentitaire.

Également, l'association *Life (de)transitions*, basée à Berlin, propose des séances de psychothérapie en ligne — tout à fait gratuites ou basées sur des dons, en anglais et en allemand, tant individuelles qu'en groupe ou lors d'ateliers dédiés — « *pour les regrets de la transition* » et pour les questions liées à la « *détransition* » (Life Détransition, 2023). Cette prise en charge, qui peut être profitable à n'importe qui de par le monde car en ligne et gratuite, a comme but de réussir la dé-conversion vis-à-vis de l'idéologie genriste et de la jouissance transidentitaire en passant par « *les soins personnels, le deuil, l'acceptation du corps, la créativité et l'état d'esprit de rétablissement »* (Life Detransition, 2023).

ASSOCIATIONS D'AIDE AUX PARENTS ET AUX ENFANTS DE PATIENTS TRANSSEXES

Plusieurs autres associations aident aussi les familles des patients transsexes, tels que leurs enfants, leurs parents ou leurs épouses, tous victimes indirectes mais bien réelles de l'idéologie genriste ainsi que des thérapies de conversion transidentaire.

No child is born in the wrong body (*« aucun enfant ne naît dans le mauvais corps »*) soutient à juste titre l'association britannique *Transgender Trend*, fondée en 2015 par Stephanie Davies-Arai avec l'intention de parler des méfaits de l'idéologie du genre sur les enfants et les jeunes. *Transgender Trend* associe parents, universitaires et professionnels de l'enfance issus de différents milieux et sans affiliation politique ou religieuse. Ils se déclarent *« préoccupés par la transition médicale des enfants et des jeunes et par l'effacement des protections sexospécifiques des filles dans les écoles et dans la société »* (Transgender Trend, 2023). Notamment, *Transgender Trend* défend haut et fort *« le droit des jeunes lesbiennes et gays à grandir en tant que lesbiennes ou gays. Nous défendons le droit des enfants autistes et de ceux qui souffrent de problèmes de santé mentale ou de traumatismes anciens à recevoir des soins thérapeutiques appropriés, et non un "diagnostic" selon lequel ils sont réellement du sexe opposé. Tous les enfants et les jeunes méritent un traitement fondé sur des preuves cliniques, et non sur une idéologie »* (Transgender Trend, 2023).

Avec ce type de discours et d'actions, l'association *Transgender Trend* s'est attiré les foudres des idéologues genristes et d'universitaires naïfs qui l'accusent de développer une rhétorique dite transphobe. Cependant, cela n'a pas empêché que sa directrice Stephanie Davies-Arai obtienne la Médaille de l'Ordre de l'Empire Britannique des mains de la Reine Elizabeth II (GOV UK, 2022).

Nous devons ensuite faire référence au *Parent Resource Guide*, un manuel pratique pour aider les parents d'enfants victimes du genrisme et de la jouissance transidentitaire aux États-Unis. Il a été élaboré avec la collaboration d'organisations de parents, d'associations de patients et de mouvements de défense des femmes victimes de cette idéologie, telles que *Family Policy Alliance*, *The Heritage Foundation*, *The Kelsey Coalition*, *Parents of Rogd Kids* et *Women's Liberation Front* (WOLF). Ces groupes et mouvements ont des opinions politiques différentes et des objectifs très divers mais partagent tous une préoccupation commune, à savoir « *les conséquences négatives qui résultent du fait que la société considère le sexe corporel comme non pertinent. [...] les cinq organismes de soutien estiment que les écoles publiques ne devraient jamais se sentir obligées de forcer les garçons et les filles à sacrifier leur intimité corporelle, de promouvoir des théories non scientifiques sur la biologie humaine ou de célébrer des idées qui placent les jeunes enfants sur la voie de la stérilisation chimique ou de la chirurgie esthétique de 'confirmation du genre'* » (MFC, 2019). Notons que ce manuel a eu le soutien actif et l'expertise médicale de l'*American College of Pediatricians*.

Notons que *Parents of Rogd Kids* — association de parents d'enfants ROGD, à savoir *Rapid-Onset Gender Disphoria* (ou dysphorie sexuelle d'apparition rapide, plus communément dite confusion de l'identité sexuelle) — a été créée à l'automne 2017 pour soutenir les membres des familles d'enfants qui ont soudainement, apparemment sans crier gare, décidé qu'ils étaient transsexes (PROGDKIDS, 2017). *Parents of Rogd Kids* existe dans la mesure où les parents d'enfants victimes de la folie identitaire qui pousse ces enfants à croire à la *dysphorie de genre* sont discriminés, « *qualifiés d''abusifs' par les thérapeutes du genre actuels et calomniés par les médias. On nous reproche d'être à l'origine des problèmes de santé mentale de nos enfants. Dans de nombreuses juridictions, nous sommes légalement contraints d''affirmer' nos enfants ou de nous les voir retirer. Nos adolescents et jeunes adultes sont encouragés à limiter leurs contacts avec nous, voire à nous exclure complètement de leur vie. Si nous exprimons publiquement nos opinions, nous sommes qualifiés de 'transphobes', accusés de promouvoir la haine et, dans certaines juridictions, nous risquons d'être inculpés au pénal* » (PROGDKIDS, 2020). En effet, ces parents ont raison de lutter contre l'ignominie dont eux et leurs enfants en sont victimes. Ils essaient, tant bien que mal, de protéger leurs enfants « *contre les effets néfastes d'une profession médicale qui a abandonné les principes de la science et de la médecine factuelle au profit de protocoles de traitement non testés dictés par l'idéologie politique* » (PROGDKIDS, 2017).

Nous avons également des associations de défense des enfants victimes de violences de leurs parents transsexes telles que, par exemple, *Children of transitionners*. Les membres de cette association affirment ce que l'on connaît depuis longtemps, à savoir que, dans certains cas, « *les enfants des transitionneurs (les filles en particulier) sont victimes d'abus domestiques et sexuels et du contrôle coercitif de la part de pères abusifs* » (Children of transitionners, 2021). Le problème est que ces enfants ne sont pris en charge par les services de protection de l'enfance que si leurs pères transsexes sont effectivement arrêtés pour agression ou pour des délits tels que le voyeurisme et parfois, même dans ces cas, les tribunaux de famille imposent le maintien des contacts entre enfants et pères transsexes agresseurs. « *Nous aimons nos pères et voulons les soutenir, ce qui rend encore plus difficile l'accès à l'aide ou l'expression de notre détresse, surtout si les adultes qui nous entourent affirment que nos pères sont 'courageux et époustouflants' alors que nous savons que ce n'est pas le cas. L'application récente par la police de la loi sur les crimes de haine suggérant que c'est un crime de croire en la réalité et non en l'idéologie du genre a suscité beaucoup de peur et a rendu encore plus difficile pour les enfants des transitionneurs de parler d'abus* » (Children of transitionners, 2021). Il est sans doute très important, pour une meilleure connaissance de la psychopathologie du genrisme et de la jouissance transidentitaire, d'écouter les enfants victimes d'abus d'autorité, d'abus sexuels, d'inceste et de violence de la part de parents transsexes.

ASSOCIATIONS D'AIDE AUX FEMMES VICTIMES DE TRANSSEXES VIOLENTS

Un mention spéciale est à faire à *Sex Matters*, un réseau juridique luttant contre les normes sociétales liées à la transidentité et notamment au transsexualisme. *Sex Matters* est une organisation sans but lucratif, basée au Royaume-Uni mais qui a l'intention de s'étendre à l'échelle internationale. Fondé en 2021, après que sa future directrice exécutive ait dû saisir le tribunal du travail après avoir perdu son emploi pour avoir parlé des droits liés au sexe. C'est pour tenter de trouver des solutions à des cas comme celui-ci que *Sex Matters* a la mission de « *rétablir l'importance du sexe dans les règles, les lois, les politiques, le langage et la culture* » (Sex Matters, 2023). Les fondatrices de *Sex Matters* sont toutes des femmes, notamment des avocates spécialisées dans la discrimination sur le lieu de travail, rédactrices et chercheurs pour les entreprises, et une biologiste du développement et chercheur sur les maladies génétiques à l'Université de Manchester.

Pour les organisatrices de *Sex Matters*, l'État, les institutions, les entreprises, les lois doivent tenir compte de l'importance du sexe et du fait qu'il ne peut être que biologique. Reconnaître cette réalité dans le langage, les règles et le système juridique permettrait selon elles une plus grande cohésion sociale ainsi qu'un meilleur moyen de soutenir les droits de l'homme (Sex Matters, 2023). Et ceci serait surtout valable dans le cas de la défense des droits des femmes.

Quant à WoLF, il s'agit d'une organisation féministe radicale se consacrant à la lutte contre toutes les formes de violence exercées à l'encontre des femmes et des enfants dont celles exécutées directement par des sujets transsexes ou indirectement par les normes sociétales et par les lois transsexualistes. À ce titre, WoLF met forcément en lumière *« les préoccupations de nombreux parents de la gauche politique qui reconnaissent l'impact négatif de l'idéologie de l'identité de genre, en particulier en ce qui concerne l'affaiblissement des possibilités sportives des filles, la perte du droit à la vie privée et les menaces pour la santé de l'enfant »* (MFC, 2019 ; WOLF, 2023).

Marquons ici le témoignage d'une ancienne détenue dans une prison écossaise. Selon elle, les détenues sont extrêmement fragiles et vulnérables et, de ce fait, elles rencontrent en prison un risque très élevé d'abus de toute sorte. Du fait de la présence d'hommes transsexes dans les prisons pour femmes, les détenues n'ont pas, selon elle, d'autre choix que *« de vivre à proximité d'hommes violents qui ont commis des viols, des meurtres et des délits sexuels et violents graves à l'encontre de femmes »* (KPSS, 2020-2023b). Nous savons combien de témoignages de cette sorte indiquent la triste réalité d'abus sexuels et de grandes violences psychiques et physiques qui existe dans les prisons pour femmes dans les pays occidentaux. C'est alors dans le but de faire campagne en faveur *« des droits sexospécifiques des femmes en prison à un logement non-mixte et à la recherche de personnes du même sexe »* (KPSS, "About us", 2020-2023c) que l'association *Keep Prisons Single Sex* a été fondée en 2020.

Tout ce que nous avons avancé sur l'agression et le crime transsexuel reste néanmoins, au moins pour l'instant, une description phénoménologique qui ne nous satisfait pas complètement, loin de là, car elle ne nous apporte pas une véritable explication du phénomène. Plusieurs questions qui se posent de manière légitime demeurent évidemment, pour l'instant, sans réponse. Voyons ci-après quelques-unes d'entre elles.

Comment comprendre notamment l'émergence de la haine transidentitaire et son éventuelle transformation en agression ou en crime ? Quels seraient les similitudes et les différences entre les sujets transsexes susceptibles de passer à l'acte sexuellement violent ou homicide ? Pouvons-nous supposer une pathologie semblable ou équivalente, à l'état profond et invisible, qui sommeillerait chez certains agresseurs ou criminels sexuels dits hétérosexuels ou homosexuels ? En somme, quels sont les impasses et les graves dangers du genrisme pour la civilisation ?

Impasses et dangers du genrisme

Les défenseurs du genrisme, les identitaires du genre, s'opposent à l'appellation de théorie du genre en avançant qu'il n'y en a pas dans la mesure où ces théories seraient multiples et diverses. Quelque part, ils ont raison, dans le sens où les études du genre n'apportent, à la psychologie clinique, à la psychiatrie et à la psychopathologie, pratiquement qu'une paupérisation idéologique et une tentative de normaliser les perversions. En ce sens, il n'y a aucune véritable théorie du genre digne de valeur scientifique, si l'on peut parler de dignité dans ce cas. Cependant, nous allons malgré tout l'appeler théorie du genre en ce sens qu'elle serait à comprendre comme une *théorie idéologique*, c'est-à-dire comme une pensée magique et illusoire, organisée comme instrument de pouvoir (ou de contre-pouvoir) et articulée avec l'intention de nuire et manipuler.

Cependant, les chercheurs et théoriciens sexidentitaires (genristes, donc) n'ont pas raison de dire qu'il n'y a pas de théorie du genre dans la mesure où le genrisme repose sur une négation hyper théorisée du sexe. Cette pensée rationalisée de manière morbide développe une négation répétée, revendiquée, intellectualisée, obstinément matraquée, donne son statut à une théorie idéologique ou parareligieuse, dangereusement sectaire. En effet, la théorie idéologique du genre est celle qui dit qu'il n'y a pas de sexe réel, qu'il n'y a pas deux sexes, qu'il n'y a pas d'hommes et de femmes, qu'il n'y a pas de féminité et qu'il n'y a pas de virilité. En tant que théorie qui prône la négation, la pensée rationalisée et idéologique sur le genre devient une théorie sexnégationniste.

Si l'on peut dire qu'il n'y a pas de véritable théorie scientifique du genre c'est au fond parce qu'il ne s'agit que d'un conglomérat idéologique de suppositions, élucubrations, stéréotypes, complotismes et préjugés sur la non existence de la différence sexuelle. Une telle idéologie, de plus en plus extrémiste, se déguise parfois en psychanalyse ou en sciences politiques, comme c'est malheureusement le cas dans certaines universités et grandes écoles parisiennes, et à ce titre devient dangereusement appliquée aux questions psychiques, éducatives, médicales et anthropologiques de la sexualité et de la sexuation.

Si l'on étudie les notions avancées par les universitaires du genre, du début des années 1950 à nos jours, on peut se rendre compte qu'il est facile de décrire et de définir une véritable idéologie générale du genre, qui sert de morale fébrile à la supposée théorie du genre et que l'on retrouve à la base de toutes les variantes genristes. Une telle idéologie générale de base, encore implicitement valable pour les chercheurs du genre aujourd'hui, a pour certains été fondée par John Money lors des années 1950. Pourtant, dans un premier temps, John Money n'a fait néanmoins que donner un nom à la pensée dominante de la société national-socialiste de la fin du XIXème siècle et du début du XXème. Et, dans un deuxième temps, tout en reprenant à son compte ses principaux arguments, il l'a développée grâce à la psychologie comportementale et cognitiviste et aux techniques médicales et chirurgicales de l'époque.

Disons d'abord, en termes généraux, que — des héritiers de John Money et de Robert Stoller, en passant par Judith Butler et militants fanatisés aux États-Unis, jusqu'à quelques universitaires en France tels que Monique David-Ménard par exemple (2009) — l'idéologie véhiculée par les études genristes combine un féminisme extrême avec une apologie de plus en plus affirmée des sexualités alternatives voire des protosexualités polymorphes opposées à l'hétérosexualité. En tout cas, chez certains illuminés, cette apologie exaltée frôle l'antihétérosexualité (ou hétérophobie, pour parler avec leur langage identitaire).

Déguisé avec les habits de l'université, si le genrisme est un programme de propagande des protosexualités identitaires, c'est pour les faire accepter au plus grand nombre, comme des formes normales et même désirables de l'identité sexuelle.

Dans ce chapitre, nous allons traiter principalement des théories idéologiques de John Money.

REMPLACEMENT IDENTITAIRE DU SEXE PAR LE GENRE

John Money était un psychologue néozelandais installé depuis très jeune aux États-Unis, où il immigra pour fuir une famille essentiellement composée de femmes qui méprisaient les hommes. Après la mort de son père lorsqu'il avait 8 ans, le petit John a été presque exclusivement élevé par des femmes dans une ambiance où il fallait rejeter et mépriser les marqueurs de la virilité. Pour cette raison et ayant manqué de substitut paternel, John Money traversa son enfance et son adolescence en éprouvant la culpabilité d'être mâle. De là viendrait-il son penchant, pendant l'exercice de ses fonctions au Johns Hopkins Hospital de Baltimore, pour supprimer les signes extérieurs et même intérieurs de virilité chez ses patients mâles ?

Marié pendant une très courte période de sa vie mais apparemment animé par une pratique bissexuelle en parallèle, son mariage n'a pas tenu très longtemps. Par la suite, John Money ne s'est plus jamais marié, n'a eu aucun enfant, ni a pu partager sa vie avec aucune autre compagne. Ce qui comptait le plus pour lui c'était de féminiser le monde masculin, au point de vouloir qu'il disparaisse. À ce propos, il affirme ce qui suit. « *J'ai souffert de la culpabilité d'être un mâle. [Et] je me suis demandé si le monde ne serait pas un meilleur endroit pour les femmes si non seulement les animaux de la ferme mais aussi les hommes étaient castrés à la naissance* » (Colapinto, 2000, 2001, p. 27). Le but explicite est ici d'empêcher la reproduction pour le bien-être des femmes, mais la véritable intention implicite est d'exprimer sa haine profonde de la virilité.

Toujours seul, sans famille, il était pourtant très porté sur les perversions sexuelles les plus scabreuses et avait des réelles tendances pour la pornographie, pour la modification du sexe masculin en féminin, pour l'apologie de l'homosexualité, de la bisexualité et surtout pour la défense de la pédophilie. Il considérait que les pratiques du sadomasochisme, la coprophilie, l'homosexualité ou le fétichisme n'étaient plus des perversions mais seulement des « *paraphilies* », c'est-à-dire en quelque sorte de préférences sexuelles tout à fait normales

(Money, 1986). Il a fait clairement l'apologie de la bisexualité en donnant des descriptions de sa propre vie sexuelle sous la modalité du « *give-and-take* » (Money & Tucker, 1975).

En plus du fait qu'il effectuait l'apologie de la pornographie dans sa psychothérapie genriste en montrant des films et des photos explicites d'actes sexuels à des enfants pour renforcer leur réassignation sexuelle, Money conseillait aussi aux parents d'avoir des relations sexuelles devant leurs enfants pour leur apprendre la sexualité (Money & Tucker, 1975). C'est ce qu'il a proposé par exemple à Brenda (anciennement Bruce) et Brian, frères jumeaux du cas dit David Reimer que nous allons présenter un peu plus bas. Pour renforcer le nouveau soi-disant « *genre* » féminin du premier, il leur demandait de mimer tous les deux l'acte sexuel tout en leur montrant des vidéos pornographiques.

Plus grave encore, en avril 1980, dans une interview pour le magazine *Times*, il affirma que « *les expériences sexuelles lors de l'enfance avec un parent ou avec une personne plus âgée n'affecte pas forcément l'enfant de façon négative* » (Colapinto, 2000, 2001, pp. 29-30). Également, dans une autre interview, cette fois-ci au magazine hollandais *Paidika* qui, ensemble avec la *North American Man-Boy Love Association*, militait pour la normalisation et la défense de la pédophilie, John Money proclama des discours propédophilie. « *Si je voyais le cas d'un garçon âgé de dix ou onze ans intensément et érotiquement attiré vers un homme dans la vingtaine ou la trentaine, si la relation est totalement réciproque et la liaison vraiment consentie... alors je ne dirais pas qu'elle est pathologique d'aucune manière* » (Geraci & Mader, 1991). Aussi, John Money déclara que dans les cas où un beau-père couche avec sa belle-fille, c'est souvent sous les yeux complaisants de la mère et que l'inceste ne devait pas être considéré comme un acte criminel (Colapinto, 2000, 2001, p. 156). Voilà le personnage ayant formalisé, sous le terme *genre*, l'ancienne idéologie sexuelle national-socialiste aussi bien que les pratiques transsexualistes de la même société national-socialiste du XIXème siècle que les genristes, activement ou passivement, volontairement ou involontairement, défendent aujourd'hui.

DU GENRE GRAMMATICAL AU GENRE IDENTITAIRE

La seule existence possible du genre que nous pouvons accepter se trouve dans la grammaire. Les mots peuvent avoir soit un genre masculin ou générique, soit un genre féminin ou spécifique, soit encore un genre neutre. Cependant, si le genre a une existence strictement grammaticale, en revanche, ni les objets ni les êtres humains représentés par des mots comportant un genre, ne possèdent aucun genre eux-mêmes.

RÔLE SOCIAL DU SEXE, DIT RÔLE DE GENRE

Le tout premier article où apparaît le terme *gender* dans un sens non-gramatical a été publié en 1955, où Money soutient que « *le terme rôle de genre est utilisé pour désigner toutes ces choses qu'une personne dit ou fait pour se présenter comme ayant le statut de garçon, ou homme, ou de jeune fille ou femme. Cela ne se limite pas à la sexualité dans le sens de l'érotisme* » (Money, 1955a ; cf. aussi Haig, 2004). Dans sa définition du rôle social du sexe d'appartenance ou de celui auquel on croit appartenir, qu'il appelle dans son langage idéologique « *rôle de genre* », John Money fait référence au dit, au faire, à la présentation, c'est-à-dire à l'apparence, au semblant, au comportement social qu'un sujet peut exécuter pour faire croire qu'il appartient à son sexe ou à l'Autre sexe.

Nous voyons bien que tous les aspects cités pour définir le rôle sexuel dans le domaine social sont superficiels et sans réelle incidence sur la véritable subjectivité. Nous pouvons affirmer cela parce que le soi-disant rôle de genre de Money n'est qu'un simple faire semblant d'un élément identitaire qui n'existe pas si on le confronte au réel du sexe.

John Money et ses collaborateurs, le couple Hampson, ont considéré que l'assomption du rôle de genre, ou plutôt le rôle sexuel dans le domaine social et culturel, pouvait suivre les mêmes voies que deux autres phénomènes observés après la naissance chez l'homme et l'animal, à savoir l'acquisition par l'enfant de la langue maternelle et l'*imprinting* chez les oies étudiées par Konrad Lorenz (Money, Hampson JG, & Hampson JL, 1957). C'est-à-dire qu'ils s'appuient sur des données purement cognitives et comportementales, même s'il s'agit ici de comportements innés bien que travaillés par le conditionnement de la petite enfance. Le mécanisme *d'imprinting* est à comprendre comme la tendance des oies à s'attacher au premier animal qu'elles rencontrent après la naissance, phénomène observé, étudié et décrit par l'éthologue Konrad Lorenz (Lorenz, 1935 ; Lorenz, 1966), appartenant d'ailleurs, lui aussi, au Parti national-socialiste (Nisbett, 1976).

N'oublions pas que, comme semblent le prouver les influences sur

John Money, les théories du genre sont tout à fait compatibles avec les théories raciales et biologistes des national-socialistes et donc avec celles développées par Konrad Lorenz sur la race, notamment dans sa période nazie. En effet, en tant que membre du Département de politique raciale du Parti National-Socialiste des Travailleurs Allemands, Konrad Lorenz avait affirmé que *« du pur point de vue biologique de la race, c'est un désastre de voir les deux meilleurs peuples germaniques du monde se faire la guerre pendant que les races non-blanches, noire, jaune, juive et mélangées restent là en se frottant les mains »* (Burkhardt, 2005, p. 276).

Dans les deux cas (l'*imprinting* et l'assomption de la langue articulée chez l'enfant), ce serait, d'après ces auteurs, l'environnement qui prime sur le biologique. C'est de là que part l'idée — fausse, de surcroît, lorsqu'elle est prise de manière absolue — que la *nurture* (l'action d'élever un enfant) prime sur la *nature*. Cela dit, pour Money, si l'on veut réussir à modifier efficacement la nature par la *nurture* et notamment confirmer, infirmer ou modifier l'orientation du genre (à la place du sexe), il faut agir vite, c'est-à-dire avant les deux ans et demi de l'enfant.

Nous savons cependant que l'on ne peut pas faire l'analogie de l'assomption de l'identité sexuelle avec des phénomènes tels que l'*imprinting* chez les oies ou l'émergence du langage chez l'enfant. En plus, l'*imprinting* des oies n'a pas de commune mesure avec celui de l'acquisition du langage chez les enfants. Que ce soit du japonais, du grec ou du français, que ce soit n'importe quelle langue et même des sons animaliers épars ou non articulés chez les enfants sauvages élevés par des animaux, le sujet humain, bien plus qu'être parlant, est parlé par le langage, même celui le plus rudimentaire. Et, contrairement à ce que veulent faire croire les genristes, le sujet ne fabrique pas *ex nihilo* le langage. Il le reçoit en héritage de ses prédécesseurs inscrits dans la séquence des générations. En outre, le sujet du langage est profondément travaillé par les malentendus, par les caprices du sens et de la signification en tant qu'expressions sensibles du réel de la langue. L'acquisition du langage chez le sujet humain n'a ainsi rien à voir avec le mimétisme mécanique de l'*imprinting* des oies étudié par l'éthologue national-socialiste Konrad Lorenz.

Par ailleurs, le fait d'élever un enfant ne peut absolument pas s'assimiler non plus avec l'*imprinting* chez les oies et nous savons très bien que, dans aucun des deux cas de l'émergence du langage articulé et l'affirmation de l'identité sexuelle, l'éducation ne peut jouer le rôle du facteur véritablement étiologique ou déterminant ni dans la normalité ni pour produire la psychopathologie. L'éducation a son influence mais elle ne peut absolument pas déterminer la définition du sexe ni son changement. En revanche, lorsque l'éducation s'obstine à déterminer et à changer le sexe elle produit, par son influence certaine bien que relative, une cruelle confusion en termes d'identité sexuelle. Dans ces cas, ce n'est pas l'éducation qui produit la psychopathologie mais elle l'aggrave.

Le réel du sexe qui impose la formation adaptée de l'identité sexuelle pourrait être comparé au réel de la langue ainsi qu'au réel de la mort. C'est à partir du moment où l'enfant acquiert la conscience de la mort de l'Autre et de la mort de soi que son appréhension de la vie prend un tournant irréversible. Il a néanmoins, dans certains cas, la possibilité de nier le réel de la mort en lui substituant une autre réalité plus amène mais tout à fait illusoire ou psychotisante. C'est bien ce dernier phénomène qui pourrait être comparé à l'avènement d'un trouble de l'identité sexuelle en tant que négation radicale du réel du sexe. En tout cas, le réel du sexe, comme le réel de la langue et le réel de la mort, se passe bien volontiers de la conscience du sujet et de sa volonté.

DU RÔLE SEXUEL À L'IDENTITÉ DE GENRE

Pur produit du genrisme renaissant en ces années 1950, « *l'identité de genre* » dont il est question dès les débuts du traitement psychologique, éducatif et chirurgical à cette époque, est à entendre, selon John Money, fondateur du terme, comme étant, d'une part, l'aspect psychologique conscient, cognitif et comportemental que produit intentionnellement le sujet pour l'appliquer à son identité sexuelle défaillante. D'autre part, dans l'« *identité de genre* », il faut y voir aussi l'aspect social, environnemental, éducatif et familial, qui l'influence et auquel il répond positivement en s'y adaptant.

Très rapidement, à partir du début des années 1970, le genrisme passe à une autre étape de son évolution qui est de se dédoubler en deux aspects tout à fait illusoires et typiquement identitaires : le rôle de genre d'abord, qui serait une série de comportements, et l'identité de genre ensuite, qui serait une sorte de cognition sensitive. John Money et Anke Ehrhardt conçoivent de cette façon que « *le rôle de genre est l'expression publique de l'identité de genre, et l'identité de genre, l'expression privée du rôle de genre* » (Money & Ehrhardt, 1972, p. 4). Ces deux aspects identitaires fonctionnent selon Money comme dans un miroir où l'un est l'expression imaginaire ou l'ombre déformante de l'autre, tout en niant et en annulant le réel du sexe. En tout cas, ces aspects en miroir sont bien tous les deux l'expression d'une véritable idéologie, en ceci qu'elle force le développement d'une théorisation sans fondements avec l'intention de faire croire à une réalité imaginaire pour la jouissance identitaire de quelques-uns. Cette idéologie passe ainsi, à partir de là, à ne parler que d'identité de genre et de rôle de genre plutôt que d'identité sexuelle et de rôle sexuel.

En établissant la jonction entre identité et rôle, John Money et Anke Ehrhardt font que l'identité devienne, à la fois, un comportement (le comportement sous-jacent au rôle) en plus d'une conscience ou cognition sensitive (la cognition de se sentir possédé par un genre). Partant de là, on peut facilement supplanter les références à la sexualité par le discours sur le genre, ce que d'autres se sont mis à faire. Ainsi, pour Ralph Greenson, l'identité de genre est « *le sentiment d'appartenir à un sexe particulier ; elle s'exprime cliniquement dans la conscience d'être un homme ou un mâle par opposition à une femme ou une femelle* » (Greenson, 1964). Nous avons ici, en outre, le sentiment et la conscience, le côté sensitif intime de l'être, aussi bien que la conscience ou cognition qui impulsera le comportement déviant par rapport au sexe d'origine.

Dans la démonologie par exemple, on connaît bien ce processus d'identification que certains veulent réduire à un pauvre mécanisme cognitivo-comportemental par lequel le sujet qui se sent cognitivement et sensitivement possédé par le démon (le genre) passe à se comporter comme un possédé (identifié au genre). Évidemment que l'utilisation de termes comme cognition ou comportement n'explique pas du tout le processus. Il s'agit à peine d'une façon superficielle de décrire un phénomène reposant sur la croyance, voire parfois la certitude, de posséder ou d'être possédé par une entité fantasmatique ou délirante (le démon, le genre). Ainsi, lorsque des psychanalystes acceptent la normalité de ces troubles en déniant leur caractère psychopathologique, ils tombent irrémédiablement et malheureusement dans les théories cognitivo-comportementales.

À pareille théorisation s'oppose le réel du sexe, un terme largement mis en valeur par Lacan pour s'opposer aux dérives genristes. Le réel du sexe ne peut se réduire ni à un comportement ni à une cognition, encore moins à un démon ou à un genre qui posséderait le sujet. En revanche, cette description de l'identité de genre faite par John Money et Anke Ehrhardt, comme à leur habitude, celles de tous les autres genristes qui se sont succédé depuis, se rapproche de manière impressionnante de la description que l'on peut faire de ce qui est *idéologie*.

En ce sens, on peut dire que dans l'idéologie il s'agit justement, en premier lieu, d'une intime conviction voire d'une possession sensitive et parfois hystérisante du sujet par une entité macropsychique plus puissante que lui. Dans le cas qui nous occupe ici, il s'agit de la profonde et non-dialectique présence supposée irréfutable du genre. En deuxième lieu, le sujet passe du ressenti intime à la conversion identitaire par le moyen d'une prise de conscience, par l'intermédiaire d'un éveil cognitif et par une illumination dogmatique. En troisième lieu, ce double socle le pousse à vivre désormais sous l'emprise d'une série interminable de comportements codés qui doivent absolument être mis en pratique pour, en niant le réel du sexe, conforter les injonctions du sensitif et de la cognition dogmatique appartenant aux dictats du genrisme. Par conséquent, la notion d'identité de genre serait bien une résultante cognitivo-comportementale de l'idéologie genriste imposée collectivement aux gens confus quant à leur sexuation, c'est-à-dire confus quant à leur appartenance à un sexe.

C'est à partir du moment, pendant les années 1970, où les féministes se sont largement accaparées de la théorie genriste de John Money sur le rôle sexuel dans le domaine social — processus qui avait débuté vers la fin des années 1960 — que le terme de *genre* est venu progressivement faire concurrence à celui de sexe. Et les choses se sont présentées selon une dichotomie entre le genre qui serait psychosocial et le sexe qui serait biologique. Cette construction psychologisante et sociologiste qui met au premier plan le dressage social par le comportement et par la cognition est passée à chasser de plus en plus les concepts d'identité sexuelle, d'orientation sexuelle et d'identification propres à la psychanalyse dans l'idéologie sociétale qui se formait comme perversion du progrès. Le genrisme se construit ainsi logiquement comme un reflux autant que comme un destructeur de la psychanalyse.

Ce que les genristes ont fait depuis John Money jusqu'à nos jours, c'est de donner le nom de genre au rôle social sexué qu'un sujet peut avoir en fonction de son sexe. Le problème c'est qu'ils ont ajouté, avec l'aide des féministes, une concurrence entre, d'une part, le rôle social quant au sexe avec, d'autre part, le réel du sexe, au point même que le premier peut se substituer au second. Avait-on besoin de cela ? Bien entendu que non. Et évidemment que l'idéologie genriste non seulement est inutile et fausse mais même dangereuse, car elle est à la base d'une série de pratiques sociales, législatives, politiques et de conversion thérapeutique à partir du moment où elle est associée au transhumanisme. À ce point-là, le genrisme évolue en imposant une *sexpol* comme les autres idéologies du XXème siècle tels que le communisme, le fascisme socialiste, le national-socialisme et le panféminisme.

Par ses néologismes, dont le mot *gender*, John Money impulse un vocabulaire lié à une politique sexuelle en agissant par substitution de termes, comme l'ont fait les grandes idéologies ayant produit les totalitarismes connus. Selon sa conception, le simple rôle sexuel en société devient un genre de la même façon que l'identité sexuelle — à laquelle normalement on appartient sans pouvoir la modifier — devient un genre identitaire que l'on peut fabriquer et modifier à sa guise. En effet, dans sa thèse de doctorat sur les intersexes, John Money, partant des études faites sur une tribu australienne, est venu à considérer que ce n'est pas la biologie mais l'environnement qui détermine le sexe psychologique auquel il accorde le terme d'*identité de genre* (Money, 1951). C'est par ce biais que son terme barbare d'identité de genre devient la base de sa théorie du genre (Money, 1973). Et ceci est encore valable chez les fanatiques genristes et sexidentitaires d'aujourd'hui.

Redéfinition genriste et remplacement du sexe par le genre

REDÉFINITION GENRISTE DU SEXE

Les travaux de quelques chercheurs sexidentitaires américains comme R. K. Unger, lequel essaie de redéfinir le sexe à partir du genre (Unger, 1979), de L. Davidoff, qui relie les notions idéologiques de classe et de genre à l'époque victorienne (Davidoff, 1979), de S. W. Baker, lequel semble chercher l'existence du genre dans les influences biologiques sur le sexe (Baker, 1980), poussent vers une redéfinition genriste du sexe. D'autres, cherchent à établir la possibilité que le politique influence le biologique comme si, par exemple, le comportement des singes mâles auprès des femelles pouvait indiquer l'existence d'une identité de genre dans la nature (McGuire, 1982).

La féministe fondamentaliste et biologiste américaine Anne Fausto-Sterling, laquelle va jusqu'à demander des « *preuves* » de l'existence des hommes et des femmes et qui, ce faisant, vient à ignorer la plupart des différences sexuelles (Fausto-Sterling, 1992, pp. 11 et 251). Elle esquisse, en outre, une sorte de théorie du développement du genre en s'appuyant sur des études concernant l'embryon lors des premières six semaines après gestation, c'est-à-dire la période où les chromosomes XY et XX ne sont pas encore établis en tant que tels et, par conséquent, les gonades restent encore indéterminées. Elle cherche ainsi la part originaire et mythique du genre comme précédant le sexe. Par ailleurs, elle a soutenu que, dans la réalité, il existe bien jusqu'à cinq sexes différents (Fausto-Sterling, 2000 ; Fausto-Sterling, 2013). Nous pouvons observer chez ces auteurs une collusion entre discours de la science et idéologie politique, une idéologie non seulement égalitariste, non seulement ultra-féministe mais également hétérophobe.

Si encore les genristes se cantonnaient à établir des études sur leur illusion de genre sans intervenir sur le réel, cela passerait seulement pour une élucubration curieuse et anodine, comme chez les sectes sans passages à l'acte, mais le problème est que, partant de leur pensée prédélirante sur ce qu'ils appellent le genre, ils veulent redéfinir ce qu'il en est du sexe, de la sexuation, du sexuel et de la sexualité. C'est comme si un groupe de paranoïaques ne se limitait pas à faire des études sur leurs opinions interprétatives concernant une persécution donnée, mais, partant de là, voulaient passer à l'acte en modifiant le réel du lien social et psychique des gens pour s'attaquer de plein fouet à ceux qu'ils considèrent comme leurs persécuteurs.

En ce sens, avant de prendre leurs distances avec les travaux de John Money, pour des raisons purement politiques, et tout en modifiant l'identité de genre en études de genre (tel que l'ont fait, bien après, l'extrémiste sexidentitaire Judith Butler et ses acolytes), les panféministes se sont d'abord saisis de ses théories pour contester l'hétérosexualité et l'hégémonie masculine. Par exemple, dans un point de vue presque paranoïaque et violent contre les hommes, probablement dû à ses fréquents accès maniaco-dépressifs, Kate Millett, une panféministe, activiste dans les études de genre et ouvertement bisexuelle, tente de dénier le sexe de naissance en voulant faire de la sexualité une affaire de politique (Millett, 1970 ; Millett, 2000). D'autres auteurs sexnégationnistes, ou négationnistes du sexe, qui peuplent le féminisme radical, ou panféminisme, et qui se sont d'abord rangés sous les théories du genre de Money sont, par exemple, Alice G. Sargent, laquelle est allée jusqu'à prôner un modèle androgyne de management dans les équipes de travail (Sargent, 1977 ; cf. aussi, Sarfent, 1981). Elle reprend notamment une phrase du poète Samuel

Taylor Coleridge, selon lequel, « *un grand esprit doit être androgyne et avoir les caractéristiques des deux sexes* » (Coleridge, 1835).

Avec des points de vue comme ceux-là, ces théoriciens et chercheurs illuminés ont contribué à fabriquer l'équivalent d'un délire collectif qui intègre, tout en les gommant, les tendances opposées de la différence sexuelle. Ceci, avec l'aide d'une science médicale détournée et en combinaison avec des idéologies sociologiques et politiques comme le féminisme radical ou les soi-disant études de genre. Un tel délire intégratif est évidemment impossible à réaliser, dans la mesure où on ne peut pas vraiment supprimer les différences sexuelles et créer des êtres neutres ou sexuellement indéterminés. La phrase de Samuel Taylor Coleridge, un auteur suffisamment torturé par l'existence, manquant terriblement d'affection durant son enfance et souvent d'humeur noire, n'est qu'un fantasme qu'il a proposé de façon très ironique pour ne pas dire cynique. Cependant, les fanatiques du genre l'entendent comme si c'était une réalité possible. De manière comparable à Samuel Taylor Coleridge et à la suite des violences de son père sur lui avant que celui-ci ne disparaisse de façon précoce, John Money se demandait s'il ne valut pas, pour le bonheur de plein de femmes, comme nous l'avons dit plus haut, que l'on neutralise par la castration tous les hommes à la naissance (Colapinto, 2000, 2001, p. 27). Nous voyons ainsi que chez certains, il est évident que tout cela n'est qu'un fantasme, ou une idéologie prédélirante, pour mieux répondre aux troubles de leur vie infantile, mais chez d'autres cela devient un véritable délire macropsychique.

REMPLACEMENT DU SEXE PAR LE GENRE

En 2003, David Haig, un chercheur du Département de Biologie évolutionniste de l'Université de Cambridge, a étudié et chiffré la quantité d'articles en psychologie, psychiatrie et en sciences naturelles comportant le terme *genre* parfois même à la place de celui de *sexe*. Il a comparé plus de 30 millions de titres d'articles universitaires entre 1945 et 2001. Il s'est aperçu que, bien progressivement, le terme de genre est venu remplacer presque totalement celui de sexe dans les titres de ces articles, bien plus par une contrainte éditoriale de la revue concernée que par un véritable choix des auteurs (Haig, 2004, p. 88). L'utilisation du terme de genre à l'intérieur des articles n'était pas, en revanche, très répandue avant les années 1980 mais c'est surtout lors des années 1990 que l'on constate une nette inversion de la proportion entre les deux (Haig, 2004, pp. 89-91). Ceci peut être dû à l'avènement du SIDA, selon Haig.

Le terme genre a tellement supplanté celui de sexe dans les articles de psychologie, sociologie et même de biologie sexuelle que certains ont même commencé à parler de « *chromosomes genrés* » et d'« *hormones genrés* » (McKenna & Kessler, 2000). Ces auteurs inversent les propositions du réel en considérant que c'est le genre qui est primaire par rapport au sexe. En faisant cela, ils ne se rendent pas compte qu'ils ne font qu'une inversion naïve, car purement idéologique et grammaticale. Car, dans la mesure où le terme sexe cesse d'exister dans la langue d'aujourd'hui, c'est le terme genre qui vient obligatoirement subsumer ce que l'on entend par sexe. Et donc, finalement, le primaire est toujours le chromosomique et l'hormonal sans tenir compte du fait qu'on les appelle genrés, sexuels ou autre chose. Cela veut dire que les chromosomes soi-disant genrés et les hormones soi-disant genrées restent biologiques en dépit du fait que l'on leur adjoigne l'adjectif « *genré* ».

Ce qui est intéressant c'est que le terme sexe n'a pas pu être détrôné lorsqu'il s'agit de faire référence à l'acte sexuel copulatif et à toutes les autres activités sexuelles alternatives (Haig, 2004, p. 88). D'ailleurs, l'une des explications de David Haig sur l'extrême utilisation du terme genre au lieu de sexe y compris par les chercheurs scientifiques, donc non-genristes, serait qu'ils le feraient surtout pour utiliser un terme à la mode dans les références académiques des humanités et, ainsi, ne pas heurter les féministes (Haig, 2004, pp. 94-95). Ceci nous montre que le terme genre ne peut être référé par les auteurs ayant la croyance genriste qu'à quelque chose qui ressemble vaguement à la sexualité et au sexe, mais qui ne se confond absolument pas avec le réel du sexe. Il s'agit d'une étiquette nominaliste collée abusivement à une part du réel. Autrement dit, tout ce grand changement ne tiendrait en fait qu'à un mode discursif et idéologique évoluant sans aucune incidence sur le réel du sexe. En tout cas, le travail de David Haig montre très clairement comment le milieu universitaire, non seulement des humanités mais aussi des sciences naturelles, a eu un rôle important dans la grande méprise identitaire du genrisme.

Lorsque c'était le moment de critiquer le genrisme, Lacan annonçait déjà pourquoi il ne pouvait être nominaliste. « *Je ne pars pas de ceci, que le nom est quelque chose qui se plaque, comme ça, sur du réel. [...] La tradition nominaliste, qui est à proprement parler le seul danger d'idéalisme qui peut se produire dans un discours tel que le mien, est très évidemment écartée* » (Lacan, 1971, p. 28). Le problème du discours scientifique, si l'on suit bien Lacan, c'est qu'il peut être malheureusement englouti entre autres par le nominalisme. Si, pour Lacan, le discours scientifique *« ne trouve le réel qu'à ce qu'il dépend de la fonction du semblant »*, en revanche, *« ce qui est réel, c'est ce qui fait trou dans ce semblant articulé qu'est le discours scientifique »* (Lacan, 1971, p. 28). Ce n'est pas le semblant — fait de comportements, de cognitions, de reflets spéculaires, de fausses identités et d'idéologies dessinant des mirages utopiques —, mais bien le trou du réel qui doit nous guider dans notre praxis quotidienne en psychanalyse. Ceci, en ce sens que le champ de la psychanalyse n'est pas tout à fait celui du discours scientifique entendu en tant que semblant, mais bien la vérité, la vérité d'un réel qui, en psychanalyse, s'appelle le fantasme. Eh bien, le discours scientifique, englouti qu'il est aujourd'hui par le genrisme — cette idéologie sectaire cherchant à remplacer le sexe par le genre —, bute lacaniennement contre le réel de son fantasme sans pouvoir le traverser.

Un réel du sexe, de la sexuation, du sexuel et de la sexualité

Conversion du genre grammatical en néoréalité identitaire

Nous vivons aujourd'hui sous l'emprise d'une terrible confusion entre ce qui est le réel du sexe et la notion du genre grammatical.

Chez l'être humain, en termes de sa présence au monde, de ses origines et de ses identités sexuelles, le genre n'existe pas. Chez l'être humain, il n'y a que les sexes. Et heureusement ou malheureusement, le réel du sexe nous indique, nous montre qu'il n'y en a que deux. On peut être ou bien homme, ou bien femme. Il n'y a pas de troisième sexe, la femme et l'homme étant toujours l'autre sexe l'un par rapport à l'autre. Ou mieux, il faudrait dire que l'autre sexe est toujours un Autre sexe aussi bien pour l'homme que pour la femme. L'Autre sexe (celui de la femme) est celui que l'on peut aimer, désirer avoir ou même vouloir être, mais le constat indépassable est que l'on ne peut pas sortir de la dichotomie réelle du sexe binaire.

Si la présence sexuelle dans le monde, si les origines sexuelles, si les identités sexuelles sont strictement circonscrites à être homme ou à être femme, en revanche, les pratiques et les orientations de la sexualité peuvent énormément varier. Un homme n'est pas obligé d'avoir des actes sexuels exclusivement avec des femmes, ni une femme ne doit obligatoirement pratiquer la sexualité seulement avec un homme. Dans la pratique de la sexualité, les choses ne fonctionnent pas en termes de devoir mais de possibilités pulsionnelles et de désir. À part l'hétérosexualité, l'homosexualité, la bisexualité et l'asexualité, il y a une multiplicité de pratiques sexuelles avec des objets matériels ou immatériels, des fétiches, des *sextoys*, des robots, des animaux, des entités magiquement fabriquées et tant d'autres encore à inventer. Nous savons également que la pratique hétérosexuelle peut être exécutée selon un large éventail de perversions et de déviances paraphiles. Mais n'oublions pas non plus que toute pratique sexuelle se trouve à l'intérieur même de *l'hétéro*, à savoir l'Autre sexe. Toute pratique sexuelle, quelle qu'elle soit, est forcément hétérosexuelle. Pourquoi ? Parce que le terme *sexe* implique forcément un scission, une section, une division impossible à résoudre entre deux pôles opposés : le masculin et le féminin. Et ceci, même si un sujet est orienté de manière homosexuelle, transsexuelle ou autre. Voici donc, très sommairement, ce qu'il en est du sexe.

De son côté, en ce qui concerne le genre, il faut dire qu'il est toujours et uniquement grammatical. Cela veut dire que le genre n'existe que pour les mots. Par exemple, en français, le mot *table* a un genre féminin comme le mot *crayon* possède un genre masculin et, grammaticalement, cela veut dire que l'utilisation de ces mots doit respecter les règles de l'accord, de la combinaison et de la conjugaison selon qu'ils aient un genre ou un autre. Mais si le mot par lequel on appelle un objet a un genre, ceci n'exerce évidemment aucune influence sur un éventuel sexe de l'objet, même si parfois — et concernant uniquement les êtres humains — on trouve des parallélismes. Ainsi, par exemple, si le mot *table* a un genre grammatical féminin, cela ne veut pas dire que l'objet *table* a un sexe féminin. Quant aux parallélismes, il se trouve que le mot *homme* a un genre grammatical masculin et l'objet *homme* a un sexe masculin. Cependant, il va de soi que l'objet *homme* n'ait pas un sexe masculin grâce au fait que le mot qui le représente a un genre masculin. C'est bien plutôt l'inverse. Sinon, l'objet *bureau*, par exemple, dont le mot qui le représente a un genre grammatical masculin, devrait aussi avoir un sexe masculin, ce qui serait proprement absurde.

Contrairement à ce que disent les genristes et panféministes, la langue ne dépend pas de la culture. En effet, selon Edward Sapir, le grand linguiste et anthropologue américain, « *il est facile de démontrer que la langue et la culture ne sont pas intrinsèquement liées. Des langues totalement indépendantes partagent une même culture, des langues étroitement liées — voire une seule langue — appartiennent à des sphères culturelles distinctes* » (Sapir, 1921, p. 228). Suivant cette ligne ainsi que celle du linguiste français Antoine Culioli, des enseignants de l'Université de Paris III Sorbonne Nouvelle et de l'Université de Bourgogne, considèrent que le terme *genre* appliqué aux personnes et à la sexualité provoque une cacophonie nébuleuse. Notamment, lorsqu'il s'agit de l'inclusivisme de l'écriture identitaire qui tente de s'attaquer au genre grammatical, ils disent ce qui suit. « *Pourquoi se scandaliser que ce qu'on appelle masculin soit généralisant et le féminin spécifiant ? [...] En quoi serait-il plus "valorisant" socialement d'être générique que spécifique ? Personne ne s'est jamais défini par une identité grammaticale, laquelle n'a jamais conféré de privilèges matériels* » (Grinshpun et Szlamowicz, 2021, p. 10).

Si les mots ont un genre (masculin, féminin ou neutre) mais n'ont pas de sexe, les êtres humains, au contraire, n'ont pas de genre mais un sexe et, sans se rattacher à un genre (qui demeure strictement grammatical), appartiennent bien à un sexe.

Pourtant, c'est l'opposé ce que font les genristes concernant les êtres humains, à savoir leur accorder un sexe différent auquel ils appartiennent en fonction d'un changement du genre grammatical qui les représente. C'est-à-dire que vouloir dévier le genre grammatical de sa fonction première pour l'appliquer à l'être humain, en le transformant en genre non-grammatical et, en prime, tenter de le substituer au sexe, implique un forçage idéologique et identitaire. Ce forçage répond à la volonté de convertir le genre grammatical en une réalité opposée au réel du sexe, en une réalité identitaire.

Si les genristes se limitaient à inventer des genres et à jouer entre eux dans le seul domaine du grammatical, en les combinant à leur guise et en en produisant des sens nouveaux et ceci même s'ils les chargeaient d'un trop de sens, il n'y aurait pas grand chose à en dire. Il suffirait de les écarter comme des théories inutiles mais pas nécessairement dangereuses. Ces théories loufoques seraient assimilées à une activité artistique, de fiction. Autrement dit, si le genrisme restait dans le seul domaine de la créativité imaginaire, en utilisant non seulement des images mais éventuellement aussi les symboles comme des éléments spéculaires, fantastiques, fantasmatiques, fictifs, interprétatifs, magiques ou illusoires, ce serait critiquable bien qu'acceptable en tant que pur jeu de style. Le problème est néanmoins qu'ils tentent de plaquer leur jeu nominaliste à un réel qui forcément leur échappe.

Comme les genristes se sont inventé des genres, d'autres ont inventé des races ou des classes sociales. Normalement, ces théoriciens devraient limiter les classes, les races et les genres qu'ils ont inventés à un statut purement descriptif de leurs objets d'étude. Cependant, leur côté dangereux existe lorsque ces élucubrations deviennent des idéologies, c'est-à-dire qu'elles tentent de changer la réalité qu'elles croient étudier ou symboliser pour la faire entrer en adéquation à leur conception devenue une moralité impérieuse. La modification d'une pensée en idéologie mène aux conceptions systémiques totalitaires, parfois criminelles. Ainsi, d'une part, l'invention descriptive des classes sociales a posé les bases du communisme tandis que la création descriptive des races a donné lieu au national-socialisme. Et le danger actuel serait que la fabrication descriptive des genres mène à une idéologie totalitaire et criminelle telle que le genrisme, lequel oblige les sujets — dont notamment des enfants qui se trouvent dans un état de confusion quant à leur identité sexuelle — au changement de sexe, entre autres perversions sociétales, ce qui débouche sur des suicides identitaires (Arce Ross, 2020) ainsi que sur une profonde atteinte aux valeurs de civilisation de l'Occident.

Pour ces raisons, tout genre non grammatical appliqué aux êtres humains serait au fond transidentitaire, en ceci qu'il force le sujet à nier sa propre identité sexuelle pour la transférer, ou la transformer radicalement, en une identité idéologiquement fabriquée et factice.

À l'opposé, le réel concernant le sexe se décline en quatre domaines bien différents, tels que : a) *le réel du sexe* d'appartenance, b) *le réel de la sexuation* ou de l'identité sexuée reçue dépendant du sexe d'appartenance, c) *le réel du sexuel* ou de l'orientation sexuelle selon l'identité sexuée reçue et d) *le réel de la sexualité* ou de la pratique sexuelle découlant de l'orientation sexuelle liée au sexe d'appartenance et ses modalités de présence.

Nous devons préciser que la sexuation tient aux origines, à l'héritage reçu et matérialisé dans le sexe bien plus fonctionnel que seulement anatomique auquel on appartient. En termes d'identité, la génétique — autant chromosomique ou génotypique que hormonale, gonadique, phénotypique voire même partiellement psychogénique —, est indépassable et surdétermine chaque sujet en fonction du sexe auquel il appartient. Quant à la psychogénie, elle influencera directement les modalités de présence et de vécu ultérieur possible du sexe reçu, c'est-à-dire les modes d'expression sexuée qui sont interprétés selon les époques comme plus ou moins masculins ou plus ou moins féminins. Cependant, notons bien ici que les modalités d'expression sexuée masculines ou féminines ne déterminent absolument pas le sexe d'un sujet. Sans aucun doute, elles en sont plutôt la conséquence de la présence des sexes dans un contexte familial, social et civilisationnel déterminé.

Comme d'habitude, essayons maintenant de développer notre théorie à l'aide de l'enseignement lacanien, notamment lorsqu'il s'est appliqué, au début des années 1970, à établir une critique solide de l'idéologie genriste. Pour cela, nous allons définir et décrire les quatre domaines dans lesquels se décline ce qu'il en est du réel qui concerne le sexe, à savoir le réel du sexe, le réel de la sexuation, le réel du sexuel et le réel de la sexualité.

RÉEL DU SEXE

En premier lieu, le réel du sexe nous montre que le sexe ne nous appartient pas, mais que c'est nous qui appartenons à un sexe. On reçoit un sexe, on ne le fabrique pas. On n'y peut rien. Ce n'est ni une faute ni un mérite, ni une valorisation ni une dévalorisation. Simplement, dans le réel des deux sexes, il s'agit de deux fonctions opposées qui servent potentiellement à la procréation humaine et qui produisent des conséquences physiologiques, anatomiques et psychiques. Il s'agit, d'abord, de la convergence biologique entre les composantes chromosomiques et hormonales, c'est-à-dire au passage du sexe génotypique vers le sexe gonadique et ensuite phénotypique, ainsi que de sa réalisation et cristallisation en un sexe fonctionnel lors de la vie post-natale. Cependant, la deuxième composante, celle hormonale, comporte un enrichissement opéré par les modalités de présence apportées par la psychogénie et, d'ailleurs, ce dernier double déterminisme, hormonal et psychogénique, est également à l'œuvre dans la formation de deux modes de jouissance ne s'accordant pas mutuellement.

Lacan ne s'est jamais fatigué de montrer et de démontrer le réel du sexe, qui équivaut à la différence binaire des sexes, lorsqu'il s'agissait de critiquer la théorie du genre, dans ses séminaires du début des années 1970. Lorsqu'il énonce la vérité du rapport sexuel comme étant impossible à s'écrire, Lacan tient à souligner qu'avec cet aphorisme il ne nie absolument pas la différence sexuelle. *« Ce n'est pas que je nie la différence qu'il y a, dès le plus jeune âge, entre ce que l'on appelle une petite fille et un petit garçon. C'est même de là que je pars »* (Lacan, 1971-1972, p. 13).

Dès le début de son *Séminaire* de 1971-1972, *Ou pire*, Lacan tient à montrer également que ce qui est proprement réel dans le sexe se situe dans la différence native et naturelle entre les deux sexes (Lacan, 1971-1972, p. 15). Le réel du sexe ne veut pas forcément, ou seulement, dire que les sujets portent un sexe réel. Le réel du sexe veut dire, pour Lacan, que le sexe est coupé, nativement et naturellement, en deux dimensions lesquelles n'ont pas la possibilité d'écrire leur rapport. Elles restent donc radicalement différenciées, quoi qu'on dise.

D'ailleurs, le terme même de sexe indique qu'il y a une séparation, une division, une section typique entre deux secteurs différenciés. Du latin « *secare* » ayant la signification de diviser, couper, trancher, tailler, né le mot sexe en association avec le terme « *sexus* » qui ferait plutôt référence au sexe anatomique ainsi qu'à la manière d'être selon justement la division première (Pompeius Fessus, fin du IIème siècle ap. J.-C). *Sexus* serait une conséquence de *secare*, c'est-à-dire le sexe que l'on porte, celui anatomique, visible, sensible, génital, aussi bien que la façon d'être en termes du *sexus*, sont le résultat d'une différentiation première effectuée par l'opération de *secare*, de sectionner, de diviser. Il s'agit notamment de différencier ce qui sera la fonction sexuelle propre d'avec celle qui ne le sera pas, c'est-à-dire l'Autre sexe.

Le réel du sexe est la différence sexuelle non seulement en termes de reproduction mais aussi de désir et de jouissance. Nous devons toujours tenir compte de ce réel-là. C'est la base sur laquelle toutes les identifications sexuelles, les orientations sexuelles ou les pulsions sexuelles, pourront s'établir. Sans aucune hésitation, de son côté, dans *D'un discours qui ne serait pas du semblant* (1971), Lacan considère la différence sexuelle comme étant le réel du sexe, à savoir que « *l'on n'attend pas du tout la phase phallique pour distinguer une petite fille d'un petit garçon, déjà bien avant ils ne sont pas du tout pareil* » (Lacan, 1971, p. 31). Et, il ajoute « *qu'à l'âge adulte, il est du destin des êtres parlants de se répartir entre hommes et femmes* » (Lacan, 1971, p. 31).

Si on considère le réel comme étant la différence sexuelle, c'est que pour Lacan ce réel détermine le langage en commandant toute la fonction de la signifiance (Lacan, 1971-1972, pp. 20 et 29). Le réel du sexe va même déterminer, commander la possibilité, dans la sexuation, de nier le sexe d'appartenance, mais cela ne veut pas dire que l'on puisse changer de sexe ou que l'on puisse en fabriquer un troisième.

C'est le réel du sexe qui permet aussi bien l'affirmation du propre sexe, de par le réel de la sexuation normale, que sa négation éventuelle, son rejet radical dans les cas pathologiques. Et ceci, dans tous les cas de figure. Ainsi, Lacan affirme que, même si un sujet se trouve dans une relation transsexuelle ou autre, et même s'il le nie, il a toujours un lien implicite avec le réel du sexe. « *Que le sexe, ce soit réel, ne fait pas le moindre doute. Et sa structure même, c'est le duel, le nombre deux. Quoi qu'on en pense, il n'y en a que deux, les hommes, les femmes. On s'obstine à y ajouter les Auvergnats. C'est une erreur. Au niveau du réel, il n'y a pas d'Auvergnats. Ce dont il s'agit quand il s'agit de sexe, c'est de l'autre sexe, même quand on lui préfère le même* » (Lacan, 1971-1972, pp. 154-155).

Par conséquent, pour Lacan, le réel du sexe veut dire qu'il est toujours duel, binaire, divisé ou séparé en deux, c'est-à-dire, en même temps et comme corollaire, qu'il ne peut pas y avoir plus de deux sexes. Le réel du sexe veut dire que chaque sujet, même s'il ne se rend pas compte ou refuse de le percevoir ainsi, est en permanence confronté au fait qu'il y a deux sexes. Du réel binaire du sexe se dégagera plus tard pour le sujet le fait qu'il a hérité de l'un de ces deux sexes et qu'il doit donc se situer vis-à-vis de cette identité d'origine.

RÉEL DE LA SEXUATION

En deuxième lieu, le réel des formules de la sexuation est un domaine privilégié où l'on peut s'apercevoir de la valeur de la remarque lacanienne qui dit que le réel est ce qui vient avant le symbolique et l'imaginaire (Lacan, 1973-1974, p. 7). C'est-à-dire que, bien avant toute possibilité d'une fabrication identitaire symbolique et bien avant toute possibilité d'identification imaginaire, c'est le réel du sexe qui commande les éventuelles conséquences.

Plus précisément, le réel de la sexuation se situe dans l'identité que l'on a hérité du réel du sexe auquel on appartient et qui nous pousse à produire une réponse, affirmative ou négative, concernant le réel de la jouissance selon notre sexe. Le réel de la sexuation nous indique, y compris chez les intersexes, qu'il n'y a de sexe originaire que différencié et que chaque sujet doit apporter une réponse, la plus adéquate possible, à cet état de fait. Nous savons, comme nous allons le voir plus bas dans la partie consacrée à ce thème, que les intersexes ont presque toujours une hiérarchie, une primauté de l'un des deux sexes sur l'autre.

Le réel de la sexuation implique ou bien accepter d'être homme, ou bien accepter d'être femme, c'est-à-dire d'accepter, ou de refuser, l'identité sexuée originaire que l'on a hérité du réel du sexe. La sexuation veut dire que cette identité sexuée reçue repose, en outre et après-coup, sur des liens de génération. À savoir que, dans la relation primaire à la mère et comme le dit si bien Xavier Lacroix, « *être femme, c'est être née d'un corps du même sexe que le sien ; être homme, c'est naître d'un corps de sexe différent* » (Lacroix, 2005, p. 32). Ces liens entre générations, déjà à l'œuvre dans la vie intra-utérine, constitueront les composantes psychiques premières de l'orientation sexuelle et de ce qui s'ensuit en termes de pratiques sexuelles.

Une telle répartition de la sexuation en homme et femme nous indique, en termes lacaniens, l'énigme, la contradiction et la négation que le désir et la jouissance de la femme posent autant au désir qu'à la jouissance phallique, à savoir que, pour pouvoir vraiment le ressentir et le vivre, il faut bien que cet être appartienne à l'Autre sexe, c'est-à-dire à celui féminin. Évidemment, il y a des hommes qui peuvent vouloir se situer à cette place soit en tant qu'Objet, soit en tant qu'Être. Cependant, s'ils tentent ce forçage, ils rencontrent fatalement, à un moment ou à un autre, le mur de la vérité selon lequel *La* femme fabriquée, *La* femme représentée symboliquement, *La* femme en devenir *n'existe pas*. On n'y peut rien. On ne peut être femme que par appartenance au sexe féminin, au sexe Autre.

Tous les positionnements de Lacan sur la question de l'identification sexuée, ou de l'identité sexuée, vont dans le sens de l'opposition, de la division, de la séparation, de la différence entre hommes et femmes. D'un côté, il place les hommes, c'est-à-dire dans un théorique « *tous* », et, d'un autre côté, les femmes seulement une à une, c'est-à-dire « *pas toutes* » pour cause de leur diversité et spécificité. Pour Lacan, il n'y a pas de commune mesure entre le réel de la sexuation des hommes et celui de chacune des femmes. Ceci est visible, d'abord, en termes de jouissance, à savoir la jouissance phallique, côté hommes, et la jouissance Autre, côté femmes ; ensuite, en termes de relation à l'amour, c'est-à-dire un amour sans dire pour les hommes et un amour en fonction de sa jouissance intrinsèque pour une femme ; enfin, selon les conditions de l'identification sexuée ou de l'identité sexuée, il faut dire qu'elle serait presque impossible pour les hommes et obligatoire ou absolument nécessaire pour les femmes. Cela dit, un mâle peut malgré tout se situer du côté du *pas tout*, comme le font les mystiques ou les transsexes. Sauf qu'une telle identification à la femme, bute, tôt ou tard, sur ce qui encombre cet homme, à savoir ce qui lui encombre au titre de son sexe (Lacan, 1972-1973, p. 70).

Voici justement ce que Lacan dit à propos de l'identification sexuée si différente et sans commune mesure chez les hommes et les femmes. *« S'il y a une identification sexuée et, si d'autre part, je vous dis qu'il n'y a pas de rapport sexuel, qu'est-ce que ça veut dire ? Ça veut dire qu'il n'y a d'identification sexuée que d'un côté »* (Lacan, 1973-1974, séance du 11 juin 1974). Alors, une telle disparité entre hommes et femmes s'exerce, selon Lacan, en prenant comme cible la question si actuelle de l'identitaire et notamment du transidentitaire, comme si les hommes pouvaient vraiment se forger une identité sexuée féminine.

Prenant le contre-pied à cette possibilité, Lacan affirme que « *toutes les identifications [sexuées] sont du même côté : ça veut dire qu'il n'y a qu'une femme qui est capable de les faire. Pourquoi pas l'homme ? Parce que [...] l'homme est tordu par son sexe. Au lieu qu'une femme peut faire une identification sexuée. Elle n'a même que ça à faire, puisqu'il faut qu'elle en passe par la jouissance phallique qui est justement ce qui lui manque* » (Lacan, 1973-1974, séance du 11 juin, 1974). Lacan parle ici évidemment des versions normales de l'identification à l'identité sexuée Autre, c'est dire autre que celle du sujet. Il nous resterait à appliquer ce schéma aux versions pathologiques de l'identité sexuée.

Justement, cela veut dire que si un sujet homme s'obstine malgré tout à s'identifier à l'identité sexuée Autre, à celle d'une femme, il rencontrera inévitablement l'impasse située par l'inexistence de *La* femme. Car, pour qu'un homme tente de s'identifier à l'identité sexuée féminine, il doit donc se placer comme s'il était une femme, laquelle doit donc forcément s'identifier à l'identité sexuée masculine. La position d'un tel homme reviendrait alors à se confronter, par identification et paradoxalement, à la jouissance phallique qui, de par cette opération forcée, redoublerait inconsciemment chez lui. Le résultat serait un homme identifié à une identité sexuée féminine, qui reste au fond doublement masculine, sans qu'il puisse malgré tout accéder à la jouissance proprement Autre. Et, en opérant un trou dans le symbolique, cet homme ferait ainsi involontairement exister le rapport sexuel mais évidemment uniquement dans la dimension de l'identitaire.

Un tel homme souffrirait de la non émergence de la jouissance de la femme chez lui et, en outre, il demeurerait aliéné à des constructions sensitives et mentales — que j'appelle *transidentitaires* — lesquelles poussent à fabriquer, en se remplissant d'un discours du semblant et du factice, *La* femme qui n'existe pas. Autrement dit, chez cet homme, le masculin reviendrait au galop malgré la panoplie d'artifices technomédicaux, comportementaux, cognitifs et juridiques. Serait-il nécessaire de rappeler que l'inconscient se passe des techniques transhumanistes et des apparences identitaires ? Au-delà de ses manœuvres imaginaires et symboliques, sans aucune négociation possible, l'inconscient ramène chaque sujet au réel de sa sexuation et, par là, au réel binaire du sexe.

En conclusion, la sexuation constitue la réponse subjective que chaque sujet est obligé d'accorder au réel du sexe auquel il appartient. Par ses formules possibles, la sexuation, ou bien l'affirme, en lui laissant la porte ouverte pour développer à partir de là le lien sexué selon le sexe d'appartenance, ou bien au contraire le nie, soit partiellement, soit totalement. Les conséquences de ces formes de négation du réel de la sexuation seront inévitablement visibles dans le domaine du vécu sexuel, à savoir dans le lien sexué où la pulsion risque de devenir débridée ou dangereusement soumise à la jouissance.

RÉEL DU SEXUEL

En troisième lieu, le réel du sexuel nous invite à nous accorder plus ou moins bien, à travers la sexuation que l'on a accepté ou au contraire nié, avec le réel du sexe auquel on appartient. Dans le sexuel, nous situons notre orientation psychique et pulsionnelle par rapport au sexe réel d'origine, étant donné que l'orientation pulsionnelle qui s'y joue dépend *a fortiori* du sexe originaire. C'est-à-dire que le sujet ne peut s'orienter qu'avec une valeur psychique masculine ou avec une valeur psychique féminine, en fonction du réel de la sexuation que l'on a accepté ou refusé.

Dans les cas pathologiques, s'il refuse le réel de la sexuation originaire, le sujet se verra alors devant un grave conflit dans le réel du sexuel. Un tel conflit se traduira par une lutte constante entre, d'une part, une orientation dépendante de l'identité que le sujet doit se fabriquer au lieu et place de l'identité sexuée refusée et, d'autre part, l'orientation du sexuel dépendante de l'identité sexuée d'origine laquelle se manifeste toujours, même en sourdine. C'est lorsque cette double identité ne tient plus que nous situons, à cet endroit, les conjonctures des graves troubles du sujet transidentitaire dont notamment le suicide identitaire (Arce Ross, 2020).

Aussi bien dans les cas normaux que dans ceux pathologiques, l'orientation réelle du sexuel implique la formation de ce que j'appelle *le lien sexué*. Il faudrait néanmoins noter que le lien sexué ne veut absolument pas dire que nous évoluons vers une psychologie du rapport sexuel, mais que les sexes établissent des liens selon le réel qui les constitue, à savoir la différence des sexes. Après, si le lien sexué rencontre les impasses du rapport sexuel, il s'agit d'une autre question. Donc, la notion de lien sexué va dans le sens de ce que Lacan dit sur la différence entre non-rapport sexuel et différence sexuelle, à savoir que

« quand je vous dis qu'il n'y a pas de rapport sexuel, je n'ai pas dit que les sexes se confondent, bien loin de là ! » (Lacan, 1973-1974, p. 44).

C'est l'orientation sexuelle, dépendante en grande partie du réel du sexuel, qui permet que, dans le lien sexué encadré par elle, se développent les caractères masculins et féminins en fonction évidemment de l'histoire de vie de chaque sujet.

Nous savons que ces caractères sexuels, plus ou moins masculins chez l'homme et plus ou moins féminins chez la femme, peuvent varier selon les périodes et les événements de vie. Ils ne sont pas forcément constants et évoluent selon les expériences subjectives et selon les facteurs macropsychiques.

Cependant, les caractères sexuels de l'expression sexuée (tant masculins que féminins) ne peuvent avoir aucune incidence ni sur le réel du sexe ni sur le réel de la sexuation ni encore sur le réel du sexuel dont ils sont l'un des effets secondaires. Pourtant, ce sont ces caractères sexuels de l'expression sexuée, qui donnent le ton des rôles sociaux dans le lien sexué, que les genristes appellent *genre* et tentent de les substituer au sexe.

Le lien sexué part du réel du sexe d'appartenance et de la réponse subjective travaillée par l'une des formules possibles vis-à-vis du réel de la sexuation. Ce processus de connexion de l'identité sexuée avec le réel du sexe d'appartenance permet ce que l'on appelle l'orientation du sexuel qui, dans les relations intersubjectives, donne lieu au lien sexué. Remarquons aussi que cette orientation du sexuel est intimement déterminée par le réel du sexe dans le lien sexué, sauf si des éléments psychiques phylogénétiques ou ontogénétiques viennent le contrer ou le dévier de son cours normal. Toutefois, une question se pose. Quelle est la substance ou la matière que l'on peut orienter dans ce jeu relationnel ?

Ce que l'on oriente c'est la pulsion sexuelle, celle que l'on possède d'origine selon le sexe d'appartenance. Normalement, un homme est conçu pour orienter sa pulsion sexuelle envers les femmes, et vice versa, une femme a reçu un sexe fonctionnel qui l'invitera à orienter sa pulsion sexuelle envers les hommes. Cependant, si la pulsion est toujours liée au réel du sexe d'appartenance, son orientation peut plus ou moins varier en fonction de la réponse subjective travaillée par la sexuation ainsi qu'en fonction du lien sexué établi. Comme nous venons de le dire, il y a des cas, selon les formules possibles de la sexuation, dans lesquels l'orientation du sexuel n'est pas en accord avec la pulsion d'origine. Le réel du sexuel peut ainsi devenir un frein ou un barrage psychique contre la pulsion attendue et à laquelle il modifie l'orientation.

Mon expérience clinique me montre qu'à condition que le sujet lui soit docile, la sexuation, forcément différenciée, détermine l'orientation sexuelle que chaque sujet aura à l'avenir, sauf si des puissants obstacles psychiques viennent perturber le lien intrinsèque entre sexuation et orientation sexuelle. C'est à cet endroit où nous pouvons identifier une étiologie proprement psychique de questions telles que l'homosexualité, la transsexualité, l'hypersexualité ou l'asexualité en tant que blocages possibles à l'orientation originaire du sexuel. Ces blocages ou inhibitions nous indiquent qu'il y a toujours, dans ces cas, un barrage à la jouissance de l'Autre sexe, couplé avec une absorption de cet obstacle chez le sujet lui-même. Une telle absorption, incarnation ou simple identification s'établissent comme une importation de la jouissance impossible de *La* femme qui n'existe pas dans le masculin, ce qui donne un caractère de perversion à la plupart de ces cas où le processus est contrarié. Est-ce que cela veut dire que le point crucial qui pose problème dans l'acceptation de l'orientation réelle du sexuel est l'existence encombrante et impossible à symboliser de la jouissance proprement féminine, celle qui va au-delà de la simple satisfaction clitoridienne ? Est-ce que cette problématique existe, bien paradoxalement, autant chez la femme que chez l'homme ?

À cet égard, voici ce que dit Lacan sur ce problème chez les femmes. « *Il y a une jouissance à elle, à cette elle qui n'existe pas et ne signifie rien. Il y a une jouissance à elle dont peut-être elle-même ne sait rien, sinon qu'elle l'éprouve — ça, elle le sait. Elle le sait, bien sûr, quand ça arrive. Ça ne leur arrive pas à toutes* » (Lacan, 1972-1973, p. 69). C'est pour cela que la jouissance ne porte pas sur le savoir ou le savoir faire, comme dans la jouissance perverse, mais sur la vérité, sur la vérité du pur vécu. À part cela, si ça ne leur arrive pas à toutes, c'est que certaines se masculinisent — y compris dans la seule relation sexuelle avec des hommes —, au point de se concentrer uniquement sur la jouissance phallique, dite clitoridienne.

Côté homme, nous voyons que le rapport à la jouissance et à l'amour sont très différents du mode selon lequel la femme peut les vivre. « *Pour l'homme, l'amour ça va sans dire parce qu'il lui suffit de sa jouissance, et c'est d'ailleurs très exactement pour ça qu'il n'y comprend rien. Mais, pour une femme, il faut prendre les choses par un autre biais, n'est-ce pas. La jouissance de la femme, elle, ne va pas sans dire, c'est-à-dire sans le dire de la vérité* » (Lacan, 1973-1974, séance du 12 février 1974, p. 89).

Le sexuel nous apporte le sens du lien sexué vis-à-vis de la jouissance. Pas n'importe laquelle, mais celle proprement féminine. Le sexuel met en relation des sujets en fonction de leur état intrinsèque de sexuation. C'est parce qu'ils sont sexués qu'ils peuvent entrer dans un lien dominé par leur orientation du sexuel. Et ceci, contrairement aux apparences, n'est pas un choix mais bien un déterminisme d'origine. On ne peut pas faire une totale abstraction de notre être sexué, celui qui nous impulse, que l'on le veuille ou non, à créer des liens sexués.

Cependant, il faut bien clarifier le fait que le sexuel et le lien sexué qu'il permet ne sont pas du tout une garantie d'accomplissement ou de réussite du but final de la pulsion sexuelle. Le sexuel veut simplement dire que, du fait de la sexuation à laquelle nous sommes obligés de répondre en fonction de notre réel du sexe d'appartenance, les liens construits avec les autres comportent forcément un aspect non négligeable de caractère sexué. Celui-ci, selon les cas et les situations, peut être plus ou moins explicite, plus ou moins ignoré, plus ou moins réussi, accompli ou directionné, mais il est toujours présent.

Si la sexuation est une relation très subjective voire solitaire ou personnelle au réel du sexe, le sexuel implique la relation intersubjective, collective, interactive des liens que l'existence et la manifestation des sexes réels permettent ou déterminent. Le sexuel définit ainsi le lien sexué.

RÉEL DE LA SEXUALITÉ

Enfin, le réel de la sexualité est présent en dessous de la multiplicité des modes et des objets adoptés pour l'activité sexuelle. Vue de l'extérieur, la pratique de la sexualité semble être la partie la plus ouverte et large du réel du sexe. Elle semble permettre que le sujet exerce son libre arbitre, indépendamment de l'identité sexuée à laquelle il appartient et sans les contraintes de l'orientation sexuelle qu'il a dû inconsciemment choisir.

Le réel de la sexualité n'est toutefois pas un menu ouvert à toutes les volontés que l'on préfère adopter selon les cas. Le réel de la sexualité indique peut-être des modes d'action politiques très multiples et largement ouverts, pourtant, ils tournent tous autour de la force centripète qu'exerce la jouissance, celle appartenant au réel de la sexuation et modulée par le lien réel du sexuel.

Cependant, on peut se demander si malgré tout la liberté éventuelle de la sexualité n'existait que dans le lien à l'objet. Le sujet qui passe à l'acte sexuel, l'exerce-t-il sans tenir vraiment compte de l'objet ? Notons que cette question peut diablement contenir des aspects éthiques à peine cachés. Ne pas tenir compte de l'objet sexuel ne serait-il pas une dangereuse pente vers les abus sexuels ? Et même si l'objet s'y prête, jusqu'à quel point le fait-il en toute liberté à son tour ? Ne sont-ils pas tous les deux, autant le sujet que l'objet, soumis inlassablement par leurs histoires inconscientes et surtout par la domination parfois impérieuse de la jouissance sur le désir et la demande d'amour ?

Disons alors que, dans des conditions où les aspects éthiques sont clairement respectés de part et d'autre, la pratique de la sexualité peut s'exercer sans tenir compte du statut de l'objet. Sauf que, même dans ces cas, il y a une limitation stricte de ce que l'on peut imaginer comme étant la liberté sexuelle. Ceci, dans la mesure où la direction de la pulsion, encore une fois, ne peut être vécue que de façon masculine, ou féminine, aussi bien qu'en fonction de la mixtion, ou de la démixtion, des tendances pulsionnelles en jeu.

La pratique de la sexualité est une activité pulsionnelle dans laquelle le réel du sexe d'appartenance, en principe accepté par la sexuation et mis en lien par le sexuel, désinhibe son but vers la jouissance sexuelle. Le problème toutefois est que, en faisant cela, le sujet risque d'y trouver une jouissance au-delà de celle sexuelle.

En résumé, nous pouvons dire que le réel du sexe est à entendre comme l'origine sexuelle tant génotypique que gonadique et phénotypique et encore, pourquoi pas, placentaire ou psychogénique. Le réel du sexe dit que chaque sujet est constamment confronté au fait indépassable qu'il y a deux sexes. Le réel de la sexuation consiste en la réponse sexuée à la répartition de la jouissance posée inévitablement par le réel du sexe d'appartenance puisque, pour chaque sujet, il n'y a qu'un seul sexe auquel il appartient et il doit s'y conformer. Le réel du sexuel dessine l'espace et les moments d'un lien sexué vers lequel s'oriente la pulsion. Bien avant la prééminence de l'objet et même au-delà de celle-ci, c'est le domaine du lien sexué qui possède une hiérarchie inconsciente vis-à-vis du sujet et de l'objet. Le réel de la sexualité concerne la pratique dite sexuelle laquelle ne peut pas être vraiment libre, contrairement à ses éventuelles apparences libertines ou perverses. Le réel de la sexualité indique les situations précises où le lien sexué peut rencontrer la jouissance sexuelle et, éventuellement aussi, si l'amour y adhère, la jouissance du réel.

Jouissance, un concept fondamental en psychanalyse

Lors du début des années 1970, cela faisait déjà plus de quinze ans que le genrisme de John Money non seulement était sorti de l'enceinte restreinte du Johns Hopkins Hospital de Baltimore par le biais des médias, mais aussi qu'il avait été largement adopté par les féministes extrémistes américaines vers la fin des années 1960 et qu'il commençait à montrer ses dogmes fantasmatiques en Europe.

Dans le domaine de la psychanalyse, ceci se faisait par les travaux de Robert Stoller dont Lacan, comme nous venons de le voir, avait eu l'occasion de critiquer les travaux assez durement dans son séminaire *D'un discours qui ne serait pas du semblant* (Lacan, 1971) et dans *Ou pire* (Lacan, 1971-1972). À cette époque, pour mieux fonder sa critique du genrisme, Lacan avance, dans les éblouissants séminaires *Encore* (Lacan, 1972-1973) et *Les Non-dupes errent* (Lacan, 1973-1974), ses formules sur la sexuation. Son opération opte précisément pour une corrélation entre, d'un côté, les modalités de sexuation ou d'identification sexuée des hommes et des femmes et, d'un autre côté, la jouissance intrinsèque à chaque sexe d'appartenance.

Au premier abord, cela peut sembler curieux que Lacan n'établit pas cette corrélation autour du désir, comme cela aurait pu être la tentation chez tant d'autres, mais en fonction de la jouissance. Pourquoi ? Parce que, bien que l'on soit pendant ces années-là encore aux prémisses de *RSI* (Lacan, 1974-1975), le désir est déjà pour Lacan une instance imaginaire alors que la jouissance, comme l'angoisse, appartient au domaine du réel. Toute la question que le réel du sexe, le réel du sexuel, le réel de la sexuation et le réel de la sexualité posent justement alors, selon ses termes, est celle-ci : comment conjoindre le réel de la jouissance avec la jouissance du réel. C'est bien par là que le nouage entre la jouissance du réel et ce réel s'exprimant dans la jouissance du sexuel c'est l'amour (Lacan, 1973-1974). À savoir que les formules de la sexuation montrent la possibilité de la jouissance d'un réel dont l'amour en profiterait, en tant que savoir en construction, pour devenir autre chose qu'une supposition, autre chose qu'une pathologie.

JOUISSANCE, UN CONCEPT LACANIEN

La réponse que produit Lacan pour contrer l'idéologie du genre lors des années 1970, c'est le concept de jouissance.

Notons que lorsque Lacan parle entre 1972 et 1974 de jouissance, il s'agit très précisément de la jouissance sexuelle et non pas vraiment de son concept fort de jouissance. Celui-ci est réservé, à travers la notion de plus-de-jouir, à la jonction entre, d'une part, le masochisme primordial et, d'autre part, l'au-delà du plaisir, à savoir l'extrême plaisir dans la douleur. Évidemment que lorsque l'on parle de jouissance sexuelle, il faut entendre également le sens lacanien du concept fort de jouissance. Toutefois, dans les séminaires de ces années-là, son intention est de souligner les différences très nettes de la jouissance proprement sexuelle en fonction de la sexuation liée au réel de chaque sexe.

Il se déduit que c'est la jouissance en tant qu'existant dans le réel qui détermine les formules de la sexuation. C'est-à-dire que le réel de la jouissance se manifeste en chaque sexe déterminant par-là sa possible sexuation. Pour Lacan, la sexuation indique que le réel de la jouissance pose les deux sexes en une relation de mutuelle exclusion, même si quelques identifications sexuées tentent malgré tout d'annuler de manière imaginaire l'exclusion réelle. Et comme conséquence pratique de cela, nous avons, d'une part, la jouissance phallique ou jouissance de l'organe, version masculine, où participent aussi les femmes mais en version *pas-toute*, et, d'autre part, la jouissance Autre ou jouissance du corps, appelée aussi jouissance de l'être de la signifiance, un être de la signifiance au-delà du phallus (Lacan, 1972-1973, p. 67). En somme, selon lui, « *la jouissance phallique est l'obstacle par quoi l'homme n'arrive pas à jouir du corps de la femme, précisément parce que ce dont il jouit, c'est de la jouissance de l'organe* » (Lacan, 1972-1973, p. 13).

Cette sentence de Lacan veut aussi dire qu'aucun homme, encombré qu'il est de par l'organe et par la fonction qui le précède, ne peut pas vraiment jouir du corps de la femme en lui, et ceci, même s'il est convaincu d'en posséder un. Sauf exception mystique voire peut-être en passant par la sexualité *tantra* ou équivalent, aucun homme ne peut réellement jouir comme une femme. En tout cas, ces exceptions masculines restent limitées en comparaison du réel féminin. De l'autre côté, sauf celles qui sont trop identifiées à la jouissance phallique, une femme peut jouir du réel de son sexe lequel se situe forcément en dehors du phallique.

Les hommes ont beaucoup moins de latitude, beaucoup moins de possibilités en ce qui concerne les modalités de sexuation. Alors que les femmes, de par leur condition *pas-toutes* — c'est-à-dire, *pas-toutes* dans la jouissance phallique —, y sont contraintes. Elles y sont contraintes à quoi ? Les femmes sont contraintes à une identification sexuée liée à leur part de jouissance phallique. Elles y sont contraintes parce que leur réel de jouissance se trouve Ailleurs. Toutes n'y parviennent pas. Certaines restent limitées à la contrainte exigeant une identification phallique, mais d'autres s'en libèrent et accèdent à la jouissance Autre, c'est-à-dire à la jouissance du réel de leur propre sexe.

JOUISSANCE DE L'ESCLAVE

En revanche, le concept fort de jouissance chez Lacan pose les choses autrement encore qu'en termes d'identification sexuée car il introduira un tiers élément, *l'objet a*. Lacan part de la dialectique du Maître et de l'Esclave de Hegel que l'on peut trouver dans l'introduction à la *Phénoménologie de l'esprit* (Hegel, 1807, 1941). Cependant, il ne s'agit pas chez lui de faire de la philosophie ni de parler concrètement de la relation historique du Maître et de l'Esclave, mais, plus prosaïquement, il veut traiter des maîtres et des esclaves tels qu'ils peuvent exister déjà dans la jouissance sexuelle et également par extension, au-delà du sexuel, dans d'autres modes de jouissance.

Chez Lacan, en plus de la jouissance sexuelle, il y a une jouissance excédentaire et dangereuse identifiée par ce qu'il appelle, d'abord, *plus-de-jouir* et, plus tard, *cause de désir* en gardant le terme de jouissance pour signifier l'incidence de ce plus dans la jouissance sexuelle et dans d'autres situations au-delà d'elle. Les termes forts pour comprendre ce qu'il en est de cette jouissance sont la disposition du corps de l'autre, ou de soi, et le sacrifice du corps de l'autre, ou de soi.

Normalement, un sujet peut avoir le corps de l'autre, ou son propre corps, à sa disposition par consentement et accord mutuel. Cependant, comme à une époque, bien que le maître avait à sa disposition le corps de l'Esclave mais pas la jouissance de celui-ci, un sujet peut avoir son corps ou le corps de l'autre à sa disposition mais pas sa jouissance (Lacan, 1968-1969, pp. 370-371). Lacan s'occupe d'un pan laissé de côté par beaucoup, soit la jouissance de l'esclave. En effet, « *la question des rapports de l'esclave avec la jouissance n'est pas du tout élucidée. [...] On peut donc supposer l'esclave qui prend les choses tout à fait autrement [à savoir, qu'il n'ait refusé la lutte ni qu'il en ait été intimidé]. Il y a même des gens qui s'appellent les stoïciens, qui avaient justement essayé de faire quelque chose dans ce genre-là. [...] Le stoïcien avait une certaine solution qu'il avait donné au quitte ou double, et qui était la position de l'esclave. Que les autres continuent leurs luttes comme ils voulaient, lui s'occupait d'autre chose* » (Lacan, 1968-1969, pp. 367).

Lacan veut dire que la jouissance de l'esclave peut se situer dans le fait de devenir stoïque, de ne pas lutter dans la confrontation mais autrement, c'est-à-dire en lui-même. L'esclave n'était pas alors aussi esclave de l'autre que l'on aurait pu croire, mais esclave volontaire de quelque chose d'autre que la situation lui apportait et qui le traversait. Ceci s'appelle le sacrifice, une fonction qui va très bien ensemble avec celle de la disposition du corps de l'autre, ou de soi.

À ce propos, selon Lacan lui-même, « *nous ne sommes pas en train de dire que tout se résume dans notre culture à la dialectique du maître et de l'esclave. N'oublions pas que, dans la genèse judéo-chrétienne, le meurtre premier est celui que je n'ai pas besoin de vous rappeler. [...] si Caïn tue Abel, c'est pour faire la même chose que lui* » (Lacan, 1968-1969, pp. 371). Ainsi, le sens fort du concept de jouissance s'illustre dans les situations cliniques où un sujet, dans l'exercice apparemment libre des manipulations volontaires avec le corps de l'autre, ou de soi, mis à sa disposition, doit, tôt ou tard, faire recours au sacrifice du corps comme offrande pour maintenir le culte de la jouissance et de son excédent.

C'est en cela qu'en psychanalyse lacanienne, nous devons être attentifs lorsqu'un sujet risque de devenir esclave de la jouissance. D'ailleurs, Lacan nous dit à ce propos : « *qu'est-ce que ça nous emmerde, la jouissance !* » (Lacan, 1973-1974, p. 18), situation embarrassante qui se présente surtout lorsque l'on devient esclave de la jouissance. Pourquoi ? Parce que « *la seule civilisation qui était vraiment mordue par la jouissance, il fallait qu'elle ait des esclaves. Parce que ceux qui jouissaient, c'était eux ! Sans les esclaves, pas de jouissance. [...] Il n'y a que les esclaves qui jouissent. C'est leur fonction* » (Lacan, 1973-1974). Méfions-nous donc non seulement de la jouissance supposée du maître, mais aussi et surtout de celle, bien réelle, de l'esclave.

À cet égard, aujourd'hui, dans une époque soi-disant postesclavagiste, qu'est-ce que nous observons ? Eh bien, nous observons des cohortes manipulées par une version contemporaine de la jouissance au sens fort sous la modalité de ce que j'appelle *la jouissance identitaire* (Arce Ross, 2020), dont l'une des versions est celle transidentitaire.

JOUISSANCE IDENTITAIRE

En effet, c'est dans une recherche commencée en 2015 et publiée d'abord en ligne la même année que j'ai introduit le concept de jouissance identitaire (Arce Ross, 2020). Ici, ce concept est appliqué au phénomène transidentitaire.

Qu'un homme prétende se représenter comme une femme — que ce soit dans la seule activité sexuelle, que ce soit carrément dans la globalité de sa vie —, revient forcément à rencontrer de manière inévitable l'impossibilité de créer en soi *La* femme qui n'existe pas. Cela devient alors à diffamer ce qu'il en est de la jouissance féminine. Si la libido est toujours masculine, la jouissance Autre, de son côté, appartient à un champ qui demeure ignoré, féminin, objet de diffamation. C'est pour cela que Lacan note que « *ce champ est celui de tous les êtres qui assument le statut de la femme — si tant est que cet être assume quoi que ce soit de son sort* » (Lacan, 1972-1973, p. 75).

Nous pouvons alors déduire de ce principe lacanien qu'assumer une position féminine demeure impossible pour celui qui n'appartient pas à l'Autre sexe. Pourquoi ? Parce qu'appartenir à l'Autre sexe revient à se trouver traversée et déterminée par la potentialité d'une jouissance Autre : « *la femme est ce qui a rapport à cet Autre. [...] La femme a rapport au signifiant de cet Autre, en tant que, comme Autre, il ne peut rester que toujours Autre* » (Lacan, 1972-1973, p. 75). C'est partiellement aussi à partir de ces considérations que j'ai pu avancer une dimension particulière de la jouissance, celle que j'appelle du terme de jouissance identitaire et dont le genrisme transidentitaire est l'un de ses aspects.

Nous pouvons vérifier que, dans aucun domaine du court descriptif du réel du sexe que nous venons de parcourir, il n'y aurait de place pour aucun genre non grammatical. Malgré cela, nous assistons à un remplacement macropsychique du terme sexe par celui du genre non grammatical entre autres dérives identitaires de l'identité sexuée.

Justement, pour pouvoir traiter des dérives transidentitaires que le genrisme a permis, nous allons étudier maintenant le cas de David Reimer.

THÉRAPIE DE CONVERSION CHEZ DAVID REIMER

Pour décrire les impasses, les fanatismes, les violences et les dangers du genrisme, nous devons faire une référence toute spéciale au cas de David Reimer. Il s'agit d'un cas paradigmatique qui, ensemble avec d'autres ayant été étudiés depuis, est venu s'additionner aux innombrables pages du dossier, si sérieux et accablant, qui démontre — à la racine — l'inadéquation de la théorie idéologique sur l'identité de genre de John Money.

IDENTITÉ IDÉOLOGIQUE DE GENRE VERSUS IDENTITÉ SEXUÉE

L'histoire de David Reimer a fait l'objet de plusieurs reportages journalistiques au Canada, aux États-Unis et en Grande Bretagne, ainsi que d'un livre écrit par John Colapinto (2000, 2001).

Il s'agit au départ de deux jumeaux, Bruce et Brian, nés en 1967 au Canada, qui, à l'âge de 8 mois, ont eu besoin d'une circoncision pour guérir d'une *phymosis*, opération qui a malheureusement mal tourné pour le premier d'entre eux. Le médecin présent ce jour-là a utilisé par erreur un appareil inadapté qui a complètement brûlé le pénis de Bruce. Pour réparer cette terrible méprise, la psychologie médicale et la chirurgie plastique sont venues ajouter un élément soi-disant réparateur qui s'est pourtant avéré catastrophique. Ces techniques médico-psychologiques ont apporté beaucoup de détresse, de ratages et une fin tragique tant pour ce patient que pour son frère jumeau.

En désespoir de cause après la circoncision ratée, les parents de Bruce et Brian, Ron et Janet, se sont tournés très vite vers John Money. Celui-ci a expliqué aux parents que, compte tenu de son jeune âge, l'identité sexuée ou plutôt, en langage identitaire, la supposée « *identité de genre* » de Bruce, qui avait moins de deux ans à l'époque, pouvait être modifiée de garçon à fille si on procédait à une castration réelle complète, si on construisait un semblant de sexe féminin à l'état embryonnaire et surtout s'il était élevé comme une fille.

Nous voilà devant la deuxième naissance du genrisme et des technothérapies de conversion identitaire, folie collective qui continue jusqu'à nos jours, depuis sa première manifestation dans le cadre de la société national-socialiste, en Allemagne, entre la fin du XIXème et le premier tiers du XXème siècle.

Par conséquent, Bruce a été soumis tout petit à une opération de castration complète, avant d'avoir été élevé comme une petite fille par ses parents et ses enseignants, selon la recommandation du psychologue comportementaliste. Sauf que, entre ses 4 et ses 6 ans, sont apparus de sérieux problèmes psychologiques de négativisme et de rejet. Notamment, lorsque les tendances masculines naturelles de Bruce, dans les jeux, dans les activités préférées, dans les attitudes envers les autres et envers soi-même, l'ont amené à s'opposer radicalement à l'identité féminine qu'on lui avait imposé. Son identité sexuée réelle manifestait ainsi une force contraire à l'arbitraire de l'identité genriste et factice.

Pendant ce temps, néanmoins, John Money pavanait dans les médias sur l'efficacité de sa thérapie de conversion, grâce notamment au cas des jumeaux Reimer. Il semblait ainsi prouver que la thérapie de conversion identitaire pouvait facilement être couplée à des opérations d'ablation, d'amputation et de réfection des organes sexuels. Et que cela équivalait à un changement de sexe. Cependant, le cas de David Reimer allait lui donner tort sur toute la ligne. Le premier effet psychique de la thérapie de conversion est que les deux jumeaux, encore tout petits, ressentaient que les adultes leur cachaient quelque chose. Et que John Money et son équipe étaient un peu trop intéressés par leur cas (Colapinto, 2000, 2001, p. 80).

THÉRAPIE DE CONVERSION TRANSIDENTITAIRE

DE BRUCE À BRENDA

La partie psychologique et comportementale de la thérapie de conversion consistait en des séances régulières entre les enfants, notamment Bruce, déjà appelé Brenda, et John Money. Celles-ci n'étaient que des tentatives de manipulation mentale pour que le petit Bruce accepte de *devenir* Brenda, sauf que cette identité n'était évidemment qu'un produit artificiel.

Bruce (Brenda) tentait pendant ces séances avec John Money de parler de sa confusion sexuelle et du fait qu'il se sentait être un garçon non seulement dans son for intérieur, mais également dans les relations avec les autres et surtout selon les transformations autoplastiques de son corps. Il agissait de plus en plus comme un garçon, et cela malgré les bombardements répétés d'hormones sexuelles féminines. On lui rétorque qu'« *elle* » n'était à peine qu'un « *garçon manqué* ». Pourtant, une évidence sautait aux yeux de tout le monde : sous les apparences féminines de Brenda, Bruce était le plus traditionnellement masculin des deux jumeaux (Colapinto, 2000, 2001, p. 83). Pour ces raisons et aussi parce qu'il voyait bien qu'il était très semblable à son jumeau sur plein d'aspects, Bruce (Brenda) ne se résolvait pas à être une fille. Surtout, ressentant inconsciemment qu'il était bien un garçon comme son frère jumeau, au fur et à mesure que Bruce (Brenda) grandissait et venait à être accepté dans le groupe des filles dites garçons manqués, il n'agissait pas non plus comme elles sur plein d'aspects. Bien que ces filles créaient une véritable rivalité avec les garçons, elles ne voulaient absolument pas en devenir un, alors que Bruce (Brenda) se développait naturellement en tant que garçon.

Pendant les séances de sa thérapie de conversion transidentitaire, John Money forçait les deux jumeaux à regarder des documentaires sur des tortures que la CIA faisait pratiquer à quelques prisonniers, notamment la décharge de chocs électriques sur le organes génitaux (Colapinto, 2000, 2001, pp. 88-89). Ceci était une véritable torture psychologique pour les jumeaux, âgés d'à peine 5 ou 6 ans. Mais Money — croyant à l'importance des jeux sexuels des enfants pour le développement de leurs rôles sexuels ou, selon lui, de leur « *santé d'identité de genre* » à l'avenir — les obligeait également à imiter les mouvements pratiqués par les adultes lors des coïts, plaçant par exemple Brian derrière les fesses de Bruce (Brenda).

Nous savons que les vicissitudes de la sexualité infantile sont cruciales pour le développement psychosexuel ultérieur. Comme l'a montré William C. Lewis en 1965, « *la proposition selon laquelle le coït, en tant qu'expression de l'amour génital, a un précurseur comportemental dans la première année de vie peut sembler aller à l'encontre de nos connaissances établies. Pourtant, j'ai observé à maintes reprises chez des nourrissons de 8 à 10 mois un comportement qui imite indubitablement le coït de l'adulte. Ce comportement est transitoire et passe facilement inaperçu* » (Lewis, 1965). Évidemment, William Lewis parle ici d'une imitation infantile des actes sexuels des adultes qui, en plus d'être très précoce, supposée et surtout spontanée, reste inconsciente et s'efface rapidement pour cause du refoulement et du propre processus de développement psychosexuel. Le problème est que John Money instrumentalisait les jeux sexuels que font les enfants, y compris leurs mimiques inconscientes parfois très précoces des actes sexuels des adultes, pour forcer l'adhérence idéologiquement obligatoire à un rôle sexuel imposé.

C'est également à partir de ses théories perversement orientées sur des phénomènes infantiles tout à fait naturels bien qu'inconscients que John Money a développé, comme nous l'avons vu plus haut, non seulement une véritable apologie de la pédopornographie mais aussi de la pédophilie (Money & Tucker, 1975 ; Geraci & Mader, 1991 ; Money, 1977 ; Colapinto, 2000, 2001, pp. 90-91). Si les enfants imitent les adultes dans leurs jeux sexuels, John Money, comme tant d'autres pervers, force la régression à la sexualité infantile pour fixer la sexualité spontanée et ludique des enfants en une forme protosexuelle. C'est là aussi le grand danger du genrisme et de la jouissance transidentitaire dans le domaine de la sexualité, sachant que lorsque nous parlons de protosexualité nous évoquons, entre autres, la pédophilie.

DE BRENDA À DAVID

Bruce (Brenda) commençait à se rendre compte que ses parents étaient en collusion avec John Money dans le but de le rendre complètement fille, ce qu'il ne situait pas du tout comme son destin naturel mais sans savoir pourquoi. Il est alors devenu de plus en plus en retrait, carrément enfermé en lui-même, développant des attitudes de rébellion, non seulement chez lui mais aussi à l'école et surtout dans ses confrontations avec John Money. Il n'y a pas d'autres mots pour décrire l'ambiance délétère de ses séances avec Money. La thérapie de conversion transidentitaire était bien une série de séances de manipulation émotionnelle et de torture psychique vis-à-vis desquelles il fallait résister coûte que coûte.

De son côté, pour réussir totalement auprès du public, John Money avait besoin que l'adolescent accepte finalement une opération féminisante de son sexe, après la castration totale subie lors de ses 2 ans. Le problème est que, sans connaître le véritable texte de vérité de sa propre histoire, Bruce (Brenda) s'est toujours opposé à la chirurgie vaginale. D'une certaine façon, non pas vraiment en suivant ses sentiments ou fantaisies, mais surtout en voyant comment son corps réagissait malgré tout ce qu'on lui disait, Bruce (Brenda) s'est finalement convaincu qu'il n'était pas une fille (Colapinto, 2000, 2001, p. 93). À partir de là, il a commencé alors à présenter une très ferme opposition à la fureur opératoire à laquelle John Money s'était consacré.

Ne voyant pas comment il pouvait convaincre Bruce (Brenda) d'effectuer l'opération vaginale en tant que dernière partie de son programme transhumaniste et sachant maintenant que les tendances érotiques naturelles de ce dernier s'adressaient aux filles, John Money a sondé les parents pour savoir si cela ne les gênait pas d'élever « *une fille lesbienne* ». Plutôt que d'accepter une fois pour toutes qu'il s'agissait d'un garçon, il préférait s'obstiner à le considérer comme une fille lesbienne !

Accusant la force de la thérapie de conversion transidentitaire, la famille tout entière s'est peu à peu déstructurée. Le père s'est enfermé dans son travail, est devenu taiseux et a commencé à sombrer dans l'alcoolisme. La mère a réagi avec des symptômes hystériques dont une anxiodépression accompagnée de pensées obsédantes qui s'est terminée par une infidélité conjugale suivie d'une tentative de suicide. Et Brian manifestait déjà, lors de la prépuberté, « *des accès inquiétants de silence frustré et de colère contre d'autres enfants* » (Colapinto, 2000, 2001, pp. 105-107).

En parallèle, Bruce (Brenda) présentait de plus en plus de tendances masculines. Il avait des plans pour construire des maisons, un grand plaisir à collectionner et à jouer avec des voitures ou à monter des maquettes d'avions. Comme un retour du refoulé, Bruce (Brenda) ressentait une peur panique au seul fait de penser qu'il avait peut-être souffert de quelque chose sur ses organes génitaux. Il parlait comme un garçon, se conduisait comme un garçon, était agressif, dominateur, décidé comme le garçon qu'il était. En fait, il vivait comme un garçon qui avait simplement des cheveux longs et portait des vêtements de fille.

Dans un sens très particulier de savoir, comme c'est le cas d'un savoir sans texte ni arguments précis, Bruce (Brenda) savait sans savoir, savait sans pouvoir le démontrer, qu'il était un garçon. En laissant parler son inconscient, il avait l'habitude de dire qu'il portait un secret, un secret qui était également pour lui une sorte de mystère (Colapinto, 2000, 2001, p. 123). C'est à ce moment-là qu'une jeune psychothérapeute, Janice Ingimundson, laquelle avait la chance d'être en formation pour devenir psychanalyste et qui ne semblait pas succomber aux idéologies fanatiques du genrisme, a pressé les parents de Bruce (Brenda) de lui révéler la vérité sur l'accident qu'il avait souffert au début de sa vie. Malheureusement, son père n'a eu le courage que de lui apprendre une partie de la vérité, c'est-à-dire qu'il ne lui a pas communiqué qu'il était de sexe masculin mais qu'en tant que fille il avait subi un accident sur ses organes génitaux.

Comme toute thérapie de conversion transidentitaire, celle de John Money est une lutte constante contre un ennemi très puissant, la biologie. Non seulement il s'agit de supprimer les organes sexuels, mais également de lutter contre toutes les fonctions sexuelles selon les périodes de la vie, comme l'adolescence et, plus précisément, dans son cas, contre les changements naturels de la puberté. C'est pour l'introduire dans cette lutte idéologique et malheureusement aussi chirurgicale contre les effets naturels de la puberté que John Money a préparé Bruce (Brenda) au soi-disant traitement hormonal féminin. En vérité, il s'agit d'un crime psychomédical contre le corps non-pathologique d'un sujet qui souffre de son identité sexuée interdite. Au lieu de l'aider à accepter d'une façon ou d'une autre son propre sexe, le psychologue Money lui propose des hormones féminines pour modifier l'évolution de tous les caractères sexuels secondaires : les seins, la pilosité, la voix, les épaules, etc.

Tout naturellement, Bruce (Brenda) a très mal réagi aux transformations autoplastiques intimes bien qu'imposées par les hormones féminines. Il est devenu mortifié au point de produire une obésité qui neutralisait, au fond, l'apparence des formes féminines lesquelles se développaient contre sa volonté. Et lorsque, selon son programme loufoque, John Money l'invite à rencontrer un homme transsexes qui se croyait femme, Bruce (Brenda) a été terriblement traumatisé et a dit à ses parents que s'ils l'obligeaient encore à voir Money, il choisirait de se suicider (Colapinto, 2000, 2001, p. 141).

Toutefois, pour éviter la chirurgie vaginale, Bruce (Brenda) finit par accepter les hormones féminines et de vivre comme une fille, c'est-à-dire de faire semblant d'être une fille. Le problème est néanmoins qu'il s'est senti encore plus misérable, malheureux et profondément inconfortable avec sa situation personnelle et sociale. Il devait constamment rejeter ses pulsions masculines qui ne manquaient pas à l'appel, par exemple lorsqu'il se trouvait entre plusieurs filles à moitié nues et qui croyaient qu'il en était une également. Un tel état de fait le mène progressivement à se constituer un scénario plus concret pour ses idées de suicide de plus en plus pressantes : une grosse corde passée autour d'une poutre (Colapinto, 2000, 2001, p. 150).

Grâce aux séances avec les psychanalystes Janice Ingimundson et surtout Mary McKenty, plus âgée et bien plus expérimentée, Bruce (Brenda) a pu interpréter dans ses rêves qu'il pouvait avoir été un garçon à la naissance et que pour une quelconque raison il aurait perdu ses organes génitaux. C'est ainsi que sa psychanalyste convoque les parents pour les pousser à raconter la vérité à Bruce (Brenda) et que, de son côté, celui-ci décide, avec beaucoup de courage, de suivre une formation de mécanicien-auto et de cesser de vivre comme une fille.

Après que sa psychanalyste ait communiqué à son père que Bruce (Brenda) se posait des questions criantes mais taiseuses au fond de lui, il s'est décidé à raconter la véritable histoire à son fils. Cela ne lui a pas été facile de lui avouer le grand mensonge du changement de sexe sous lequel vivait le pauvre adolescent. Nous savons également que cela a énormément touché le frère jumeau et les parents et qu'en réalité toute la famille avait été victime du genrisme et de la thérapie de conversion transidentitaire de John Money, bien que la principale victime ait été Bruce lui-même.

En effet, pendant toute sa vie, on lui avait appris à cacher ses pulsions et ses sentiments masculins. On lui avait apporté des hormones féminines pour qu'il développe les caractères sexuels secondaires du sexe opposé comme les seins, le manque de pilosité, la voix aiguë ou l'ampleur des hanches. On lui avait raconté un terrible mensonge sur ses origines et, toute sa vie, Bruce avait vécu sous une identité absolument factice qu'il peinait au fond de lui-même à considérer comme la sienne. En un mot, on lui avait interdit de se représenter et d'assumer sa propre identité, tout en le poussant, l'obligeant même, à devenir une caricature de fille.

Notons que l'œuvre du genrisme reste aujourd'hui toujours la même depuis ses origines dans la société national-socialiste, à savoir *empêcher, coûte que coûte, au sujet d'assumer sa propre identité*. Et ceci pour l'obliger à se conformer à une identité mensongère, artificielle, irréelle, caricaturale, malsaine.

Le premier pas de la réaction salutaire de Bruce aux mensonges de la thérapie de conversion transidentitaire, imposée par les médecins et les psychologues genristes, a été de se choisir un prénom. Il ne voulait pas revenir au prénom Bruce, car celui-ci avait malheureusement été associé au prénom Brenda. C'est ainsi que ses parents l'aident à se choisir le prénom David, du prénom de ce Roi au cœur de lion et au caractère courageux qui se leva sans hésiter pour défendre Israël contre le géant et infâme Goliath.

LA VIE EN TANT QUE DAVID

Déjà à ses 15 ans, il lui fallait absolument évacuer tous les dégâts somatiques causés délibérément par la thérapie de conversion genriste pour récupérer un minimum son corps masculin, à commencer par des injections de testostérone et par une double mastectomie. En effet, après avoir repris sa véritable identité sexuée, inscrite bien avant sa naissance, en tant que garçon, celui qui avait été châtré, appelé durant toute son enfance du prénom de Brenda et traité, selon les conseils de John Money, comme une fille, a dû traverser un très long et pénible parcours pour réussir la réversibilité sexuelle qu'il a toujours désiré et pour revenir enfin à l'apparence de son sexe de base.

Entre-temps, ayant développé des fantasmes de vengeance contre le médecin qui avait commis la grave erreur chirurgicale au départ de son histoire, David a même fini par s'acheter une arme. Sauf qu'il n'est heureusement pas allé jusqu'à tenter de tuer le médecin négligent. De toute façon, cela n'aurait évidemment rien changé de le harceler. D'autant plus que, s'agissant d'une erreur médicale, David Reimer avait obtenu des dommages et intérêts en justice et que la véritable cause de cette situation si catastrophique pour lui était la thérapie de conversion transidentitaire de John Money.

Ensuite, il lui a fallu également recomposer son pénis à l'aide d'une chirurgie réparatrice et un minimum phalloplastique. Pour ce faire, une sorte de pénis fabriqué avec une partie de la peau de la chair de ses cuisses, attachée au petit bout qui lui restait de son pénis d'origine, a été réalisé pour David. Concernant les testicules, ils ont été reconstitués en plaçant deux boules de plastique de couleur claire à l'intérieur de ce qui restait du scrotum.

À partir de là, il a dû subir une vingtaine d'opérations pour les inconvénients urétraux de la phalloplastie, en plus du fait que son pénis n'était pas capable d'avoir d'érections. Tout ce lourd handicap l'a petit-à-petit poussé à se fermer à nouveau, à éviter les amis et à commettre plusieurs tentatives de suicide. Et ceci, malgré la proposition de son médecin de lui implanter un nouveau modèle de pénis artificiel, celui-ci plus proche de la réalité et capable de lui faire éprouver des sensations. Toutefois, c'est malgré tout dans ce contexte difficile et encore très incertain concernant son avenir intime que David rencontre Jane Fontane, une mère célibataire de 25 ans, ayant trois enfants d'hommes différents. Dénouement logique, son deuxième pénis artificiel lui permettant désormais d'avoir des actes sexuels avec elle, ils décidèrent de se marier deux ans plus tard, en 1990.

Malgré tout ce que Bruce avait vécu jusque là, un problème supplémentaire est survenu cependant chez son frère jumeau, Brian. Celui-ci n'avait pas surmonté le terrible vide laissé par l'annonce que sa sœur « Brenda » était en fait, depuis toujours, un garçon comme lui. Ce terrible mensonge s'est constitué chez Brian comme un *facteur blanc* (Arce Ross, 2009) réactualisant la forclusion du sexuel (le « *gender* » idéologique et délirant du psychologue Money chassant radicalement le sexe de son frère jumeau). Ses troubles psychiques se sont rapidement transformés en une véritable schizophrénie qu'il n'a jamais pu apaiser. Brian fut trouvé mort en 2002, suicidé en mélangeant de l'alcool avec des antidépresseurs. Deux ans plus tard, ne supportant pas tous ces revirements, David se donna aussi la mort (Colapinto, 2000, 2001, *Post-scriptum*: "David Reimer, A Tragic Update", 2004, pp. 10-13).

Nous venons de voir que ce cas se présente comme un paradigme du délire et du cauchemar collectif vers lequel les fantasmes genristes poussent des enfants, des patients, des familles entières, mais aussi des cliniciens, tous des gens de bonne foi mais naïfs et acceptant trop facilement les nouveautés les plus farfelues comme des vérités absolues. Nous pouvons constater également que la thérapie de conversion transidentitaire, appliquée aux enfants et aux adolescents, est un véritable crime humanitaire. Mais cela est aussi le cas chez les adultes naïvement consentants.

La législation contre les thérapies de conversion ayant évolué en France, il serait temps que l'on se penche sur la conversion transidentitaire chez les enfants et les adolescents, comme cela a été récemment le cas en Angleterre.

FORCLUSION TRANSIDENTITAIRE ET DANGERS DE LA THÉRAPIE DE CONVERSION

En résumé, pour John Money, la théorie de l'identité de genre repose sur les éléments suivants. À la naissance, on observerait une neutralité ou une indétermination concernant l'identité sexuée ; c'est le type d'éducation et non la biologie qui déterminerait le rôle sexuel social, c'est-à-dire ce que les genristes appellent l'identité de genre ; l'assignation ou la ré-assignation sexuelles (notamment chez les intersexes, mais aussi par exemple chez des bébés masculins avec des micro-pénis) devraient se faire avant l'âge de deux ans et demi ; l'éducation sexuelle genriste devrait se poser comme un maquillage mental, émotionnel, cognitif et comportemental sur le sexe biologique, ou réassigné, pour parvenir à une sorte d'androgynéité psychologique chez les deux sexes. Dans la formalisation non scientifique mais scientiste — c'est-à-dire fallacieuse, mensongère, superstitieuse, paranoïaque — de la théorie du genre, Money considérait que le fait qu'un bébé soit né d'un sexe n'est pas important car, selon lui, on peut *convertir* un bébé d'un sexe à l'autre (Colapinto, 2000, 2001, p. 22).

Nous voyons bien que les dogmes présentés par Money pour définir sa théorie sur l'identité de genre sont complètement opposés aux enseignements de la psychanalyse qu'elle soit freudienne, junguienne, kleinienne ou lacanienne, et se fondent sur la psychologie et la psychiatrie cognitivo-comportementaliste. Pareillement, pour Colapinto, « *les conclusions de l'équipe Johns Hopkins, selon laquelle l'identité et l'orientation sexuelles sont uniquement façonnées par les parents et la société, s'intègrent parfaitement à un* zeitgeist *intellectuel sous l'emprise des théories comportementalistes* » (Colapinto, 2000, 2001, p. 35). Nous voyons que John Colapinto a très bien compris l'idéologie à l'œuvre dans le genrisme.

Négation transidentitaire et conversion du corps en une identité forclusive

Normalement, l'identité réelle n'a pas d'existence matérielle, sensible ou imaginaire indépendante de celle du sujet ou de celle d'un objet. Procédant d'une perte et tout en étant ce qui reste de celle-ci, n'ayant pas d'image dans le miroir ni étant donc un objet manipulable, l'identité réelle est toujours reçue et évidemment impossible à fabriquer par le propre sujet. Appartenant au réel, l'identité sexuée elle-même est de l'ordre de l'impossible à représenter et, de ce fait, elle ne cesse de revenir à la même place, fixant et déterminant l'existence possible du sujet dans le monde.

Pourtant, le drame du sujet en proie à la jouissance transidentitaire est qu'il s'identifie à une version opposée, négative, imaginaire, factice, virtuelle, cosmétique, caricaturale et aliénante de sa propre identité. Cependant, la fabrication de cette identité imaginaire secondaire reste pour toujours intrinsèquement dépendante de l'identité réelle primaire que le sujet tente de forclore. Autrement dit, le drame psychopathologique du sujet transidentitaire est de s'identifier à une identité forclusive qui tente en permanence d'exterminer son identité réelle en s'y substituant violemment. En ce sens, il faudrait également considérer cette identité forclusive comme une identité supplétive, mais sous une version pathologique. De cette façon, le terme d'identité forclusive aussi bien que celui de jouissance transidentitaire seraient assimilés à la psychopathologie des suppléances.

Négation transidentitaire exercée par l'identité forclusive

Les transsexes, lesquels ne sont pas des intersexes, affirment volontiers que leur pressentiment vague et confus d'appartenir à l'autre sexe ne correspond pas avec le sexe anatomique qu'ils portent. Néanmoins, s'ils parlent du sexe anatomique qu'ils portent, ils n'évoquent pas du tout le sexe auquel ils appartiennent. Et pourtant, le sexe anatomique n'est qu'une conséquence, une résultante du sexe réel, le sexe d'appartenance. Du coup, leur négation du sexe est double. Ils ne nient pas seulement leur sexe anatomique, mais également leur sexe d'appartenance.

Le négation identitaire de l'identité réelle au sexe d'appartenance est exercée par l'identité forclusive, ou identité imaginaire secondaire, laquelle est le produit supplétif mais raté d'une forclusion de la sexuation.

Eh bien, lorsque ces patients annoncent leur ressentiment à l'égard de leur sexe, les psychologues, les psychiatres et les psychanalystes genristes leur répondent que cet état psychique résulte d'une supposée mauvaise assignation faite par les parents, par les médecins, par les sages-femmes voire même par la nature, depuis leur naissance et qu'il faudrait reprendre les choses à ce niveau-là. Cependant, ni les psychologues, psychiatres ou psychanalystes genristes ni les patients transsexes les plus radicaux ne s'appliquent à travailler ces questions au niveau du simple cadre psychique. Le ressentiment identitaire concernant l'identité réelle au sexe d'appartenance n'est pas mis au travail psychothérapeutique. Bien au contraire, ces patients sexidentitaires créent une alliance tacite avec des médecins, des psychologues, des psychiatres ou des psychanalystes sans scrupules pour exécuter une modification hormonale, physiologique, chirurgicale de leur sexe anatomique. De cette façon, ils tentent de parvenir à un état où leur corps ressemble le mieux possible au sexe opposé, c'est-à-dire à celui auquel ces patients se sentent psychologiquement identifiés.

En agissant de la sorte, il devient évident que les psychologues, psychiatres et psychanalystes genristes ainsi que les patients transsexes radicalisés donnent, ensemble, implicitement raison malgré eux au fait que c'est le corps, ou plutôt l'organisme biologique, qui commande globalement le processus sexuel. Autrement, si le biologique ou si l'organisme n'avaient raison du sexe, ils se limiteraient à intervenir dans le seul domaine psychique, ce qui aurait été une démarche tout à fait raisonnable. Pourtant, ils s'attaquent, ensemble, au corps lui-même alors qu'ils soutiennent la thèse que le corps d'origine n'est pas suffisant pour déterminer le sexe de quelqu'un.

Autrement dit, si le sexe n'était pas dirigé par des questions biologiques, il n'y aurait aucune raison d'effectuer des techniques chirurgicales sur le sexe anatomique ni des techniques hormonales sur le sexe fonctionnel, endocrinologique ou phénotypique. Nous percevons ainsi à quel point, et bien paradoxalement, les thérapies de conversion transidentitaire donnent involontairement raison à la thèse qui veut que le sexe d'appartenance n'est pas psychologique mais bien biologique. Le problème toutefois c'est que, malgré ces évidences, les fanatiques de ces thérapies continuent à nier le réel du sexe et à produire des nouvelles victimes de conversion transidentitaire, tout en développant des thèses fallacieuses, violentes et extrêmement inhumaines.

S'ATTAQUER À L'ORGANIQUE EN LIEU ET PLACE D'UN TRAVAIL AVEC LE PSYCHIQUE

C'est partant de telles prémisses que, lors de la fin de la Seconde guerre mondiale, quelques psychologues et psychiatres radicalisés autour de John Money se sont lancés dans des protocoles absurdes qui donnent une tonalité de Moyen Âge aux thérapies de conversion transidentitaire. Dans des périodes reculées, superstitieuses, fallacieuses de l'histoire de l'humanité, on croyait que la source des problèmes psychiques se trouvait dans tel ou tel organe du corps. De la même manière, depuis les années 1950, on croit qu'en faisant des chirurgies intrusives de l'organe sexuel et en administrant des homornes on parvient à obtenir un véritable changement du sexe réel. En effet, dans les deux cas, tant dans les époques reculées de l'histoire qu'aujourd'hui, on s'attaque à l'organisme comme une tentative de résoudre un problème purement psychique.

Une telle croyance superstitieuse dans l'organique en lieu et place du psychique, croyance qui apporte une justification idéologique aux thérapies de conversion transidentitaire, est en vérité un abus de confiance et une escroquerie faite aux patients transidentitaires. Ces sujets qui souffrent réellement, non pas vraiment d'appartenir à un sexe mais justement de croire qu'ils n'y appartiennent pas, deviennent les principales victimes du genrisme.

N'oublions pas que depuis la fin du XIXème siècle et de manière presque industrielle depuis les années 1950, quelques services médicaux sans scrupules appliquent encore des thérapies de conversion transidentitaire, à savoir des protocoles du soi-disant changement de sexe, jouant ainsi sur un terrible malentendu. Celui-ci est de croire que la solution à ces graves et profonds troubles psychiques, de plus en plus précoces par mimétisme et par influence sociétale, se trouve dans la manipulation physiologique, hormonale et anatomique.

Alors qu'il n'était ni transsexes ni intersexes, le cas de David Reimer est très intéressant en ceci qu'il a été l'une des premières victimes de la deuxième vague de ces thérapies de conversion transidentitaire ayant eu lieu après la Seconde guerre mondiale. D'autres victimes ont suivi jusqu'à nos jours, dont beaucoup sont transsexes ou intersexes, mais également d'autres encore qui, sans être ni l'un ni l'autre, ont tout simplement un micro-pénis.

Le problème des thérapies de conversion identitaire n'est pas de changer le sexe de quelqu'un, puisque ceci est tout à fait impossible. Le problème est de convertir un homme, par exemple, en une personne dont le corps possédera des parts féminines artificielles ou, en tout cas, incompatibles avec sa condition masculine autant passée que présente et future. À part ces profondes intrusions et agressions somatiques, la thérapie de conversion transidentitaire consiste également en un très étendu maquillage mental et émotionnel. Le sujet est mis dans un programme de manipulation mentale et comportementale dans le but de parvenir à agir comme s'il appartenait à l'autre sexe. Et c'est un tel corps ainsi malmené et un tel psychisme ainsi devenu transidentitaire que les fanatiques du genre appellent le sujet « *non genré* ».

Autrement dit, il s'agit du corps d'un homme, par exemple, qui a été saccagé par l'intervention intrusive de techniques médicales, convertissant une partie seulement de son organisme en éléments de l'autre sexe qui viendront inévitablement cohabiter avec ceux du sexe masculin, sans produire pour autant le véritable corps d'une femme. Et il s'agit d'un psychisme malicieusement conforté dans la négation de son sexe réel, négation transidentitaire cohabitant désormais avec une fausse identité qui, le niant en permanence, tente de le déloger sans y parvenir.

Au fond, le but du genrisme, selon les velléités de John Money à son époque, serait ainsi de parvenir, grâce à la conception du genre et à ses thérapies de conversion transidentitaire, à une sorte de *half-sex*, c'est-à-dire un *half man, half woman* (Colapinto, 2000, 2001, p. 31) pour produire une population qui serait proche des intersexes.

Contrairement à tout cela, si nous voulons réellement que cessent les discriminations sociales contre les transidentitaires en général et contre les transsexes en particulier, il faudrait commencer par les libérer des griffes du genrisme et des thérapies de conversion transidentitaire.

DANGERS MACROPSYCHIQUES DU GENRISME TRANSIDENTITAIRE

MANIPULATION INTELLECTUELLE DES CHERCHEURS, DES UNIVERSITAIRES ET DES AUTORITÉS POLITIQUES

Certains chercheurs, très naïfs quant au manque de sérieux de la notion identitaire de genre et sans aucun esprit critique quant à la relation entre sexe et rôle sexué selon les cultures, tentent de définir, de manière innocente, les différences entre sexe et genre. Voici un exemple de ce que soutiennent ces chercheurs naïfs sur la question. « *Le terme "sexe" fait généralement référence aux caractéristiques physiques et aux différences entre les hommes et les femmes, et le terme "rôles sexuels" est utilisé pour décrire les comportements que les hommes et les femmes peuvent adopter et qui sont directement liés à leurs différences biologiques et au processus de reproduction. Un exemple de rôle sexuel féminin est l'allaitement, un comportement que seules les femmes peuvent adopter (Brislin, 1993). [...] En revanche, le genre fait référence aux comportements qu'une culture juge appropriés pour les hommes et les femmes. Ces comportements peuvent être liés ou non au sexe et aux rôles sexuels, bien qu'ils le soient souvent. Le rôle de genre fait référence à la mesure dans laquelle une personne adopte les comportements spécifiques au genre qui lui sont attribués par sa culture. [...] L'identité de genre désigne la mesure dans laquelle une personne est consciente ou reconnaît qu'elle adopte un rôle de genre particulier* » (Matsumoto & Jiang, 1996, 2008).

Dans cette définition différentielle, en accord d'une façon ou une autre avec toutes les théories qui soutiennent la notion de genre, nous voyons, en premier lieu, que les genristes tentent d'inventer une notion qui, ou bien, n'est qu'une conséquence des rôles sexués universels des hommes et des femmes, ou bien, constitue un ajout idéologique, variable, relatif et inconsistant, selon les coutumes et les époques, à ces rôles sexués.

Il est pourtant facile de constater qu'il ne pourrait y avoir aucune véritable influence de ce qui serait le comportement déduit d'un supposé genre, ou rôle sexuel culturel, sur le rôle sexué originairement existant. Par exemple, que l'on accepte ou pas le genre, une femme, contrairement à un homme, est toujours potentiellement capable d'allaiter. Et cela, indépendamment qu'elle ait des seins grands ou petits, qu'elle porte ou non des soutiens-gorge, qu'elle soit féministe ou féminine, qu'elle s'habille de manière traditionnelle ou non, qu'elle soit tatouée ou non, et ainsi de suite. Les hommes ne cessent pas d'être des hommes masculins s'ils ne portent pas de cravate ou même s'ils s'habillent avec des robes. Et les femmes ne cessent pas d'être des femmes féminines si elles passent à porter des cravates ou si elles s'habillent en pantalon ou sont contraintes à être voilées. En revanche, ce qui peut changer c'est au niveau de la liberté de l'expression sexuée.

Le premier danger du genrisme est la manipulation des consciences en général et la manipulation intellectuelle des chercheurs, des universitaires, des autorités politiques et des médias. Il s'agit d'un danger idéologique et politique.

SAVOIR TROMPEUR SUR LE SEXE ET LA SEXUALITÉ

Les aspects culturels ne peuvent avoir une influence que de manière très limitée et tout à fait superficielle, restreinte, réduite à l'apparence et non agissante sur l'essentiel du sexuel et notamment de l'identité sexuée. À l'extrême limite, les aspects culturels ne peuvent avoir éventuellement une relation qu'avec le vécu ou avec la pratique de la sexualité. Dans tous les cas de figure néanmoins, si le genre existait, il n'aurait aucune importance conceptuelle. Et surtout, il n'aurait aucune incidence sur les rôles sexués réels, desquels il ne serait qu'une dérivation marginale, ni encore moins sur l'existence même des différences sexuelles.

En outre, les aspects culturels n'ont pas besoin de l'existence du genre pour influer sur les modes plus ou moins ouvertes, plus ou moins fermées de la libre expression des signes sexués et de l'exercice de la sexualité. En tout état de cause, l'identité culturelle ne fait ni le sexe ni l'identité sexuée. En essayant de faire exister un genre, ou rôle sexuel culturel et imaginaire, en lieu et place du sexe réel et des rôles sexués réels, le genrisme constitue ainsi une théorie fausse et vaine. Le deuxième danger du genrisme est de nous apporter une connaissance erronée et trompeuse sur la sexualité et sur le sexe.

CONFUSION QUANT AU SEXE

En troisième lieu, nous constatons que c'est par les fausses similitudes ou équivalences entre sexe et genre, apparemment anodines, au premier abord séduisantes ou sympathiques mais au fond fallacieuses, cyniques et perverses, que beaucoup de penseurs, de chercheurs et de praticiens de bonne foi et, au-delà, le grand public, tombent dans le piège du genrisme. Avec l'appui des médias et de gouvernements complaisants ou dépassés, les genristes tentent de faire substituer le terme de genre à celui de sexe, malgré le fait que celui-ci soit non seulement un concept mais surtout un fait réel, acquis de manière phylogénétique et immuable en termes ontogéniques.

À cet égard, il faudrait rappeler que les éventuelles modifications somatiques y compris du sexe réel ne peuvent intervenir, par épigénétique, qu'en termes de phylogenèse et non d'ontogenèse, c'est-à-dire qu'il faudrait d'innombrables générations successives pour avoir un résultat à peine visible. Au fond, le troisième danger du genrisme se trouve dans le fait de substituer les termes du genre et des genres à ceux du sexe et des sexes, d'un côté, et à remplacer les rôles sexués par l'idée saugrenue de rôles de genre, d'un autre côté, et de créer ainsi une confusion quant au sexe, à la sexuation, au sexuel et à la sexualité.

ATTEINTES AU CORPS SEXUÉ ET AU SEXE RÉEL

En quatrième lieu, nous pouvons constater que, dans les discours des genristes, la notion de genre fait surtout référence aux comportements, ces éléments auxquels seule une psychologie et une sociologie superficielles et inutiles peuvent accorder de l'importance. Cependant, si la notion de genre n'est qu'une série de comportements induits par des traits culturels, cela devrait rester au niveau de la variabilité parfois très éphémère des modes et des tendances dans le seul domaine des apparences, des semblants et des relations apparentes sans que cela soit nécessairement corrélé au sexe.

Par conséquent, le genrisme ne devrait absolument pas s'attaquer au corps sexué ni au réel du sexe. Malheureusement, ce n'est pas le cas. Et c'est à cet endroit que l'on observe le quatrième des grands dangers du genrisme, à savoir que la théorie idéologique du genre continue à manipuler les enfants et les adolescents pour les pousser à mutiler leur corps et leur sexe.

CRIMES MACROPSYCHIQUES CONTRE LA SEXUALITÉ

D'ailleurs, nous pouvons nous demander si ce sont les aspects culturels qui influencent la sexualité ou si, au contraire, c'est la pratique de la sexualité qui détermine les aspects culturels et sociaux. Contrastant avec cette dichotomie, nous pouvons affirmer une autre question. Le vécu sexuel, aussi bien que les aspects culturels d'une société à une époque déterminée, peuvent-ils être tous les deux déterminés par une donnée purement macropsychique ? À savoir, par des événements cruciaux de discontinuité ou de rupture d'avec les modes antérieurs du vécu civilisationnel ?

Ces moments de discontinuité sont apportés par les guerres, par les grandes crises économiques, sanitaires ou politiques, par les catastrophes naturelles de grande dimension, par les crimes de masse à répétition, par les attentats terroristes de haute intensité. C'est-à-dire que les éléments macropsychiques sont de préférence ceux qui confrontent directement l'homme avec la violence, la destruction ou la mort à grande échelle. C'est au fond le réel de la pulsion de destruction et de mort sans retenue qui a, *in fine*, la capacité de modifier substantiellement non pas le réel du sexe, mais le réel de la sexuation, le réel du sexuel et le réel de la sexualité.

Dès le début de sa formulation en tant que telle pendant les années

1950, la soi-disant théorie du genre a repris les mêmes notions délirantes qu'elle avait à sa naissance dans la société national-socialiste. Elle aurait pu seulement être considérée comme un délire collectif appartenant à la *sexpol* des prénazis et des nazis. Mais, juste après la Seconde Guerre Mondiale, elle a au contraire alimenté, chez les postnazis, une idéologie qui n'a cessé de se développer jusqu'à nos jours comme une pratique de plus en plus fanatisée. Le genrisme est redevenu aujourd'hui, comme il était à l'époque de la société national-socialiste, un puissant vecteur idéologique de véritables crimes contre la sexualité des enfants et des adolescents. Ne devons-nous pas considérer les crimes sexuels de masse accomplis par le genrisme et son déchaînement de pulsions de destruction psychique et violences corporelles comme des crimes contre l'humanité ?

Si le genrisme n'était qu'une idéologie, s'il n'était qu'une cosmologie prédélirante et parareligieuse, il pourrait être étudié comme une curiosité malsaine ou monstrueuse de l'évolution humaine, ce qu'il est assurément déjà au moins en partie. Toutefois, dans la mesure où il est devenu un facteur macropsychique important entre le XIXème et le XXème siècles — c'est-à-dire en tant qu'il s'attaque de manière criminelle non seulement au domaine symbolique du sexuel mais également et surtout au sexe réel —, qu'il doit être désormais considéré comme un grave danger à grande échelle pour le XXIème siècle. Ainsi, le cinquième danger du genrisme est qu'il devienne le socle idéologique et sociétal pour l'installation d'une servitude volontaire basée sur la jouissance transidentitaire.

INTERSEXES, SEXUATION ET *N'ESSENCE*

La phrase de Simone de Beauvoir, « *on ne naît pas femme, on le devient* » (Beauvoir, 1949), pose problème à plusieurs niveaux.

S'agit-il de l'une des bêtises de la deuxième moitié du XXème siècle, qui a trompé beaucoup de gens de bonne foi ?

S'agit-il d'une idée fausse ou d'une simple banalité ? Ou faut-il y voir bien plutôt une intention de propagande politique ?

NAÎTRE ÉQUIVAUT À DEVENIR

ON NE NAÎT PAS FEMME ?

Notons que, bien avant Simone de Beauvoir, Erasme avait déjà dit, dans *De Pueris Instituendis*, publié en 1529 : « *on ne naît pas homme, on le devient* » (Erasme, 1529). Voici exactement ce qu'il dit. « *Les arbres naissent arbres, même ceux qui ne portent aucun fruit ou des fruits sauvages ; les chevaux naissent chevaux, quand bien même ils seraient inutilisables ; mais les hommes, crois-moi, ne naissent point hommes, ils le deviennent, par un effort d'invention* » (Erasme, 1529, 1966, p. 122). Simone de Beauvoir s'approprie cette phrase de façon futile, tout en la décontextualisant à outrance, ce qui revient à un contresens, comme lors des mauvaises traductions. Car ce qu'Erasme soutient, c'est qu'il faut instituer dès le plus jeune âge l'éducation aux enfants pour les humaniser. Devenir homme chez Erasme n'est donc pas un devenir sexué, mais s'élever intellectuellement, que l'on soit homme ou femme, grâce à une éducation institutionnelle qui, comme dans sa propre vie d'orphelin, puisse se substituer à l'absence de père ou à l'absence de maternité de chair.

Voyons alors cette phrase dans la version décontextualisée de Simone de Beauvoir. « *On ne naît pas femme : on le devient. Aucun destin biologique, psychique, économique ne définit la figure que revêt au sein de la société la femelle humaine ; c'est l'ensemble de la civilisation qui élabore ce produit intermédiaire entre le mâle et le castrat qu'on qualifie de féminin. Seule la médiation d'autrui peut constituer un individu comme un Autre. En tant qu'il existe pour soi, l'enfant ne saurait se saisir comme sexuellement différencié* » (Beauvoir, 1949, pp. 285-286).

« *AUCUNE FIGURE SYMBOLIQUE NE DÉFINIT LA FEMELLE HUMAINE* » ?

C'est un constat de la structure même de la différence sexuelle. Une femme ne peut se définir d'abord que par rapport à l'homme qu'elle n'est pas, pas toute en tout cas. Ensuite cependant, c'est à cela que la féminité s'attèle justement : à définir et redéfinir cette forclusion d'origine, à laquelle malgré tout elle peut trouver des suppléances largement efficaces.

« LE FÉMININ COMME PRODUIT INTERMÉDIAIRE ENTRE LE MÂLE ET LE CASTRAT » ?

Si, comme le soutient Simone de Beauvoir, aucune autre figure symbolique que celle du castrat ne permettait de qualifier le féminin, alors aucun être non-mâle ne pourrait « devenir » femme non plus. Ce serait tout simplement impossible, car elles ne pourraient pas être castrées ! En tout cas, ce serait bien triste, maladroit, malvenu, faux et réducteur pour les femmes qu'on les considère comme des castrats, c'est-à-dire rien d'autre que des hommes ayant perdu leurs attributs virils. Cela dit, si un homme réellement castré peut se féminiser en quelques aspects, il reste malgré tout un homme car, même s'il a perdu ses organes génitaux, il ne peut en aucun cas devenir femme pour autant. Un castrat reste un homme. Et les femmes ne sont pas que des êtres sans pénis ! Elles ont aussi et surtout des organes et des fonctions qu'aucun homme ne peut avoir et qui conditionnent leur être-au-monde.

« L'ENFANT EXISTE POUR SOI » ?

Rien de plus faux ! Aucun enfant n'existe *« pour soi »*. Sauf peut-être l'autiste, et encore ! Non seulement, en termes de procréation, il a bien besoin d'un géniteur et d'un corps féminin qui le conçoit et le porte. Mais aussi parce qu'en termes psychiques, l'enfant a évidemment besoin de l'Autre (Autre du langage, Autre du désir, Autre corps) ainsi que des autres, voire d'un petit autre, pour exister et se constituer en tant que sujet. Mais surtout il a besoin de son propre corps (sexué), en tant qu'Autre de lui-même, pour fonctionner dans la dialectique du désir et de la demande.

« L'ENFANT NE PEUT PAS SE SAISIR TOUT SEUL COMME SEXUELLEMENT DIFFÉRENCIÉ » ?

Ah bon ?! Et tous les jeux des nourrissons et des tout petits enfants qui montrent, sans l'aide du verbe, sans l'influence de l'éducation ou des adultes, les différences entre filles et garçons ? En effet, pour prendre conscience de l'identité sexuée (qui n'est pas à confondre avec la notion idéologique de genre), l'enfant a bien besoin de l'intermédiaire d'un Autre. Cependant, dès le début de la vie, chaque enfant, chaque fœtus même, bien avant la naissance, même sans conscience de soi, est *déjà* dans la différenciation sexuelle, sauf évidemment les intersexes.

SIMONE DE BEAUVOIR, NÉE FEMME, DEVENUE FÉMINISTE

La vie intime de la jeune Simone de Beauvoir a été dominée par la haine vis-à-vis de ses parents, lesquels n'ont pas su l'aider à développer sa féminité. La fille rangée, faute d'être la jeune femme aimée du père, est devenue une féministe dérangée mais, pour cela même, aimée idéologiquement du public. La haine de l'identité sexuelle binaire, à cause de ces parents faibles et d'un père très déçu de ne pas avoir eu un garçon et qui considérait qu'elle avait « *un cerveau d'homme* » (Beauvoir, 2000, p. 161), l'ont poussé à des troubles importants de sa condition féminine. Non seulement elle s'est refusée de vivre auprès d'un homme, mais elle a vécu toute sa vie des phénomènes que j'appelle *translimites* (Arce Ross, 2013a). Fuyant le mariage, la maternité et la vie familiale pour ne pas devenir la « *domestique d'un homme* », elle est devenue paradoxalement dépendante de l'affection stérile d'hommes et de femmes de passage.

PHÉNOMÈNES ET ÉVÉNEMENTS TRANSLIMITES

Les phénomènes et événements translimites ont été introduits dans mon texte « Asexualité polysymptomatique, homoparentalité et événements translimites » (Arce Ross, 2013a). Ils font référence à une série d'événements, souvent assez précoces, qui sont bien autre chose que traumatiques. Les phénomènes et événements translimites produisent de graves problèmes, mais sont différents des traumatismes psychiques. Notamment en ceci qu'ils véhiculent un surplus de plaisir, un excédent d'excitation, un trop d'angoisse, et leur corrélât qui serait un certain « savoir-faire » , ou un « savoir jouir », à une époque de la vie de l'enfant où il n'est pas préparé pour en supporter autant. Ce sont soit des actes graves de transgression, soit plus sournoisement une ambiance particulière qui domine la vie d'une famille donnée. Ces événements sont dits translimites car ils dépassent les frontières, les barrières ou les contours nécessaires pour le développement de l'enfant ou pour l'épanouissement du sujet.

À cause probablement de la terrible ruine financière du grand-père maternel et de la déception du père, qui comptait vivre de la fortune de sa femme, Simone de Beauvoir a vécu son déclassement social et la déception paternelle comme des éléments à incorporer. Est-ce cela qui l'a amenée à théoriser la négation de la réalité sexuelle à la naissance ? C'est possible. Aussi bien que l'idée utopique de devoir vivre un amour vraiment « *libre* » (Duran-Cohen, 2006). Ou le projet pervers de jouir sans limites, au point de séduire et de coucher avec ses élèves mineures (en fait, des abus sexuels ; Bonnet, 2001). Pour ces viols sur mineures, elle a été poursuivie pour « *excitation de mineure à la débauche* », ce qui lui valut d'être suspendue de l'Éducation Nationale (Gilbert, 1991, pp. 210-212).

Contrastant avec ses slogans de propagande, sa vie était très loin d'un véritable modèle de liberté. Ce qu'elle a montré aux autres femmes comme exemple de « libération » c'est l'absence d'une véritable vie professionnelle en dehors de l'écriture et d'une courte période d'enseignement ; l'errance amoureuse ; une vie sexuelle insatisfaisante ; une dépendance vis-à-vis des caprices érotiques de Jean-Paul Sartre, qui en plus était un piètre amant (Beauvoir, 1930-1963) ; l'instrumentalisation du signifiant *résistance* alors qu'en vérité elle avait collaboré avec Radio Vichy (Beauvoir, 1960 ; Galster, 2007 ; Onfray, 2013, pp. 441-442) ; une hyperdépendance passionnelle vis-à-vis de certains hommes, comme Nelson Algren (Beauvoir, 1947-1964), celui sans qui probablement elle n'aurait pas pu écrire le *Deuxième sexe* (Frain, 2012) ; un grand libertinage sexuel, à savoir des relations lesbiennes avec ses élèves mineures et avec d'autres femmes dont peut-être aussi sa fille adoptive, Sylvie Le Bon (Rowley, 2006, p. 389) ; et, des nombreuses relations avec d'autres hommes de passage. L'addiction au sexe et la soumission à l'impératif de l'amour étaient, par ailleurs, accompagnées d'un véritable sacrifice de la maternité, ainsi que d'un sacrifice de la constitution d'un couple stable. Au fond, sa vie montre clairement l'impasse et l'impossibilité du projet féministe, à savoir que, pour pouvoir être « libérée », une femme est forcément obligée d'agir comme un homme dans l'amour, dans le sexe, dans le travail et dans la vie sociale, tout en renonçant à la maternité et au lien conjugal.

FÉMINISME VERSUS FÉMINITÉ

Si, pour Sartre, sa relation plus fraternelle que sexuelle avec Simone était « *nécessaire* » pour vivre en parallèle d'autres aventures « *contingentes* », pour Simone, l'idéologie féministe qu'elle a construit n'était qu'une justification et un paravent pour son homosexualité. Elle soutenait d'ailleurs des bêtises telles que *la féminité équivaut à l'amour lesbien* (Beauvoir, 1949). Si l'homosexualité était sa prison psychique, le féminisme pouvait devenir sa « théologie de libération ». Sauf que, comme le dit Marie-Jo Bonnet, la relation de l'une avec l'autre ne fait que l'enfoncer dans une conception perverse où l'amour devient forcément *prédateur* (Bonnet, 2004). L'ultraféministe Elaine Audet dit même de la sexidentitaire Beauvoir qu'elle « *a réglé sa conduite et sa pensée sur celle de Sartre, faisant de l'égalité une schizophrénie où les femmes auraient dû se délester de leur propre expérience du monde pour devenir comme des hommes* » (Audet, 2008).

Toutes ses relations amoureuses avec des hommes étant vouées à l'échec, elle a fini sa vie avec une jeune femme, Sylvie Le Bon, amie privilégiée, avec qui elle a entretenu une relation ambiguë, mi-charnelle, mi-tendre, mais qu'elle a adopté pourtant légalement comme sa fille pour déshériter sa propre sœur, Hélène. En créant des relations érotiques, suivies mais sans engagement, avec des jeunes filles fragiles et extrêmement dépendantes de par leur âge, leurs finances ou leur affection, Simone de Beauvoir les a utilisées, dominées, manipulées, soumises et fait souffrir comme le font ces hommes que les féministes détestent. Sans aucun doute, dans sa vie amoureuse avec les femmes, Simone de Beauvoir a été une féministe lesbienne et très macho envers ses très jeunes proies.

Ainsi, la vie affective à la dérive de Simone de Beauvoir a été l'exact négatif de la névrose « *bourgeoise* » qu'elle refusait. Le chemin de cette perversion genriste est orientée par l'idée saugrenue de convertir les troubles sexuels, aussi bien que les troubles de l'identité sexuelle, en idéologie de « *libération* » des femmes. Simone de Beauvoir aurait vécu *comme si* elle avait été en marge de la sexuation binaire, tantôt femme tantôt homme, tantôt féministe tantôt macho. Sa féminité est devenue malheureusement un permanent *comme si*.

SEXUATION ET *N'ESSENCE*

ON-SEXE, OU LE MYTHE DE L'INDIFFÉRENCIATION SEXUELLE

La phrase qui dit « *on ne naît pas femme, on le devient* » pose problème, déjà, concernant le « *on* » en question. C'est qui, c'est quoi, le « *on* » ? S'il s'agit d'une fille ou d'un garçon, ce n'est pas pareil. On ne peut pas être les deux en même temps, même si Freud a soutenu l'idée d'une bisexualité psychique d'origine, certes bien théorique et relative, chez les deux sexes.

RÉEL DU SEXE, DE LA SEXUATION, DU SEXUEL ET DE LA SEXUALITÉ VERSUS GENRE SOCIÉTAL

Dans *les Trois essais sur la théorie sexuelle*, en étudiant l'étiologie de l'homosexualité (où il situe surtout le « *manque d'un père fort* »), Freud fait recours aux théories sur un « *hermaphrodisme* » anatomique général, bien que très relatif, présent chez tous les hommes et femmes, même ceux qui ont une claire orientation hétérosexuelle. Cependant, cette prédisposition bisexuelle originaire, aussi bien anatomique que psychique, ne repose, dit-il, que sur quelques « *traces de l'appareil de l'autre sexe, qui ou bien subsistent, dénuées de fonction, en tant qu'organes rudimentaires, ou bien ont été remodelées pour assumer d'autres fonctions* » (Freud, 1905, 2006, p. 74). Cela veut dire que le nouveau-né, garçon ou fille, comporte des minimes traces anatomiques et fonctionnelles de l'autre sexe, mais qui restent non-opérationnelles en tant que telles et qui sont au service d'une nette dominance monosexuée (masculine ou féminine).

C'est pour cette raison, d'ailleurs, que Freud considère que l'on ne peut pas expliquer, par exemple, l'homosexualité par l'existence de cette bisexualité d'origine. Cette explication appartient aux débuts de la distinction conceptuelle entre sexuation et orientation sexuelle, mais aujourd'hui nous avons une différenciation encore plus importante. Elle s'établit, selon ma propre conception, en quatre termes bien différents. Premièrement, *le réel du sexe* détermine que l'on puisse ou bien être homme, ou bien être femme. Les cas réels bien qu'infiniment rares des sujets intersexes, ou gynandromorphes, nous montrent bien que ces sujets ne peuvent osciller qu'entre sexe masculin et sexe féminin. Le réel du sexe opère sur l'identité sexuée reçue sans que le sujet n'y soit pour rien et sans qu'il puisse le modifier. Deuxièmement, *le réel de la sexuation* exige une réponse subjective d'acceptation, qui peut être aussi de refus, au réel du sexe, le sexe d'appartenance. Troisièmement, *le réel du sexuel*, qui suppose l'orientation sexuelle, c'est le fameux « choix d'objet » qui peut être varié : hétérosexuel, homosexuel, bisexuel, etc. Quatrièmement, de ces trois éléments, découle *le réel de la sexualité* et ses modalités vécues qui peuvent varier selon les partenaires, les relations et les événements ou cycles de la vie.

Le terme *sexuation* chez Lacan inclut une réponse d'homologation, ou non, au sexe d'appartenance et donc à l'identité sexuée d'origine, à savoir qu'il fait référence à comment un sujet se range sexuellement à partir du sexe qu'il a reçu et qui le conditionne. Si la sexuation passe par un rejet de ce qui est véhiculé par le réel du sexe, cela implique alors inévitablement un conflit insurmontable avec le sexe d'appartenance. Et il faudrait alors, dans ce cas, trouver des suppléances d'urgence pour traiter la forclusion que le sujet subit.

Dans mon travail néanmoins, je distingue les deux lignes de l'acceptation psychique de l'identité sexuelle. D'un côté, la ligne qui va du réel du sexe d'appartenance au réel de la sexuation en débouchant sur l'orientation du sexuel et la sexualité. Et d'un autre côté, ce que l'on appelle l'identité sexuelle, laquelle n'est qu'une réponse *a posteriori* de l'identité sexuée reçue. Nous pouvons peut-être observer plus facilement le processus complet de concaténation de ces deux lignes de la sexuation et de l'identité sexuelle dans le sens rétroactif. Les multiples modalités de la sexualité dérivent, en grande mesure, de l'orientation du sexuel qui dépend de la réponse subjective de la sexuation, laquelle est surdéterminée par le réel du sexe d'appartenance. Si aucune entrave psychique ne vient perturber ce processus, l'assomption et l'expression de l'identité sexuelle, en accord avec l'identité sexuée d'origine, seront claires et normales.

Toutefois, dans la version des genristes, à ces quatre aspects que nous considérons fondamentaux s'oppose — en leur faisant concurrence et même en s'y substituant — ce qu'ils appellent « genre », qui ne serait qu'un rôle social à partir du sentiment identitaire concernant un sexe imaginaire et impossible auquel le sujet croit, à tort, appartenir. Et pour eux, le « genre » contiendrait aussi la capacité de créer l'identité sexuelle par simple autoproclamation. Nous savons pourtant que le comportement, individuel ou social, n'a aucune portée quant au réel du sexe, de la sexuation, du sexuel et de la sexualité, ni quant à l'identité sexuée qui est d'origine et dépend strictement du sexe d'appartenance.

Contrairement à ce que dit Simone de Beauvoir, si les rôles, les modes, les tendances sociales font partie d'une psychologie au rabais, d'une psychologie comportementale, tous les autres, représentant des domaines beaucoup plus profonds et sérieux, dépendent de facteurs biologiques d'origine, de données chromosomiques, hormonales, anatomiques et fonctionnelles, mais aussi de questions anthropologiques et de relations intersubjectives inconscientes, de complexes familiaux, du vécu de l'adolescence, du choix d'un enfant selon le vécu parental voire de cascades intergénérationnelles. Pour cette raison également, le « *on* » d'origine — qui deviendrait dans la théorie de Simone de Beauvoir exclusivement homme ou femme —, s'il existait, ne pourrait être alors ni bisexué ni intersexes.

Ou intersexes ou monosexué

Partant d'une bisexualité toute relative et largement dominée par un monosexuel qui s'impose très vite, il y a donc bien une hiérarchie inévitable d'origine. En principe, on ne peut pas être, on ne peut pas naître, autre chose que fille ou garçon. Y compris les intersexes — autrefois appelés *hermaphrodites*, de l'union d'Hermès et Aphrodite (Dreger, Chase, Sousa, Gruppuso & Frader, 2005), lesquels possèdent non seulement les gonades (testicules *et* ovaires), éléments anatomiques sexués primaires mais également les caractères chromosomiques des deux sexes (Donohoue, 2011, chap. 582) —, développent souvent une asymétrie hiérarchique entre les deux sexes. De cette façon, dans l'immense majorité des cas, les intersexes présentent soit une dominante féminine, c'est-à-dire possibilité de grossesse, soit une dominante masculine, c'est-à-dire possibilité de fertilité (Levy, Levine, & New, 1982, pp. 273-283).

Contrastant avec ces données vérifiables, selon Simone de Beauvoir et les idéologues féministes, le « *on* » serait un objet indéterminé. C'est-à-dire que tous les bébés du monde ne seraient ni filles ni garçons, ils seraient une troisième chose indéfinie. Un troisième sexe duquel découleraient plus tard, éventuellement, homme et femme ? Une préfabrication ou une prématuration du sexe ?

Pour suivre jusqu'au bout les idées de Simone de Beauvoir, il faudrait postuler deux possibilités antagonistes. Ou bien, *on* naît quelque chose d'indéterminé et *on* devient après fille ou garçon. Et dans ce cas, il faudrait savoir à partir de quoi et à quel moment *on* devient fille ou garçon. Partant de là, il faudrait plutôt dire : « *on ne naît pas fille, on le devient* ». Ou plutôt, « *on ne naît pas fille (ou garçon), on naît* on ». Mais si on naît *on*, pourquoi faudrait-il que les enfants deviennent filles ou garçons ? Ne pourraient-ils pas d'ailleurs être et rester tous des *on* ? Ou alors être et rester tous des intersexes ? Ce serait plus simple et il n'y aurait plus de jaloux. Le problème c'est que, même les intersexes, tout en présentant une réelle indétermination quant à la sexuation binaire, présentent les caractères des deux sexes et non pas ceux d'un troisième.

Quel intérêt donc que le *on* devienne seulement fille ou seulement garçon ? D'autant plus qu'il faudrait, plus tard, ne plus être fille ou garçon, pour devenir à son tour femme ou homme. Et ceux qui seraient arrivés en retard à ce processus ? Ceux qui ne se seraient pas aperçus de la nécessité de devenir fille ou garçon pour ensuite devenir femme ou homme, que seraient-ils, que deviendraient-ils ? Et si les bébés ne naissent ni *il* ni *elle*, comment faudrait-il les appeler ? *Ça* ? Les enfants *ça* ? Ou faudrait-il créer un autre pronom spécialement pour cela ? Et continuer à renforcer la perversion de la langue par l'ajout d'un lexique idéologique genriste ou panféministe, par exemple, selon la mode du début du XXIème siècle qui pousse à féminiser les titres, professions, activités et substantifs neutres ? Parce qu'aujourd'hui tout ce qui était pathologique devient normal, et tout ce qui était normal est devenu incertain, peut-être que nous pourrions nous habituer à l'appeler, sans le pronom *il*, ni *elle*, un bébé-*ça*, un bébé-*on*. Nous serions ainsi devant un nouveau-né artificiellement *asexué* par la langue.

Ou bien, cette idée d'être (et de devenir) fille ou garçon serait alors également contestable et nous devrions nier farouchement la réalité de la différence sexuelle. Dans ce cas, les enfants non-intersexes, n'étant ni filles ni garçons au départ et ne pouvant devenir rien d'autre non plus, se situeraient peut-être en dehors des sexes et seraient vraiment indéterminés, sans sexuation connue. Mais alors, pourquoi rejoindraient-ils, plus tard, à la puberté ou à l'âge adulte, la sexualité binaire ? Ils pourraient continuer, la vie entière, pourquoi pas, à n'être ni une chose ni une autre. Ils pourraient continuer à ne pas naître, à ne pas être, sans rien devenir non plus... La nouvelle version serait : « *on ne naît pas femme et on ne le devient pas non plus* ».

NÉGATION IDÉOLOGIQUE DE LA DIFFÉRENCE SEXUELLE

Nous pouvons observer jusqu'où peut aller le fondamentalisme féministe, allié souvent à l'idéologie du genre, si nous nous penchons sur le cas de la Suède. Ce pays est non seulement l'un des plus *égalitaristes* du monde (*égalitaristes* dans le sens où ils croient au mythe de l'égalité entre les sexes), mais il est aussi — ou a été — l'un de ceux qui entend gommer toute référence symbolique et sociale à la différence sexuelle pour parvenir à la neutralité ou à l'indétermination presque absolues. Et ils ont commencé par modifier radicalement le lexique qui serait connoté sexuellement. Ainsi, par exemple, les Suédois estiment que les prénoms donnés aux enfants ne devraient plus être connotés sexuellement, ni même les toilettes ne devraient plus se diviser en « *Dames* » et « *Messieurs* ». Un livre de Jesper Lundqvist, rempli de références neutres et indéterminées concernant les éléments, les rôles, les activités et les postures de chaque sexe, propose même la modification de l'appellation de mère et de père en néologismes neutres. Ainsi, au lieu d'appeler une mère par le terme usuel « *mammor* » et un père « *pappor* », il propose, respectivement, « *mappor* » et «*pammor* » (Lundqvist, 2012).

À part l'absurdité de vouloir contraindre les hommes à uriner assis (dont l'auteur du projet de loi, en 2012, est le député Viggo Hansen ; cf. LF, 2013), notons aussi la folie collective en Suède où une école maternelle, *Egalia*, prône l'indétermination des pronoms personnels pour les petits enfants. Au lieu d'indiquer les garçons par le pronom « *han* » (il) et les filles par le pronom « *hon* » (elle), ils en viennent désormais à appeler tous les enfants par le pronom indéterminé « *hen* ». Selon la journaliste Nathalie Rotschild, « *une autre école maternelle a préféré supprimer toutes les plages de "jeu libre" de son emploi du temps car, comme l'a expliqué un de ses pédagogues, c'est quand les enfants sont livrés à eux-mêmes que "naissent et s'enracinent les stéréotypes sexuels. Quand ils jouent librement, on retrouve de la hiérarchie, de l'exclusion et les fondements du harcèlement"* » (Rotschild, 2012). C'est cette absurdité comportementale contre la liberté et contre la détermination du réel que j'appelle le genrisme. C'est-à-dire que « pour le bien de l'enfant » on lui impose de créer des confusions entre son sexe de base (biologique et psychique) et son rôle social sexué, de telle façon qu'entre les deux l'identité sexuelle puisse devenir psychiquement indéterminée, ou neutre, en s'opposant ainsi à l'identité sexuée d'origine. Cette imposition idéologique est une confusion grave voire un conflit inutile entre rôle social sexué, identité sexuelle et orientation sexuelle, d'une part, et sexe d'appartenance et identité sexuée reçue, d'autre part.

Cela nous fait penser au règlement de *la Ferme des animaux*, de George Orwell (1983), lequel prescrit avec autoritarisme, contre toute évidence sur leur différence radicale, que « *tous les animaux sont égaux* ». Sauf que, pendant ce temps, les cochons passent à prendre progressivement des prérogatives, des privilèges et des droits indus, par abus de pouvoir, par abus de confiance, par conflits d'intérêt, par prise illégale d'intérêts... Ce système corrompu se fonde sur la manipulation des consciences par les cochons, en faisant croire qu'ils font cela pour le bien des autres animaux. Comme quoi, la morale de l'histoire c'est qu'il y a toujours des animaux « *plus égaux* » que d'autres. Le chemin du totalitarisme est parsemé de très bonnes intentions égalitaristes et sociétalistes.

Le problème que les suiveurs du genrisme ne pourront pas éviter, c'est que les enfants viendront eux-mêmes à se créer, depuis tout petits, leurs propres théories sur la venue des enfants au monde. Ils se rendront très vite compte, peut-être dès le premier jour où une loi de ce type est votée, qu'il y a des « *hen* » qui ont un pipi et d'autres « *hen* » qui n'en ont pas. L'habit ne faisant pas le moine, même obligatoirement vêtus de rose, les « *hen* » qui ont un pipi éprouveront de temps en temps des érections de leur « *hen* » sexuel devant certains gestes, postures, attitudes, ou tout simplement devant les charmes anatomiques des « *hen* » qui n'en ont pas. Et ceux derniers, anciennement dites « filles », éprouveront également des émois pour les premiers. Et, ce faisant, en éprouvant ces événements pulsionnels et amoureux, les enfants se rendront compte que tous les « *hen* » ne sont pas pareils, qu'il y a bien deux types très différents et, pour faire référence à cette différence, pour la symboliser, pour l'intégrer et pour la situer psychiquement dans l'ordre des choses, ils trouveront eux-mêmes des noms pour différencier les « *hen* » entre eux. Et on reviendra ainsi au problème du départ !

PERVERSION DE LA LANGUE ET DE LA CULTURE

Pour qu'un dessein aussi totalitaire que celui des genristes en Suède soit réellement efficace, il faudrait supprimer les pronoms personnels de tous les gens que les enfants côtoient, il faudrait supprimer toute la littérature du monde, les chansons, les traditions, les cultures, les souvenirs de grand-mère, les photos du mariage des parents, interdire la drague, la séduction, la galanterie, il faudrait interdire la maternité et la paternité, interdire les différences, gommer les chromosomes sexuels et les productions hormonales par les gonades, en somme, interdire le désir hétérosexuel. Comme tout système totalitaire, tel que le fascisme, le communisme ou le national-socialisme, qui, en tant que religions laïques fanatisées, imposent des illusions extrêmes et définitives pour déconstruire le monde dans le réel, le féminisme fondamentaliste de genre est sans doute obligé, pour réussir, de gommer radicalement le passé et le réel du sexe.

Dans son texte prophétique *1984*, Orwell avait justement prévu un cas similaire de ce qui se passe en Suède pour, au plus tard, la deuxième décennie du XXIème siècle (Orwell, 1950). Il avait prévu la création d'une *novlangue,* nouveau système linguistique appuyant l'idéologie totalitaire en cours. Cette *novlangue*, partant d'une réduction stricte, quantitative mais surtout idéologique de la langue traditionnelle, viendrait empêcher toute libre pensée ou toute pensée critique de ce qui est considéré par le pouvoir dominant comme politiquement correct. Elle implique aussi de faire table rase de tout le passé culturel, de toutes les traditions, des us et coutumes ancrés dans les peuples, pour imposer un système pervers. C'est ce qui se passe aujourd'hui en Occident.

On imagine aisément que cette éducation genriste ne supprimera pas la sexuation de base, sauf qu'elle produira des effets psychiques nuisibles très importants aussi bien dans l'assomption de l'identité sexuelle, déconnectée désormais de l'identité sexuée d'origine, que dans le vécu de nouvelles psychopathologies liées à l'orientation sexuelle. Ainsi, par exemple, il n'est pas exclu que des enfants ayant été privés d'une éducation ouverte et pragmatique sur les différences sexuelles puissent être plus facilement la cible d'individus pédophiles, exhibitionnistes et autres marchands de prostitution infantile.

En revanche, contrairement au genrisme, les sujets intersexes démontrent parfaitement que leur état n'est pas du tout du fait du genre, mais qu'il était déjà bien là à la naissance. Effectivement, on naît intersexes, on ne le devient pas. Et donc, les intersexes sont la preuve de plus que le sexe se produit dans cet espace et temps que nous appelons la *n'essence*, à savoir dans cette aire transitionnelle et placentaire qui précède la naissance. Les intersexes ne sont ni travestis ni homosexuels, ni transsexes ni hétérosexuels. Ils sont tout simplement marqués à jamais par des composantes réelles (pas seulement anatomiques mais surtout fonctionnelles et psychiques) appartenant aux deux sexes. Cela voudrait-il dire pour autant qu'ils ne se situent peut-être pas dans la sexuation, puisque celle-ci suppose une exclusion mutuelle et binaire entre les sexes ?

N'ESSENCE DE L'ÉTANT, OU L'AUTRE-SEXE-EN-PUISSANCE

Dans la phrase « *on ne naît pas femme, on le devient* », en plus du *on*, le terme *naître* pose également problème. Dans un sens, cette phrase équivaut à dire « *on ne naît pas vieux (ou vieille), on le devient* » ! C'est en effet une banalité de dire qu'on ne naît pas femme, puisque évidemment on ne naît pas déjà adulte. On naît bébé. Mais le bébé féminin naît petite femme. Elle n'est *encore* que toute petite, mais c'est une fille. Puis, pour revenir sur l'absurdité de la phrase, qui a dit que la femme doit-elle *naître* ? La femme a-t-elle besoin de naître ou se trouve n'être qu'un espoir Autre en puissance déjà là ? Naît-elle ou se réveille-t-elle ? Cependant, n'est-elle déjà Autre à la naissance de la fille qui l'incarne ? Et d'ailleurs, qui a dit qu'il faut attendre la naissance pour que le devenir se mette en marche, pour que le *on* tente de ne plus être un simple *on* ? Sinon, il faudrait dire : « *on n'est jamais conçu, on le devient* ». Ou alors, « *on n'est jamais conçu, on s'engendre tout seul* ». À notre avis, la vie psychique est déjà bien là avant la naissance et nous postulons, alors, que l'étant-Autre-sexe-en-puissance est déjà là, au moins dès le cinquième mois de grossesse. Parce que les organes, les fonctions, les conditions pour pouvoir plus tard enfanter à son tour et vivre la sexualité autrement que chez les hommes sont déjà là ; certains en puissance et d'autres partialement déjà constitués ou déjà à l'œuvre.

Par conséquent, nous pouvons inverser la proposition : qu'une fille devienne femme accomplie, ou pas, ce n'est pas la question essentielle du moment de l'accouchement. Mais plutôt qu'à la naissance, et bien avant, les processus pour qu'elle puisse le devenir sont déjà là, et peuvent désormais commencer à opérer si les conditions psychologiques, sociales et surtout psychiques inconscientes ne lui opposent pas de barrières. On ne devient pas un être féminin, on l'est déjà à la naissance (si on est une fille). Ainsi, si un nouveau-né est né garçon, il ne pourra jamais devenir femme. Aucune chirurgie plastique, aucune thérapie de conversion transsexuelle, ne pourra lui apporter autre chose qu'un semblant anatomique de femme, sans pour autant lui insuffler l'essence substantielle et fonctionnelle de la féminité (jouissance Autre, possibilité de grossesse, réactions émotionnelles féminines, cycles menstruels, lactation après l'accouchement, utilisation du langage spécifiquement féminin tout le long de la vie, ménopause…).

ON NE NAÎT PAS SANS UN CORPS SEXUÉ

La naissance, ou plutôt la *n'essence* de son corps, conditionne le nouveau-né. Définissons par *n'essence* ce que nous pouvons concevoir comme l'essence de l'être sexué (et de l'être psychique en général) avant la naissance. La *n'essence* ce n'est pas tout à fait l'être, mais c'est l'étant avant la naissance. La *n'essence* de la fille à naître c'est l'étant-Autre-sexe-en-puissance.

La notion de *n'essence* est ainsi à comprendre en trois temps sémantiques. En premier lieu, phonétiquement elle a un lien intrinsèque avec la naissance, même si ces deux états ne se confondent pas vu leur écriture différente. En deuxième lieu, le mot *n'essence* comporte une négation partielle accolée à *essence* pour situer une limitation de l'état de l'être dans le pur étant. Il s'agirait d'un être sans conscience dans le pur vécu placentaire. En troisième lieu, la *n'essence* se réfère à l'état du fœtus lors des six, cinq ou quatre mois qui précèdent la naissance.

Expliquons notre idée. Il serait tout autant absurde de dire : *on ne naît pas mortel, on le devient*. Évidemment, plus on s'éloigne de la naissance, plus on s'enfonce dans le creux de l'existence et plus on se rapproche de la mort. L'être promis à la mort n'est pas un être en devenir puisque, qu'on le veuille ou non, on naît déjà mortel ! C'est une donnée du réel depuis toujours, et non seulement depuis la naissance mais dès que l'on obtient la vie, car on peut tout à fait mourir avant de naître. La mort que l'on porte en nous est une affaire de *n'essence*, à savoir l'essence avant la naissance que nous avons en nous de ne plus être. C'est à ce titre que l'on ne peut pas guérir de la mort. On peut vivre bien, sans maladies, vivre de plus en plus vieux et en bonne santé. Mais on ne peut pas devenir immortel. C'est impossible.

De la même façon, l'être sexué n'est pas un être en devenir. Il est ou il n'est pas, et cela avant la naissance. Et sans en avoir conscience. Ni conscience d'identité, ni conscience de rien du tout de l'après naissance. C'est le pur étant et non pas l'être (Heidegger, 1986). Si l'être est peut-être un sujet traversé et surdéterminé par le langage, l'étant au contraire est posé tout simplement dans un espace coordonné par le temps d'y être sans avoir conscience de l'être. Mais pendant que l'étant y est, l'être n'y est pas forcément encore. L'étant est de l'être mais avant la déréliction, avant l'émergence claire et nette du *Dasein*. Pourquoi ? Parce qu'il manque la séparation d'avec l'enveloppe placentaire. Donc, à ce moment précis, l'étant ne peut pas se concevoir à lui-même, faute de l'être. L'étant est ainsi dans la *n'essence* de l'être. Et l'être à son tour fera exister, par rétroaction, l'étant. La *n'essence* est ainsi forcément une *nescience* (Lacan, 1960, 1966, p. 814 ; Dieguez, 1970), d'où d'ailleurs l'idolâtrie ou la nostalgie inconsciente que l'on peut ressentir à son sujet.

Si l'identité sexuée ne peut se permettre que d'être, alors, la sexuation vient de l'étant de la *n'essence*, car la sexuation baigne déjà dans l'étang de l'atmosphère placentaire, c'est-à-dire dans cet espace-temps constitué d'échos, d'ombres et d'effets translucides comme dans le mythe de la caverne (Platon, 1987). Ainsi, la *n'essence* pose les trois conditions, ou les trois coordonnées, les trois impossibles, du réel lacanien, à savoir l'être-pour-la-mort, l'être-pour-le-langage et l'être-pour-le-sexe. En effet, Lacan parle des « *trois dit-mensions de l'impossible : (…) dans le sexe, dans le sens et dans la signification* » (Lacan, 1972, 1973, p. 44). On ne peut pas « guérir » de ces trois éléments-là, car tout simplement on ne peut pas faire sans eux. C'est donné d'origine, c'est donné de structure.

Nous devons ici établir une précision importante. Avant la naissance, on a un vécu placentaire en termes masculins ou féminins. Mais ce vécu n'est, en quelque sorte, qu'à l'état brut, c'est-à-dire qu'il est sans identité. C'est pour cela, d'ailleurs, que Freud soutient que l'inconscient ne veut rien savoir de la différence des sexes, mais cette différence est entendue seulement en termes d'identité sexuelle (Sauvagnat, 2013). *L'inconscient ne veut rien savoir de la différence sexuelle en tant qu'identité*. Évidemment ! Puisqu'il faut bien des tours et des paramètres du vécu après la naissance, quelques fois jusqu'à l'adolescence et parfois même au-delà, pour que l'identité sexuée soit véritablement intégrée dans l'identité sexuelle. Dans celle-ci, il s'agit d'un mouvement psychique important (qui, dans quelques cas, peut perdurer toute la vie), dans lequel le sujet tente d'équilibrer les tendances en une unité psychique sexuelle. Mais cette identité sexuelle ne peut se supporter que sur une différence sexuelle inconsciente déjà là et qui s'appelle identité sexuée.

Ce qui précède, nous amène à soutenir que bien avant le rôle social sexué ou la sottise appelée genre (couche idéologique que l'on veut artificiellement coller à cette affaire) ; bien avant l'acceptation de l'identité sexuée par ce que l'on appelle identité sexuelle (acceptation permise par un profond travail psychique nécessaire pour le lien social et, pour cela, bien plus important que le rôle social sexué) ; bien avant l'orientation sexuelle (produite par une transmission parallèle à l'identité sexuelle, bien qu'indépendante d'elle) ; bien avant tout cela donc, vient la sexuation appuyée sur le réel du sexe d'appartenance. En termes de rôle social sexué, on peut modifier ou devenir plus ou moins ce que l'on veut, selon les modes sociaux et comportementaux du *zeitgeist* ou du *weltgeist* du moment. En termes d'identité sexuelle psychique, on a affaire aux complexes familiaux strictement vécus lors de l'enfance et l'adolescence. Cela nous sert à modeler inconsciemment la sexuation d'origine. Et, en termes de sexuation et d'identité sexuée, on ne devient rien car, tout simplement, on ne naît pas rien. On naît ou bien homme, ou bien femme.

Il faudrait d'abord considérer alors deux facteurs indéniables qui n'ont rien à voir ni avec les influences culturelles ni éducatives ni comportementales ni cognitives, mais qui sont plutôt liés à des traits réels déjà enregistrés depuis la *n'essence*. D'un côté, la sexualisation du cerveau et du corps avant la naissance ; de l'autre, la poussée hormonale lors de la puberté introduisant la jeune fille aux cycles féminins. Ni l'une ni l'autre n'étant positivement commandées par aucune influence sociale, l'inconscient a plutôt à voir aussi bien avec ces questions du réel du sexe qu'avec les couches les plus superficielles de la modulation des rôles sociaux induits par la sexuation. Après ces considérations, il nous faudra toutefois faire référence ensuite à un *troisième facteur*, qui est la source des deux autres et qui se situe dans le domaine et le temps du vécu placentaire.

SEXUALISATION DU CERVEAU À LA N'ESSENCE

Chaque nouveau-né vient déjà doté de ses organes sexuels, comprenant les fonctions potentielles nécessaires pour une reproduction ultérieure, grâce au travail prénatal de sexualisation du cerveau. Ceci constitue *le premier facteur de détermination sexuelle*. Il ne s'agit pas d'une simple présence anatomique, mais bien d'une présence de fonctions (plus que d'organes) encore inactivées mais potentielles pour un usage ultérieur éventuel. Il s'agit d'un environnement interne capable de respecter les rôles féminins ou masculins que le futur être pourra jouer dans la reproduction, le cas échéant. Autour du troisième mois de gestation, on observe une masculinisation hormonale du cerveau chez le fœtus du futur garçon. Il s'agit d'une augmentation de la production de testostérone, même si le fœtus se trouve dans un milieu féminin, celui de la mère. En revanche, le cerveau du fœtus de la future fille n'a pas besoin de se défendre de l'environnement féminin (maternel) qui l'enveloppe et elle n'a donc pas à masculiniser hormonalement ses fonctions.

La possibilité que cette sexualisation originaire soit orientée effectivement vers une activité de reproduction ultérieure, induira des processus psychiques, des agissements, des intérêts, des positionnements dans le désir et évidemment des rôles sociaux très différenciés chez les fœtus et les nourrissons garçons et filles. Ces différences de relation se retrouvent non seulement chez le sujet, mais aussi chez les adultes (parents, famille, auxiliaires maternels, instituteurs...). Si des stéréotypes sociaux en fonction des sexes existent selon les différentes cultures, sociétés et époques, cela n'est pas tant dû au *zeitgeist* d'une société, mais surtout à l'existence même de la différence des sexes dès la vie psychique prénatale. C'est dans ce sens que sont orientés les travaux de la neuropsychologue québécoise Doreen Kimura lorsqu'elle dit que « *les hommes et les femmes diffèrent non seulement par leurs attributs physiques et leur fonction reproductive, mais aussi par de nombreuses autres caractéristiques, y compris la manière dont ils résolvent les problèmes intellectuels. Depuis quelques décennies, il est idéologiquement à la mode d'insister sur le fait que ces différences comportementales sont minimes et sont la conséquence de variations d'expérience au cours du développement avant et après l'adolescence. Cependant, les preuves accumulées plus récemment suggèrent que les effets des hormones sexuelles sur l'organisation du cerveau se produisent si tôt dans la vie que, dès le début, l'environnement agit sur des cerveaux différemment connectés chez les garçons et les filles* » (Kimura, 1999, pp. 32-37).

Plusieurs études montrent les grandes différences entre hommes et femmes concernant la capacité de repérage spatial, les aptitudes motrices, la mémoire émotionnelle, la perception d'événements vécus, la compétence en mathématiques, le rapport à la langue en termes de sens et signification et le fonctionnement intellectuel en général. D'autres travaux de Doreen Kimura apportent des données en ce sens (Kimura, 2004, pp. 45-53), mais nous pouvons également faire référence à d'autres auteurs, comme Deborah Blum. Celle-ci part de l'idée qu'il arrive toujours un moment dans la vie de tout le monde où « *le sexe opposé apparaît soudain comme une espèce étrange et incompréhensible* » (Blum, 1997). Suivant les travaux sur la neuroplasticité comme ceux de Marian Diamond, Deborah Blum pense que si l'on manipule à bon escient la culture et la politique, on peut à terme influencer positivement la biologie du cerveau pour une modification adéquate et bienvenue.

En tout cas, Marian Diamond se pose la question suivante. « *Existe-t-il des différences liées au sexe dans la croissance du cortex cérébral à la naissance ? »* Et sa réponse est que *« le cortex femelle montre que certaines zones sont développées plus fortement que d'autres à la naissance par rapport à celui du mâle. Le cortex moteur (frontal) de la femelle présente le plus fort développement alors que son cortex sensoriel (pariétal) et son cortex visuel (occipital) est moins développé. En revanche, dans le cerveau masculin, le cortex moteur, sensoriel et visuel montrent tous les trois le même degré de développement à la naissance. Les différences de taux de croissance apparaissent peu après la naissance »* (Diamond, 2003). On peut aussi citer Canli et collaborateurs lesquels soulignent que *« la mémoire des stimuli et des expériences émotionnelles diffère entre les sexes. Les femmes se souviennent plus d'événements autobiographiques émotionnels que les hommes dans les tests chronométrés, produisent des souvenirs plus rapidement ou avec une plus grande intensité émotionnelle en réponse à des signaux, et rapportent des souvenirs plus vifs que leurs conjoints pour des événements liés à leur premier rendez-vous, leurs dernières vacances ou une dispute récente »* (Canli, Desmond, Zhao & Gabrieli, 2002).

Partant également des études sur la plasticité du cerveau, la neurobiologiste Lise Eliot affirme qu'il y a *« des différences qui s'impriment dans le cerveau, et sans doute dans l'esprit, avant la naissance. [...] La première poussée de testostérone démarre six semaines après la conception, pour se terminer avant la fin du second trimestre. Ensuite, et jusqu'au moment de la naissance, le niveau de testostérone des garçons n'est guère différent de celui des filles. Une autre poussée survient alors, plus modeste que la première, qui s'étend sur les six premiers mois de la vie. En tout état de cause, la brève période de quatre mois, avant la naissance, durant laquelle les fœtus sont exposés à la testostérone, suffit à les masculiniser entre les jambes et, dans une certaine mesure, dans leurs cerveaux embryonnaires »* (Eliot, 2011).

À ce propos, même la neurobiologiste d'obédience ultraféministe, Catherine Vidal, laquelle tente par tous les moyens à sa portée de nier les différences sexuelles concernant les aptitudes au travail, est bien obligée de concéder quelques points sur la sexualisation du cerveau lors de l'enfermement placentaire. Elle concède notamment que *« c'est au cours de la vie fœtale que s'effectue la sexualisation du cerveau. Il faut d'abord préciser que, sur un plan strictement biologique, les cerveaux des mâles et des femelles sont différents puisque la reproduction sexuée implique des hormones et des comportements sexuels, lesquels sont contrôlés par le cerveau. C'est au cours de la vie fœtale que s'effectue ce qu'on appelle la sexualisation du cerveau. Au début du développement embryonnaire, le sexe génétique de l'embryon — XX pour les femmes et XY pour les hommes — induit la formation des organes sexuels (ovaires et testicules) ; ces organes sexuels, chez l'embryon, entrent en fonction très tôt pour fabriquer les hormones sexuelles. Ces hormones sont sécrétées dans le sang du fœtus et vont ainsi pénétrer dans son cerveau. Cette imprégnation hormonale précoce va influencer la formation de circuits de neurones qui, plus tard, à la puberté et chez l'adulte, seront impliqués dans la physiologie des fonctions de reproduction. [...] C'est dans ce sens qu'est pertinente la notion de sexe du cerveau, considéré en tant qu'organe biologique »* (Vidal, 2002 ; Vidal, 2012). De cette façon, en termes purement biologiques, pendant la gestation il existe bien une sexualisation différenciée du cerveau chez le fœtus selon que celui-ci soit masculin ou féminin.

En effet, bien que l'acquisition du phénotype sexuel différencié est lente et progressive, dès la fécondation, le sexe génétique est déterminé par les chromosomes sexuels. S'il y a quatre étapes permettant la mise en place des structures et de la fonctionnalité des appareils génitaux mâle et femelle, trois d'entre elles ont lieu durant la vie fœtale — à savoir la formation des gonades indifférenciées et différenciées et le sexe phénotypique sécrétant les hormones sexuelles (Sabouret, Furelaud et Devos, 2002) — pour le caractère sexuel primaire, la quatrième étant celle de la puberté où apparaissent les caractères sexuels secondaires.

De nombreux travaux, comme ceux de Doreen Kimura, de Deborah Blum ou de Lise Eliot, tendent à montrer — bien qu'ils soient le fait de chercheurs en dehors du champ de la psychanalyse —, que, par exemple, les variations des hormones sexuelles actives dans le cerveau dès le début de la vie fœtale peuvent être déterminées par des influences « *environnementales* ». Et que ces influences « *environnementales* » concernent des éléments de la vie prénatale, tels que « *le stress, l'état de santé général, la nutrition, etc.* » (Kimura, 2001, pp. 14-15). De telles influences, nous ne les appellerons pas tout à fait « *environnementales* » mais bien plutôt *psychiques*, parce qu'une grande partie d'entre elles ne viennent pas seulement de l'extérieur, mais plutôt de la vie psychique de la mère voire de son histoire ancienne réactualisée lors de la période de la grossesse.

C'est pour cela que ces travaux nous apportent deux points essentiels : d'une part, que les différences sexuelles se déterminent lors de la vie prénatale (à la *n'essence* donc) et, d'autre part, que l'opposition entre inné et acquis est trop simpliste, voire même que l'opposition entre *nature* et *nurture* ne suffit pas à expliquer les déterminants de la différence sexuelle et que nous devons, d'urgence, introduire le facteur psychique inconscient apporté par la psychanalyse dans ce débat.

En tant que psychanalyste, je suis bien loin de penser que, hommes et femmes, nous sommes enfermés dans la seule prédétermination génétique, phénotypique ou hormonale de la différenciation sexuelle. Même les neurobiologistes sérieux ne le pensent pas non plus. Par les deux voies de détermination biologique et psychique, toutes les deux transmises par le fonctionnement maternel interne, la base réelle du corps sexué est indéniablement déjà bien présente avant la naissance. Pour cela, il ne me semble pas honnête de penser que l'éducation puisse déterminer la sexuation. La base réelle du corps sexué n'est pas que biologique mais aussi bien psychique et inconsciente, selon tout ce que la psychogénétique peut nous apprendre en termes de précipité intergénérationnel aussi bien que selon la trame des échanges et des événements intersubjetifs actuels. En ce sens, en termes organiques, hormonaux, fonctionnels, potentiels, génétiques, phénotypiques et en termes psychiques inconscients, c'est-à-dire familiaux et intersubjectifs, nous naissons tous ou garçon ou fille. Ces deux aspects composent la base réelle de la sexuation appuyée qu'elle est sur le sexe d'appartenance.

La seule exception étant, non pas les bisexuels ni les homosexuels, qui sont d'abord des hommes ou des femmes, mais ceux chez qui les deux pôles coexistent dans un résultat théoriquement indéterminé du point de vue de la différenciation sexuelle, c'est-à-dire les intersexes. Ces cas nous montrent, d'une part, qu'un sujet donné ne peut porter *in fine* que les caractéristiques des deux sexes (masculin et féminin) et non les caractères d'un troisième sexe, ce qui veut dire qu'un degré théorique zéro du sexué serait à exclure. D'autre part, nous avons à souligner que la plupart des intersexes présente une véritable hiérarchisation de dominance soit masculine, soit féminine. Par leur exception, les intersexes nous confirment la règle de la sexuation qui est strictement et exclusivement binaire. Cela veut dire que les intersexes se situent bien dans la sexuation en étant eux-mêmes la preuve d'un réel du sexe toujours binaire.

FONCTION DE REPRODUCTION ET CYCLES FÉMININS À LA PUBERTÉ

À partir de la puberté, lorsqu'intervient *le deuxième facteur de détermination sexuelle*, la jeune fille, si nous ne parlons que d'elle, aura ses premiers cycles menstruels en lien avec sa capacité à enfanter dont les conditions fonctionnelles de base sont pourtant déjà données à la *n'essence*.

Pourquoi la nature produit-elle les deux sexes ? Pourquoi entre le troisième et le cinquième mois de la grossesse, l'organisme maternel envoie-t-il à tel fœtus de la testostérone et à l'autre des œstrogènes ? Pourquoi, à ce moment-là, l'univers hormonal s'inscrira-t-il selon celui chromosomique déjà présent depuis la fécondation ? Qu'est-ce qui permet que l'univers féminin (celui de la mère) où baigne l'embryon en train de se masculiniser, ou de se féminiser, « décide », à peine six semaines après la conception, de produire testostérone ou œstrogènes ? Les réponses seraient à donner, à mon avis, par le vécu placentaire qui englobe l'embryon, c'est-à-dire par ce qui représente l'inconscient maternel.

Nous savons que l'existence des deux sexes répond en principe aux besoins de la reproduction de l'espèce, fonction essentielle de la vie dont l'anatomie est le signe et le moyen parfois. Si l'essentiel de la différenciation sexuelle ne se situe pas dans l'anatomie, sa base est à trouver dans la fonction potentielle que chacun peut occuper dans la reproduction, le cas échéant. Cependant, cette base biologique n'est pas suffisante pour l'établissement d'un individu en tant que sujet homme ou sujet femme. Cela dépend de plusieurs facteurs, dont d'ailleurs l'éducation ou le conditionnement comportemental ne sont que des données anodines, tout à fait superficielles. Cela est plutôt la base sur laquelle s'exerceront les complexes familiaux, l'histoire de la trame inconsciente, le vécu du sujet et ce qui a été psychiquement transmis depuis des générations.

Lors de la puberté, les caractères sexuels primaires, comme les trompes, se développent grâce aux œstrogènes qui modifient également la morphologie de la jeune fille en dessinant les caractères sexuels secondaires (développement des seins et modification du bassin qui devient plus large, plus souple). À la fin de ce stade, le corps féminin est préparé pour la fonction de reproduction, laquelle est signée par le début des cycles menstruels, l'une des différences majeures entre femmes et hommes, mais également par son anatomie qui devient adaptée à un accouchement éventuel à venir.

De nombreux travaux montrent également les influences

hormonales des cycles menstruels dans le fonctionnement intellectuel et émotionnel en général, à partir de la puberté et lors de la ménopause, tels que ceux de Wolf & Kirschbaum (2002), Sisk (2005), Sherwin (2006) ou Farage, Osborn & MacLean (2008). Une autre étude neurologique a montré que l'expression génétique dans le développement du cerveau est plus active avant la naissance, lors des premiers mois de la grossesse, ainsi qu'au cours de la puberté et de l'adolescence (Pletikos, 2013).

Concernant spécifiquement quelques différences au niveau de la psychopathologie, nous savons par exemple que les femmes sont bien plus susceptibles d'éprouver des dépressions que les hommes. Ainsi, la psychiatre américaine Louann Brizendine, très attaquée par les féministes, s'est rendu compte, selon Tom Butler-Bowdon, que « *jusqu'à la puberté, les taux de dépression entre les garçons et les filles sont les mêmes* ». Alors, elle s'est demandé si « *les changements hormonaux chez les filles au début de l'adolescence pouvaient les rendre soudainement plus enclines à la dépression* » (Butler-Bowdon, 2006). Il s'agit d'un élément que nous observons aussi dans la clinique psychanalytique où certaines patientes se plaignent d'être beaucoup plus sensibles aux émotions, à la colère, au chagrin voire aux troubles dépressifs lors des phases menstruelles ou pré-menstruelles.

Louann Brizendine a alors tenté de répondre à cette question par des observations neurologiques. « *Les femmes et les hommes ont le même nombre de cellules cérébrales, mais celles de la femme sont plus serrées dans le crâne* » ; « *par rapport à la parole, à l'intelligence émotionnelle et à la capacité de stocker une mémoire riche, les femmes ont donc un avantage naturel* » ; « *le cerveau de la femme subit un stress plus important au cours du même événement que celui de l'homme, et ce stress est une manière de prendre en compte tous les risques possibles pour ses enfants ou sa cellule familiale* » ; « *les femmes utilisent en fait des parties du cerveau et des circuits différents de ceux des hommes pour accomplir les mêmes tâches, y compris la résolution de problèmes, le traitement du langage et, en général, l'expérience du monde* » ; « *des études ont montré que les hommes pensent au sexe en moyenne toutes les 52 secondes, alors que pour les femmes, c'est une fois par jour* » (Brizendine, ”The Female Brain”, in: Butler-Bowdon, 2006, p. 53).

Compte tenu de ces observations, Louann Brizendine en vient à considérer que si la jeune adolescente a autant besoin de faire du *shopping* ou de communiquer, par exemple, tout comme à éprouver des moments de déprime, c'est probablement « *à cause* » de modifications hormonales importantes à cet âge, telles qu'une fluctuation importante du niveau d'œstrogènes (l'une des hormones pour « se sentir bien »), de progestérone (le « valium du cerveau ») et de cortisol (l'hormone de l'anxiété) dans son cerveau. Ou encore par la production d'ocytocine, qui donne envie d'aimer et de se connecter aux autres, aussi bien que de dopamine, qui stimule les centres du plaisir du cerveau. Pour Brizendine, que ce soit pour plus ou moins d'œstrogènes, ou pour plus ou moins d'androgènes (les hormones associées aux agressions), ce qui est important d'observer, c'est que la période de la puberté amène de grandes fluctuations hormonales chez l'adolescente lesquelles fluctuations sont très différentes, en niveau, intensité et qualité, de celles du garçon. Ainsi, pour cet auteur, « *en résumé, à l'adolescence, les différents effets hormonaux sur le cerveau font que les hommes et les femmes partent dans des directions différentes : les garçons acquièrent l'estime de soi par l'indépendance des autres, tandis que les femmes l'acquièrent par la proximité de leurs liens sociaux* » (Brizendine, 2006).

À ce propos, nous savons aussi par d'autres études en psychologie de l'évolution, en neurologie, en psychiatrie et en psychanalyse que ce n'est pas la société dite patriarcale qui produit les différences sexuelles, comme s'il fallait démontrer cette évidence. Par exemple, David P. Schmitt conclut son étude sur l'évolution de la sexualité en affirmant que « *les hommes et les femmes ne sont pas toujours différents, mais quand ils le sont… cela ne semble pas résulter du patriarcat ou de la socialisation des rôles sexuels* » (Schmitt, 2014, 2015).

À une époque, on pouvait imaginer que les rôles sociaux sexués des filles et des garçons étaient principalement dus à l'éducation différenciée qu'ils recevaient. Aujourd'hui, nous savons que c'est plutôt le contraire. Ce sont les différences sexuelles, réelles et programmées biologiquement qui influencent directement la manière dont les enfants sont élevés. « *Par exemple, les filles naissent avec une ouïe plus sensible que les garçons, et ces différences s'accentuent au fur et à mesure que les enfants grandissent. Ainsi, lorsqu'un homme adulte s'adresse à une fille d'une voix qu'il croit normale, celle-ci peut considérer qu'il s'agit de cris. […] De même, les filles développent très tôt une connexion entre l'amygdale et le cortex cérébral, ce qui leur permet de parler de leurs sentiments négatifs. Chez les garçons, ces liens se développent plus tardivement. Par conséquent, si vous demandez à un adolescent en difficulté de vous dire ce qu'il ressent, il est souvent littéralement incapable de le faire* » (Sax, 2005). C'est pour ces raisons que Leonard Sax soutient que dans la famille, à l'école et au collège il serait bénéfique d'avoir autant une éducation qu'un enseignement très différenciés selon les sexes.

Sans aucun doute, la base biochimique de la fonction de reproduction n'est pas suffisante, mais elle est incontournable pour la différenciation des sexes, y compris dans les cas où telle femme, ou tel homme, n'aurait jamais d'enfants. Ce qui compte nécessairement pour l'établissement de la sexuation est le fait que notre corps est fait pour occuper la place soit du géniteur, soit de la maternité. Ceci n'est pas suffisant pour devenir un homme responsable ou une femme accomplie, mais c'est une condition *sine qua non*. Une telle condition est produite déjà dans la période de la *n'essence*, c'est-à-dire lors des 6, 5 ou 4 derniers mois de la vie du fœtus avant sa naissance. Pendant cette période, le fœtus a le temps de s'habituer inconsciemment à un corps masculinisé, ou à un corps féminisé, selon les places potentielles qu'il pourra occuper plus tard dans la fonction de reproduction. Cela peut laisser des traces très fortes qui seront plus tard mobilisées psychiquement.

Toutefois, lors de la *n'essence*, nous ne pouvons pas faire abstraction d'un facteur essentiel qui n'est ni biologique ni génétique ni purement hormonal non plus. Ce facteur peut se lier à l'hormonal, mais il ne se confond pas avec celui-ci. En plus de la part chromosomique de base (génétique) et le début, entre le 3ème et 5ème mois de la grossesse, d'une sexualisation du cerveau du fœtus (hormonal) — laquelle sexualisation sera opérationnelle plus tard, par exemple, dans les cycles de reproduction (phénotypique) chez la femme ou dans l'absence de cycles chez l'homme —, nous avons la relation de tout cela avec un contexte extime, non seulement vital et biologique mais surtout psychique, intersubjectif, élaboré inconsciemment par le vécu placentaire.

FONCTION DU PLACENTA ET FACTEURS TRANSLUCIDES

FONCTION PLACENTAIRE À LA *N'ESSENCE*

UN TROISIÈME FACTEUR : L'ENVELOPPE TRANSLUCIDE

À part le facteur chromosomique et celui hormonal, le troisième facteur de la détermination sexuelle, représenté par le vécu de l'enveloppe translucide ou placentaire, sorte de caverne platonicienne avant la naissance, équivaut au psychisme maternel exerçant son influence involontaire sur l'enfant à naître.

Le constat est que la mère se trouve inévitablement confrontée à toute une série d'événements intersubjectifs historiques, familiaux, actuels, de désir, amour et angoisse, de vécu problématique ou serein, de projections, identifications, doutes, émotions, affects... qui se précipitent avec force dans son corps lors de la grossesse. Ces événements intersubjectifs de la vie maternelle peuvent influencer énormément, d'une part, le type de lien entre les hormones sexualisantes et la base chromosomique déjà là et, d'autre part, les impressions psychiques de la vie placentaire, à savoir les échos, les effets translucides, les ombres, les sensations et autres émotions et affects que le fœtus éprouve (Arce Ross, 2013b). Cela peut provoquer, soit synchroniquement une plus grande ou une plus petite sexualisation hormonale du cerveau, en accord ou non avec la base chromosomique, soit diachroniquement, si cela est emmagasiné pour se manifester plus tard non seulement dans l'identité sexuelle mais également dans l'orientation sexuelle.

En psychologie clinique, psychopathologie et psychanalyse, nous ne considérons pas en général que les questions psychiques trouvent leur origine, encore moins leur cause, dans le cerveau. Cependant, si nous ne croyons pas que la sexuation et le sexuel en général se résument au biologique, qu'il soit génétique ou hormonal, il serait irresponsable de nier la réalité, la valeur et la fonction de l'organique comme étant une partie essentielle, largement majoritaire, de la base nécessaire pour la détermination des sexes, la plus grande preuve étant les intersexes qui naissent avec les composantes organiques et biologiques des deux sexes. D'ailleurs, du seul fait biologique, l'intersexualité se trouve également présente chez les insectes, notamment les papillons, et les crustacés (Goldschmidt, 1932). Chez l'homme normalement sexué, après la formation de l'identité sexuelle lors de l'acceptation de l'identité sexuée reçue par le réel du sexe, l'accord du sujet avec l'orientation sexuelle induite par le réel du sexuel, les rôles sociaux sexués que même le nourrisson assume en fonction de son sexe d'appartenance, constituent autant d'aspects qui viennent se superposer sur cette base de la *n'essence*.

Cependant, comment pouvons-nous déduire l'existence de la fonction placentaire à l'œuvre dans ce que j'appelle la *n'essence* ?

PHÉNOMÉNOLOGIE DU VÉCU PLACENTAIRE

Plusieurs expériences, que l'on peut faire soi-même avec un peu d'astuce lorsque l'on attend un enfant, montrent que le fœtus est sensible et réagit aux impulsions de sons, d'odeurs et de lumière dans le placenta. *« Si vous projetez une lumière très vive à l'intérieur de l'utérus, le fœtus s'en détournera. De même, les médecins soupçonnent que le fœtus peut détecter une faible lueur si une lumière puissante est pointée directement sur le ventre de la maman. L'échographie a également révélé que les fœtus ouvrent et ferment progressivement les yeux de plus en plus à l'approche de l'accouchement, comme s'ils s'entraînaient à cligner des yeux et à voir dans le monde extérieur »* (Flynn, 1999). L'interrelation avec le fœtus peut prendre un tournant très intense à certains moments de la grossesse, tels que l'échographie du 5ème mois, et elle peut se réaliser à travers des représentations positives et négatives, des attentes puissantes et des angoisses, que la mère ou les parents peuvent projeter sur le futur enfant (Viaux, 2011).

Dans un texte sur « Empreintes et ruines olfactives » (Arce Ross, 2021), nous avons eu l'occasion de citer un certain nombre de faits qui nous permettent de dire que les essences principales du corps de la mère sont captées olfactivement pour la première fois par le nez du fœtus lors de la période de la n'essence. En effet, le système olfactif du fœtus fait partie des premiers sens à se mettre en place et il se développe de manière plus aiguë à partir du 7ème mois de grossesse. Lors de cette période, *« les substances odorantes transportées par le liquide amniotique lui donnent ainsi une première expérience olfactive qui influencera ses préférences après la naissance »* (Frasnelli, 2017). Si ces substances proviennent en général de l'alimentation de la mère, il s'agit surtout d'essences internement fabriquées par le corps de la mère en fonction de ses états affectifs et émotionnels. L'enfant à naître est ainsi en strict lien avec les conséquences sensitives des relations intersubjectives et psychiques de la mère (Arce Ross, 2021, pp. 199-200).

Les connaissances sur l'impact du sensoriel lors de la n'essence, par exemple de l'olfaction, sont aussi apportées par l'observation des nouveaux-nés prématurés. Ces expériences montrent « *que les enfants prématurés, y compris les plus immatures, sont aptes à détecter, discriminer, mémoriser et catégoriser les odeurs. Ainsi, les performances olfactives du nouveau-né prématuré sont quasiment comparables à celles observées chez le nouveau-né à terme* » (Marlier, Gaugler, Astruc, Messer, 2007). Également, on a pu observer que « *les nouveau-nés exposés à l'anis avant la naissance ont une préférence pour cette odeur, alors que les nouveau-nés non exposés à cette odeur ont une réaction neutre ou une aversion face à cette odeur* » (Schaal, Marlier & Soussignan, 2000). En outre, le nourrisson et la mère étant radicalement et conjointement concernés, l'expérience olfactive se présente toujours comme réciproque car, « *si le nouveau-né peut reconnaître sa mère à son odeur [...], dès le deuxième jour après l'accouchement, les mamans sont capables de reconnaître l'odeur de leur bébé si on leur fait sentir des layettes ayant été portées par différents bébés dont le leur* » (Cernoch & Porter, 1985). Enfin, dans tous les cas de figure que l'on a pu observer, le nourrisson a clairement une préférence marquée pour l'odeur du lait maternel, en général, en comparaison à d'autres produits, d'autant plus s'il s'agit de l'odeur de celui de sa propre mère (Marlier & Schaal, 2005 ; Arce Ross, 2021, p. 200).

La phénoménologie du vécu placentaire nous montre également les différences qui existent à la période de la n'essence entre filles et garçons, par exemple, par rapport à la taille, au poids, à l'activité motrice ou à la nourriture. Ainsi, les garçons sont beaucoup plus dépendants que les filles des capacités ou des conditions nourricières de leur mère. « *La croissance de chaque fœtus humain est limitée par la capacité de la mère et du placenta à lui fournir des nutriments. À la naissance, les garçons ont tendance à être plus longs que les filles, quel que soit le poids placentaire. Les placentas des garçons peuvent donc être plus efficaces que les filles, mais peuvent avoir une capacité de réserve moindre. Dans l'utérus, les garçons grandissent plus vite que les filles et sont donc plus à risque de devenir sous-alimentés. [...] La plus grande dépendance des garçons vis-à-vis de l'alimentation de leur mère peut leur permettre de tirer parti d'un approvisionnement alimentaire en amélioration, mais cela les rend vulnérables aux pénuries alimentaires. La manifestation ultime de leurs stratégies dangereuses peut être que les hommes ont une pression artérielle plus élevée et une vie plus courte que les femmes* » (Eriksson & al., 2009).

Le vécu sous l'architecture du placenta est fondamental sur plusieurs niveaux et aspects pour la vie de chaque sujet. Dans la mesure où la vie physique, psychique et même sociale ne commence pas à la naissance, mais bien lors de l'expérience de la n'essence, il se trouve que les questions liées au réel du sexe interviennent également, chez l'enfant à naître, dans une sorte de communication avec la mère contenante.

À cet égard, selon une étude effectué à l'Université de Cambridge, la bataille entre les sexes commence déjà à la n'essence, lorsque les gènes du père et de la mère s'affrontent au sujet de la nutrition par exemple, et en fonction de la communication mère-fœtus. « *L'une des théories sur les gènes imprimés est que les gènes transmis par le père sont avides et égoïstes. Ils veulent extraire le plus de ressources possibles de la mère. Mais les gènes transmis par la mère agissent comme des contre-mesures pour équilibrer ces demandes. […] Dans notre étude, le gène du père pousse le fœtus à demander de plus gros vaisseaux sanguins et davantage de nutriments, tandis que le gène de la mère dans le placenta tente de contrôler la quantité de nourriture qu'elle fournit. Il s'agit d'un bras de fer, d'une bataille des sexes au niveau du génome"* » (Constância, 2021 ; Sandovici et al., 2022). Cette équipe de chercheurs affirme que ces découvertes permettront de mieux comprendre comment le fœtus, le placenta et la mère communiquent entre eux pendant la grossesse.

Dans la même veine et lors d'une étude dans le domaine sociologique et économique, des chercheurs indiens soutiennent avoir trouvé des « *différences significatives dans les choix de soins de santé prénataux des femmes enceintes de garçons par rapport aux femmes enceintes de filles* » (Bharadwaj & Lakdawala, 2013). Animés par l'idéologie féministe, ces chercheurs considèrent que les jeunes mères enceintes « *adoptent un comportement discriminatoire* » en fonction du sexe du fœtus, en ce sens « *que les mères se rendent plus fréquemment dans les cliniques prénatales et se font vacciner contre le tétanos lorsqu'elles sont enceintes d'un garçon* ». Cependant, ils concèdent que l'attitude de ces jeunes mères est déterminé par un facteur naturel en fonction du sexe de l'enfant à naître, à savoir « *les complications médicales qui pourraient amener les fœtus masculins à recevoir davantage de soins prénatals en général* » (Bharadwaj & Lakdawala, 2013). En plus de cela, il y a la connaissance de ces jeunes mères sur les besoins et sur la dépendance nourricière plus importants chez l'enfant masculin à naître, c'est-à-dire quelque chose qui n'a rien à voir avec aucune discrimination idéologique mais bien avec la constitution biologique de chaque sexe à la n'essence. En revanche, il n'est pas exclu, comme le soutiennent ces chercheurs, que ces « *choix de soins prénataux* » produisent également des influences notables sur le fœtus, alimentant ainsi les éléments qui entrent en compte dans ce que je peux désormais appeler le *facteur translucide* de la n'essence comme un vecteur de modelage du sexe déjà là.

MANQUE-À-ÊTRE DE LA N'ESSENCE

Pour reprendre le débat sur l'inné et l'environnement, je tiens à souligner que, nous, psychanalystes n'avons pas non plus à céder aux théories comportementalistes, éducatives ou sociologiques, imprégnées d'idéologies ultraféministes, égalitaristes ou *queer,* qui prônent la « *culture* » et ses « *stéréotypes* » comme les déterminants de la différence sexuelle. La notion idéologique et identitaire de genre est un symptôme de la complicité entre un discours perverti de la science, l'idéologie égalitariste et les modes sociétales. Notons, en outre, que les antistéréotypes genristes, qui appartiennent à ce discours égalitariste et hypermoraliste, sont aussi eux-mêmes des stéréotypes et des préjugés.

En termes de sexuation, on est ce que l'on apporte au monde dans l'étant de notre sac corporel. Ce n'est ni modal, ni sociétal, ni idéologique. C'est du pur « étant » qui, dans sa confrontation avec la déréliction du *Dasein*, devient un profond manque-à-être. Il nous manque-à-être à cause de la mort. Il nous manque-à-être à cause de notre rapport obligatoire au langage. Il nous manque-à-être à cause de la présence indépassable d'un seul sexe. Et on pourrait dire que chez l'intersexes, il manque peut-être *a half* de chaque côté, bien qu'en général il y ait une dominante (masculine ou féminine) qui finit par s'imposer. Il nous manque-à-être donc à cause de la sexuation. La sexuation n'est pas seulement ce processus positif et positiviste qui nous permet de nous situer en tant qu'homme ou en tant que femme. Il est surtout ce processus qui, étant ce qu'il est avant la naissance de l'être qui souffre son existence, nous pousse à chercher sans cesse ce que nous ne sommes pas et qui nous manque-à-être, ou ce qui nous manquerait pour être complets. Tout en sachant que c'est là où la suppléance de l'amour trouvera en nœud, en tresse, en fil, en gouttes ou en morceaux, un nouveau *sinn und bedeutung* (Frege, 1892) concernant le manque-à-être de la n'essence.

L'amour vient sans doute apaiser symboliquement la souffrance réelle de la sexuation. Binaire sexuel de la différence absolue (Lacan, 1964, 1973, p. 248), la sexuation nous indique surtout ce que nous ne sommes pas. L'homme aime une femme qui n'a pas ce qu'il a, mais qui peut être beaucoup plus qu'il n'est ; tandis que la femme aime un homme qui n'est pas ce qu'elle est, mais qui, pense-t-elle, peut lui donner ce qu'elle ne peut pas avoir toute seule. Justement, à ce propos, Lacan affirme que « *c'est pour ce qu'elle n'est pas qu'elle entend être désirée en même temps qu'aimée* » (Lacan, 1966, p. 694). Si la n'essence se pose comme domaine du manque-à-être absolu, la naissance jette le sujet dans la dialectique du sens et de la signification de l'amour. Il s'agit d'un univers où les arrangements avec la jouissance phallique permettront de sublimer, dans le fantasme, le manque-à-être de origine voire de suppléer par l'amour à la forclusion du sens de l'être-pour-la-mort. Indépendamment des modes et des époques, les hommes et les femmes ne s'arrangent pas du tout de la même façon.

Un vécu translucide sous l'architecture du placenta

Pour faire référence aux relations mère-enfant lors de la n'essence, parlons ici d'un bout de placenta, plutôt que de sein, en ce sens que cet objet n'est pas encore en fonction à ce moment-là.

Notons que quand on parle de placenta en psychanalyse, on fait presque inévitablement référence au traumatisme de la naissance d'Otto Rank (1924, 2019). Cependant, nous n'avons besoin ni de reprendre sa théorie sur un éventuel traumatisme qui pousserait le nouveau-né à vouloir retourner fantasmatiquement à sa vie avant naissance, ni forcément parler d'un nouveau mode de trauma intra-utérus non plus. Nous pouvons d'ailleurs concevoir le séjour intra-utérus comme une expérience prétraumatique, voire comme non traumatique. Nous pouvons en revanche étudier les traces de mémoire inconsciente concernant le séjour de certains sujets sous l'architecture du placenta. Ces traces existent dans les rêves ou dans les associations libres de sujets en analyse qui revisitent leur prime enfance, mais elles existent également dans les réactions affectives et émotionnelles des femmes enceintes ou des jeunes mères.

Cela dit, d'après les données de la clinique, nous pouvons concevoir une angoisse primordiale, et non traumatique, existant avant la naissance, c'est-à-dire avant ce passage de désenveloppement, traumatisant ou non, qui constitue la naissance. La naissance serait une expérience de perte de l'enveloppe maternel, le placenta. L'acte de naissance pourrait ainsi être figuré plus tard dans l'attitude frénétique des petits enfants qui jubilent presque dans la destruction, la remotion ou la traversée de tout ce qui ressemble à des enveloppes : les papiers-cadeaux qui sont détruits en quelques secondes, les jeux de dévoilement du visage (couvertures, tissus, rideaux) dont l'angoisse du huitième mois en est le paradigme, l'intérêt aigu pour les sources sonores ou les points de chaleur, le plaisir certain à jouer avec l'eau et les liquides comme s'il fallait les traverser. La mère a été une enveloppe liquide et l'enfant peut avoir des réminiscences inconscientes de cette expérience sensible et psychique, d'autant plus que, par la naissance, il l'a perdu à jamais.

L'architecture du placenta constitue une enveloppe liquide par laquelle l'expérience de la vie psychique, avec éventuellement ses effets d'angoisse, de mort ou d'angoisse de mort, est déjà présente bien avant la naissance. La naissance ne serait pas ainsi le début de la vie psychique, mais un autre mode de vie où le psychisme se voit dépourvu de l'enveloppe qu'il connaissait auparavant. Dans l'expérience de la n'essence, le sujet pouvait réagir de manière liquide aux vibrations affectives et émotionnelles de l'enveloppe maternel. Tellement que, dans les cas où la mère se trouve confrontée à des angoisses de mort intenses et non dialectisables, le fœtus peut en souffrir et pourquoi pas se suicider avant même de naître. Imaginons ainsi qu'un enfant à naître puisse capter toute l'angoisse de mort de la mère dans son état de vie à l'intérieur du placenta, mais qu'il n'accomplisse cet acte que bien plus tard en fonction d'autres variables de sa vie postnatale.

Le placenta comme objet pulsionnel, voire comme objet perdu (mais probablement sans deuil), est parlant dans plusieurs phénomènes de la clinique et de la vie psychique normale. Voyons seulement à quelles conditions le pulsionnel peut être un objet du corps de l'Autre.

Je ne voudrais pas trop développer ici mes réflexions sur l'architecture comme projet artistique corporel et pulsionnel déjà travaillées ailleurs (Arce Ross, 2021), mais il y a le discours très intéressant d'une patiente qui va dans ce sens. Elle cherchait à donner une signification plus précise à ses expériences dans la serre qu'elle avait dans son jardin. Serait-ce un représentant d'un ordre maternel mais oublié ? Alors, elle évoque les cathédrales, les églises (Follet, 1990 ; Jaq, 1998). Pourquoi les cathédrales sont-elles construites de la même façon, dans l'architecture classique, baroque, moderne, peu importe, avec un plafond si haut par exemple ?

L'ambiance particulière d'une église, où l'on se sent seul et en même temps accompagné d'une présence non identifiée, où l'on entr'aperçoit la lumière extérieure, filtrée par les vitraux de façon mi-opaque mi-lumineuse comme dans un rêve, le plafond si haut, oblong, qui répercute sans cesse, comme dans une gigantesque précipitation vertigineuse, l'écho des voix, des coups de cœur, des borborygmes et des gestes, la force impérieuse de reflets liquides, de lumières spectrales, y compris l'opacité blanche ou le scintillement noir tout revêtu en nuances de gris, et pourquoi pas la chaleur infrarouge ou même le rayonnement ultraviolet…, nous font penser à l'atmosphère possible d'un gigantesque placenta. L'embryon et ensuite le fœtus, à l'intérieur du ventre maternel, doivent éprouver des sensations équivalentes avec ce que l'on ressent à l'intérieur d'une cathédrale.

Alors, on pourrait dire que si la religion est du Père, la cathédrale nous rend la Mère. En effet, normalement, les architectes des cathédrales essaient de nous faire recréer un état d'esprit propice à la prière, à la réflexion, au bien-être, à la sérénité, à l'introspection, etc., probablement parce qu'ils prennent inconsciemment modèle dans le vécu placentaire. Si cela est vrai, le bébé dans le placenta doit y éprouver des sentiments analogues, la croyance religieuse en moins.

Nous pouvons déduire l'existence de quelques aspects de la phénoménologie de la vie psychique sous l'architecture du placenta qui nous permettront de définir ce que nous entendons par *facteurs translucides*. Nous savons, en effet, que le vécu placentaire est rempli d'innombrables stimulations sensorielles et de réactions sensitives en fonction d'éléments extimes, c'est-à-dire qui proviennent de l'extérieur, notamment de l'Autre maternel. Une telle association dans le vécu placentaire entre stimulations sensorielles et réactions sensitives serait alors une preuve de la vie psychique de l'enfant à naître lors de la n'essence.

De toutes les modalités d'extimité sensorielle présentes dans l'intime de la n'essence, telles que celles tactiles, auditives, olfactives, gustatives, scopiques, nous allons plutôt choisir ces dernières comme emblèmes des facteurs dits translucides. Par la suite, nous allons commenter quelques-uns des facteurs translucides qui seraient, par exemple, la transextimité, la prééminence du corps au détriment du visage, les actes parasexuels et l'expérience de l'identité réelle.

TRANSEXTIMITÉ ET TRANSHOLDING TRANSITIONNEL

Pour pouvoir évoquer la transextimité, nous partons de l'hypothèse de l'extimité dans le vécu placentaire dans la mesure où il y a une part radicale de l'Autre (une part extime) qui joue un rôle très important, inévitable même, dans le noyau le plus intime de l'étant.

Ceci est vrai dans toute relation intersubjective, sauf que dans le vécu placentaire, dans la n'essence qui précède chaque naissance, nous ne pouvons pas vraiment parler de relation intersubjective mais plutôt d'*inclusion transsubjective*. L'embryon ou le fœtus y est inclus dans un Autre sujet avec lequel il ne peut pas avoir de relation directe car entre les deux il existe une membrane et un liquide enveloppants. La relation entre l'embryon, ou le fœtus, et l'Autre maternel ne peut être alors que transsubjective, c'est-à-dire qu'elle se réalise au-delà et à travers l'inclusion d'une série d'événements sensitifs, réels, asymboliques, dans cette enveloppe translucide.

Le problème toutefois de la transexitimité se produit lorsque l'enfant à naître est tellement investit par l'extimité maternelle qu'il peut — après-coup, après la naissance — se concevoir comme un prolongement de la mère, s'annulant ainsi dans l'Autre en tant que sujet capable d'autonomie.

Si la relation transsubjective est aussi transvocale et transtactile en plus de transscopique, c'est-à-dire en général transsensorielle, elle est surtout transémotionnelle et transaffective. Les interactions les plus intenses de la relation humaine constituant le psychisme sont celles vécues, sous l'architecture du placenta qui soutient l'enfant à naître, dans une ambiance de *transholding* transitionnel. Tant pour la mère que pour le futur nourrisson le personnage principal de cette scène originaire est bien l'enfant à naître. Sans lui, il n'y a ni l'un ni l'autre. Le placenta soutenant et l'un et l'autre, l'expérience de la n'essence aura alors des répercussions impressionnantes aussi bien pour le psychisme de la mère que pour celui du futur sujet à naître.

PRÉÉMINENCE DU CORPS ET ABSENCE DE VISAGE

Dans le vécu placentaire, le corps comme un tout joue un rôle très important, ce qui n'est évidemment pas (encore) le cas du visage, car le fœtus s'y trouve sans miroir. Si dans la vie postnatale le visage peut se concevoir comme une sorte de miroir de l'Autre, cela veut dire qu'il n'y aurait pas de visage sans miroir.

Dans la n'essence ou vécu placentaire, le pur état de fonctionnement corporel du fœtus agit sous un mode strictement sensoriel ou plutôt transsensoriel et transaffectif, car l'un des corps ressent fortement l'autre. Non seulement la mère ne peut pas faire sans le bébé qu'elle porte et celui-ci est entièrement porté par elle et en dépend pour sa survie, mais également les interactions et parfois les communications inconscientes sont réelles et intenses. C'est cela la base de la transextimité.

Dès la période de l'embryon, la construction du cerveau se fait dans et par cette ambiance psychique transrelationnelle représentée et soutenue par l'architecture même du placenta. La mère, au fond, est un placenta contenant et le bébé, le contenu de celui-ci. Si le psychisme du sujet peut se déterminer en grande mesure lors du vécu translucide de l'expérience placentaire, on peut également supposer, en respectant les limites de chaque champ, que le neurologique serait en partie le résultat inévitable du fonctionnement psychique.

Le psychisme translucide est une expérience transcorporelle et transsensorielle où les bases organiques fondamentales vont se construire et se fixer. Si les bases physiologiques, organiques, anatomiques et neurologiques peuvent être sans doute neutres (bien qu'il y ait quand-même des déterminations génétiques forcément inévitables), l'ambiance psychique translucide leur apportera une couleur, une forme, une structure, une cristallisation qui sera singulière et pas neutre du tout.

En ce sens, l'inné serait à comprendre comme un environnement radicalement intime où, paradoxalement, le transextime jouerait un rôle éminent. C'est en tant qu'il est vécu comme une expérience transrelationnelle de deux corps sans visage que l'inné psychique déterminera en grande mesure les modes d'existence sous la forme d'actions et réactions de la vie postnatale.

Dans le jeu d'enveloppes translucides de l'expérience placentaire, l'inné est ainsi complètement modelé dans une ambiance dominée par l'acquis, à tel point qu'il n'y aurait pas lieu d'y opposer, dans ce cas particulier, inné à acquis. Nous devrions alors concevoir l'existence d'un troisième élément qui dissoudrait la dichotomie entre inné et acquis : l'expérience translucide inconsciente de la n'essence en tant qu'elle jouerait le véritable rôle de détermination causale.

Imaginons par exemple que, pour des raisons appartenant surtout au psychisme de la mère, l'enfant à naître se connecte avec une angoisse non maîtrisable. Si la réception et l'absorption placentaires de cette angoisse étaient possibles, nous devrions être en mesure d'étudier les éventuels liens entre l'angoisse de mort de la mère et certains actes autodestructeurs à l'âge adulte de l'enfant à naître.

En somme, l'expérience translucide, à savoir cet espace du vécu fondamental pour l'enfant qui représente et véhicule les événements psychiques de la mère au fœtus, est bien l'expérience de la n'essence où se produisent et fixent pour toujours l'un des deux sexes pour chaque sujet. La détermination et construction du réel du sexe ne va donc pas sans la charge affective inconsciente de la mère transmise par le moyen des facteurs translucides.

ACTES PARASEXUELS (EN DEHORS DE LA PROCRÉATION POTENTIELLE)

Si la grande majorité de la pratique sexuelle se fait sans un but de procréation mais avec une fin de simple plaisir ou avec une intention d'aller au-delà du plaisir dans ce que l'on appelle la jouissance, elle ne peut toutefois s'effectuer qu'entre les deux sexes ou leurs représentants. Chaque acte parasexuel — à savoir chaque acte où le sexe est impliqué en dehors de la différence sexuelle comme avec des partenaires de même sexe ou avec des objets, des jouets, des animaux, des robots ou en solitaire — pose l'objet comme faisant fonction de l'Autre sexe.

Toute pratique de la sexualité, avec n'importe quel objet et avec n'importe quel but (procréatif, de pur plaisir ou, au contraire, de jouissance), est dominée par l'acte qu'impose la prééminence de l'Autre sexe. Si la pratique de la sexualité est toujours dominée par la différence sexuelle, cela implique forcément un sexe en manque et un Autre capable de restituer le manque par sa potentialité d'apporter ou de créer la vie.

Le mythe d'Adam et Ève illustre bien que c'est par l'opération où l'homme est dépouillé d'un élément de son corps pour en créer un Autre qu'il existera en tant qu'être sexué et sexuel. Tant qu'il n'y a pas de corps féminin, marqué par sa potentialité de porter la vie, il n'y a pas de sexe, il n'y a pas d'être sexué. C'est la création d'Ève, à partir d'un reste qui dé-complète l'homme et le rend manque-à-être, qui fait qu'il puisse être sexué et désirer. Dès lors, il est impossible de sortir de ce schéma dans le domaine de la sexualité. Toute tentative d'y échapper est condamnée à répéter ce modèle avec des objets faisant fonction de l'Autre sexe.

Le corps féminin, dans sa forme et structure travaillées par la potentialité de créer la vie va dès la conception jusqu'à la mort y compris chez les femmes naturellement ou artificiellement infertiles. Des techniques comme la vasectomie ou la ligature des trompes ne sauraient apporter des arguments pour s'opposer à notre point de vue, en ce sens que ces mesures médicales confirment justement la potentialité de procréation que possède chaque sexe dans et par l'acte sexuel.

La procréation se matérialise dans l'existence de l'enfant à naître, logé pour un temps dans le ventre maternel, situation qui ne pourrait pas aller sans une haute valeur d'estime et satisfaction pour la femme qui s'y prête. L'enfant à naître est inévitablement le produit direct d'un acte sexuel, éventuellement d'amour, catapultant un homme comme possible père et une femme comme mère certaine et extrêmement valorisée, à vie. En tant que tel, c'est-à-dire par sa seule présence, l'enfant à naître non seulement devient la preuve même de la réussite naturelle de la différence sexuelle mais, en outre, il permet sa propre valorisation ainsi que celle de la mère.

Comme nous l'avons rappelé dans la partie précédente, depuis au moins 1965, on s'est rendu compte de quelques actes parasexuels (c'est-à-dire, faisant fonction de sexualité) chez les nourrissons de huit à dix mois qui probablement imitent inconsciemment le comportement sexuel des adultes (Lewis, 1965). Toutefois, nous pouvons nous demander si cela est vraiment une imitation tardive ou plutôt une activité sexuelle ou présexuelle appartennant à la vie placentaire, indirectement influencée par la relation transsensorielle avec la mère enceinte. L'extrême valorisation maternelle de son enfant à naître peut-elle induire celui-ci à réagir de manière parasexuelle, ou présexuelle, mais inconsciente à ces stimulations transaffectives ?

En tout cas, il a été prouvé que le fœtus peut présenter des activités qui concernent les organes sexuels : lubrification vaginale chez la fille et érection chez le garçon tant dans le vécu placentaire qu'à la naissance et lors de l'allaitement, par exemple. En Côte d'Ivoire, il y a eu même un cas de priapisme chez un nouveau-né à la suite de l'accouchement et qui s'est résorbée 24 heures après la naissance (Agbara, Moulot, Ehua et al., 2021 ; Gozlan, 2021). Cet état de fait serait-il un transfert de l'activité parasexuelle du fœtus juste avant la naissance ? Est-ce que cela peut avoir été une réaction à l'augmentation de la libido maternelle lors de la grossesse, maintenue néanmoins inhibée quant au but par la mère, mais reportée sous la forme d'affection envers l'enfant à naître ?

RÉEL DE L'IDENTITÉ ET EXCLUSION DE LA PROPRE ORIGINE

Nous pouvons déduire de ce que Lacan a dit en 1975 que, selon lui, on ne peut pas fabriquer sa propre identité, celle appartenant au réel d'origine. Toute autre fabrication d'identité se verrait condamnée à se superposer à l'identité réelle en produisant par-là inévitablement un conflit permanent et insoluble avec elle. Nous pouvons, en outre, constater dans ce même passage que selon Lacan l'expérience placentaire a une réelle importance pour la constitution du sujet. Ainsi, le réel de l'identité sexuelle c'est l'identité sexuée, celle d'origine.

Si, comme je le soutiens, l'identité procède d'une perte — celle représentée par le placenta perdu et par ce qui a été vécu lors la n'essence (ou vie intra-utérine un peu avant de naître où pullulent les facteurs translucides) —, on trouve chez Lacan une version similaire à mon idée. Voici ce que dit Lacan à ce propos. *« Il est évident que ce n'est pas à celui de sa mère qu'il est suspendu, c'est à son placenta. C'est du fait d'être né de ce ventre-là, et pas d'ailleurs, qu'un certain être parlant, ou encore ce que j'appelle pour l'instant, ce que je désigne du nom de parlêtre — ce qui se trouve être une autre désignation de l'inconscient —, c'est bien d'être né d'un être qui l'a désiré ou pas désiré, mais qui, de ce seul fait le situe d'une certaine façon dans le langage, qu'un parlêtre se trouve exclu de sa propre origine »* (Lacan, le 26 janvier 1975, 2019, p. 36). C'est justement parce que l'on est exclu de sa propre origine que l'on ne peut pas fabriquer soi-même sa propre identité. À la naissance, tout ce qui a été élaboré lors de la n'essence, reste indélébile ; c'est trop tard, c'est déjà fait et cela ne dépend aucunement du sujet. En plus, Lacan marque bien que la perte définitive ou l'exclusion de l'origine — aussi bien que, nous pouvons ajouter, l'impression à vie de son identité —, fait qu'avant de devenir être parlant et appartenant involontairement déjà au réel de son sexe, le sujet devient un être parlé au moment même de la perte du placenta.

De là, se déduit également que l'identité indique de quel placenta provient le sujet et à quel sexe il appartient avant même de naître.

La position de Lacan sur cette question n'est pas nouvelle parce que vingt ans plus tôt, soit dans son *Discours de Rome*, en septembre 1953, il avait déjà souligné le fait que l'identité se forme bien avant la naissance. Il affirme cela en se posant des questions sur les *« cadres nominaux »* de l'alliance et de la parenté, à la base des lignées familiales et où se situent *« les déterminations de l'inconscient »*. Il y répond par une autre question. *« Et comment appréhender les conflits analytiques et leur prototype œdipien hors des engagements qui ont fixé, bien avant que le sujet fût venu au monde, non pas seulement sa destinée mais son identité elle-même ? »* (Lacan, 1953, 2001, p. 137).

En parlant de cela, une question m'a été posée. Entre n'essence et naissance, ou entre naissance et première année de vie, à quel moment l'enfant à naître, ou le nouveau-né, peut-il avoir conscience ?

Bien malin celui qui puisse déterminer avec précision le moment originel de l'éveil à la conscience. Si nous prenons, comme dit Freud, le système perception-conscience, nous pouvons considérer un premier stade de démixtion entre les deux. À savoir, que lors de la n'essence, c'est-à-dire entre quatre et six mois avant la naissance, il peut il y avoir perception mais sans conscience.

La perception inconsciente, faite de pure impression sensitive et émotionnelle — ce qui est le trait fondamental du facteur translucide —, pourrait ainsi être la condition de la conscience à venir. Quand ? À quel moment ? Je ne saurais le dire. Cependant, la conscience du monde n'est pas d'abord une reconnaissance de la conscience de l'Autre sur ce qui nous différencie ?

Identité sexuée et facteurs translucides

En 1965, en effectuant une évaluation de l'ontogénie de l'activité sexuelle ou sexualité, le biologiste Milton Diamond avait déjà postulé l'existence d'un *"pre-birth factor"*, ou facteur de prénatalité. Partant *« de nombreuses preuves sur le fait que les espèces non humaines sont fixées dans un sexe particulier à la naissance, tant sur le plan comportemental que sur le plan morphologique »*, Diamond tient à prouver l'existence d'un sexe et d'une sexualité inhérents déjà à la naissance chez l'homme et cela indépendamment de la stricte orientation sexuelle qui peut évidemment être modulée à l'avenir (Diamond, 1965). Cela dit, Diamond tient à préciser l'existence de dispositions importantes pour la position sexuelle déjà dans la période prénatale. À ce propos, de notre côté, nous pouvons considérer une différence importante entre *posture ou identité sexuée* (homme ou femme) et *orientation sexuelle* (l'activité sexuelle en fonction de la tendance à choisir un objet ou un autre).

Milton Diamond s'attaque à la théorie de John Money sur la neutralité sexuelle lors la naissance en défendant le point de vue selon lequel *« bien que les êtres humains puissent s'adapter à un rôle de genre imposé à tort, (a) cela ne signifie pas que les facteurs prénataux ne sont pas normalement influents, et (b) ils le font difficilement s'ils n'ont pas de prédisposition prénatale et biologique* » (Diamond, 1965). Plus précisément, dans la partie analytique de son article, Diamond tient à souligner qu'en raison, « *surtout d'influences hormonales prénatales et génétiques, les êtres humains sont vraiment prédisposés à la naissance vis-à-vis d'une orientation sexuelle masculine ou féminine. Le comportement sexuel d'un individu, et donc le rôle de genre, ne sont pas neutres et sans direction initiale à la naissance. Néanmoins, cette prédisposition sexuelle est seulement une potentialité fixant des limites à un modèle qui est grandement modifiable par l'expérience ontogénétique* » (Diamond, 1965).

Et c'est là où l'on constate la difficulté, aussi bien pour les défenseurs que pour les contradicteurs non-psychanalystes du genrisme, de voir la question du sexe, de la sexuation, du sexuel et de la sexualité en dehors de la diade *nature-nurture*. Il manque à ces deux types de chercheurs le point de vue des questions inconscientes que la psychanalyse apporte et qui ne se trouvent complètement absorbées ni par l'environnement ni par le biologique, ni par l'éducation ni par le prénatal génétique. L'inconscient est un espace intermédiaire et différent entre biologique et environnement, entre éducation et génétique. L'inconscient est une sorte de psychogénétique y compris lors de la n'essence.

Cependant, en suivant Milton Diamond, nous pouvons quand-même considérer que, dès la vie intra-utérine, un homme est conçu naturellement pour désirer les femmes de la même façon qu'une femme est conçue naturellement pour désirer les hommes. Sauf évidemment lorsqu'interviennent des perturbateurs dans la prime enfance ou même, à notre avis, selon certains facteurs translucides lors de la n'essence.

Malgré les théories parareligieuses de John Money sur l'existence fumeuse de l'identité de genre, dans un de ses textes il contredit partiellement son idée selon laquelle les sexes n'ont pas de détermination génétique. S'est-il rendu compte du farfelu et dangereux de ses points de vue et voulait-il progressivement amender leur portée ? Rien n'est moins sûr. Ce qu'il voulait c'était de se fabriquer des arguments scientifiquement acceptables pour justifier le fait que le jumeau Bruce (Brenda), étant considéré fille selon sa théorie, ne désirait accepter cette imposition et préférait laisser se développer sa nature de garçon.

Partant de ses dernières recherches, John Money soutient ainsi une idée qui peut coller tout à fait aux miennes sur la question de l'influence des facteurs translucides lors de la n'essence sur l'orientation sexuelle à venir. Cependant, chez lui c'était pour la mauvaise raison que l'on vient de citer. Selon Money, c'est possible qu'il y ait une certaine tendance à la bisexualité ou à l'homosexualité chez des filles à naître lorsque, pour une raison inconnue, elles sont exposées dans le ventre de leur mère à des doses excessives de testostérone (Money, 1978). Sauf qu'évidemment cet état de fait tout à fait possible ne produit pas un changement du sexe génétique ni même complètement hormonal non plus. C'est-à-dire que la testostérone excessive dans le vécu placentaire n'empêche pas la sécrétion d'œstrogènes et ne fait du fœtus fille ni un sujet transsexes ni un sujet intersexes. L'excès de testostérone chez les filles à naître viendrait seulement moduler ou modifier relativement ce qui sera plus tard l'orientation sexuelle et les modes de sa présence et expression. Ces cas peuvent exister chez les jumeaux de sexe différents, où il se produit un transfert de testostérone prénatale, diffusé par le liquide amniotique, du jumeau garçon vers le jumeau fille (Ryan & Vandenbergh, 2002). Le maximum que cela puisse produire en termes de gravité c'est le syndrome des ovaires polykystiques chez les femmes, ce qui équivaut à une sorte d'hyperandrogénie — comme la masculinisation des organes génitaux et du comportement sexuel des filles (Wallen, K., 2005) — et éventuellement l'infertilité chez la femme adulte (Inserm, 2019), mais, encore une fois, cela ne change pas le sexe de la femme.

Sachant que la théorie sur l'identité de genre de John Money ne fonctionne pas, le biologiste Milton Diamond s'est chargé de reprendre le cas de David Reimer, point par point, pour soutenir que le changement de sexe d'un enfant normal est impossible. « *Il y a quelque chose de si important dans la constitution biologique de l'individu que nous ne venons pas au monde en étant neutres* » (Diamond, 1979). Un documentaire à la BBC de Londres a été réalisé en 1980, sous le titre *The First Question*, celle que l'on pose à toute maman enceinte pour savoir si « *c'est un garçon ou une fille* ». Et ensuite, il a publié aux États-Unis un article pour véhiculer les résultats de son enquête pour montrer la supercherie du genrisme (Diamond, 1982).

Keith Sigmundson, l'un des psychiatres de David Reimer, qui connaissait très bien son cas, s'opposant en silence à la thérapie de conversion transsexuelle et ayant collaboré de manière anonyme avec le documentaire de la BBC, a pris courage et contacté Milton Diamond, lequel cherchait publiquement des gens susceptibles de l'aider justement pour critiquer Money. C'est ainsi que Milton Diamond a pu rencontrer David Reimer et commencer son enquête approfondie.

C'est peut-être la première fois que des professionnels de santé ont soutenu les trois principes suivants (Diamond & Sigmundson, 1997).

Premièrement, les parents, les psychiatres, les psychologues, les médecins des bébés intersexes ne devraient décider unilatéralement d'appliquer aucune thérapie de conversion transsexuelle sur ces nouveaux-nés et petits enfants, lesquels deviendraient de ce fait victimes de graves altérations non désirées de leurs corps et sexes.

Deuxièmement, les sujets intersexes peuvent tout à fait vivre dans des bonnes conditions en présentant leur ambiguïté génitale. Il n'y a pas de nécessité de procéder à des opérations chirurgicales ni à des traitements hormonaux pour masquer les expressions de l'un des leurs sexes. Chaque enfant intersexes peut être élevé selon les caractéristiques normales du sexe qui prédomine chez lui tout en maintenant présente et en respectant son ambiguïté génitale.

Troisièmement, le public en général et, au premier abord, les médecins, les avocats, les psychiatres, psychologues et psychanalystes doivent être alertés des graves dangers pour la santé générale que procurent les thérapies de conversion transsexuelle, non seulement pour les intersexes mais aussi pour les sujets transidentitaires.

Quelques-unes des conclusions du travail de Diamond et Sigmundson apportent les données suivantes. *« Il semble évident que les êtres humains normaux ne sont pas neutres sur le plan psychosexuel à la naissance, mais ils sont [...] prédisposés et biaisés pour interagir avec l'environnement, les forces familiales et sociales, selon un mode masculin ou féminin. [...] Reilly et Woodhouse ont décrit des patients ayant un micropénis élevés comme des garçons et dont aucun n'avait de doute quant à l'exactitude de leur identité en tant que mâles. Et il existe de nombreux cas où, malgré l'absence d'un pénis normal, des hommes qui ont été réassignés à l'origine comme des filles, ont ensuite revenu à leur sexe et réussi à vivre comme des hommes. [...] Pour autant qu'une analyse approfondie de la littérature puisse l'attester, il n'existe aucun cas connu où un homme XY à 46 chromosomes, sans équivoque à la naissance, n'ait jamais accepté facilement et pleinement une vie imposée en tant que femme androphile, quelle que soit l'intervention physique et médicale »* (Diamond & Sigmundson, 1997). Et, pour finir, ils tiennent à souligner que concernant le soi-disant changement de sexe de mâle à femelle, *« il peut y avoir un prix psychique inacceptable à payer »* (Diamond & Sigmundson, 1997).

Nous voyons dans tous ces cas, ainsi que chez ceux dont le sexe réel ne présente aucune anomalie ou atypie, l'importance fondamentale des facteurs translucides de la n'essence pour la constitution de l'identité sexuée qui s'en dégage et qui deviendra la base non négociable de l'identité sexuelle.

On devient fœtus garçon masculin ou fœtus fille féminine à la n'essence et non à la naissance ou après. Par la suite, après la naissance et la traversée d'événements les plus variés, dès les surprises saines et anecdotiques jusqu'aux grands traumatismes, la virilité du garçon peut se renforcer ou à l'inverse s'adoucir, de la même façon que la féminité de la fille peut s'épanouir ou au contraire se mélanger avec son caractère opposé. Une telle modulation ou perturbation du développement normal ne peut pourtant exister que sur la base virile du garçon et sur celle féminine de la fille. Indépendamment de toute éducation ou influence extérieure, les petits garçons ont des agissements plutôt affirmés et agressifs alors que les petites filles ont des attitudes plutôt douces et attentionnées, entre autres innombrables différences. Cela est visible même lorsque ces enfants sont victimes d'une éducation à l'envers.

À cet égard, nous pouvons nous référer au paradoxe norvégien. Dans un pays si égalitariste, panféministe et genriste comme la Norvège, pour savoir si les différences sexuelles sont données lors de la naissance, des chercheurs se sont aperçus que des bébés de quelques semaines à quelques mois de la naissance— qui n'ont donc pas pu encore avoir une influence idéologique —, se dirigent spontanément, tous seuls, vers des jouets qui les intéressent selon leurs sexes. Les bébés garçons préfèrent les jouets dits masculins et les bébés filles choisissent les jouets considérés féminins tout en négligeant les jouets dits neutres (Eia & Ihle, 2010).

Les recherches de Simon Baron-Cohen lors de la première journée de vie ont également montré que les nouveaux-nés garçons fixent plus longtemps les figures d'objets mécaniques, tandis que les nouveau-nés filles s'intéressent exclusivement aux figures représentant des visages (Baron-Cohen, 2012).

Par ailleurs, il a été effectué une étude sur les choix professionnels des hommes et des femmes ayant été victimes depuis leur enfance d'une extrême manipulation genriste à l'école. Malgré cela, ces mêmes jeunes, arrivés à l'âge de choisir des professions, ont réagi de manière tout à fait traditionnelle (Dallaire, 2013 ; Réunion Z Info, 2013). Il a été constaté que plus les différences sexuelles sont volontairement méprisées et même niées par l'éducation ou l'élevage idéologique, plus au contraire les hommes et les femmes cherchent à accomplir des tâches, des rôles, des activités, strictement différenciés sur le plan de la sexuation. Dans l'étude citée, les hommes norvégiens ont eu tendance à accomplir des tâches et des métiers traditionnellement masculins et, inversement, les femmes ont préféré, de leur propre gré, des métiers classiquement considérés comme féminins.

Enfin, une autre longue étude effectuée sur une cohorte de 200.000 personnes dans 53 pays de tous les continents a prouvé que les hommes cherchent, en général, à travailler avec l'ingénierie ou la mécanique, tandis que les femmes choisissent de préférence des postes dans les services auprès des personnes (Lippa, 2008).

Tout ceci est la preuve que le réel du sexe, le réel de la sexuation et le réel du sexuel, c'est-à-dire la différence inconsciente des sexes, priment sur les dogmes aliénants du genrisme.

NAÎTRE INTERSEXES SANS DEVENIR MONOSEXUÉ

ON NAÎT SEXUÉ ET ON DEVIENT SUJET DE SON IDENTITÉ SEXUÉE

NAÎTRE EST L'ÉQUIVALENT DE DEVENIR

Dans le slogan féministe « *on ne naît pas femme, on le devient* », le terme *devenir* pose également problème. Ou bien c'est une idée banale, ou bien c'est une absurdité. L'idée de *devenir femme* peut être banale dans le sens où c'est évident que les enfants, en général, deviennent adultes et que, dans le cas qui nous occupe, une fille devient femme. Si une fille ne devient pas femme adulte, mais vieille fille immature, elle ne devient pas homme pour autant. Si un enfant ne naît pas fille, il lui est exclu de devenir femme, en ce sens justement que *naître* est l'équivalent de *devenir*. La proposition de Simone de Beauvoir demeure, aussi pour cela, une impasse logique.

Sinon, il aurait fallu que Simone de Beauvoir nous dise *quand* et *comment* cet être indéterminé, le *on*, devient effectivement femme. Serait-ce à 3 ans, à 7 ans ? Lors de la puberté ? Ou un peu plus tard encore, à l'adolescence ? Voire carrément à l'âge adulte, mais quand ? Et cet âge du devenir femme serait-il pareil pour toutes (ou au moins pour les *on* à vocation *fille*) dans toutes les cultures, sociétés et époques ? Ou, au contraire, chaque femme trouverait-elle son âge pour le devenir ? Et selon quels critères ? Et si c'est possible de le devenir sans naître déjà femme, alors, pourrait-on aussi cesser de le devenir et éventuellement rebrousser chemin pour redevenir fille voire même redevenir l'être indéterminé qu'elle était avant la naissance ? Et, dans ces cas, si le *on* qui aurait pu devenir femme ne le devient pas, quand est-ce qu'elle (ou *il* ou *ça* ou le *on*) peut-il le savoir ?

Ainsi, qu'est-ce qu'il faudrait dire du *on* qui ne devient pas femme ? Faut-il croire que ce *on* qui n'est pas devenu femme, devient pour autant homme ou reste-il *on* ? Pour les féministes fondamentalistes, nous aurions alors trois versions possibles : celle où le *on* devient femme, celle où le *on* devient homme et celle où le petit *on* devient grand *on*. Faudrait-il alors considérer le *on* que l'on reste, ou le grand *on* que l'on devient, comme un sexe nouveau ? Faudrait-il considérer les gens en tant qu'hommes, femmes et *on* ?

LE ON-SEXE

Par ailleurs, si le *on* devient femme, c'est qu'être femme (ou être homme) serait secondaire par rapport au sexe originaire appelé le *on*-sexe. Sauf que si, par hasard, *on* ne devient pas femme, qu'est-ce qu'il devient alors ? Reste-il toujours *on* ? Devient-il grand *on* ? Ou, par défaut d'être femme, le *on* est-il bien obligé de devenir homme ? Comme nous savons de façon pragmatique que dans l'existence, et sauf preuve du contraire, il n'y a qu'homme et femme, cette dernière possibilité me semble plus probable, c'est-à-dire que, selon l'idéologie féministe, *on* devient homme par défaut de ne pas pouvoir devenir femme. Dans ce cas, pour les féministes *genristes*, la hiérarchie théorique des sexes serait la suivante : d'abord, il y aurait le *on*-sexe, qui serait un sexe neutre, indéfini, indéterminé et originaire donné à la naissance ; ensuite, la femme, en tant que sexe déterminé comme progrès du devenir du *on*-sexe ; finalement, l'homme, qui ne serait qu'un sexe par défaut, ou par impossibilité du devenir femme à partir du *on*. Même si cette théorie ne semble pas très laudative pour les individus appartenant à la « catégorie » des hommes, pourquoi pas. Mais regardons quels seraient les soubassements logiques d'une telle théorie.

Premièrement, cette théorie reviendrait à recréer la différence sexuelle malgré le fait que leurs auteurs soient partis justement, et bien paradoxalement, de sa dénégation. Sauf qu'il s'agirait d'une différence sexuelle où sont sommairement confondus sexuation et aspect sociologique ou « sociétal » de l'identité sexuelle. Pour les défenseurs du genrisme, l'être homme et l'être femme équivalent à des choix identitaires et instables qui peuvent être modifiés par volition ou caprice ou encore par l'intervention éducative précoce. Il s'agit de positions tout à fait antipsychanalytiques, car elles supposent la primauté d'un conditionnement comportementaliste ou de l'autodétermination cognitive devant les forces inconscientes liées aux complexes familiaux. À mon avis, il faudrait plutôt dire que la fille naît femme en devenir, tout en considérant que toutes les filles ne parviennent pas à devenir complètement femme dans le sens d'Erasme et selon l'activité sexuelle qu'elles peuvent accomplir. Pareillement, toujours dans le sens d'Erasme, le garçon naît homme en devenir, même si tous les garçons ne parviennent pas à se situer complètement en tant que vrais hommes qui aiment et désirent les femmes. Cependant, cela ne les empêche pas d'être sexués, respectivement, en tant que femmes, les premières, et en tant qu'hommes, les seconds.

Deuxièmement, le genrisme pose les deux sexes comme secondaires ou logiquement dépendants d'un sexe primaire, indifférencié ou indéterminé, le *on*-sexe. Nous serions tentés néanmoins de souligner que presque tout ce qui dans la langue est neutre et générique — et qui pour cela englobe les hommes et les femmes —, est véhiculé selon une version masculine. Mais si nous regardons seulement la raison selon laquelle l'homme ne serait créé que par un défaut du devenir femme, cela reviendrait à considérer que l'homme n'est au fond que le *on* qui n'a pas pu devenir femme. Et dans ce cas, il se déduit que le sexe primaire, le *on*-sexe, comme dans les théories sexuelles infantiles, serait forcément masculin : « *on ne naît pas fille, on naît tous garçons* ».

Troisièmement, si la cause du devenir homme était facile à trouver dans l'aporie du devenir femme, on ne visualise pas bien ce qui permettrait précisément de devenir femme. Qu'est-ce qui se passerait dans l'essence ou dans le vécu du *on* pour que le *on* devienne femme ? À quel moment, à partir de quoi *on* deviendrait femme ? Et pourquoi ? Quel intérêt?, sachant que l'homme en face ne serait qu'un sexe par défaut, un sous-sexe... Ou alors, il faudrait changer la perspective et considérer qu'il n'y a pas trois mais deux sexes seulement, à savoir le *on*-sexe et la femme qui, sous certaines conditions mystérieuses, peut être elle-même un destin du *on*. Mais s'il ne parvient pas à le devenir, il reste à son état initial, *on*. Si, d'un côté, le *on* reste *on* sans pouvoir devenir femme et si, d'un autre côté, le devenir homme n'est que le défaut du *on* de devenir femme, alors, le *on* qui reste *on* devient homme et cela voudrait dire que le *on* est forcément masculin. Et nous voilà revenus à la dichotomie d'Adam et Ève.

ON NAÎT INTERSEXES ET ON DEMEURE SUJET INTERSEXES

Il n'y aucun être humain dans le monde qui ne soit dans la binarité homme-femme. On ne devient être sexué, garçon ou fille, qu'en fonction du sexe chromosomique présent chez l'embryon, modelé ensuite par le sexe hormonal chez le fœtus. L'être sexué existe d'abord sous la forme du pur étant ; un étant déjà là ou comme fœtus garçon ou comme fœtus fille ou encore, en bien moindre proportion, comme fœtus intersexes.

ORIGINE DU TERME INTERSEXES

Le terme *intersexes* provient de l'étude, chez ceux autrefois appelés *hermaphrodites*, de l'intergraduation entre sexe masculin et sexe féminin selon une atypie dans la constitution chromosomique sexuelle (XXY par exemple), soit par un excès d'apport de testostérone chez le fœtus féminin, soit par une sécrétion trop importante d'œstrogènes chez le fœtus garçon. Le résultat d'une telle intergraduation entre sexe masculin et sexe féminin est appelé *sex-intergrades* ou *intersex* (Goldschmidt, 1917).

Le généticien et embryologiste Richard Goldschmidt, intéressé par l'étude des perturbations génétiques dans le développement humain, est le créateur de ce qu'il appelle les « *monstres prometteurs* », ou mutants anormaux, qui seraient plus adaptés aux nouvelles conditions de la macroévolution, ou mutation systémique du génome humain. S'intéressant au déterminisme du sexe, il a créé le terme *intersexualité*, ou *intersexes*, pour le différencier du mythe des hermaphrodites. Ces derniers sont supposés avoir des organes sexuels complets des deux sexes fonctionnant entièrement, ce qui est évidemment un mythe car il n'a jamais existé un être ayant les deux sexes qui fonctionnent totalement. De leur côté, les intersexes, qui, eux, existent réellement, comportent un sexe principal fonctionnant en priorité, ou en plus grande proportion, et un sexe secondaire atrophié dans la plupart de ses fonctions. La définition est la suivante. « *Un intersexué est un individu qui a commencé son développement avec son sexe génotypique et qui l'achève avec le sexe opposé* » (Goldschmidt, 1932, p. 49).

L'intersexes est la preuve vivante que l'on naît homme ou femme sans nécessité de le devenir. En outre, en ayant les deux sexes en termes organiques et relativement fonctionnels mais en parts disproportionnées, l'intersexes nous montre également que le sexe est toujours binaire. S'il se situe dans l'entre-deux, c'est justement parce qu'il n'existe que ces deux sexes-là. Pas plus, pas moins. Il n'y a pas de troisième, quatrième ou cinquième sexe, contrairement à ce que soutient une biologiste genriste qui considère le sexe comme « *un continuum modulable à l'infini* » (Fausto-Sterling, 1993 ; Fausto-Sterling, 2013). À ce propos, Claire Graham, une femme intersexes et avocate féministe, tient à rappeler que « *le sexe n'est pas un spectre. Il n'y a que deux sexes chez l'homme. Le sexe est le langage que nous utilisons pour décrire la reproduction. Les gens ont le potentiel d'être soit de grands producteurs de gamètes, soit de petits producteurs de gamètes. Personne ne produit les deux ; personne ne produit autre chose »* (Graham, 2019). Quelque temps après, Anne Fausto-Sterling a dû faire marche arrière concernant sa soi-disant théorie des cinq sexes, en déclarant que le *continuum* sexuel serait dépassé car trop lié selon elle à la bipartition des sexes. Au lieu de se plier au réel du sexe mais revenant au terme d'hermaphrodisme, cette idéologue déclare que l'on doit plutôt parler d'un sexe-genre libre de la partition en homme et femme au point de naviguer dans un *« espace multidimensionnel »* (Fausto-Sterling, 2000b). On voit là comment les panféministes apportent des éléments prédélirants à l'idéologie genriste.

Nous savons, en revanche, que c'est l'expression du sexuel qui peut être (très) relativement modulable, mais seulement en fonction du sexe fonctionnel d'appartenance et cela est justement visible chez l'intersexes où l'un des sexes d'appartenance prime sur l'autre.

Contrairement aux homosexuels, hypersexuels, asexuels, bisexuels et transsexes, les sujets intersexes — estimés entre 0,37 % des naissances (Hull & Fausto-Sterling, 2003) et 0,018% pour les cas où le sexe chromosomique n'est pas cohérent avec le sexe phénotypique (Sax, 2002) — proviennent de causes biologiques clairement identifiables et ne comportent donc pas de psychopathologie liée directement à leur stricte constitution organique. Dans certains cas, ces atypies sexuées des intersexes sont causées par des substances polluantes, par des perturbateurs endocriniens ou par des médicaments pris par la mère lors de la grossesse (Gillis, 2011, Préface de Tom Reucher, emplacement 2160). Malgré leurs étiologies, ces atypies sexuées ne produisent aucune pathologie médicale avérée et c'est aussi pour cette raison que l'intersexes ne devrait pas subir des chirurgies réparatrices ou des thérapies de conversion transsexuelle. En revanche, si sa sexuation n'est pas considérée en soi médicalement pathogène, l'intersexes peut néanmoins développer des véritables tableaux psychopathologiques, comme la jouissance transidentitaire, s'il devient victime du genrisme, comme cela a été malheureusement le cas par exemple de Dany-Salomé Gillis.

Dany-Salomé Gillis, un homme intersexes

Si les intersexes purs ne peuvent devenir complètement ni homme ni femme, car ils se situent biologiquement et psychiquement entre les deux dès la n'essence, les êtres monosexués deviennent forcément ou bien homme ou bien femme puisqu'ils sont nés, respectivement, garçon ou fille. De la même façon qu'un garçon, ou une fille, ne peut devenir intersexes, un garçon ne pourra jamais devenir femme ni une fille ne pourra jamais devenir homme. Dans le réel de la sexuation, non seulement les sexes s'excluent mutuellement, mais ils appartiennent également à un réel impossible à supprimer ou à modifier. Cela n'empêche évidemment pas à un garçon de vouloir devenir femme et de s'y croire ainsi. Ou à une fille de vouloir devenir homme et tenter de vivre comme tel dans une scène fabriquée par sa jouissance identitaire. Toutefois, vouloir se convertir, se sentir être, s'identifier à ou s'y croire de l'Autre sexe n'équivaut pas, loin de là, à le devenir.

Ayant lui-même par la naissance les deux sexes, Dany-Salomé Gillis plaide pour que les intersexes puissent librement choisir le sexe auquel ils veulent s'identifier, sans être confrontés à une absurde et arbitraire conversion transsexuelle qui les réduirait à avoir un « *sexe d'élevage* » (Gillis, 2011).

À des années-lumière des transidentitaires, les intersexes n'ont pas besoin d'une illusoire conversion transsexuelle puisqu'ils possèdent les organes des deux sexes, ce qui n'est pas du tout le cas des transsexes. Devant l'atypie dans le réel de leur sexe, les intersexes sont confrontés à des questions psychologiques touchant l'identité sexuelle, non pas comme une psychopathologie de l'identité, mais seulement comme un conflit de choix à assumer. Ceci, dans la mesure où leur identité sexuelle peut se situer, alternativement ou non, autant dans la posture, l'aspiration et l'orientation féminines que dans celles masculines.

On ne peut pas dire que les intersexes ne soient ni hommes ni femmes. Leur condition particulière est qu'ils sont *et* hommes *et* femmes. C'est-à-dire que le réel de leur sexe est composé d'une part d'homme et d'une part de femme, mais selon une proportion hiérarchisée. La distribution sexuée des fonctions et attributs masculins et féminins se situe chez l'intersexes avec une part sexuée masculine, ou féminine, plus développée que l'autre.

Si à sa naissance il a eu le prénom Didier, c'est parce que Dany-Salomé Gillis est prioritairement version garçon. Il est né « *avec un micropénis, des testicules non descendus, un scrotum ouvert avec des lèvres, et peut-être un début de vagin… Sans tissus ovariens et bien sûr sans utérus, incompatible avec la présence des testicules* » (Gillis, 2011, emplacement 479). Notons ici que les intersexes, lesquels sont dans la sexuation binaire par excellence dans la mesure où ils ont les deux sexes, apparents ou non, peuvent être de deux sortes. D'une part, il y a les *hommes intersexes* qui ont, en outre, des fonctions sexuelles féminines relativement atrophiées et d'autres activées. D'autre part, il y a les *femmes intersexes* qui ont, en plus, des fonctions sexuelles masculines relativement activées et d'autres atrophiées.

En ce sens, il serait vain par exemple de parler de changement de sexe chez l'intersexes car, ayant déjà les deux sexes, il n'aurait rien à changer et rien à obtenir de nouveau sauf des changements antinature et monstrueux. Il peut éventuellement alterner entre un sexe et un autre, mais c'est là où commenceront pour lui les troubles psychiques liés à un rejet radical de son sexe principal. Plutôt que de tenter une conversion transsexuelle ou une alternance transidentitaire, deux tentatives saturées d'expériences psychopathologiques, l'intersexes aurait intérêt à mieux s'établir sur son sexe principal tout en le laissant s'enrichir par les aspects en provenance de son sexe secondaire. Cela pourrait être vu comme une ambiguïté sexuée, mais aussi bien le sujet que la société peuvent s'adapter facilement à une telle particularité qui, étant sentie comme naturelle et spontanée, gagnerait en charme et en singularité de style.

Cependant, la véritable psychopathologie de Dany-Salomé Gillis semble découler d'avoir grandi sous l'ombre d'une sœur décédée, à trois semaines d'être née, dix ans avant lui (Gillis, 2011, emplacement 270). Pour cause de ce deuil pathologique qui l'a détruite, la mère élevait son deuxième enfant comme la fille perdue qu'elle aurait voulu voir à nouveau en vie.

Du fait de la relation transsexiste de sa mère avec lui, Dany-Salomé Gillis a grandi jusqu'à ses dix ans sous la croyance transidentitaire de se « *sentir* » comme s'il était une fille. C'est à cet âge qu'il se confronte avec le deuxième facteur de sa psychopathologie, lorsqu'il doit admettre que ses fonctions et organes sexuels présentent une atypie importante et qu'en outre il n'est pas tout à fait une fille mais un garçon intersexué. Malheureusement, le transfert pathologique concernant la fille morte de la mère a empêché que l'identité garçon intersexué de son enfant s'exprime naturellement.

Troisième facteur psychopathologique : Dany-Salomé Gillis rencontre un transsexes qui lui apprend qu'il existe des thérapies de conversion transsexuelle et qui lui conseille d'arrêter de prendre la testostérone et de consulter un psychiatre complaisant vis-à-vis de ce commerce médical. En dix minutes de consultation avec ce dernier, il sort avec une ordonnance d'œstrogènes. Et, pendant sa thérapie de conversion, c'est son ami transsexes qui lui « *apprend* » à prétendument devenir femme, comme si Dany-Salomé Gillis n'était pas en partie déjà une.

Toutefois, il se rend compte que s'il veut un jour avoir des enfants, il ne pourrait pas être mère car sans utérus. Ayant sa partie sexuée masculine chromosomiquement et gonadiquement plus importante que celle féminine, Dany-Salomé Gillis doit se rendre à l'évidence que s'il veut avoir des enfants, il lui faudra renoncer à être femme, à être mère et endosser le rôle du père (Gillis, 2011, empl. 1073). C'est ainsi qu'il tombe sur une jeune femme qui deviendra la mère de ses enfants et décide de ne prendre « *plus ni œstrogènes ni testostérone. Peut-être vais-je enfin pouvoir vivre sereinement mon ambiguïté sexuelle* » (Gillis, 2011, empl. 1216). Et c'est après un terrible accident de voiture qu'il se décide à avoir des enfants, même si sa part femme et son ambiguïté sexuée se réveillent de temps en temps.

Contrairement à ce que le genrisme défend, la parentalité ne peut pas se défaire de l'hétérosexualité y compris chez les intersexes. C'est ainsi que, malgré qu'il soit intersexes et en tant qu'il est aussi un homme qui a fait des enfants avec une femme, Dany-Salomé Gillis se retrouve forcément devenir père. « *Je peux douter de mon identité masculine ou féminine mais pas de ma qualité de père. Être papa c'est être un homme, un homme responsable de son enfant, de sa compagne, de sa famille...* » (Gillis, 2011, empl. 1280).

Alors qu'il rêve pourtant, de temps en temps, d'une relation amoureuse avec un homme, il rencontre un homme homosexuel, lors d'un autre accident de voiture. Cependant, bien que celui-ci ait décelé chez Dany-Salomé « *une féminité sous la rude écorce* » et qu'ils entament une relation stable, cela n'a pas empêché cet homme sans scrupules de lui transmettre volontairement — ce qui est un crime — le virus du SIDA avant de finir par se suicider (Gillis, 2011, empl. 1562, 1837 et 1922).

C'est donc après avoir rencontré cet homosexuel profondément perturbateur que Dany-Salomé Gillis développe une nouvelle jouissance transidentitaire. Toutefois, comment passer d'un sexe à un autre s'il a déjà les deux et n'appartient pas tout à fait ni à l'un ni à l'autre ? Si pour tout homme et pour toute femme normalement constitués le changement de sexe est impossible, chez les intersexes, même le changement théorique de sexe est vraiment impossible à être pensé en ce sens que, n'étant ni tout à fait un homme ni vraiment une femme, il n'a rien à échanger ni rien à obtenir.

Laissant son ambiguïté sexuée se manifester tout naturellement sans se forcer frénétiquement, ni dans un sens ni dans l'autre, Dany-Salomé Gillis prend alors une voie existentielle, spirituelle et professionnelle tout à fait inédite. Il rencontre une femme avec qui il entame une relation passionnelle. « *Je me sens irrépressiblement attiré par Lola, aimanté, animé d'émotions fortes et incontrôlables. [...] J'ai impérieusement besoin d'elle, de sa présence, de son corps. Je me sens femme dans ses bras* » (Gillis, 2011, empl. 1651 et 1686). Malheureusement, cette passion torride devient une obsession aspirante et destructrice au point qu'il entame une double vie entre Lola, la maîtresse, et Élisabeth, l'épouse, alors que sa santé et sa vie professionnelle périclitent.

Au bord du gouffre, sans travail, vivant seul dans une chambre mal isolée, sans accompagner le quotidien de ses enfants, sans amis, sans maîtresse ni épouse, il apprend qu'il est séropositif par la négligence criminelle de son ami homosexuel. À la suite de quoi et maintenant au bord de développer le SIDA, la jouissance transidentitaire revient avec beaucoup de force et il se dit que « *hormis l'amour que je porte à mes enfants, je n'éprouve rien de plus fort que le désir d'être une femme* » (Gillis, 2011, empl. 1793). La discordance entre la réalité de sa vie et ses velléités sexidentitaires, d'un côté, et une hallucination visuelle devant une icône, d'un autre côté, montrent que le déclenchement d'une nouvelle thérapie de conversion transsexuelle répond à une tentative désespérée de contenir son état *transchizoïdentitaire* (Arce Ross, 2020, pp. 256-263).

Il décrit alors son nouveau calvaire. « *Je décide de contacter un dermatologue et de commencer l'épilation électrique de la barbe, étape importante de la transformation. Les séances sont très éprouvantes et douloureuses. Sur les joues, c'est relativement supportable. En revanche, je suis obligé de me faire anesthésier les gencives comme chez le dentiste, pour pouvoir supporter la douleur qu'on inflige à ma moustache. S'ensuit un œdème terriblement déformant les deux jours suivants* » (Gillis, 2011, empl. 1888). Au bout de toutes ces souffrances entre la solitude extrême, le VIH, la trithérapie, le divorce, le manque absolu de travail, le changement juridique de nom, la thérapie de conversion transsexuelle et la réaction d'opposition profondément humaine de ses enfants garçons, Dany-Salomé Gillis, dans un éclair de lucidité, décide finalement de laisser libre cours à son identité sexuée. « *Petit à petit s'insinue en moi l'idée que je peux me trouver sans avoir à être un homme ou une femme…* ». Pourquoi ? Parce que « *si je ne peux pas être une femme à part entière, je préfère tout arrêter* » (Gillis,

2011, empl. 1984 et 1997).

Pour aspirer au plaisir de la paix et de la tranquillité d'être comme il est sans devoir jouer des rôles artificiels ou mensongers, Dany-Salomé Gillis est arrivé à la conclusion qu'il ne peut pas cacher l'apparence masculine qui le caractérise et que c'est pour cela qu'il a décidé de cultiver son androgynie, ce qu'il appelle son *unité*.

On naît sexué et on devient sujet du sexe d'appartenance

Ni complètement par le biologique, ni absolument pas par les influences culturelles, une composante inconsciente véhiculant la relation du sujet à l'anatomie reproductive semble déterminer les différences sexuelles avant même la naissance. Par conséquent, dans le meilleur des cas, selon un degré de lecture très bienveillant et comme nous avons dit plus haut, la phrase *« on ne naît pas femme, on le devient »* est soit d'une grande banalité, soit une erreur de jugement, en plus d'être une position de propagande politique.

La plupart des gens qui suivent à la lettre les idées farfelues de Simone de Beauvoir sont, en général, de culture anticonformiste et se définissent comme non religieux. Ils se pensent amoralistes et libres de toute aliénation vis-à-vis d'une quelconque croyance religieuse. Pourtant, ils finissent par croire avec une grande ferveur à de dogmes d'une morale alternative venant à la place même de la croyance religieuse qui leur manque et de la morale qu'ils rejettent. En effet, tout en s'opposant à ce qu'ils considèrent comme étant l'idéologie dominante, ils établissent le plus gaiement du monde une autre idéologie alternative, se voulant libertaire et démocratique. Ils tentent de créer une autre tradition, tout autant stricte et dogmatique, qui devient une pensée unique de contestation puisqu'elle se veut sans aspérités culpabilisantes alors qu'elle produit des victimes identitaires.

Ce qui arrive aujourd'hui aux gens dominés par une idéologie fondamentaliste comme le panféminisme ou la doctrine de la foi du genre est exactement ce qui est arrivé jadis à ceux qui ont cru, en toute bonne foi, à d'autres idéologies totalitaires qui se présentaient comme des solutions de libération. Heureusement, la psychanalyse nous permet — si on la suit bien — de rester libres et imperméables vis-à-vis des marchands de révolutions.

Le cas de David Reimer nous a appris que le changement de sexe chez un enfant normal est une opération impossible. Et l'intersexes nous apprend que le changement de sexe chez lui n'existe pas non plus car, ayant les deux sexes, il appartient *déjà* à une gradation mixte entre les deux.

Si le changement de sexe est toujours une chimère, c'est parce qu'on ne devient sexué que par le fait naturel que l'on y est déjà, selon ce que l'on a et surtout par contraste avec ce que l'on n'a pas et que l'on ne peut pas être. Ce fait irréductible de ce que l'on a et de ce que l'on n'a pas conditionne, en grande partie, ce que l'on est pour le désir, pour le fantasme, pour l'amour.

Un homme ne peut être homme que parce qu'il y a une femme, un Autre sexe incomparablement différent de lui et posé comme le manque-à-être de l'homme. Et la réciproque est également vraie. Le manque-à-être et le manque-à-avoir un Autre sexe conditionnent le désir propre à chaque sexe. Dans ces termes, l'identité sexuelle, appuyée sur l'identité sexuée d'origine, n'est au fond que la synthèse, réussie ou pas, du conflit entre être et avoir. On est, depuis les origines, lors de la n'essence, en opposition dialectique et pourtant en profonde attraction vis-à-vis de ce que l'on n'a pas et que l'on manquera toujours à être.

Contrastant radicalement avec la présence au monde de l'intersexes, le sujet transsexes nous montre, de son côté, qu'il n'existe pas non plus un sexe transsexuel et que le problème de ce dernier ne se situe pas non plus dans l'atypie chromosomique de l'intersexes. Pourtant, le terrible obstacle au mythe transidentitaire du transsexes est, entre autres aspects dignes d'étude, de prétendre devenir l'Autre de l'intersexes.

Il nous faudrait répondre maintenant à une question au fondement du genrisme. Malgré tout ce que l'on vient de dire, peut-on devenir femme seulement par l'éducation, par la modification du comportement, par l'acquisition cognitive ou par l'influence psychologique de l'environnement proche sans la base réelle de la n'essence ? C'est-à-dire, peut-on transcender la sexuation ou la transposer dans certains cas particuliers d'un pôle sexuel à l'autre ? Autrement dit, un sujet peut-il procéder à une manipulation réussie de sa sexuation au point de parvenir à une sorte de transsexuation ?

Cette question de la transsexuation sera traitée dans la partie qui suit.

TRANSSEXIONS ET DÉTRANSSEXIONS

Depuis quelques décennies, nous sommes confrontés à une psychiatrie dominée, d'un côté, par le neuroscientisme, à savoir par la croyance en l'étiologie neurologique des troubles mentaux et, d'un autre côté, presque en parallèle, a fait irruption un véritable fanatisme, le genrisme. Nous assistons à cette double dégradation du champ psychiatrique dans la psychologie universitaire et, de façon ahurissante, également dans un secteur de la psychanalyse qui est à proprement parler postlacanien et tente même de rendre « *queer* » le champ freudien (Cavanagh, 2019 ; Richards, 2019 ; Watson, 2019).

Une telle psychanalyse interprète « *le dernier enseignement de Lacan* » à l'ombre d'un syncrétisme entre une doctrine réductrice de Lacan aux neurosciences (Magistretti & Ansermet, 2010 ; Dimitriadis, 2013), au genrisme (David-Menard, 2009 ; Alfandary, 2016 ; Ayouch, 2017) voire aux neurosciences et au genrisme conjugués (Fichard-Carroll, 2014 ; Gardey & Vuile, 2018 ; Ansermet & Meseguer, 2020). Sans se l'avouer, ces psychanalystes postlacaniens se sont coupés des deux premiers segments de l'enseignement lacanien et ont rejoint implicitement les représentants d'une psychanalyse psychologisante au point qu'ils peuvent être appelés *syncrétiques*.

Ce serait apparemment tentant de considérer que les dogmes neuroscientistes, ou cognitivo-comportementaux (TCC), donnant la primauté à la biologie sur la psychologie ou sur la sociologie, et les doctrines genristes, proposant exactement l'inverse, seraient contraires en tout. Toutefois, en vérité, ces deux idéologies, indépendamment ou mutuellement, ont au moins en commun le fait qu'elles s'opposent vigoureusement à l'étiologie freudienne et à la psychogénie lacanienne. La raison est que la cause psychique selon la psychanalyse, depuis Freud jusqu'à Lacan, ne se situe ni dans le biologique ou organique comme le conçoit le neuroscientisme, ni dans le social, le culturel ou le comportemental, comme le veut le genrisme. Bien au contraire, la véritable cause freudienne et la psychogénie lacanienne rejettent toutes les deux cette dualité inopérante.

Nous voulons étudier ici les programmes technologiques soi-disant « thérapeutiques » de conversion sexuelle qui sont proposés aux transidentitaires en général et plus particulièrement aux sujets transsexes. Nous allons voir en quoi de telles techniques, parfois irréversibles, sont néfastes pour ces patients transanimalistes, transbébés fétichistes de couches, transtatoués brutaux, transextraterrestres, transracialistes, transsexes, transesthétiques (addicts aux chirurgies plastiques), etc.

Nous sommes convaincus que la psychopathologie des patients transidentitaires, dont les transsexes, requiert une aide psychanalytique, mais qui ne serait en aucun cas celle proposée par les thérapies de conversion transsexuelle. C'est à ce propos que nous allons évoquer ce que j'appelle la *transsexion* et la *détranssexion*.

Psychopathologie transidentitaire

Transanimalistes

Les exemples cliniques qui montrent une psychiatrie et une psychologie dominées par les spectres du genrisme — en alliance avec la doctrine organomécanique ou même avec celle organodynamique appartenant au neuroscientisme actuel — ont commencé, comme on l'a vu, lors du dernier quart du XIXème siècle, ont ensuite repris pendant le milieu du XXème siècle et se sont finalement répandu. s de façon exponentielle à partir du début du XXIème siècle.

Nous pouvons nous référer à quelques courts exemples, dont voici un cas de transanimalisme. « *Une femme de 54 ans a souffert du délire selon lequel elle est une poule pendant 24 heures. Cette maladie très rare, connue sous le nom de zoanthropie, dans laquelle les gens pensent être un animal n'est souvent pas reconnue, affirment les chercheurs de l'Université de Louvain* » (Verschelde, 2020). « *Cliniquement, nous avons vu une dame qui transpirait abondamment, tremblait, faisait exploser ses joues et semblait imiter une poule, tout en émettant des bruits comme des gloussements, en caquetant et en gazouillant comme une poule* » (Beckers, Buggenhout & Vrieze, 2020).

Ces « *délires d'identité* », comme ils l'appellent — ce que je considère plutôt comme étant des phénomènes parafantasmatiques ou prédélirants de la jouissance identitaire —, seraient accompagnés d'une fluctuation de la conscience et d'une désorientation dans le temps et dans l'espace. Et voici comment ils expliquent cette question. « *La zoanthropie peut inclure des personnes qui se croient être ou se comportent comme n'importe quel type d'animal : chien, lion, tigre, crocodile, serpent ou abeille. [...] Ce délire peut être le signe d'un trouble psychiatrique sous-jacent ou être secondaire à des anomalies structurelles ou fonctionnelles du cerveau* » (Beckers, Buggenhout & Vrieze, 2020). Et ainsi, ils se mettent à chercher l'origine de ce symptôme psychotisant avec l'imagerie cérébrale, sans se poser le moins du monde la question d'une possible origine strictement psychique. Mais, quel serait le lien de ces cas avec le genrisme ?

Nous avons ici, tout d'abord, le phénomène identitaire dans toute sa splendeur, à savoir le phénomène, fulgurant ou permanent, d'adhérence psychique à une autre identité que celle du sujet. Celui-ci n'est pas persécuté, ne souffre d'aucune irruption du corps fragmenté par mysticisme, n'a pas d'hallucinations et même la question du délire proprement psychotique serait à discuter. Cependant, il tente de se construire une autre identité. Il y a ensuite la négation de l'identité propre et notamment du réel du corps et parfois du sexe, ce qui évidemment rapprocherait ces cas, comme le font justement ces auteurs, du syndrome de Cotard. La négation de l'identité est un élément important qu'il faudrait étudier pour établir les similitudes et les différences des phénomènes de la jouissance identitaire vis-à-vis du délire des négations. Enfin, il y a la problématique de la prise en compte du symptôme comme une nouvelle identité à coller au sujet au lieu de l'aider à surmonter ces phénomènes.

Cette dernière caractéristique ne me semble pas vraiment animer les psychiatres qui présentent spécifiquement ce cas. Mais, par les temps qui courent, il ne serait pas étonnant de voir quelques autres psychiatres, médecins chirurgiens, psychologues TCC et même des psychanalystes syncrétiques proposer un programme médical, juridique et psychique capable d'apporter à cette patiente une conversion de son identité de femme en une nouvelle identité de poule. Évidemment que ce serait ridicule et pathétique que l'on propose à cette femme une opération pour qu'elle ressemble à une poule et que l'on change sa carte d'identité en indiquant que son nouvel état civil serait « *poule* ». Et pourtant c'est ce que la psychiatrie dominée par le genrisme pose, défend et tente de mettre à exécution concernant le sexe.

Nous pouvons également évoquer un autre cas de ce que nous pouvons appeler le transanimalisme identitaire, un cas qui effectue des modifications cosmétiques du propre corps pour nier son aspect et le fondre dans une apparence animaliste.

Jenya Bolotov, un Russe de 32 ans, a étiré progressivement sa lèvre, millimètre par millimètre, jusqu'à deux centimètres de son visage. Son but avoué est de ressembler à un ornithorynque et, avec cet objectif, il utilise des lentilles de contact noires et des multiples *piercings* autour de son nez et sur les sourcils. Selon ses propres mots, il n'y a pas de doute sur la volonté identitaire qui l'anime depuis ses 18 ans et dont la conscience des transformations corporelles volontaires lui est venue, à ses 10 ans, en regardant des *piercings* chez les autres. Il en témoigne. « *Extérieurement, je suis maintenant un ornithorynque. Ma ressemblance est celle que je veux avoir. Il faut du courage pour faire ce que j'ai fait et je vais continuer à modifier mon corps jusqu'à en être heureux »* (JeGalère, 2014).

Pour parvenir à modifier les huit parties de son visage, à savoir les lobes des oreilles, les narines, la cloison nasale et les lèvres supérieure et inférieure, selon une émulation intentionnelle de l'animal australien, il a passé pas moins de sept ans sous le bistouri de son chirurgien (Gayle, 2014). Et il s'estime satisfait de son forfait en affirmant que *« toutes les modifications que j'ai apportées à mon corps me font me sentir entier. C'est ce que je suis maintenant. C'est ce que j'ai toujours voulu être »*. Et en effet, nous sommes bien-là devant une pathologie du vouloir être, du vouloir paraître, une pathologie de l'identitaire. Ce qu'il veut changer c'est surtout son apparence, comme si elle avait le pouvoir de lui procurer un apaisement intérieur. *« J'adore les ornithorynques, leur apparence et le mot "ornithorynque" lui-même. J'aime la façon dont mon visage et mes lèvres étirées ressemblent maintenant à un bec d'ornithorynque »* (Gayle, 2014).

Il ne va pas sans dire que la question du transanimalisme identitaire est contagieuse. Le mimétisme, l'identification hystérique, la contagion mentale, l'adhérence idéologique parfois fanatique font partie intégrante de la panoplie sociale de l'existence identitaire. À savoir que, selon lui, *« certaines personnes m'ont écrit pour me dire qu'elles souhaitaient pouvoir changer de corps comme moi »* (Gayle, 2014). Si pendant son enfance, Jenya Bolotov a été un garçon extrêmement solitaire, timide et se sentant étranger au monde qui l'entourait, aujourd'hui, grâce à ses transformations corporelles cosmétiques et à la contagion identitaire qui s'ensuit, il a créé un monde virtuel et sociétal autour de sa nouvelle image corporelle. Un problème réside néanmoins dans le fait que cette construction identitaire et donc factice, virtuelle, mensongère, repose sur une négation radicale de son être en tant qu'humain.

TRANSBÉBÉS FÉTICHISTES DE COUCHES

Un autre exemple qui se rapproche encore plus de la collusion entre la psychiatrie neuroscientiste et la sociopsychologie genriste est celui des membres de la *Communauté des bébés adultes « amoureux » des couches pour bébés* (*Adult Baby Diaper Lover* ou ABDL), que je propose d'appeler *Bébés adultes fétichistes de couches* (ou BAFC en français).

Notons ici que, normalement, il faudrait traduire le terme d'*adult baby* par *bébé adulte*. Mais il me semble que le terme est déjà mal agencé en anglais, car il ne s'agit pas de bébés qui feraient comme des adultes mais bien des adultes jouant le bébé. Le terme déjà en anglais devrait donc être *baby adult* car la prééminence linguistique se trouverait dans le deuxième terme. Si le terme *baby adult* dirait logiquement mieux l'enjeu de cette pathologie, alors la traduction en français devrait être *adulte bébé*. Cependant, comme tous les observateurs utilisent en français le terme *bébés adultes*, nous gardons cette traduction.

En vérité, il s'agit de deux communautés différentes, celle des Bébés adultes (BA) et celle des Fétichistes de couches pour bébés (DL en anglais ou FC en français), lesquelles s'organisent parfois en une seule communauté, à savoir les patients BAFC (ou ABDL en anglais). C'est le cas de Damien Turner, un homme de 28 ans, croyant fermement avoir une identité de bébé, portant des couches pour bébé toute la journée et qui « *dit avoir du mal à trouver un emploi car les employeurs n'aiment pas qu'il porte des couches au travail* » (Sharman, 2020). Comme les autres membres de sa « *communauté* », si Damien Turner se comporte tout le temps comme un petit enfant c'est parce qu'il considère « *qu'agir comme un bébé dégagerait une ambiance relaxante, sûre et très calme* » (Sharman, 2020). En effet, l'important de sa posture devant le monde est qu'il n'a plus le sentiment des responsabilités ni les soucis ou l'anxiété de la vie adulte. Selon lui, ces habitudes, qui ont commencé lors de son adolescence, sont à prendre comme une norme différente des autres normes, rien de plus. Cependant, si ses parents le soutiennent encore dans cette démarche, c'est parce qu'il leur aurait fait croire qu'il souffre d'incontinence. Ce qui veut dire que lui-même se rend compte que ses attitudes infantiles reposent sur un mensonge et sur une fuite puérile de la vie adulte.

Nous pouvons aussi faire référence au cas d'Alex Davis qui est un autre sujet BAFC. « *Il est excité par l'expérience de porter des couches, toutes sortes de couches, mais surtout des couches pour bébés pour la plupart sales* » (Investigation Discovery, 2018). Alex Davis nous apprend que les membres de la communauté fétichiste et identitaire BAFC, lesquels ne communiquent qu'en ligne, « *sont gays, [transsexes], parfois des nerds ou des jocks* » (Investigation Discovery, 2018). Les *jocks* sont des hommes musclés, fanatiques de la gym ou de l'athlétisme, et qui ont souvent une sexualité déviante ou manquant paradoxalement de virilité.

Ce jeune homme était tellement dépendant du fétichisme identitaire qu'il en est venu à s'intéresser de trop près aux couches sales. Poussé par ses pulsions incontrôlées, il sortait la nuit, chercher dans les poubelles de son quartier les éventuelles couches sales des bébés du voisinage pour les récupérer, les adapter à sa taille et ensuite les porter. Il a continué à enrichir ses collections malgré un passage en garde à vue, à la suite d'une plainte des voisins. C'est alors que, devant la recrudescence du paroxysme jouissif, sa compulsion extrême de couches sales est devenue impossible à supporter et, au beau milieu de la nuit, il s'est introduit dans une maison où il savait que des tout petits enfants portaient des couches. Il a cherché dans plusieurs endroits de la maison jusqu'à ce que le père des enfants le découvre. Arrivée sur place, la police a constaté que son sac était rempli de couches sales. Pourtant, six mois plus tard, il a récidivé et a alors été emprisonné quelque temps.

Les histoires de Damien Turner et d'Alex Davis se rejoignent en trois points. Le premier est de comprendre que leur fétichisme transidentitaire s'est cristallisé autour du fantasme d'être déshabillé par une personne spéciale qu'ils ne pourraient aimer et désirer qu'à cette condition. Le deuxième concerne le fait que ce fétichisme ne s'arrête pas à une activité sexuelle fantasmatique ou réelle, mais qu'il devient pour eux un mode d'être à part entière, comme si le fétichisme cessait d'être une pathologie en devenant une autre identité apparemment normale. Le troisième est que les sujets dépendants de ce fétichisme transidentitaire tendent inévitablement à se constituer en communauté pour faire reconnaître à la société entière cette perversion comme s'il s'agissait d'une autre normalité. Nous voyons bien que ce qui a été d'abord un fantasme prend le chemin d'une création paraphilique et parafantasmatique. Bien plus que des simples jeunes adultes, ces sujets deviennent alors des *bébés adultes fétichistes de couches*, une nouvelle existence transidentitaire car regroupés en une communauté reconnue.

Nous constatons dans ces cas que la psychopathologie du fétichisme en tant que perversion existe toujours sauf qu'elle se présente désormais associée à une nouvelle psychopathologie, la jouissance identitaire. Comme le communautarisme et le déclin des valeurs de civilisation, la jouissance identitaire semble être un produit dérivé de la conjonction entre, d'un côté, la mondialisation du monde néolibéral et technocratique et, d'un autre côté, l'idéologie genriste progressant à grand pas depuis les théories paradélirantes de John Money. Cette conjonction contemporaine donne une autre tonalité tout en produisant de pathologies nouvelles.

La psychologue Kaitlyn Hawkinson et le psychiatre Brian Zamboni ont effectué une étude descriptive en interrogeant 1.795 hommes et 139 femmes membres de la communauté ABDL (BAFC, en français). Ils voulaient savoir si le comportement BAFC pouvait être associé aux troubles de l'humeur, aux dysfonctions des relations parentales et aux modes négatifs de l'attachement affectif en général. Ils ont notamment étudié les différences possibles entre, d'une part, un simple mimétisme lié aux jeux de rôle, c'est-à-dire, une sorte de contagion hystérique et, d'autre part, ceux « *principalement intéressés par l'excitation sexuelle dans leur comportement BAFC* » (Hawkinson & Zamboni, 2014).

Comme nous pouvons le constater, le traitement qu'ils font de leurs résultats purement statistiques est édifiant en termes de saturation idéologique. Selon ces chercheurs, leurs résultats montrent que la question du jeu de rôles est vraiment modeste. Et ils affirment — comme l'on pouvait s'y attendre, y compris en maniant uniquement des données purement statistiques — que « *les aspects sexuels de leurs pratiques* » (surtout chez les hommes) et leur caractère de « *domination aussi bien chez les hommes que chez les femmes BAFC était important* ». Évidemment ! On dirait qu'ils découvrent la lune.

Cependant, le véritable problème de ces chercheurs et autres cliniciens neuroscientistes c'est qu'ils semblent volontairement combiner une théorie comportementale et biologiste des questions sexuelles avec l'idéologie genriste. On peut dire cela puisqu'ils concluent que les cas présentés ici se sentent tout à fait « *à l'aise avec leur comportement BAFC et n'ont signalé que peu de problèmes* ». Et ils ferment toute possibilité de discussion en affirmant que « *le comportement BAFC peut représenter une sous-culture sexuelle qui n'est pas problématique pour la plupart de ses participants* » (Hawkinson & Zamboni, 2014). C'est-à-dire que, pour ces chercheurs neuroscientistes comme pour les universitaires genristes en psychologie, les patients transidentitaires BAFC n'appartiennent pas à la psychopathologie mais constituent à peine une « *sous-culture* », une communauté spécifique dans le lien social, une identité de plus dans le supposé très large spectre de la normalité. Par ce biais, la jouissance identitaire devient sans doute paradoxalement une psychopathologie de la normalité, en ce sens que la psychopathologie tente de se travestir en normalité.

Il est plus qu'évident que, faute d'une formation en psychanalyse, ces théoriciens passent à côté des motions sexuelles inconscientes et macropsychiques comme le resurgissement des perversions en lien avec le déclin des figures paternelle et maternelle. Et ils ne perçoivent pas le rapport qui peut exister entre l'émergence de ces nouvelles perversions, sous leur forme sociétale, et l'expansion de l'idéologie genriste dans les universités, les institutions d'État et les pratiques cliniques.

En revanche, une étude un peu plus intéressante, bien qu'encore apparemment non clinique et seulement statistique, concernant des sujets BAFC qui communiquent en ligne a émis l'hypothèse selon laquelle « *les phénomènes BAFC étaient associés à une inadaptation psychologique générale et à une expérience de rejet parental pendant l'enfance. On a également supposé qu'il y aurait des différences dans les profils BAFC en fonction de l'âge d'apparition de leurs premiers fantasmes* » (Lasala, Paparo, Senese & Perrella, 2020). Partant de ces constats et suppositions, ces derniers ont compris que les phénomènes BAFC peuvent être associés à l'énurésie et à des états d'humeur négatifs. Plus précisément, « *des types spécifiques de modes parentaux, de traits d'anxiété et d'énurésie semblent être la source des intérêts BAFC* » lesquels troubles semblent aussi, selon ces auteurs, « *assumer des fonctions et des significations différentes* » (Lasala, Paparo, Senese & Perrella, 2020).

Cette dernière étude est déjà un peu plus consistante que les antérieures, mais le problème de ces recherches quantitatives et non cliniques est qu'elles manquent de relief concernant l'explication dynamique des phénomènes étudiés.

Transracialistes

Il n'y a pas que la notion incongrue des genres qui a émergé, en termes macropsychiques, pour remplacer l'ancienne idéologie des classes sociales. Nous voyons aussi refaire irruption la notion de races malgré qu'il était convenu de considérer que les races n'existent pas. Qu'à cela ne tienne, le phénomène identitaire s'approprie sans gêne de tout élément susceptible de favoriser la création d'identités factices pour les imposer à la jouissance collective de devenir et d'être apparemment Autre. Le phénomène macropsychique de notre époque transite ainsi par le biais des identités factices (classistes, genristes, racialistes) pour se constituer en un totalitarisme de la jouissance identitaire. De là naît une nouvelle jouissance qui trouve son climax identitaire chez le sujet transracialiste.

Comme il nous semble que les phénomènes liberticides ont leurs sources macropsychiques dans un traitement violent de la sexualité, le nouveau totalitarisme qui s'annonce comporte également le lien entre sexualité et violence mais avec une caractéristique inédite. Le nouveau totalitarisme serait non seulement classiste, par une croyance renouvelée en les classes sociales, non seulement genriste, par une croyance en l'existence de genres venant remplacer idéologiquement le sexe, mais également raciste, ou plutôt racialiste, par le fait que la notion de race est utilisée à nouveau pour discriminer un groupe de gens. Classes, genres et races seraient désormais les alliés de la nouvelle conjonction genriste entre violence et sexualité s'imposant aux populations occidentales comme des impératifs catégoriques de jouissance.

C'est ainsi que quelques sujets adhérant aux nouvelles formes de jouissance identitaire viennent à développer le transracialisme, lequel propose de pouvoir choisir sa race en tant que nouvelle valeur sociétale, à condition qu'il ne s'agisse surtout pas de la race blanche. En ce sens, le transracialisme équivaut à nier sa propre race pour en adopter les caractères apparents d'une autre forcément non-blanche. À ce propos, nous pouvons faire référence aux cas de Rachel Dolezal, qui étant Blanche se conçoit comme Noire, et d'Oli London, qui étant également Blanc s'obstine à ce qu'on le prenne pour un Coréen.

Nous savons qu'il y a quelques années « *la notion de race fit à nouveau trembler l'Amérique du Nord, pour coloniser ensuite ce côté-ci de l'Atlantique. C'est ainsi qu'une Américaine Blanche aux cheveux bouclés dénommée Rachel Dolezal, tenta, elle aussi, d'accéder à la postérité. Elle eut son heure de gloire du seul fait d'avoir fait croire à tout le monde pendant des années qu'elle était Noire. "Je suis transracialiste", plastronna-t-elle alors sur le plateau du* Today show *de* NBC. *Et d'ajouter qu'elle n'était "certainement pas Blanche. Rien de ce que se réfère aux Blancs ne décrit ce que je suis"* » (Brunet, 2021).

De son côté, après avoir eu recours à dix-huit chirurgies esthétiques en huit ans pour ressembler à un Coréen alors qu'il est Blanc et blond, Oli London fait la déclaration suivante. « *Je me sens beau et bien pour la première fois de ma vie puisque j'ai eu le courage d'aller jusqu'au bout de ma transition raciale et j'en suis heureux. Je ressemble à un Coréen, je me sens Coréen, j'ai vécu en Corée, je parle la langue. Ne me qualifiez pas d'Anglais car je ne me sens pas Anglais [...] Si vous ne saviez pas qui j'étais, vous penseriez juste que je suis un Coréen non binaire !* » (Oli London, 2021). Voilà l'élément proprement transidentitaire : cet homme serait devenu « *un Coréen non binaire* » ! La non-binarité idéologique implique, ici comme ailleurs, que le sujet se situe en dehors de toute dialectique possible. Rien ne pourrait être opposé à son parafantasme : il est ce qu'il est devenu en sortant de toute dialectique possible vis-à-vis du non-être et du manque-à-être. Le racialisme genriste présente d'ailleurs la substance idéologique du discours raciste dont les national-socialistes sont devenus les précurseurs : « ma race, ou celle que j'ai choisi, est supérieure à toute autre parce que je le ressens de cette façon, sans aucune discussion possible ».

Dans les passages à l'acte transracialistes, le problème évidemment n'est pas l'envie d'être autre chose que l'on est, comme par exemple vouloir être Noir alors que l'on est Blanc. Vouloir être autre chose que l'on est, ou vouloir être quelqu'un d'autre, peut lancer un sujet dans la voie du progrès. C'est le cas des projections désirantes, parfois ambitieuses, de devenir quelqu'un d'important, un professionnel qui réussit, un artiste accompli, un sportif de haut niveau ou un bon père de famille. Le grand problème qui se pose pour le genrisme transidentitaire est que ce *devenir quelqu'un d'Autre* ne s'effectue plus dans les actions, les performances, les attitudes, les connaissances ou les savoirs acquis de l'expérience mais bien plutôt dans l'être lui-même, ce qui est évidemment impossible.

En outre, le devenir un Autre être dans le genrisme transracialiste implique uniquement une modification de l'apparence et de la présentation personnelle au niveau physiologique ou anatomique. Si l'on est occidental et Blanc, on peut aimer la langue coréenne ou japonaise, on peut s'intégrer à ces cultures et, sous certaines conditions, accéder à la nationalité coréenne ou japonaise, mais cela ne veut pas dire que l'on aille jusqu'à modifier par chirurgie le propre corps pour ressembler anatomiquement aux Coréens ou aux Japonais. La jouissance transracialiste met le corps humain à la place de la modification symbolique que l'on serait en mesure d'attendre d'une telle transculturation. En effet, la transculturation se fait au niveau de la culture, du lien social et, au-delà, du lien de civilisation et non pas au niveau d'une conversion apparente du corps réel.

Si Monsieur Oli London s'identifie avec un Coréen, son identification ne devrait pas l'obliger à convertir son corps réel en une apparence asiatique tout à fait factice. Le drame de la jouissance identitaire est de faire passer la question de l'identité et de l'identification au niveau du réel du corps. Cependant, comme nous le verrons plus bas, Oli London a arrêté ses passages à l'acte et aujourd'hui il milite contre le genrisme et contre la jouissance transidentitaire, ce qui est un bon signe.

Transtatoués brutaux et transesthétiques hispériques

Depuis la deuxième moitié du XXème siècle, la sexualité déborde sur l'homme occidental en se retirant telle une marée descendante avant un *tsunami* le poussant vers une haine identitaire contre soi, contre son corps, contre sa peau, contre son identité, contre son sexe. Comme si tout ceci devait subir une castration réelle aussi bien qu'une substitution par des identités multiples, toutes factices. Et nous voici devant un véritable suicide civilisationnel de l'humanité mondialisée.

C'est alors que quelques êtres fragiles ou trop sensibles à la nouvelle psychopathologie de la jouissance s'engouffrent dans les multiples possibilités de conversion transidentitaire. Nous avons ainsi de sujets qui développent le sentiment d'être des transextraterrestres, d'appartenir à un autre monde qui, comme dans le transanimalisme, le transracialisme ou le transsexualisme, serait incompatible avec ce qu'ils sont réellement. Ils se croient alors obligés de subir des processus de conversion transidentitaire pour rejoindre le semblant de ce qu'ils croient être sans pouvoir le devenir naturellement. Ils le font parfois au nom de l'art, mais toujours dans un acte désespéré de montrer le grotesque, la destruction, l'atteinte, l'attentat dans leur propre corps.

Nous savons que certains théoriciens considèrent sérieusement l'existence d'une esthétique de la guerre, de la destruction, des viols et même du terrorisme. Dans cette mouvance, il y a une minorité qui passe à l'acte « artistique » de destruction partielle du propre corps. Ils ne vont pas jusqu'au suicide, mais il n'est pas loin derrière l'automaltraitance. Actuellement, en France, il y a par exemple un jeune homme, Anthony Loffredo qui, depuis des années, s'est lancé dans un processus transesthétique de destruction délibérée des organes essentiels de son propre corps, tels que la peau, la langue, le nez, les oreilles, etc.

En effet, Anthony Loffredo, un Montpelliérain de 32 ans, adepte de la modification corporelle extrême, a décidé à l'âge de 26 ans qu'il ne voulait ni ressembler aux autres (Cambon, 2020) ni à lui-même. Pour cela, il a réussi à trouver des médecins, suffisamment complaisants et dont les principes éthiques seraient à discuter, pour effectuer les opérations chirurgicales voulues. Ces atteintes somatiques volontairement subies seraient nécessaires en vue d'obtenir une langue fendue, des yeux noirs (par l'injection d'encre), un visage et un corps presque entièrement tatoué, des implants sous-cutanés en silicone, l'ablation des oreilles et du nez, etc. (Cambon, 2020).

Chez Anthony Loffredo, la question identitaire est présente dans la mesure où son objectif est de ressembler à l'image à laquelle il s'identifie et qu'il en fait sa nouvelle identité, celle d'un être extraterrestre. Pour arriver à ses fins, il s'invente un projet soi-disant artistique qu'il appelle *Black Alien Project* lequel le porterait à faire de son corps une œuvre d'art permanente et irréversible. Ce projet pourrait sans problème être qualifié d'artistique à condition que l'artifice utilisé soit éphémère et évidemment qu'il n'affecte pas aussi sensiblement les organes vitaux de son corps. Malheureusement, ce n'est pas le cas. Bien au contraire, il fait de son propre corps un véritable monstre vivant.

Le cas des monstres est de nous montrer — en ce sens que *monstre* veut justement dire « *montrer* » — que l'homme peut partiellement cesser d'être homme, même si par quelques biais il continue à ressembler à une figure humaine. Le monstre est l'au-delà de l'homme dans un double sens : il y a son côté *trans*, plus précisément transhumain et transesthétique, et aussi son côté identitaire. Le transhumain est une nouvelle identité factice et transesthétique contraignant l'homme à devenir monstrueux. Mais, si nous ne sommes apparemment plus au Moyen Âge, quel usage pouvons-nous faire des monstres aujourd'hui ? À quels intérêts seraient-ils dévoués ? Qu'est-ce que l'on veut *montrer* par la transformation de l'apparence des vivants en créatures grotesques ? N'y a-t-il pas une raison idéologique là-dedans ? Ne faut-il pas considérer l'idéologie genriste et le transhumanisme neurocognitif comme deux résurgences monstrueuses du Moyen Âge aujourd'hui, l'hypertechnologie en plus ?

En effet, « *on devine quel usage on peut faire du monstre [au Moyen Âge] : celui-ci peut devenir prétexte à divination (mais le Moyen Âge se méfie de cet art) et surtout figure de proue des combats idéologiques* » (Kappler, 1978). Suivant cette idée, les monstres d'aujourd'hui seraient les armes politiques de la pensée hypermoraliste des générations mondialisées, identitaires et *woke* (ou genristes) dans la guerre idéologique qu'elles mènent contre les valeurs de la civilisation occidentale.

Le corps du monstre est un objet de sacrifice perverti, l'objet d'un art du sacrifice sataniste bien plus qu'une œuvre d'art pacifique ou pacifiante. C'est à ce modèle de corps qu'Anthony Lofredo semble vouloir approcher et ressembler. Il se fait ainsi un objet d'exhibition répulsive, affreuse, horrible, monstrueuse, qui paradoxalement fascine le regard anxieux du spectateur, dans la mesure où celui-ci demeure travaillé par les nuages gris de la violence relationnelle, de la destruction quotidienne et du progrès apocalyptique. *« Suivie par plus de 140.000 personnes, [sa page Instagram] témoigne de l'intérêt que lui portent les adeptes de ces modifications. Il faut dire que l'homme n'en est pas à son coup d'essai. Auparavant, il a fait séparer sa langue en deux, s'est fait poser des implants sous-cutanés en silicone et a reçu des injections d'encre dans le blanc des yeux »* (Demeure, 2020).

Plusieurs commentateurs situent le passage à l'acte d'Anthony Loffredo dans la mouvance du *Brutal Black Tattoo*, qui serait une sorte de mélange entre une monstration exhibitionniste, une œuvre transesthétique, une souffrance sadomasochiste extrême et des véritables mutilations ou atteintes indélébiles au corps humain. Voici comment ce procédé extrêmement sadomasochiste est décrit. *« Sur la table d'opération, c'est bien le cri sans fin d'un corps (é)tendu, sous l'incision féroce des aiguilles noyées d'encre, qui est étouffé par une volonté tenace d'affronter la douleur. Les yeux exorbités de l'homme (auto)mutilé pleurent cette encre noire qui mange sa peau à vif. Du sang bilieux suinte des ratures qui barrent méchamment son torse. Le corps semble vomir avec force cette encre qui veut par tous les moyens l'empreindre, mais l'homme résiste, car cette épreuve, il l'a choisie »* (Coratte, 2020).

Sans aucun doute, la douleur et la destruction irréversible mais partiale du propre corps serait une composante appartenant à cet art de la torture volontaire. En effet, certains observateurs parlent du tatouage en général *« comme viol de peau, générant une cicatrice, marque indélébile, signe d'écrasement de l'humain par un Maître tout-puissant. L'autoperception ou même la mémoire de cette forme imprimée (au sens où l'on a exercé une pression sur) peut alors réanimer des affects et souvenirs d'humiliation, de colère, de chagrin, d'horreur »* (Estellon, 2004). Ceci va tout à fait dans le sens où moi-même je conçois les tatouages en général, à savoir comme des traces ou des cicatrices d'un vécu douloureux que l'on ne parvient pas à surmonter psychiquement et qui doivent s'imprimer sur l'enveloppe du corps tels des emblèmes témoignant d'un statut de victime.

La violence et la brutalité des tatouages n'est jamais aussi sensible comme marque indélébile d'une véritable torture physique et psychique que dans le *Brutal Black Tattoo*. « *La douleur passe avant l'esthétique. Rituel et renaissance sont à l'avant-garde de ce projet porté par Valerio Cancellier et Cammy Stewart. Ils prennent ceux qui sont assez courageux pour se faire tatouer par eux sur l'une des expériences les plus brutales que l'on puisse imaginer ; bien au-delà du seuil de la douleur pour créer une expérience entièrement nouvelle* » (Vice, le 21 novembre 2017). Nous voyons ici que la douleur est non seulement un moyen de parvenir à exhiber un malheur imprimé sur la peau, mais elle devient également une fin en soi : il faut éprouver beaucoup de douleur pour naître Autre, dans le semblant transesthétique, sur la haine intrinsèque et les ruines psychiques de soi.

Dans les pratiques brutales du tatouage noir ou équivalent — à savoir dans les pratiques violentes, très douloureuses, sanglantes et irrémédiables —, nous pouvons facilement percevoir qu'il est à l'œuvre une véritable jouissance transidentitaire. Dans le tatouage extrême, il s'agit de jouir de douleurs passées dans la construction d'une nouvelle identité factice, inhumaine, collant ou se superposant à la peau et représentant les violences psychiques et corporelles subies lors d'événements dramatiques ou tragiques encore agissants.

En quelque sorte, les tatouages représentent les douleurs d'une peau qui, sans assimiler les leçons du passé, se rend définitivement victime de traces réelles mais recouvertes du faux, imprimées mais non symbolisées, indélébiles mais trop chargées d'une souffrance secrètement entretenue. Le sadomasochisme que le sujet a extrait comme résultat des ruines psychiques se situe désormais dans les tatouages qui le font semblant d'être un Autre jouissant dans la douleur du vécu subi.

Les victimes sadomasochistes du *Brutal Black Tattoo* sont confrontées toute leur vie à une double composante de la négation et de la douleur. D'une part, il y a la douleur qui accompagne la négation permanente de ce que le sujet est depuis sa naissance et qu'il s'obstine à ne plus être. Et d'autre part, il y a la douleur produite par l'impossibilité d'être vraiment l'identité factice, secondaire et apparente que le sujet s'est construit et qu'il doit alimenter en permanence.

Autrement dit, la jouissance transidentitaire propre aux tatoués extrêmes et aux opérés transesthétiques est de parvenir à une exhibition permanente de la douleur et des ruines psychiques ayant accompli une renaissance factice du sujet dans un être monstrueux. Notons également qu'un tel procédé ressemble au traitement sadomasochiste des scarifications, des flagellations, des mutilations sacrificielles comme aussi bien à la cadavérisation anorexique. Il ne s'agit pas seulement de se faire du mal mais de garder et d'exposer en permanence la marque, la trace, le signe corporel de la souffrance autodirigée pour en faire une jouissance de monstration identitaire, une œuvre transesthétique hispérique du corps humain.

Nous vivons sans doute sous l'emprise d'une idéologie, d'un moralisme et d'une esthétique à caractère hispérique. À savoir que nous allons dans un sens pervers, à contrecourant de l'humain, dans la mesure où celui-ci, sa nature et sa corporéité semblent nous dégoûter profondément. En tout cas, certains préfèrent les animaux, l'obscurité, les choses inanimées, les marques de souffrance, les adultes encore bébés, le sexe impossible à appartenir, les êtres extraterrestres que l'on imagine paradoxalement à moitié monstrueux, à moitié anthropomorphes.

L'esthétique hispérique, en tant que perversion du goût ou en tant qu'inversion de la beauté en icônes de laideur, de cruauté et du grotesque, surgit surtout dans des périodes où l'on vit un climat de barbarie (Eco, sldd, 2007, 2011, p. 111). Partant de là, l'esthétique hispérique, qui, même sous sa forme spontanée, donne une plus-value à la représentation des monstres, implique une sorte de moralisation intrinsèque. Elle montre aux gens l'obscénité et l'épouvante des cycles de barbarie menant vers la cruauté, la destruction et la mort.

Aujourd'hui, malgré les Grandes Guerres, les massacres en masse et de masse du XIXème siècle, ainsi que d'autres crimes contre l'humanité ayant eu lieu depuis la Révolution, nous ne cessons de vivre un terrible et monstrueux cycle de violences. Terrorisme, homicides du lien sexué, sexualité anomique, suicides identitaires, résurgence des protosexualités, incestes, pédophilie et infanticides dominent désormais notre vie et font dangereusement trembler le lien civilisationnel.

Est-ce pour cela que certains sujets se font eux-mêmes horreur et terreur au point de nous rappeler, dans leur sacrifice presque sataniste, le caractère horrible, monstrueux et démesuré de notre existence post-moderne et transhumaniste ? Le pire est que le monstrueux peut apparaître comme l'envers de la recherche effrénée d'une beauté antinaturelle. De nos jours, certains corps sont modelés comme des véritables natures mortes probablement pour exhiber la disproportion d'une jouissance corporelle et identitaire fuyant vers le posthumain, le transesthétique ou l'hispérique.

Les transfomations antinaturelles et volontairement agressives ou violentes du corps humain sont devenues banales, désirables, futilement valorisées. Ainsi, « *le lipofilling ou la pose d'implants au postérieur de Jessica Thievenin et Astrid Nelsia, la réduction mammaire de Sarah Fraisou...* » (*Pure People*, 2020). De là à vouloir ou pouvoir modifier le corps pour avoir une apparence d'extraterrestre, par exemple, il n'y a qu'un pas hispérique à faire pour être en accord avec l'époque barbare qui est la nôtre. Mais cette tendance était déjà perceptible lors des années 1960 et 1970.

Transsexes transextraterrestres

Un ancien collègue péruvien, Charlie Paz Wells, étudiant en psychologie à l'Université de São Paulo (Brésil), comme moi, pendant la fin des années 1970, est devenu transsexes après ce qu'il considère comme son « *abduction* » par des extraterrestres à Chilca, au Pérou, en 1974 (WiGumAthletic1, 1993, 2012).

Selon Charlie, pour entrer en contact avec ses interlocuteurs extraterrestres, au lieu de passer par l'écriture automatique ou la psychographie en général, il a utilisé « *la communication télépathique directe. [...] Mon contact a émergé à partir d'un dialogue mental direct, même si c'était difficile de différencier les voix entendues de ma propre voix. Parce que c'était comme si quelqu'un parlait à l'intérieur de votre tête en faisant interférence dans vos propres pensées. Du coup, c'est difficile de séparer ce qu'il en est de vos propres productions mentales de ce qui est de l'ordre d'une communication. C'est une question de pratique* » (Benitez, 1979).

Quelques jours à peine après son entretien à distance avec les extraterrestres, un OVNI serait descendu dans un point prédéterminé et, pour la première fois de sa vie et dans le comble de la frénésie et l'extase, Charlie serait entré dans ce qu'il appelle un OVNI. « *Nous nous sommes connus personnellement et les extraterrestres nous ont expliqué qu'ils voulaient établir avec nous une relation expérimentale pour étudier les réactions de l'être humain devant les extrahumanités. Ils étaient quatre hommes et deux femmes, sexuellement parfaitement définis, visuellement identifiables et à l'allure humanoïde mais très grands, mesurant presque deux mètres* » (Benitez, 1979).

Le journaliste espagnol de *la Gaceta del Norte*, J. J. Benitez, serait l'un des sept participants du groupe qui, avec Charlie Paz Wells, auraient participé à l'abduction extraterrestre. Il raconte l'expérience vécue avec les membres de l'autodenominé *Institut Péruvien de Relations Interplanétaires* (IPRI), fondé en 1955 par Carlos Paz Garcia, père de Charlie Paz Wells. Selon Benitez, l'un des objectifs des extraterrestres consiste à adresser une alerte à l'humanité à propos d'un événement apocalyptique à venir sur la planète terre (Benitez, 1979).

Sixto Paz Wells, frère de Charlie, est connu également pour affirmer à qui veut bien l'entendre qu'il reçoit fréquemment des messages d'extraterrestres par écriture automatique, télépathie et même dans ses rêves (Campo Pérez, 2002). Les deux frères et quelques membres de l'IPRI ont, d'ailleurs, pendant longtemps participé de ladite *Mission Rama* consacrée à des activités ésotériques, paranormales et extraterrestres. Cependant, cette association a été dissoute après avoir été déclarée par la justice péruvienne dans le rang de secte néoreligieuse avec des préoccupations occultistes, théosophiques et ayant comme noyau délirant l'intérêt extraterrestre (Jara Vera, 2001). D'ailleurs, même les chercheurs ufologiques considérés sérieux se méfient des discours et des actes des frères Paz Wells (Vallée, 1965).

Selon Charlie, pendant les vingt minutes où il serait resté avec les extraterrestres, ils lui auraient proposé de collaborer avec eux pour changer l'humanité. Il fut ainsi investi d'une mission transcendantale dont il ne pouvait pas en prendre modèle ou connaissance chez personne d'autre. Il est devenu sans transition un homme choisi par des forces bien plus importantes que n'importe quel individu de notre espèce. En outre, cette mission ne pouvait se réaliser que par le fait de prêter totalement sa personne à de telles forces interstellaires et inconnues qui exigeaient une transformation de tout son être. Notons ici que son témoignage fonctionne comme un rapport logique et détaillé d'une expérience énigmatique proche de la paraphrénie où la perplexité éprouvée se mue en signification personnelle.

Nous trouvons-nous là, à ce stade, face à un véritable cas de suppléance pathologique telle que nous la définissons ou s'agit-il plutôt d'une psychose prenant comme thématique principale l'expérience transcendantale sous une version extraterrestre ? Ou alors, pouvons-nous considérer qu'il s'agit déjà d'un mélange de ces deux états et de quelques autres comme la perversion et les phénomènes translimites ? Et, dans ce cas, nous serions donc devant un tableau très proche de ce que je considère comme étant la jouissance transidentitaire.

Le fait est qu'après son abduction, Charlie s'est mis en tête qu'il était transsexes, s'est prêté volontiers à des programmes genristes de conversion transidentitaire et a fait les démarches juridiques pour prendre le pseudonyme de *Verónica*. Une deuxième problématique, très pathologique et cette fois-ci complètement identitaire, vient s'installer et le dominer lorsqu'il reprend le cours étrange de sa nouvelle vie, mi-extraterrestre mi-transsexes, et alterne entre ces deux néoréalités. Passant d'une position délirante, selon les coordonnées d'une psychose cliniquement classique avec des aspects fantastiques et paraphrènes, Charlie est venu à vivre une terrible scission identitaire où son identité factice s'en prend à l'identité sexuée au point de le faire dériver vers le drame transidentitaire.

Nous considérons que Charlie présente un délire d'auto-engendrement avec des hallucinations visuelles, verbales et corporelles précédant sa conversion transidentitaire. Le délire toutefois n'est ni paranoïaque ni maniaco-dépressif, mais semble appartenir à une expérience mystique et fantastique transcendantale. Ce n'est que sur cette base psychotique que se construisent plus tard les phénomènes transsexuels de la jouissance identitaire. On peut se demander comment un sujet psychotique passe d'une psychose clinique avérée à la jouissance transidentitaire sur son versant transsexuel. En suivant le fil de cette question, ne doit-on pas concevoir que la jouissance transidentitaire, superposée à la psychose dans ce cas, est en vérité une forme de suppléance qui devenant pathologique rate son objectif initial qui est de stabiliser la psychose ?

Transsexes extrémistes

Les hommes transsexes ont évidemment le droit de se croire et de faire semblant d'être des femmes puisqu'ils souffrent profondément de ne pas se retrouver dans et avec le sexe auquel ils appartiennent.

Bien que le terme de droit ne se justifie pas vraiment dans ces cas délirants ou pré-délirants — car autrement il faudrait dire également que les anorexiques ont le droit de ne pas manger, que les cotardisés ont le droit d'être considérés des morts-vivants sans organes dans le corps, que les schizophrènes ont le droit de communiquer par des câbles invisibles avec Dieu ou que les maniaco-dépressifs ont le droit de se suicider —, nous sommes parfois bien obligés de dire que les transsexes ont bien évidemment le droit de montrer leur psychopathologie en public, comme bon leur semble.

Cependant, comme tous les autres qui souffrent d'une collision entre imaginaire, réel et symbolique, si un sujet transsexes a le droit de vivre sa transexualité, ce droit lui est obligatoirement limité. Il lui est limité lorsque l'on aborde non pas seulement quelques aspects de la réalité (macropsychique, sociale, conventionnelle voire dite objective) mais surtout le réel.

La raison de leur problématique intermédiaire entre le sexe d'appartenance et l'autre sexe se situe chez eux dans des questions psychogéniques et non pas organiques. Cela constitue une psychopathologie qui peut être traitée par la psychologie clinique, par la psychiatrie et par la psychanalyse. Néanmoins, ils n'ont pas, par exemple, le droit de participer aux compétitions internationales sportives dédiées exclusivement aux femmes. C'est cela qui a décidé la Fédération internationale d'athlétisme et, selon son conseil, la *World Athletics* s'est résolu à « *exclure des compétitions féminines internationales les athlètes transgenres hommes et femmes qui ont connu une puberté masculine* » (Figaro-AFP, le 24 mars 2023).

Mais pourquoi la Fédération internationale d'athlétisme a besoin de devoir statuer sur quelque chose qui devrait aller de soi ? Parce que, depuis des longues années, nous sommes confrontés en Occident aux pressions exercées par des fanatiques sexidentitaires et transidentitaires qui tentent de faire accepter l'idée que les hommes transsexes ne sont pas des hommes mais bien des « *femmes transgenres* » et, en tant que telles, ils devraient être catégorisés comme des femmes biologiques. Cela voudrait dire qu'en apparence il y a au moins deux types de femmes : les femmes biogéniques et les femmes transgéniques. Sauf que, différemment aux organismes animaux ou végétaux transgéniquement modifiés de façon artificielle, les transsexes ou sujets supposés être transgéniquement modifiés seraient la cible d'une conversion hormonale, chirurgicale et comportementale.

Le « *genre* » étant un terme idéologique et identitaire, il ne faudrait pas utiliser l'appellation de « *personnes transgenres* » mais celle d'*hommes transsexes* (ou éventuellement *hommes transsexuels*) et, dans le cas de l'autre sexe, de *femmes transsexes* (ou éventuellement *femmes transsexuelles*). Or, pour le sport ce qui compte n'est pas ce que chaque sujet considère comme étant son identité, mais bien le sexe auquel il appartient.

De la même façon que dans d'autres universités aux États-Unis ou au Canada, quelques transsexes extrémistes ainsi que des étudiants et des enseignants genristes et transidentitaires de l'Université d'Oxford discriminent et s'opposent violemment à Kathleen Stock, enseignante panféministe et lesbienne. Lors d'une conférence à l'université, elle avait affirmé que, « *dans les vestiaires, les toilettes et les prisons, les femmes devraient avoir des espaces réservés pour les préserver d'éventuelles agressions sexuelles* » (La Grange, 2023). Après cette attaque contre sa personne, Kathleen Stock est obligée de placer des systèmes de sécurité chez elle et avoir des gendarmes en permanence à la suite de menaces de viol et de mort.

À l'opposé, c'est tout à fait naturel que d'autres dizaines d'enseignants d'Oxford se solidarisent avec cette femme victime de la *cancel culture*. Comme tout citoyen participant du débat public, Kathleen Stock a le droit de défendre ses idées quelles qu'elles soient, de la même façon d'ailleurs qu'il faut préserver la liberté de parole des militants transidentitaires. Étudiants, enseignants, chercheurs, psychanalystes, nous nous devons de toujours défendre la liberté d'expression car elle est le socle de toutes les autres libertés. Cependant, cet événement ne requiert pas seulement la défense de la liberté d'expression, mais également une analyse plus approfondie d'un phénomène à peine sous-jacent.

Cet incident est encore l'un des multiples exemples de la guerre identitaire qui oppose les représentants du transsexualisme à ceux du panféminisme et de l'homosexualisme, notamment depuis la publication par Janice Raymond de *The Transsexual Empire* (Raymond, 1979), un texte qui a été repris de son premier manuscrit *The Making of the she-male* (Raymond, 1970 ; Lieberman, 2023). Nous avons là deux formes du genrisme identitaire qui, comme l'extrême gauche et l'extrême droite, ne sont au fond que deux versions d'un même extrémisme. La féministe radicale Janice Raymond, probablement l'une des premières féministes se rendant compte de l'imposture que constitue la soi-disant identité de genre et le genrisme transidentitaire, avait soutenu dans son livre de 1979 que les programmes de conversion transsexuelle impliquaient un renforcement des stéréotypes sexuels dont les femmes seraient victimes.

Malgré le fait qu'elle ait évidemment raison sur ce point, il ne faut pas oublier que Janice Raymond développe également des points de vue extrémistes, complotistes et hyperidéologisés, comme par exemple sa critique du patriarcat, la victimisation à outrance des femmes et la hargne contre les hommes. Plus loin que cela, Janice Raymond, en bonne panféministe, développe tout un tas de diatribes haineuses contre les transsexes, et c'est pour cela qu'elle est considérée comme l'une des premières panféministes haïssant les transsexes et appelant à leur discrimination.

Ces prises de position radicales de part et d'autre expliquent en partie la guerre identitaire qui oppose depuis lors ces deux factions communautaires, à savoir genristes transidentitaires extrémistes, d'une part, et panféministes ou lesbiennes radicales, d'autre part. Et nous pouvons constater que ce délitement du lien social et civilisationnel se comprend par l'étendue du genrisme dans les sociétés du monde occidental. Non seulement le genrisme est un danger pour la société mais en plus le développement du genre et ses idéologies sexidentitaires débouche sur des crimes contre la civilisation : menaces, agressions, attaques à la liberté d'expression, suicides identitaires, mutilations, castrations réelles, mastectomies, agressions hormonales contre le sexe réel, viols, meurtres.

Un tel état des lieux part d'une profonde incompréhension, développée par les idéologues genristes, sur la psychopathologie du panféminisme, de l'homosexualisme et du transsexisme. C'est la psychanalyse qui est mise au défi de cette nouvelle macropsychopathologie.

CROIRE APPARTENIR À L'AUTRE SEXE : LA TRANSSEXION

TRANSSEXION ET DÉTRANSSEXION

L'étude des troubles de conversion transidentitaire peut nous apprendre non pas ce que la normalité devrait être mais les fondements civilisationnels des nouvelles psychopathologies. Sans aucun doute, la normalité n'est pas ce que l'idéologie *queer*, *woke* ou genriste, ayant envahi un secteur de la psychiatrie, de la psychologie et même de la psychanalyse, fait croire. La normalité ne veut pas dire que tout s'équivaut, que croire appartenir à l'autre sexe implique en un « devenir » cet autre sexe et qu'il faudrait aider le patient troublé par sa sexuation à transformer son apparence pour qu'il fasse semblant d'appartenir à un sexe qui n'est pas le sien. Évidemment, le vécu normal, équilibré et stable de la sexualité n'est pas cela, mais bien au contraire la prise en compte sans conflits de la différence des sexes et de la sexuation. À l'opposé, croire ou sentir profondément que l'on appartient à un sexe qui n'est pas le sien est bien le signe d'un grave dérèglement psychique qui peut trouver une solution autrement que par les thérapies de conversion transidentitaire.

LE TERME TRANSITION

Le terme transition implique souvent, dans plusieurs langues, une signification plutôt laudative comme passerelle naturelle, aire intermédiaire, circonstance graduelle ou passage logique lorsque deux états naturels, normaux, neutres ou positifs se suivent dans un processus de métamorphose nécessaire. Quand ce n'est pas le cas, on est alors obligé d'ajouter un adjectif tel que transition brusque, transition brutale ou transition barbare. Malheureusement, dans le discours transidentitaire de notre époque, le terme transition est utilisé en anglais pour faire référence au soi-disant changement de sexe, transformation d'un être humain en animal, transmutation en monstre tatoué ou encore conversion en créature extraterrestre, c'est-à-dire sous un mode tout à fait inadéquat (Smith, 2018). Pour cette raison, nous avons besoin d'un nouveau terme qui comporte le sens et la signification propres à la jouissance transidentitaire.

LE TERME TRANSSEXION

Par conséquent, pour faire référence aux tentatives de ces fausses transitions, à ces procédés idéologiques voire aux passages à l'acte qui s'attaquent de manière identitaire au réel du corps, j'ai créé le terme *transsexion* lors de mes recherches sur le sujet au début 2021. Le terme *transsexion* est à comprendre comme la série d'actes technomédicaux, technopsychologiques et technojuridiques qu'un sujet transsexes fait subir à son corps pour qu'il ressemble anatomiquement à celui de l'autre sexe ou à toute autre forme identitaire ou non naturelle.

Plus précisément, le terme transsexion relie la jouissance transidentitaire (selon ses manifestations idéologiques, psychologiques, macropsychiques) aux tentatives de transition par la manipulation des expressions sexuelles (biologiques, hormonales, comportementales, vestimentaires, cosmétiques) ainsi qu'aux techniques intrusives de transsection (chirurgicale et juridique). En ce sens, le terme transsexion est composé des trois mots suivants. D'abord, le *trans*, signifiant l'idée d'un « passage vers », ensuite, le *sexe*, toujours forcément binaire car ce terme dénote obligatoirement une section, une scission, entre féminin et masculin, et, enfin, la notion de *section* en tant que coupure ou opération intrusive de l'organe sexuel ou du réel du corps. *Transsexion* est ainsi un terme qui réalise, au niveau identitaire, la convergence des passages à l'acte transhumanistes et genristes.

LE TERME DÉTRANSSEXION

Pour sa part, le terme *détranssexion* serait l'état qu'un sujet transsexes, ayant passé à l'acte transsexionnel et éprouvant après-coup une profonde déception, traverse nécessairement pour décider de revenir en arrière. Le processus autothérapeutique détranssexionnel qui s'enclenche, en tant que réconciliation tardive du sujet avec le réel de son sexe, implique une profonde désidentification vis-à-vis de la conversion transidentitaire. La conséquence la plus positive de la démarche détranssexionnelle se situe dans le fait que le sujet peut enfin reconnaître la pathologie de la jouissance transidentitaire où il se situait, aussi bien que l'impossibilité réelle d'une véritable conversion transsexuelle. La détranssexion est également une réponse adaptée et pacifiante vis-à-vis du grand risque de suicide que les procédures de transsexion produisent.

ÉPIDÉMIE DE CAS TRANSSEXIONNELS ET AUGMENTATION DES CAS DÉTRANSSEXIONNELS

Bien avant que quelques psychanalystes comme Élisabeth Roudinesco parlent d'épidémie pour évoquer l'augmentation exponentielle de sujets transsexes (Coutures, 2021), dont certains sont enfants et adolescents, j'avais déjà coutume d'observer ce phénomène et de l'appeler de la sorte. Effectivement, on assiste à une incontestable épidémie non seulement de sujets se disant transsexes (Littman, 2018) mais également de ceux voulant devenir transsexionnels.

Précisément, dans un texte abordant cette question, Lisa Marchiano, une psychanalyste junguienne qui s'occupe, à Philadelphie, de patients détranssexionnels, affirme, citant une étude suédoise (Dhejne, Öberg, Arver & Landén, 2014), que les transsexes devenant transsexionnels sont de plus en plus jeunes. Lisa Marchiano déclare qu'au Royaume-Uni, il y a eu « *une augmentation de plus de 1.000 % du taux annuel d'enfants et d'adolescents de sexe masculin ayant recours à des services spécialisés en matière [genriste] de 2009 à 2019, avec une augmentation de 4.400 % parmi les filles et les adolescentes — de 40 cas en 2009-10 on est passé à plus de 1.800 cas dix ans plus tard. Des augmentations similaires ont été constatées dans d'autres pays occidentaux* » (Marchiano, 2020). Sans aucune surprise mais avec beaucoup d'inquiétude, on peut dire qu'il y a une « *augmentation spectaculaire du nombre de jeunes qui s'identifient comme [transsexes]* » et que « *bon nombre de ceux qui sont actuellement en transition sont beaucoup plus jeunes* » qu'en 2014, date de l'étude suédoise (Marchiano, 2020). Une telle situation semble catastrophique tant en termes de santé mentale que concernant l'équilibre nécessaire pour le lien de civilisation et le lien social.

Nous devons prendre en considération, à cet égard, que les patients voulant transsexionner ne profitent plus comme avant d'évaluations approfondies. « *Selon cette nouvelle tendance, les pratiques dites de "gatekeeping" devraient céder la place à un modèle fondé sur "l'affirmation" de la perception annoncée par un patient de son identité sexuelle. [...] Pour les adolescents qui ont du mal à se comprendre et à comprendre leur place dans le monde, un autodiagnostic en tant que [transsexes] peut offrir des réponses apparemment faciles. Mais les cliniciens ne devraient pas "affirmer" ce genre d'autodiagnostic sans poser de questions* » (Marchiano, 2020).

Comme nous le savons, ce sont en général les femmes qui mûrissent plus vite que les hommes et qui sont les plus courageuses pour prendre en main les questions brûlantes de chaque période de la vie. C'est le cas aussi pour les patients détranssexionnels. Selon Lisa Marchiano, « *les [détranssexionnelles] que je vois dans ma pratique sont toutes des femmes, et elles ont toutes une vingtaine d'années. Au moment où elles se sont transidentifiées, beaucoup souffraient de problèmes sociaux et de santé mentale complexes. La [transsexion] a souvent non seulement échoué à résoudre ces problèmes, mais les a parfois exacerbés ou ajouté de nouveaux problèmes. Ces jeunes femmes ont souvent déraillé par rapport à leurs objectifs éducatifs ou professionnels pendant leur période d'identification trans. [Par ailleurs,] depuis la [détranssexion], elles ont perdu le soutien de la communauté trans, à la fois en ligne et en personne. Certaines rapportent qu'elles sont vilipendées si elles parlent de leur expérience en tant que [détranssexionnelles]. Et ainsi, en plus de souffrir de leurs conditions préexistantes, elles souffrent également maintenant d'isolement social et d'un manque de soutien par leurs pairs* » (Marchiano, 2020).

Ainsi, par exemple, le transracialiste et ex-transsexes Britannique Oli London, après avoir voulu devenir Coréen, non pas de nationalité mais surtout dans son corps, comme nous l'avons dit plus haut, et avoir eu la prétention de devenir femme, a eu la lucidité d'effectuer une détranssexion. Après s'être converti au christianisme, il a dit qu'il y a « *un prosélytisme général pour tenter d'imposer la théorie du genre aux enfants* », laquelle serait devenue à ses yeux « *incontrôlable et dangereuse* » (Darrieus, 2023).

Également, Buck Angel, une femme transsexes qui a cru pouvoir devenir un homme en suivant une thérapie de conversion par hormono-substitution en 1992, a fait le chemin inverse plusieurs années après sa transsexion. Ressemblant énormément à un homme et vivant comme tel, Buck Angel devenue une actrice reconnue dans des films pornographiques tout en jouant le rôle d'un homme avec un sexe de femme (Coldwell, 2015). Malgré son parcours, ou faudrait-il plutôt dire paradoxalement grâce à lui, Buck Angel ne cesse d'avertir les autorités et le public en général sur le fait que les enfants occidentaux d'aujourd'hui sont endoctrinés par le genrisme et par l'idéologie transidentitaire (WND, 2022).

Ce qui est intéressant chez cette femme transsexes est que, malgré son apparence masculine réussie, elle admet volontiers qu'elle ne pourra jamais devenir un homme. *« Je ne suis pas un homme biologique. Je ne le serai jamais. Je suis très honnête à ce sujet, et c'est pourquoi le monde m'accepte. Alors, pourquoi apprenons-nous aux enfants à mentir ? […] Cela me dit qu'il y a une certaine forme d'endoctrinement. […] Je vois à l'œuvre une vaste et énorme volonté de pousser ces enfants dans un espace d'enfants "trans" et de les mettre sous bloqueurs de la puberté. [Toutefois,] personnellement, je pense que bloquer la puberté pourrait être désastreux. [La transsexion] n'est pas un jeu, et ce n'est pas quelque chose que je peux, comme ça, cueillir ou choisir. Une fois que vous avez choisi cette vie et fait ce que j'ai fait, il n'y a vraiment pas de retour en arrière. […] Si un enfant dit qu'il est trans, alors on le considère trans. Oh, alors, un enfant dit qu'il est un éléphant et il doit être considéré comme un éléphant ? Cela ressemble à une mauvaise plaisanterie. C'est tellement ridicule »* (WND, 2022).

Redevenue heureusement raisonnable, Buck Angel pointe également la dangerosité de la thérapie de conversion transsexuelle. *« C'est dangereux et ce n'est pas vraiment une thérapie. La thérapie est un recul à un certain niveau. C'est une prise de recul pour que vous puissiez vous interroger : "est-ce que je fais le bon choix ?" »* (WND, 2022). En fait, son témoignage démontre que, dans le meilleur des cas, on ne parvient pas à devenir vraiment de l'Autre sexe mais seulement à acquérir l'apparence physique, sociale et comportementale que l'Autre sexe semble avoir. Et son cas démontre aussi que la transsexion introduit ou enfonce le sujet dans la psychopathologie du genrisme transidentitaire.

AUGMENTATION DES SUICIDES APRÈS LA TRANSSEXION

Dans une longue étude, Lisa Littman a suivi une cohorte de 100 patients ayant détranssexionné, dont 69 femmes naturelles et 31 hommes naturels. Elle a découvert que les raisons qui ont poussé ces patients à effectuer une détranssexion étaient surtout le fait de se sentir finalement plus à l'aise en s'identifiant à son sexe d'appartenance, les complications médicales liées à la transsexion et le sentiment *« que leur dysphorie de genre était causée par quelque chose de spécifique comme un traumatisme, un abus ou un problème de santé mentale »* (Littman, 2021).

Sinon, ce qui les avait poussés à la transsexion était, pour un quart d'entre eux, le fait de ne pas s'accepter en tant qu'homosexuel (Littman, 2021) et, en grande partie, également comme pour la détranssexion, le fait de ne pas avoir pu surmonter des traumas psychiques dus à des abus sexuels (Herzog, 2017 ; Callahan, 2028 ; Littman, 2021). En tentant de résoudre les graves troubles que le passage à l'acte à la transsexion produit, les sujets détranssexionnant reviennent ainsi au problème psychique de départ mais dans une disposition d'esprit désormais commandée par le principe de réalité.

Il faut dire que pour cause de ces problèmes psychiques de base, les taux de suicide des jeunes transsexes sont impressionnants. On observe un taux de tentatives de suicide de 32 % à 50 % selon quelques enquêtes (Virupaksha, Muralidhar & Ramakrishna, 2016) et 40 % selon d'autres études, avec cependant un taux d'incidence de 82% pour les idées suicidaires (Austin, Craig, D'Souza, & McInroy, 2022), sachant également que près d'un jeune transsexes sur cinq tente de se suicider (Trevor Project, 2022). Cela accompagne en partie le taux des suicides, des tentatives et des pensées suicidaires des homosexuels qui est également assez élevé, à savoir 45 % de ces patients, selon certains chercheurs (Trevor Project, 2022). Nous devons souligner que ces taux ne s'expliquent pas par une éventuelle discrimination sociale, mais par la problématique inhérente à ces conditions de jouissance aussi bien que par les risques qui augmentent considérablement après le passage à l'acte vers une transsexion.

On a tellement considéré que l'homosexualité était normale que beaucoup de ces patients croient trouver dans leur déviance sexuelle le secret d'un bonheur qui, à terme, leur échappe, et commence alors une fuite en avant, une tendance à dépasser les limites du raisonnable. Ainsi, beaucoup de ces patients passent d'une première sensation d'être homosexuel à un sentiment secondaire d'être de l'autre sexe. Puisque la société considère que c'est normal y compris de se marier avec des personnes du même sexe, comme également d'être transsexes, et ayant de plus en plus de conseils médicaux et psychologiques pour une thérapie de conversion, le sujet se lance avec un espoir innocent dans une transsexion mutilatrice et proche de ce qui serait un suicide psychique.

À partir de là, vivant sous l'emprise de la question transidentitaire, que je considère comme étant une duplicité d'identités contradictoires, le patient s'aperçoit néanmoins que la stabilisation de sa discordance sexuelle n'a pas eu et ne peut pas avoir la solution attendue. C'est alors que, selon certaines études, quelques années après la transsexion, une grande partie de ces patients tend à commettre des suicides avec un risque qui augmente de manière exponentielle, comme le concluent des chercheurs suédois (Dhejne, Lichtenstein, Boman, Johansson, Långström & Landén, 2011 ; Dhejne, Öberg, Arver & Landén, 2014). D'autres soulignent que de « *dix à quinze ans après la réassignation chirurgicale, le taux de suicide des personnes ayant subi une opération de réassignation sexuelle est 20 fois plus élevé que celui des personnes comparables* » (Anderson, 2018).

Nous savons que la grande majorité des patients transsexes présentent des troubles psychotiques ou des graves troubles anxio-dépressifs qui bien souvent peuvent précéder un suicide. Mais, la transsexion n'est-elle pas déjà, avec sa cohorte de mutilations ou de castrations réelles, une manière de se suicider à moitié ?

Nous savons également que la transsexion aggrave une partie des troubles psychiques liés à la discordance sexuelle et alimente d'autres. Non seulement les bloqueurs de la puberté entraînent des troubles de l'humeur et de multiples dysfonctionnements organiques et sexuels, dont certains peuvent être irréversibles, mais également les hormones croisées (testostérone pour les filles et œstrogènes pour les garçons) produisent de graves troubles chez les jeunes des deux sexes.

RECEVOIR EN CURE LES PATIENTS DÉTRANSSEXIONNELS

Nous savons, comme le notent Lisa Marchiano et autres cliniciens, que les filles sombrant dans la jouissance transidentitaire, le font, le plus souvent, lors des graves perturbations de l'adolescence dans le contexte de profonds et apparemment insolubles dysfonctionnements familiaux. Comme ces chercheurs et cliniciens, nous avons également repéré dans notre clinique les abus sexuels en tant que précurseurs opérationnels autant de l'hypermasculinisation dans les formes presque exclusives de l'homosexualité féminine que des troubles de l'alimentation lors de la période où débute le phénomène transidentitaire sous sa version transsexuelle. D'ailleurs, Gehring et Knudson (2005) ont constaté que 55 % de leurs cas avait subi une agression sexuelle avant le dix-huitième anniversaire. Ces chercheurs ont également identifié une forme spécifique d'agression sexuelle dans l'histoire des transsexes laquelle ne s'applique pas à d'autres groupes, à savoir l'agression sexuelle en raison d'une curiosité pour le sexe ou pour les organes génitaux. Sinon, les passerelles entre transsexualisme et hyperhomosexualité nous font garder à l'esprit une question : la jouissance transidentitaire peut-elle réellement fonctionner comme une suppléance réussie au drame de l'hyperhomosexualité ?

La réponse de Lisa Marchiano à cette question est celle-ci. « *Pour la plupart de ces jeunes femmes, s'identifier comme trans a aggravé leur santé mentale. Bien que certaines rapportent que le fait de commencer par des hormones a initialement apporté une augmentation de la confiance et du bien-être, ces médicaments ont finalement semblé rendre quelques-unes d'entre elles plus labiles émotionnellement et intensifié la dépression et les tendances suicidaires. Certaines des femmes qui ont subi des chirurgies telles que des mastectomies ou des hystérectomies ont constaté que ces procédures n'apportaient aucun soulagement à leurs souffrances et entraînaient plutôt des lésions nerveuses, des regrets et, dans certains cas, une dépendance à vie aux hormones synthétiques* » (Marchiano, 2020). Il est donc clair que les thérapies de conversion genriste viennent apporter des problèmes supplémentaires à la couche transsexionnelle qui recouvre la jouissance transsexuelle, laquelle englobe l'hyperhomosexualité qui inclut à son tour un grave dysfonctionnement familial à partir de quoi la patiente s'identifie à l'objet privilégié du sacrifice.

Lisa Marchiano va encore plus loin dans sa critique des procédures de transsexion. « *Les femmes avec qui j'ai travaillé [...] ont toutes [détransexionné] parce qu'elles n'avaient pas l'impression que la [transsexion] avait réglé leurs problèmes ; et, dans certains cas, parce qu'elles estimaient que la [transsexion] avait aggravé leurs problèmes. Elles sont maintenant certaines que la [transsexion] était une erreur. Dans de nombreux cas, elles sont en colère contre les prestataires de soins médicaux et de santé mentale qui les ont "affirmées". Avec le recul, certaines de ces femmes disent qu'elles auraient souhaité que les thérapeutes et les médecins ne les aient pas encouragées à croire que leur corps était défectueux, ni à croire qu'une modification physique extrême était une option saine pour faire face à la détresse à propos de leur corps* » (Marchiano, 2020).

Comme le soutient si bien cette psychanalyste, le fait de « *rejeter la [détranssexion] comme une "panique" suscitée par des médias biaisés rend un grave et mauvais service aux vrais hommes et femmes qui luttent pour la difficile expérience de la [détranssexion]* » (Marchiano, 2020). Et il s'agit pour nous justement d'étudier avec attention et de défendre la position de ces patients déçus de la transsexion et qui se trouvent obligés de procéder à une restauration de leur état initial par une pénible bien que nécessaire détranssexion.

Plusieurs jeunes filles qui se croyaient être des garçons et qui avaient été poussées à transsexionner entre de 15 à 18 ans ont créé le site *Pique Resilience Project*, où elles essaient d'informer les parents et les adolescents victimes du genrisme et de la jouissance transidentitaire à trouver d'autres voies que la transsexion. « *Nous avons toutes les quatre vécu une dysphorie de genre intense à l'adolescence, certaines d'entre nous montrant des signes précoces dès la petite enfance et d'autres correspondant au modèle de Rapid-Onset Gender Dysphoria (ROGD [ou Dysphorie de genre d'apparition rapide]). Par la suite, nous nous sommes toutes identifiées comme des hommes trans et/ou non-binaires pendant plusieurs années dès l'adolescence. Depuis, nous avons toutes effectué une [détranssexion]/désistance et avons pu explorer d'autres facteurs individuels susceptibles d'avoir causé ou exacerbé notre dysphorie. Nous espérons aider les jeunes dysphoriques à trouver d'autres moyens de gérer leur dysphorie, en particulier lorsque les traitements couramment recommandés, tels que le traitement hormonal substitutif, la thérapie de genre, la vie dans le genre désiré pendant plusieurs années, la chirurgie de réassignation sexuelle (parfois appelée aussi chirurgie de confirmation du genre), sont inefficaces pour traiter cette dysphorie à long terme* » (Dagny, Chiara, Jesse & Helena).

Ce qu'il faudrait dire à ces jeunes filles c'est que la dysphorie de genre n'existe pas. Elle n'existe pas déjà parce que l'être humain n'a pas de genre mais un sexe. En outre, ni euphorique ni dysphorique, la confusion de l'identité sexuelle induite par le genrisme s'appuie sur des phénomènes que nous sommes en train de décrire ici et qui se situent comme une jouissance transidentitaire, laquelle n'est pas du tout en soi un trouble de l'humeur tel que la dysthymie ou la dysphorie.

RÉSISTANCE DE LA PSYCHANALYSE CONTRE LE GENRISME ET LES TRANSSEXIONS

De par sa complicité implicite avec le transhumanisme neurocognitif, le genrisme identitaire se faufile et s'épanouit non seulement dans une psychiatrie dérivant vers le scientisme, mais également dans l'idéologie des générations mondialisées. L'une des passerelles entre ces deux monstres identitaires qui s'attaquent à la psychanalyse, c'est le sexogauchisme des anciens délires reichiens.

Nous savons toutefois combien la véritable psychanalyse lacanienne s'érige contre la tendance à mondialiser la jouissance transhumaniste, communautariste et identitaire. Le trouble de notre époque prend comme cible l'identité en général et l'identité sexuelle en particulier, comme l'entrevoyaient, déjà en 2007, les sages paroles de notre regretté collègue Serge Cottet. Selon lui, « *les idéaux de mai 68 ont enrôlé le freudisme avec des mots d'ordre relevant de l'idéologie de la libération du désir. Ceux-ci portent la marque d'une interprétation erronée de la doctrine, notamment celle de Wilhem Reich. Le "sexo-gauchisme", comme le dit Lacan dans* Télévision, *hérite des contresens faits sur le refoulement. Ce grand chambardement vient pourtant bel et bien de la psychanalyse. L'illusion sexologique avait pourtant été réfutée par Freud à la Société Psychanalytique de Vienne en 1929-1930 : "Reich néglige le fait qu'il existe de nombreuses composantes pulsionnelles prégénitales qu'il est impossible de libérer, fût-ce avec le plus parfait orgasme." Que la pulsion ne soit pas structurée pour sa satisfaction, sera le dernier mot de Freud* » (Cottet, 2007, p. 194).

Cottet ne se trompe pas. Comme quelques autres psychanalystes lacaniens — qui malheureusement n'osent pas se manifester au sein de l'École de la Cause freudienne, École dont j'étais membre avant de la quitter en 2021 pour désaccord à propos notamment de ces questions —, il perçoit très bien l'enjeu qui se prépare. « *L'antinomie du sexe et de la civilisation n'est pas celle du père castrateur avec ses enfants. Dire qu'il s'agit d'incompatibilité de la jouissance avec l'ordre symbolique est plus vrai mais atténue encore le solde cynique qu'aucune sublimation ne peut éponger. La société suscite alors des fictions et fabrique des narcotiques plus ou moins efficaces pour donner le change »* (Cottet, 2007, p. 194). Et on peut dire aujourd'hui que nous vivons désormais sous le dictat idéologique d'une nouvelle pathologie de la jouissance, celle identitaire. Pour Cottet, *« qu'en est-il aujourd'hui ? L'époque post-moderne semble [...] échapper aux effets du refoulement. On la caractérise par l'effondrement des interdits, des idéaux, des rôles sociaux, l'éclatement de la famille »* (Cottet, 2007, p. 194). C'est sur cet effondrement de l'interdit et sur cette destruction de la famille que repose justement la jouissance identitaire ou transidentitaire.

Mais voyons maintenant quelques-uns des dégâts que produisent les thérapies de conversion et de transsexion.

DOUBLE MASTECTOMIE ET TRANSSEXION CHEZ DEUX ADOLESCENTES DE 15 ANS

L'activité d'une soi-disant *« gender clinic »*, fondée et gérée par Helen Webberley, médecin généraliste déjà condamnée par la justice, a été suspendue en 2020 par la Haute Cour du Royaume-Uni car, selon celle-ci, les moins de 16 ans ne sont pas en mesure de consentir pleinement au « traitement » transsexionniste.

Les juges ont déclaré qu'il était *« hautement improbable »* qu'un enfant de moins de 13 ans soit suffisamment mature pour consentir à prendre les inhibiteurs hormonaux de la puberté et qu'il était *« douteux »* que les jeunes de 14 et 15 ans puissent *« peser les risques et les conséquences à long terme. [...] Dans leur décision, les juges Victoria Sharp, Lewis et Lieven ont conclu que les inhibiteurs [de puberté] n'étaient "pas un processus neutre" mais un "tremplin" vers les hormones sexuelles croisées, ce qui pourrait "augmenter la probabilité" qu'ils passent à d'autres traitements qui endommagent la fertilité ou ont un impact sur les relations. "Pour de nombreux enfants, certainement plus jeunes, il ne sera pas possible de conceptualiser le fait de ne pas pouvoir donner naissance à des enfants", ont-ils déclaré. [...] Le jugement historique signifie que l'approbation du tribunal sera nécessaire avant que des bloqueurs de puberté puissent être prescrits aux enfants d'Angleterre et du Pays de Galles qui sont confus quant à leur identité sexuelle. NHS [la sécurité sociale britannique], a immédiatement mis à jour ses directives pour indiquer qu'une ordonnance du tribunal doit être demandée pour toute nouvelle référence pour un tel médicament* » (Das, Griffiths & Macaskill, 2020).

À la suite de ce jugement très important et longtemps nécessaire de la justice britannique, la *Tavistock Clinic* — réunie depuis quelque temps au sein de la *Tavistock and Portman NHS Foundation Trust* et qui gère le seul service britannique de thérapies de conversion transsexuelle pour les jeunes et sous le coup elle-même de plaintes au pénal — a suspendu les nouvelles références concernant les médicaments inhibiteurs de la puberté pour les moins de 16 ans.

Malgré cela, Helen Webberley affirme qu'elle continuera à prescrire les inhibiteurs de la puberté aux enfants et aux adolescents de moins de 16 ans, en contournant la décision de la Haute Cour. Depuis un moment déjà, Helen Webberley n'a pas le droit d'exercer la médecine au Royaume-Uni, notamment « *après avoir été condamnée pour avoir dirigé un cabinet non autorisé traitant 1.600 patients [transsexes]* » et des enfants soi-disant « *dysphoriques de genre* » depuis son domicile dans le sud du Pays de Galles. « *En 2018, Helen Webberley a été condamnée à une amende de 12.000 £ par un juge qui a déclaré qu'il y avait un "refus clair de suivre la loi", tandis que le régulateur a déclaré qu'elle présentait un risque pour la sécurité des patients* » (Das, Griffiths & Macaskill, 2020).

Les problèmes judiciaires de ce médecin genriste ont commencé lorsque l'une de ses patientes, Jayden Lowe de 18 ans, « *s'est suicidé après avoir pris des médicaments prescrits en ligne [par Webberley] et après une attente de six ans pour un traitement par le NHS. Par la suite, sa mère a déclaré que Webberley et son mari, un autre médecin également suspendu par la suite, avaient "abusé d'une personne vulnérable"* » (Das, Griffiths & Macaskill, 2020).

Très obstinée, comme beaucoup de genristes en psychologie, psychiatrie, psychanalyse et médecine, Helen Webberleys et son mari sont partis s'installer en Espagne, tandis que sa clinique, *GenderGP*, « *a été racheté par Harland International Ltd, une organisation de défense des LGBT basée à Hong Kong. Helen reste une conseillère non médicale et figure sur la première page du site Web* » (Das, Griffiths & Macaskill, 2020). Le problème est que *GenderGP* continue à « traiter » des patients britanniques qui soi-disant auraient des problèmes de « *dysphorie de genre* » en leur vendant les « médicaments » en ligne, ce qui lui permet de contourner les garanties de la sécurité sociale du Royaume Uni.

Ceci constitue un grave problème de santé physique et de santé mentale ne profitant qu'à des industriels pharmaceutiques ainsi qu'aux groupes sexidentitaires. « *En plus des cliniques basées à l'étranger, les inhibiteurs de la puberté et les hormones sexuelles croisées sont largement vendus sur Internet par des pharmacies illégales en ligne. Un site Web décrit, dans un forum largement utilisé, que les personnes [transsexes] "s'automédiquent"* » par le moyen d'internet, selon Gino Martini, Directeur scientifique de la Royal Pharmaceutical Society (Das, Griffiths & Macaskill, 2020).

Bien que la décision de la Haute Cour soit un jugement historique et bienvenu, nous devons prendre au sérieux les dangers que continuent à poser ces pratiques ainsi que l'idéologie du genre dans leur alliance, *de facto*, avec les techniques du transhumanisme neurocognitif. La psychanalyse ne doit pas être timide devant ces abus et faux traitements maquillés en progrès sociétaux. N'oublions pas que « *dans l'ensemble, le nombre de "patients" au service de "l'égalité des sexes" de la Tavistock a fortement augmenté ces dernières années. En 2009, 97 enfants et jeunes ont été référés. En 2018, ce nombre était de 2.519. Au cours de l'année 2019-2020, 161 enfants ont été orientés vers le service des inhibiteurs de puberté, dont 26 de moins de 13 ans et 95 de moins de 16 ans. Trois des enfants avaient 10 ou 11 ans* » (Das, Griffiths & Macaskill, 2020).

Deux autres affaires retombent concernant toujours le « Service de développement d'identité de genre » (GIDS) de la *Tavistock et Portman NHS Trust*. D'un côté, il y a Keira Bell, une patiente de 23 ans, ayant reçu des bloqueurs de la puberté depuis ses 16 ans, ensuite de la testostérone et qui a subi une double mastectomie à l'âge 20 ans. À la suite du « traitement » hormonal, cette patiente « *a déclaré avoir eu des bouffées de chaleur, un "brouillard cérébral" et d'autres symptômes* » (Das, Griffiths & Macaskill, 2020). Keira Bell, qui décrit le traitement transsexionniste comme une « *expérience dévastatrice* », tient aussi à déclarer « *qu'elle était "ravie" du jugement car il protégerait les enfants vulnérables* » (Das, Griffiths & Macaskill, 2020). Elle s'est ressaisie de sa malheureuse conversion et vit maintenant comme ce qu'elle est depuis sa naissance, une femme, après un processus psychique de « *detransitioning* » (détranssexion). De l'autre côté, il y a la plainte en justice de la mère d'une patiente autiste de 15 ans ayant également été victime d'un « traitement » genriste en vue d'une transsexion.

Grâce à ces cas de plus en plus nombreux, nous pouvons considérer la détranssexion comme un processus de dé-radicalisation identitaire au même titre que ce qui a pu être observé chez des terroristes islamistes, chez des fanatiques de sectes ou chez des membres de mouvements extrémistes qui ont réussi à s'en libérer.

UN PSYCHANALYSTE DÉNONCE LA TRANSSEXION CHEZ LES ENFANTS ET ADOLESCENTS

David Bell, éminent psychanalyste, psychiatre et ancien président de la *British Psychoanalytic Society*, consultant de l'anciennement très réputée *Tavistock Clinic* — où il a dirigé une unité spécialisée pour des troubles complexes et persistants liés aux confusions de l'identité sexuelle —, a dénoncé en 2018 les transsexions appliquées abusivement à des enfants et à des préadolescents (Bannerman, 2020). Grand humaniste et défenseur des concepts psychanalytiques, David Bell est également l'un des principaux experts psychiatriques du Royaume-Uni en matière d'asile et de droits de l'homme. Justement, sa principale action lors de ces dernières années a été de défendre les droits des enfants contre les thérapies de conversion transsexuelle.

Voici l'enjeu. « *David Bell, 70 ans, ancien gouverneur du* Tavistock and Portman NHS Foundation Trust, *a envoyé un rapport interne à ses dirigeants en 2018, leur exhortant de suspendre tout traitement hormonal expérimental pour les enfants qui souhaitaient changer de sexe jusqu'à ce qu'il y ait de meilleures preuves de leurs résultats. Le rapport comprenait des témoignages de dix cliniciens ayant averti que des enfants aux antécédents complexes étaient référés pour des inhibiteurs de la puberté et pour des hormones sexuelles croisées après quelques séances et sans enquête appropriée de leurs cas. Les enfants se faisaient prescrire des médicaments expérimentaux sous la pression de groupes de défense des [transsexes]. [...] Son rapport concluait que la clinique du nord de Londres, connue sous le nom de GIDS [Service de développement d'identité de genre], n'était "pas adaptée à son objectif" et appelait à une suspension des indications de traitement [pour enfants] "de toute urgence"* » (Bannerman, 2020).

Cependant, malgré la nécessaire mise en garde de David Bell, le GIDS de la Tavistock Clinic a continué à administrer des inhibiteurs de la puberté à plus d'une centaine d'enfants avant de les conduire presque toujours à l'application d'hormones sexuelles croisées irréversibles (Bannerman, 2020). En vue de cette situation, la Haute Cour britannique, en suivant les nombreux points clés du rapport de David

Bell, a mis un terme définitif aux indications de traitement. « *Trois juges ont conclu que les enfants n'avaient pas la capacité de consentir à un traitement expérimental qui pourrait conduire à l'infertilité et à une altération de la fonction sexuelle plus tard dans la vie* » (Bannerman, 2020).

Sans doute, David Bell est un exemple de ce que les psychanalystes devraient faire pour défendre les patients contre les agissements malsains de certaines idéologies extrémistes et dangereuses, notamment lorsqu'elles s'attaquent à des enfants et à des adolescents souffrant de graves confusions de leur identité sexuelle. Cependant, pour avoir osé dénoncer ces abus, ce psychanalyste a fait face à des mesures disciplinaires par la *NHS Foundation Trust*.

En effet, à la veille de sa retraite, le psychanalyste David Bell est devenu la cible d'une violente mise à l'écart par la Direction générale de la clinique où il a travaillé si longtemps. La raison semblerait être assez claire. Il a pu s'agir de représailles de l'institution pour ses prises de position antigenre. Ainsi, « *sur un site de financement participatif pour collecter des fonds en vue de ses frais juridiques, le Dr Bell a déclaré que l'action était liée à son "discours et à ses écrits sur la dysphorie de genre"* » (Bannerman, 2020). Pour sa part, Marcus Evans, l'un des directeurs de la *NHS Foundation Trust*, a démissionné probablement par solidarité avec David Bell. Marcus Evans a notamment déclaré que les directeurs de l'institution « *voulaient faire disparaître le rapport de David Bell. Plutôt que de prendre les préoccupations au sérieux, ils ont publié un avis sur leur site web remettant en question la légitimité du Dr Bell pour rédiger le rapport. C'est pourquoi j'ai démissionné. J'ai réalisé que la gestion de l'institution ne voulait pas s'ouvrir et examiner ce qui se passait dans ce service hautement controversé* » (Bannerman, 2020).

DES PSYCHIATRES CONTRE LA CONVERSION DES AUTISTES ET ANOREXIQUES AU TRANSSEXUALISME

Dans des documents juridiques publiés en 2020, le professeur Christopher Gillberg, un expert mondial de l'autisme, a averti que les jeunes filles autistes ou les adolescentes anorexiques semblent plus susceptibles de développer les troubles liés à la jouissance identitaire dont celui d'appartenir à l'autre sexe. Le témoignage de Christopher Gillberg — qui est professeur à Glasgow et également médecin en chef à l'*Hôpital pour Enfants Queen Silvia* de Göteborg (Suède) et qui figure sur une liste publiée par le groupe de médias Thomson Reuters des chercheurs les plus cités et les plus influents — a été présenté dans une affaire devant la Haute Cour d'Angleterre et a conduit celle-ci à une décision historique. Gillberg a soutenu que les enfants et les adolescents de moins de 16 ans étaient peu susceptibles de donner un consentement suffisamment éclairé pour accepter des médicaments bloquant la puberté, des médicaments qui ont presque toujours mené ces enfants et adolescents à prendre des hormones sexuelles croisées (Griffiths, 2021). C'est à la suite de cette décision de justice, comme nous l'avons dit plus haut, que la *Tavistock and Portman NHS Foundation Trust*, qui gère la seule clinique genriste pour enfants en Angleterre, a dû suspendre ses soi-disant « traitements ».

Christopher Gillberg a déclaré que ses recherches montrent que, sans aucune intervention biologique, les troubles liés aux confusions sexuelles se résolvent généralement d'eux-mêmes et qu'en grandissant, les jeunes patientes acceptent de vouloir vivre en tant que femmes. Gillberg a aussi déclaré que, selon son expérience de quarante-cinq ans dans le traitement d'enfants autistes, il avait vu peu de cas de négations de la sexuation. Mais que depuis 2013, il y avait eu une explosion mondiale du nombre d'enfants affirmant vouloir changer de sexe, notamment des filles, autant en Suède qu'au Royaume-Uni (Griffiths, 2021). À ce propos, il faut savoir que « *le nombre de renvois au service d'égalité des sexes de Tavistock a fortement augmenté ces dernières années. En 2009, 97 enfants ont été référés. En 2018, ce nombre était de 2519. La plupart des enfants auxquels la clinique a prescrit des bloqueurs de puberté sont des filles. En 2011, la répartition entre les sexes était d'environ 50-50 entre les filles et les garçons, mais en 2019, la répartition avait changé de sorte que 76% en étaient des filles* » (Griffiths, 2021).

Nous savons que l'adolescence peut être une période compliquée provoquant, selon les cas, beaucoup de déstabilisations psychiques et sociales et que cela concerne autant les filles que les garçons. Néanmoins, sur les décisions imprudentes au sujet des transsexions que les adolescents des deux sexes naïvement acceptent et regrettent plus tard, Christopher Gillberg affirme que ce ne sont pas seulement les jeunes autistes (en général, des garçons) qui en deviennent les plus vulnérables, mais aussi les jeunes filles souffrant d'anorexie mentale.

Plus précisément, ses recherches ont montré que les adolescents atteints d'autisme ou d'anorexie, ainsi que ceux qui avaient vécu une enfance difficile, étaient plus susceptibles de dire qu'ils voulaient changer de sexe. Selon lui, les troubles de l'autisme ont « *une prévalence de 6% à 26% dans les populations [transsexes], à savoir une proportion bien plus élevée que la population générale* » (Griffiths, 2021). Comment pouvons-nous expliquer une telle prévalence ?

Il se trouve que les adolescents autistes et anorexiques ont subi presque tout au long de leur vie de graves problèmes d'identité et, pour cette raison, ils sont particulièrement vulnérables à saisir une seule réponse à leurs questions. Ainsi, Gillberg s'est aperçu que les adolescents qui allaient être victimes des thérapies de conversion transidentitaire trouvaient, suivaient et adhéraient aux idéologies des sites faisant l'apologie du transsexualisme en ligne lesquels suggéraient que leurs problèmes seraient résolus s'ils changeaient de sexe. Et voici l'ampleur de l'abus. « *Des milliers d'adolescents se voient proposer un "traitement" avec des bloqueurs de la puberté, des hormones sexuelles contraires, puis, pour certains, une variété d'interventions chirurgicales. Ceci, malgré l'absence de preuves de recherche qui prouveraient que ces traitements sont bénéfiques pour les jeunes en question* » (Griffiths, 2021).

Les bloqueurs de la puberté produisent au contraire des clairs effets négatifs, parfois irréversibles, tels qu'une voix plus grave et plus profonde, l'apparition de poils du visage ainsi qu'une possible infertilité chez les filles. Gillberg a évoqué également les preuves collectées ici et là sur le regret que beaucoup de transsexes éprouvent après avoir subi une procédure de transsexion. À son avis, les médecins devraient toujours prévenir les familles qu'elles « *allaient faire face à une expérience en direct sur des adolescents et des enfants* » (Griffiths, 2021) et l'on peut ajouter : sans jamais parvenir à aucun véritable changement de sexe. Car, dans le soi-disant changement de sexe, ce qui change vraiment est seulement l'apparence.

Malgré le fait qu'elle dirige un institut universitaire neuroscientiste, Sophie Scott a également déclaré au Tribunal que « *les inhibiteurs de la puberté ont des effets profonds sur le corps en développement et, dans le cadre des changements observés à l'adolescence, impliquent des effets hormonaux sur la fonction cérébrale au point que l'impact de ces médicaments sur la maturation cérébrale est susceptible d'être délétère* » (Griffiths, 2021). De son côté, Stephen Levine, professeur de psychiatrie à la *Case Western Reserve University de l'Ohio*, spécialisé dans les thérapies sexuelles et qui a traité des patients transsexes aux États-Unis au cours des quarante dernières années, « *a prouvé qu'il est médicalement impossible de transformer une fille en garçon et vice versa »*, d'où les nombreuses difficultés sexuelles et les taux de suicide si élevés chez les transsexes (Griffiths, 2021).

En confirmant les observations de Christopher Gillberg et Sophie Scott, Stephen Levine s'est aperçu que les enfants noirs et asiatiques, les enfants adoptés, les filles anorexiques et les jeunes autistes étaient plus susceptibles d'être diagnostiqués comme transsexes aux États-Unis. *« Contrairement aux espoirs des personnes trans sur le fait que la médecine et la société peuvent réaliser leur aspiration à devenir un homme ou une femme à part entière, ce n'est pas biologiquement réalisable »* (Griffiths, 2021). Les grands espoirs que les thérapies de conversion transidentitaire ont fait naître aux militants transsexes les ont fait devenir des fanatiques des phénomènes transidentitaires et développer des positions extrémistes. Pour faire guérir ces patients d'une supposée dysphorie de genre, les thérapies de conversion les ont seulement rendus euphoriques du genre.

Ainsi, Stephen Levine a également déclaré à la Haute Cour d'Angleterre que peu de chercheurs et cliniciens osent s'exprimer à ce sujet de peur d'être considérés comme *« transphobes »* par les activistes transsexes. Il a déclaré que *« les voix critiques et prudentes sont décriées comme transphobes, haineuses et engagées contre les thérapies de reconversion au propre sexe. Un tel climat a créé un environnement intimidant et hostile où le silence et l'assentiment sont la conséquence inévitable. C'est à ceux d'entre nous en fin de carrière, qui n'ont rien à perdre, d'exprimer leurs inquiétudes »* (Griffiths, 2021).

Pour sa part, John Whitehall, professeur de pédiatrie à l'*Université Western Sydney* en Australie, un autre grand expert sur ces questions, a déclaré que les informations fournies aux familles fréquentant la clinique de Tavistock *« ne semblent pas partager avec les enfants confus et leurs parents et soignants l'assurance statistique. Celle qui dit que presque tous les enfants confus pourront facilement revenir à une identité congruente grâce à leurs propres chromosomes naturels pendant la puberté, que les "inhibiteurs de la puberté" et les hormones sexuelles croisées ont des effets structurels sur le cerveau et que le taux de suicide chez les adultes est significativement plus élevé après la [transsexion] »* (Griffiths, 2021).

Qu'ils soient psychologues, psychiatres, médecins ou psychanalystes, l'objectif des critiques des « traitements » genristes abusifs n'est pas du tout, bien évidemment, de culpabiliser les enfants, les adolescents, trop vite appelés « transgenres », ni leurs familles. Bien au contraire, il est question de les défendre de l'abus de ces soi-disant « thérapies » qui, par le moyen d'atteintes à l'intégrité psychique, corporelle et sexuelle, ne sont au fond que des techniques de manipulation émotionnelle et d'asservissement idéologique.

Des psychanalystes français contre le transsexualisme

Il n'y a pas qu'en Angleterre que les psychanalystes se manifestent contre le genrisme, contre le transhumanisme neurocognitif, contre les thérapies de conversion transidentitaire et plus précisément contre les transsexions. C'est le cas également en France, et depuis longtemps.

Le premier des psychanalystes à s'opposer au genrisme et au transsexualisme identitaire — et à le considérer comme étant plutôt de l'ordre de la psychose — a été Jacques Lacan pendant les années 1970 (cf. plus bas). Faisons, pour l'instant, référence à quelques autres.

Des psychanalystes vraiment critiques

À la même époque, Mustapha Safouan allait dans le sens de Lacan sur le lien entre transsexualisme et psychose. Selon lui, « *le transsexualiste masculin tend à la castration réelle parce qu'il n'a pas subi de castration symbolique, dans la logique de la forclusion [...]. C'est pour sortir de cette position que, confondant l'organe et le signifiant, il se débarrasse de son pénis ; il refuse d'être le phallus pour accéder au désir. Il est, en ce sens, dans une position psychotique* » (Safouan, 1974).

Bien plus tard, Geneviève Morel classe également ce phénomène dans la psychose. « *La folie (du transsexuel) est de se tromper de but : viser l'organe au lieu du signifiant, à cause de la jouissance. C'est pourquoi établir le diagnostic de psychose est si important. Répondre à ces sujets en accédant à leur demande de chirurgie pose un problème éthique, car le discours médical se fait alors, en quelque sorte l'instrument de la psychose. C'est bien une variante de l'automutilation — fréquente dans la psychose — mais déguisée en normalité, qu'exige le transsexualiste au nom d'une supposée liberté de chacun à disposer de son corps, et de son droit à bénéficier d'une réparation par la société de l'"erreur de la nature"* » (Morel, 2000).

Pour Jacqueline Schaeffer, non seulement le choix sexuel ne jouit d'aucun degré de liberté mais, en plus, « *c'est par la sexualité et par la différence des sexes que le petit être surgit au monde »* (Schaeffer, 2005, pp. 99 et 119). Selon la position plus radicale et critique de Charles Melman, *« le projet qui anime la théorie du genre témoigne, sans aucun doute, de la dégradation profonde du mouvement culturel que nous vivons. [...] La théorie du genre repose sur un bluff. C'est une pure fiction »* (Melman, 2022). Plus que cela, Melman tient à dire que ce sont les parents qui rendent réelle cette imposture, ce mensonge, en poussant leurs enfants vers la schizophrénie et en faisant d'eux des monstres.

Jean-Pierre Lebrun a le même point de vue que Charles Melman sur ces questions. Il nous rappelle que jusqu'aux années 1970, le transsexualisme était considéré comme une psychose. Sauf que depuis une médecine complaisante et commerciale a proposé de rendre réel ou matériel, d'une certaine façon, un tel délire. À cause du discours social et politique qui s'est développé sur ces théories fumeuses, la conviction intime de l'adolescent en crise d'identité qui se croit être de l'Autre sexe devient — grâce à une pensée magique légitimée par des lois perverses — sa nouvelle réalité.

Au lieu de traiter ce phénomène comme un grave trouble psychique, les discours juridique et médical viennent homologuer la conviction intime reposant sur la toute-puissance de l'enfant en crise (ITM, 2022). L'idéal nouveau et lamentablement sociétal c'est de légitimer la toute-puissance de l'enfant qui suit le désir débridé d'une mère ayant déplacé le père. Pour Jean-Pierre Lebrun, si cela continue, un jour, il y aura *« une immense guerre civile entre des gens qui se croient tout-puissants »* (ITM, 2022).

Cependant, tous les psychanalystes n'assimilent pas le transsexualisme directement ou seulement à la psychose classique. Par exemple, il y a quarante ans, Catherine Millot avait perçu la même question que je suis en train de formaliser sur les transsexes, à savoir la jouissance transidentitaire, lorsqu'elle soutient que *« le transsexualisme [...] ça n'est pas une question de sexe, mais d'identité »* (Millot, 1983, p. 119). Également, comme je le fais avec mon idée des événements translimites combinant névrose, psychose et perversion, autant Joël Dor que Nicolle Kress-Rosen soutiennent la possibilité, plutôt chez les femmes transsexes, d'une association entre psychose et perversion. Si pour Joël Dor, il y a chez ces sujets de sexe féminin un déni paradoxal de la castration (Dor, 1987, p. 265), selon Nicolle Kress-Rosen, le refus féminin de la castration, tel que Freud l'a conceptualisé, s'appliquerait *« au transsexualisme féminin de manière assez précise »* (Kress-Rosen, 1999, p. 218).

Nous constatons que, même si tous ces psychanalystes depuis Lacan critiquent le genrisme et son traitement du sujet transsexes, il y a une différence entre deux positions conceptuelles. Certains considèrent que le sujet transsexes se situe clairement dans la psychose. Alors que d'autres font l'hypothèse que, dans ce phénomène, soit il y a un lien entre psychose et perversion, soit il s'agit d'une nouvelle structure psychopathologique. L'idée que je défends serait que celle-ci combine des symptômes psychotiques avec des traits de perversion, aussi bien que des symptômes phobiques et des troubles addictifs, dans un contexte différent de la psychose clinique avérée et qui aurait à voir avec une problématique identitaire. Cela dit, si la jouissance identitaire se différencie de la psychose, elle ne s'y oppose pas complètement puisqu'elle l'intègre partiellement.

Par ailleurs, concernant la réaction abrupte et inattendue de ces enfants et adolescents tombant si facilement dans la jouissance transidentitaire et compte tenu qu'ils sont victimes de la manipulation du genrisme (par l'influence directe et soutenue de l'école, des réseaux sociaux, des universités, des fanatiques sexidentitaires et de la propagande d'un État complaisant), ne doit-on pas plutôt parler d'aliénation sexuée au lieu de dysphorie ?

Plus récemment, plusieurs autres psychanalystes, psychiatres et pédiatres, initiateurs de *l'Observatoire des discours actuels et des pratiques médicales sur l'enfant et l'adolescent*, ont réagi au documentaire *Petite fille* (Lifshitz, 2020), qui fait l'apologie des thérapies de conversion transsexuelle chez les enfants. Ce documentaire raconte la mobilisation de la famille d'un garçon à qui on fait croire qu'il peut devenir une petite fille. Ces professionnels affirment haut et fort ceci. *« L'enfant ne choisit ni ses parents ni son sexe, ni son nom en naissant. Il passe sa vie à composer avec ce qui ne lui est pas donné d'emblée, pour mieux s'en accommoder et devenir ce qu'il est avec ce qu'il n'a pas choisi. C'est ce principe qui est fondateur du genre humain. Il est contraint, il ne peut pas tout »* (Tribune psy, 2021).

En effet, les psychanalystes Céline Masson, Jean-Pierre Lebrun, Caroline Eliacheff et Hana Rottman, ainsi que la psychiatre Claire Squires et le psychologue Éric Ghozlan ont raison de souligner que, dans ces thèmes, à aucun moment, les adultes ne se posent la question de la protection de l'enfance et de l'adolescence face à une telle dérive sociétale. C'est-à-dire qu'à aucun moment, dans les productions ou documents comme le film dont ils parlent, on ne perçoit les grandes difficultés engendrées par les interventions très intrusives et souvent irréversibles de l'abus médical sur le corps et le sexe de l'enfant. Ces cliniciens notent également que dans les thérapies de conversion transidentitaire et dans les transsexions, il s'agit *« d'empêcher la virilisation [des garçons] en ratifiant un ressenti qui pourrait s'avérer transitoire »* (Tribune psy, 2021).

Au contraire, selon eux, il faudrait plutôt faire accepter la limite à ces enfants, en commençant évidemment par les adultes concernés et leurs velléités (parents manipulés, militants sexidentitaires, médecins désœuvrés, etc.). Avec raison, ces cliniciens accusent l'imposture et prônent la prudence. *« À aucun moment, le réalisateur n'interroge les conséquences d'un tel choix, nous assistons plutôt à un film laudatif et prosélyte qui occulte superbement toute la complexité du psychisme et tombe dans les travers de l'indigence de certains discours sur les réseaux sociaux qui préemptent tout débat. La clinique se doit d'accompagner, d'entendre le symptôme, d'éviter tout passage à l'acte irrémédiable surtout chez des sujets en cours de développement et d'autre part permettre une élaboration où la vie psychique se construit, et donne le temps aux réalités interne et externe de se préciser et de s'articuler »* (Tribune psy, 2021).

Évidemment, je suis convaincu que l'on ne peut pas être un véritable psychanalyste, surtout lacanien, et croire à l'idéologie du genre. En effet, c'est lacaniennement impensable de militer pour le genrisme ou, au moins, le trouver valable. Pourtant, et c'est lamentable, il y a des psychanalystes qui dérivent vers cette idéologie. En faisant cela, ils ne peuvent plus se considérer vraiment lacaniens ni demeurer dans le discours de l'analyste.

Heureusement, il y a beaucoup d'autres psychanalystes qui, à l'inverse, considèrent le genrisme une imposture ou au moins critiquent vigoureusement les normes sociétales comme le mariage identitaire ou le traitement genriste du transsexualisme, tels que — il me semble — Jacqueline Barus-Michel, Colette Chiland, Marcel Czermak, Joël Dor, Caroline Eliacheff, Agnès Faure-Oppenheimer, Christian Flavigny, Henry Frignet, Françoise Gorog, Simone Korff-Sausse, Nicolle Kress-Rosen, Jean-Pierre Lebrun, Pierre Legendre, Céline Masson, Charles Melman, Catherine Millot, Geneviève Morel, Gérard Pirlot, Moustapha Safouan, Michel Schneider, Jean-Pierre Winter et tant d'autres, par exemple, à la *Société Psychanalytique de Paris* et au sein ou autour de l'*École de la Cause freudienne* (ECF), qui l'avouent en petit comité, ou le pensent en silence, pour ne pas entrer en conflit déclaré avec leurs *apparatchiks* sexidentitaires.

POSITION AMBIGUË CHEZ ELISABETH ROUDINESCO ET JACQUES-ALAIN MILLER

Ensuite, nous remarquons récemment une psychanalyste telle qu'Elisabeth Roudinesco que je classais peu de temps auparavant comme sexidentitaire car, sans s'opposer clairement au genrisme, elle faisait l'apologie du mariage identitaire et des autres normes sociétales. Cependant, comme nous l'avons dit plus haut, Elisabeth Roudinesco a déclaré en 2021 qu'il y a « *une épidémie aujourd'hui de transgenres, il y en a beaucoup trop* » (Coutures, 2021). S'agit-il d'une évolution bienvenue de son point de vue ou d'un simple constat sur le phénomène ? En principe, il ne devrait avoir aucun scandale ni aucun mérite à commenter une donnée évidente et concrète de la réalité actuelle. Mais, comme aujourd'hui la pensée genriste ou *woke* — imbibée qu'elle est de son caractère d'inclusivité minoritariste, de moralisme sociétal et de sentimentalisme justicier — traduit les commentaires des opposants en blasphèmes, un petit scandale a malgré tout eu lieu.

Puis, dans son dernier livre *Soi-même comme un roi*, Elisabeth Roudinesco s'attaque au panféminisme, aux racialistes, au genrisme et, ainsi de suite, à la plupart des phénomènes d'assignation identitaire, comme le « *transgenrisme queer* », qui ne sont autre chose que ce que j'appelle la jouissance identitaire (Roudinesco, 2021). Notons que ce livre d'Elisabeth Roudinesco a été publié en mars 2021, soit exactement un an après la parution de mon travail à propos de la *Jouissance identitaire dans la civilisation*, dont elle a eu très probablement connaissance et où je parle justement des différences et des similitudes entre plusieurs versants des positions identitaires extrêmes comme le terrorisme islamiste, le genrisme et la résurgence des extrêmes droite-gauche (Arce Ross, 2020). Et ce travail était déjà en grande partie en ligne et en libre accès depuis décembre 2015. Pouvons-nos supposer que mon étude a exercé une influence sur l'infléchissement que connaît désormais le travail de Roudinesco ?

Nous avons aussi Jacques-Alain Miller qui faisait jusqu'alors encore malheureusement l'apologie du mariage identitaire et, sans critiquer l'extrémiste illuminée Judith Butler, a laissé les directoires de l'ECF des deux dernières décennies dériver vers la propagande genriste et des normes sociétales ; raison pour laquelle, d'ailleurs, j'ai démissionné de l'ECF en 2021.

Malgré son long aveuglement ou son simple silence de convenance au sujet de l'idéologie du genre, on aurait cru retrouver le caractère lucide et pertinent de ce grand chef, gestionnaire, entrepreneur et enseignant de la psychanalyse. Semblant prendre à contre-pied les quelques fonctionnaires sexidentitaires de la psychanalyse qui, à l'ECF, militent contre le patriarcat, pour le panféminisme, pour le mariage identitaire et font allègrement l'apologie du transsexualisme, Jacques-Alain Miller, en mai 2021, a durement critiqué l'abus transsexualiste des enfants et des adolescents ainsi que les thérapies de conversion genriste.

Comment expliquer ce relatif et apparent retournement ? Il me semble également que mon livre sur *Jouissance identitaire dans la civilisation* (Arce Ross, 2020) a pu contribuer, d'une façon ou d'une autre, à un changement dans la position de Jacques-Alain Miller, puisque je lui ai envoyé, comme à Elisabeth Roudinesco, un exemplaire en septembre 2020. Et puis, mon départ de l'ECF quelques mois plus tard, avec une lettre explicative au Directeur du moment, a-t-il pu le réconcilier un tant soit peu avec mon analyse sur la jouissance sexidentitaire ?

En tout cas, nous devons sans doute faire absolument un retour aux principes fondamentaux de la psychanalyse. Le problème c'est que les timides progrès en ce sens sont rapidement rattrapés par l'actualité macropsychique. Même si cela n'arrive que bien tardivement, des psychanalystes comme Elisabeth Roudinesco ou Jacques-Alain Miller semblent finir par se réveiller. Cependant, cela ne peut nous réconforter que très partiellement car ils n'ajoutent guère de nouveaux éléments à la thèse que je soutiens depuis déjà un certain temps. En revanche, dans les meilleurs des cas, ces psychanalystes ne font que développer un double discours de convenance. D'un côté, ils critiquent partiellement et timidement le transsexualisme, mais, d'un autre côté, ils continuent à faire paradoxalement l'apologie du genrisme et des normes sociétales.

Voyons d'abord la critique qu'a faite Jacques-Alain Miller, le 15 mai 2021, dans une communication à distance devant des psychanalystes russes. Le passage vaut le détour.

En effet, lors d'une conférence à l'*Université de Médecine de Moscou*, sur « *Ce qui fonctionne en psychanalyse* », Jacques-Alain Miller évoque un fait qui n'est pas de la psychanalyse mais plutôt, selon lui, « *un trait de l'opposition à la psychanalyse. Et c'est pourtant une conséquence de la psychanalyse. Ça consiste exactement au privilège qui est donné à l'écoute sur l'interprétation. C'est-à-dire que [ce] fait c'est l'écoute sans l'interprétation.*

« *Il y a des gens de plus en plus nombreux, en tout cas en France*

— mais c'est encore beaucoup plus développé aux États-Unis —, qui vous inculquent à l'écoute. "Il faut écouter ce que dit l'autre. Il faut respecter ce que dit l'autre. Il faut le faire parler, le prendre au sérieux." Et ça conduit insensiblement à l'idée que ce que le sujet dit est vrai, est exact. "Si le sujet dit ça, c'est comme ça".

« *Alors, on s'en est aperçu avec le problème dramatique de l'enfant trans. L'enfant trans qui, à quatre ans, dit : "ce n'est pas mon corps, j'ai besoin d'un autre corps que celui que j'ai". Et aussitôt, une énorme pression s'exerce sur la famille pour lui donner satisfaction. L'appareil scolaire se mobilise, on va changer son prénom informellement mais effectivement. Et on va se préparer à ce qu'il reçoive des traitements hormonaux voire chirurgicaux dans un certain temps. Et quand vous émettez certaines réserves, en disant que "c'est un gamin de quatre ans, qu'il peut changer d'avis. Car, après tout, c'est la façon dont il interprète un malaise, alors que la vérité de ce malaise est peut-être différente".*

« *Si vous dites ça, vous passez pour un affreux dominateur qui refuse d'écouter la parole de l'autre. Alors, ça c'est une conséquence de la popularité de la psychanalyse, qui a fait de l'écoute un dispositif universellement apprécié. Et* c'est, en même temps, le contraire complet de la psychanalyse [sic], *puisque ça refuse toute interprétation de la parole du sujet.*

« *Donc, si vous dites que l'enfant dit ça mais qu'on peut l'interpréter autrement, vous êtes un monstre qui refuse d'écouter la parole innocente et vraie du petit garçon. Voyez ? Donc, c'est complexe. D'un côté, cette idéologie répercute la psychanalyse dans l'importance qu'elle accorde à l'écoute. Et, en même temps, elle efface complètement la psychanalyse puisqu'elle empêche toute possibilité d'interprétation.*

« *Et aujourd'hui, en France, il y a un combat sur ce point-là. Il y a des praticiens qui ont fait une pétition pour le soutien inconditionnel de l'autodétermination de l'enfant. Et parmi eux, il y a des psychanalystes qui ont signé. Et en face, il y a des praticiens qui s'opposent radicalement à cette position.*

« *Je dis "radicalement", mais je trouve que nous ne sommes pas encore assez radicaux. Je considère que la position des autres est une monstruosité au niveau même de ce que veut dire être un citoyen. Que si on efface toute différence entre l'enfant et l'adulte, c'est les fondements mêmes de la démocratie qui sont en question.*

« *Et je suis pour la rédaction d'une pétition beaucoup plus radicale que ce qui a été fait jusqu'à présent.*

« Le point de vue pro-trans domine aux États-Unis. [En tapant sur la table] *Il ne dominera pas en France ! Et pour un certain nombre de raisons, il ne dominera pas en Russie non plus »* (Miller, 2021, passage situé entre 1:37:30 et 1:49:00).

On prend donc acte de l'opposition de Jacques-Alain Miller à ce traitement si particulier et inhumain du transsexualisme.

Pourtant — et ça c'est un gros problème —, Jacques-Alain Miller renforce paradoxalement, en cette même année 2021, l'idéologie genriste de Judith Butler en affirmant que celle-ci *« est un geste utilitariste souverain, qui n'est pas sans grandeur, ni sans culot ».* Et en tant qu'ami de Judith Butler (selon les confidences que j'ai eu de l'un de ses proches), Jacques-Alain Miller ne s'arrête pas là et fait un éloge du genrisme, démontrant au passage sa fascination pour cette idéologue fanatique. Voici justement ce qu'il dit sur elle dans un échange au sujet du genrisme.

« Je pense à cette phrase de Foucault que vous citez page 389, où il confie son espoir de produire "de réels effets sur l'histoire présente". Eh bien, cette Judith Butler a réussi ça. Je dis : "Chapeau !". Et même, pourquoi pas : "Bien creusé, vieille taupe !" […] Il faut rendre les armes au mot, sinon au concept du genre, gender. Il n'aurait pas cet écho, il ne serait pas devenu pour beaucoup à la fois un slogan et une évidence, s'il n'était pas en sympathie, syntonie, résonance, avec ce qui travaille le moment présent de notre civilisation, avec son "malaise", selon le mot de Freud, avec "ce qui chemine dans les profondeurs du goût" (Lacan). Non, "la théorie du genre" n'est pas un complot, ce n'est pas une imposture, elle dit quelque chose de très profond sur notre actualité, modernité ou postmodernité » (Miller & Marty, 2021).

Et encore, dans le même entretien, Jacques-Alain Miller, dans son échange avec Éric Marty tient, assez timidement, il faut bien le dire, à ébaucher une légère critique au genrisme. Il y affirme que le *genre,* *« importé par Judith Butler, ce concept est fait pour une chose : minorer, pluraliser, détraquer, gommer, faire oublier la fonction de la différence sexuelle »* (Miller & Marty, 2021).

Et pourtant, nous constatons encore une fois que concernant le genrisme et la jouissance transidentitaire Jacques-Alain Miller développe malheureusement un double discours, une ambiguïté, une ambivalence. Comme lui, d'autres psychanalystes assez tièdes ont l'air de critiquer le transsexualisme et le font concrètement à certains moments, toutefois, ils sont en même temps fascinés par les normes sociétales, comme le mariage identitaire, ainsi que par l'idéologie genriste et le panféminisme.

D'ailleurs, Éric Marty perçoit très bien l'ambiguïté de Jacques-Alain Miller à l'égard de Judith Butler et de son soi-disant « concept » de genre et choisit de lui répondre diplomatiquement pour ne pas le heurter. « *Butler, je ne souscris pas à son combat, ou du moins à son ethos intellectuel, je ne suis pas sensible à son écriture, je ne suis pas sensible à sa culture, je ne suis pas sensible à sa silhouette, à sa démarche, à ses façons de faire. Néanmoins, je la prends comme un bon personnage de ce roman intellectuel que j'ai tenté de raconter, et en ce sens, je lui dis : "Chapeau !", comme vous l'avez fait* » (Miller & Marty, 2021). Voilà, il s'agit d'un *oui, mais non*.

Pour ma part, j'ai toujours critiqué, sans restrictions ni ambiguïté, la folie identitaire dite genrisme. Et cela depuis des années, comme en témoigne mon travail de 2020 sur *Jouissance identitaire dans la civilisation*. Plus que cela, j'ai toujours soutenu que toute forme de transsexion, y compris celle commise contre une autre partie du corps ou même contre le sexe d'un adulte, est un abus et d'autant plus celles effectuées sur les enfants ou les adolescents. C'est pour cette raison que je trouve que des psychanalystes comme David Bell et bien d'autres en Angleterre, en France, dans le reste de l'Europe, aux États-Unis, au Canada, au Brésil, en Argentine et dans les autres pays de l'Amérique, doivent absolument s'exprimer sur ces sujets et se positionner clairement pour éviter aux patients transsexes et transidentitaires de tomber dans les passages à l'acte de la conversion genriste.

LACAN ANTIGENRE

Dans cette partie, en supplément de celles déjà mentionnées dans ce livre, nous allons présenter et commenter dans leur contexte les références de Jacques Lacan qui nous permettront de saisir de manière encore plus claire sa ferme opposition au genrisme et aux prétendues thérapies de conversion appliquées aux transsexes.

Pour cela, nous diviserons notre présentation selon les quatre points constitutifs de l'opposition de Lacan au genrisme. À savoir, premièrement, la polarité du sexe réel et le non-rapport sexuel d'où il se déduit que, pour Lacan et contrairement au genrisme, le sexe réel est forcément binaire.

Deuxièmement, nous nous référerons à la critique nette de Lacan envers le féminisme des années 1970, période durant laquelle le féminisme était lamentablement contaminé par l'idéologie genriste et commençait à devenir extrémiste. À l'imposture théorique et à la haine de la différence des sexes qui se dégage de ces deux extrémismes, Lacan opposera ses formules classiques, telles que *La femme n'existe pas* et le besoin pour le sujet d'être dupe de la différence des sexes.

Troisièmement, pour aller à contresens du genrisme, Lacan situe les difficultés des sujets homosexuels d'accéder à une hétérosexualité accomplie, enfermés, selon lui, dans le drame passionnel d'une pèreversion que cette idéologie cherche à normaliser. Lacan ne pouvait mieux prévoir les questions sexidentitaires qui agitent la société aujourd'hui où tout devient normal et où, en même temps, la psychopathologie envahit dangereusement le réel de la civilisation.

Quatrièmement, pour se charger de recentrer la psychopathologie des transsexes, Lacan s'opposera à ce qui à l'époque était appelé le transsexualisme, c'est-à-dire l'objet privilégié du genrisme en tant que jouissance sociétale du faire semblant. Toujours pendant les années 1970, époque du règne idéologique du genrisme à la suite de Mai 68,

Lacan situera au contraire, d'une part, le fait que l'on ne peut pas s'autoriser à ne plus être sexué et il définira, d'autre part, les rapports du transsexualisme comme lien entre psychose et perversion notamment à partir d'un cas de transsexualisme fétichiste lors de l'une de ses présentations de malades à Sainte-Anne.

À ce propos, rappelons ici la mise en garde de Lacan, dans son *Discours de Rome*, aux psychanalystes qui dérivent avec naïveté vers les croyances de la psychologie, de la philosophie ou de l'idéologie du moment. Selon les termes de Lacan, il s'agit « *d'un nouvel obscurantisme quand tout le mouvement présent de la psychanalyse se rue dans un retour aux croyances liées à ce que nous avons appelé le présupposé de la psychologie* » (Lacan, 1956, p. 209).

Aujourd'hui, surtout depuis la deuxième moitié du XXème siècle, le nouvel obscurantisme s'appelle le genrisme que d'autres appellent *wokisme* et qui, entre autres, véhicule une affirmation, une justification et une apologie de la jouissance transidentitaire.

BINARITÉ LACANIENNE DU SEXE RÉEL

NON-RAPPORT SEXUEL ET POLARITÉ DU SEXE RÉEL

En 1966, dans son *Petit discours à l'ORTF*, en parlant de ses *Écrits*, Lacan évoque les fondements de sa thèse sur le fait qu'il n'y a pas de rapport sexuel entre un homme et une femme. Prenons l'extrait en question que j'ai bien voulu retranscrire pour montrer comment Lacan conçoit les différences entre ce qui appartient au sexe, ce réel influençant la pratique sexuelle de l'être parlant, d'un côté, et ce qui a à voir avec le prétendu rapport sexuel, d'un autre côté.

Dans cet extrait, selon Lacan, « *Freud montre que les effets de cisaillage [du maniement des pulsions dans la pratique psychanalytique] sont majeurs dans ce que l'on doit appeler la pratique sexuelle de l'être parlant, ceci n'implique aucune découverte concernant la biologie du sexe, et tous ceux qui ont fait faire quelque pas à ce chapitre de la biologie, le plus difficile, rient des bafouillages auxquels la psychanalyse, jusqu'à ce jour, donne crédit dans le public. Une logomachie qui traite des rapports entre l'homme et la femme — à partir d'une harmonie analogique qui s'originerait de ceux du spermatozoïde et de l'ovule — paraît simplement grotesque à ceux qui savent tout ce qui s'étage de fonctions complexes et de questions irrésolues entre ces deux niveaux d'une polarité, la polarité du sexe dans le vivant qui représente en elle-même peut-être l'échec du langage* » (Lacan, 1966, 2001, pp. 224-225).

D'abord, Lacan critique fortement une psychanalyse qui confond les connaissances de la biologie avec une certaine psychologie du moi qui prône la maturation, l'harmonie nécessaire ou une capacité à l'adaptation normative du sexuel, comme si ces données étaient naturelles et donc réelles. Ensuite, il tient aussi à dire que l'apport freudien ne doit pas être pris pour une science biologique ou naturaliste du sexe. Cela ne signifie pas que la psychanalyse se pose comme une ennemie du biologique, mais qu'elle n'a aucune vocation à devenir une science du vivant. Une telle position serait même ridicule à faire rire les biologistes. Enfin, Lacan tient à souligner la polarité complexe qui existe entre les sexes contre laquelle, d'ailleurs, se heurte le langage en constituant son échec.

Nous soulignons que, pour Lacan, il n'y aucune « *harmonie analogique* » entre ce qui fait biologiquement un homme et une femme, à savoir un spermatozoïde et un ovule. La polarité du sexe se situe déjà là, c'est-à-dire dans le fait qu'il y ait un pôle sexuel qui produit des spermatozoïdes et un autre pôle qui génère des ovules, un pôle sexuel que l'on appelle homme et à l'autre, femme. Entre les deux, aucune harmonie, aucune analogie, aucune équivalence, aucune commune mesure.

Ni le langage ni la psychanalyse, en tant que science du langage sous sa version inconsciente, n'ont aucune latitude pour intervenir dans la polarité ou dans la binarité du sexe. Homme et femme sont, de fait, des données réelles d'origine — même si elles n'appartiennent pas seulement à des sources strictement biologiques — que le langage ne peut pas altérer.

Et Lacan d'enfoncer le clou. « *Une telle psychanalyse met la notion la plus confuse d'une maturation instinctuelle au service d'une obscure prêcherie sur le don, qui impose ses effets au patient par la suggestion la plus grossière, celle qui résulte de ce consentement confus qui prend ici le nom de morale. La seule chose qui reste sans explication dans cet obscurantisme sans précédent, c'est comment les effets de la régression dite également instinctuelle — effet qui marque dans les faits le progrès du traitement — aurait pour résultat cette prétendue maturation. Les choses apparaissent sous un tout autre aspect chez moi où l'on dit qu'il s'agit de révéler la structure du désir et ceci, en tant que justement le sexualise l'impuissance du langage à rendre raison du sexe* » (Lacan, 1966, 2001, p. 225).

En plus de la critique de la maturation et de la normalisation du sexuel comme tendances de la psychanalyse de l'époque, ce qu'il faut souligner dans ce passage c'est le fait que, pour Lacan, sans aucun doute, il existe bien une « *impuissance du langage à rendre raison du sexe* ». Ainsi, si le langage ne peut pas intervenir dans les affaires du sexe, lequel appartient au domaine du génétique et du biologique, cette même impuissance du langage a, en revanche, la capacité — et elle ne s'en prive pas — de sexualiser le désir et de le faire entrer dans une relation dialectique avec la demande tout en produisant une subversion du sujet. Par ce biais, la femme, en tant qu'Autre sexe représentant le phallus, est posée autant comme objet du désir que comme sujet d'une jouissance Autre. Cela veut dire que le langage inconscient intervient de plein fouet dans les questions qui relient demande, désir et jouissance et non dans le sexe lui-même.

Lacan esquisse alors l'impossibilité pour que le rapport entre les sexes puisse s'écrire ou même exister. *« Les choses sont aussi plus honnêtement posées quand on ne promet pas du même élan la levée de telle interdiction inconsciente entravant la pratique sexuelle et la solution du monde des problèmes que soulève le rapport d'un homme et d'une femme dans le moindre conjungo. Ce que je dis là, tout le monde le sait. Mais chacun ne s'en berce que plus aisément d'un raccommodage des superstitions les plus éculées. On n'y peut rien. Et le mauvais usage de toute vérité est son écueil le plus ordinaire »* (Lacan, 1966, 2001, p. 225).

S'il y a quelque chose qui ne relève pas du biologique pour Lacan, ce n'est évidemment pas le sexe ou la différence des sexes mais plutôt le rapport psychologique, sociologique, idéologique ou même identitaire que l'on veut faire exister entre eux. Autrement dit, pour Lacan, ce qui n'a rien à voir avec le biologique ce ne sont pas les sexes mais le rapport que chaque sujet, autant un homme qu'une femme, peut établir, par sa structure d'être parlant, avec son propre sexe aussi bien qu'avec l'impossibilité de se compléter avec le sexe opposé.

Évidemment que les sexes sont biologiques et Lacan ne s'est jamais opposé à ce constat. Cependant, en 1966, Lacan pose les bases d'une idée qu'il affinera et affirmera encore plus clairement quatre ans plus tard, à savoir qu'il n'existe pas de rapport entre les sexes. Si le rapport sexuel n'existe pas et qu'il ne peut pas non plus y avoir une harmonie, un accord, une correspondance ou une équivalence entre les sexes, c'est parce qu'il y a un aspect essentiel de l'Autre sexe qui fuit totalement la dimension phallique. C'est le côté *pas-tout* de la femme.

Pour Lacan, le sexe réel est binaire

Comme nous l'avons déjà souligné plus haut sur le réel du sexe, voici ce que Lacan dit concernant la question de la différence des sexes et de sa répartition binaire. *« Que le sexe, ce soit réel, ne fait pas le moindre doute. Et sa structure même, c'est le duel, le nombre deux. Quoi qu'on en pense, il n'y en a que deux, les hommes et les femmes. On s'obstine à y ajouter les Auvergnats. C'est une erreur. Au niveau du réel, il n'y a pas d'Auvergnats. Ce dont il s'agit quand il s'agit de sexe, c'est de l'autre sexe, même quand on lui préfère le même »* (Lacan,

1971-1972a, pp. 154-155).

Ici, Lacan affirme clairement la répartition binaire des sexes. En outre, il souligne, par sa boutade sur les Auvergnats, que dans et par le langage on peut dire ce que l'on veut, on peut s'identifier à ce que l'on veut, mais le réel du sexe ne reconnaît que deux versions. Et Lacan insiste en disant que même si un sujet est homosexuel, il est quand même confronté à l'Autre sexe et donc à l'hétérosexualité. Parce que l'Autre sexe, c'est évidemment l'hétérosexualité et il n'y a pas d'Autre de l'Autre. D'ailleurs, dans la mesure où toute sexualité est, par définition et par sa réduction au réel, une hétérosexualité, c'est d'ailleurs pour cela aussi que le rapport homosexuel n'existe pas (Arce Ross, 2013).

Certains lecteurs trop pressés ou ingénus, croyant comprendre Lacan avant l'heure, se sont engouffrés dans une citation de son séminaire qui semblait se trouver en accord avec la théorie genriste. Cependant, si on sait la lire à la lumière de l'enseignement lacanien et dans le contexte de la leçon d'où elle est extraite, on peut alors avoir une tout autre compréhension des propos de Lacan à ce sujet. Voici la citation en question. « *Ce que j'ai tout à l'heure rappelé de la castration [...] n'a rien d'anecdotique. [À savoir] qu'elle est rigoureusement fondamentale dans ce qui, non pas instaure, mais rend impossible l'énoncé de la bipolarité sexuelle comme telle* » (Lacan, 1971-1972a, p. 42). Pourquoi ? Parce qu'il y aurait plus de deux sexes ? Eh bien, non, pas du tout, c'est même tout à fait le contraire.

La castration symbolique rend impossible l'énoncé de la bipolarité sexuelle parce que, selon Lacan, il n'y a qu'un seul (double) sexe. Ceci, dans la mesure où le deuxième sexe, à vrai dire, n'existe pas et c'est parce qu'il n'y a pas le signifiant de *La* Femme que le rapport sexuel ne peut pas s'écrire. Voici ce que dit Lacan sur l'inexistence du deuxième sexe. « *Le fondement de ce que je suis depuis un moment en train de sortir pour vous, est très précisément ceci, qu'il n'y a pas de deuxième sexe. Il n'y a pas de deuxième sexe à partir du moment où entre en fonction le langage* » (Lacan, 1971-1972a, p. 95).

Quelque part, Lacan postule une sorte de monosexuel double, le phallique, autant pour les hommes que pour les femmes, à l'exception que chaque femme n'est pas toute dans le phallique en ceci qu'elle apporte un supplément à celui-ci. Évidemment, toutes les femmes ne parviennent pas à accéder à cette suppléance du phallique, mais elles en ont potentiellement la possibilité. Le problème est que ce supplément de jouissance, échappant au langage, ne constitue pas un signifiant de *La* femme. C'est d'ailleurs à ce propos que Lacan s'est toujours opposé aux élucubrations de Simone Beauvoir et c'est pour cela qu'il n'a pas donné suite à sa demande insistante pour « *l'éclairer sur ce qui devait être l'affluent psychanalytique à son ouvrage* » (Lacan, 1971-1972a, p. 95).

Bien sûr qu'un sujet peut dire non à la différence sexuelle et se ranger dans le camp sexuel auquel il n'appartient pas. Cependant, les sources de ce trouble identitaire ne se trouvent pas dans le réel du sexe, sauf chez les intersexes dont c'est une atypie d'origine, mais en partie dans la nouvelle psychopathologie de la civilisation occidentale. Les formules de la sexuation sont ainsi une façon, pour Lacan, de répondre aux problématiques posées par les genristes des années 1960 et 1970, lesquels considèrent que dans la mesure où un sujet ne peut pas se ranger sous son sexe, ce simple fait voudrait dire, pour eux, que la différence sexuelle est dépassée.

Cependant, se ranger sous le sexe auquel on appartient ou sur celui auquel on n'appartient pas peut changer beaucoup en termes imaginaires, mais ne change absolument rien au réel de la différence sexuelle. Se ranger sous le sexe auquel on n'appartient pas est un symptôme psychique très complexe qui a sa propre logique et qui serait en partie à situer dans les transmissions psychopathologiques du domaine macropsychique d'aujourd'hui. Toutefois, il ne faut faire en aucun cas de ce trouble complexe une identité sexuelle différenciée ni une sorte de troisième sexe.

Il n'y a rien, en tout cas chez Lacan, qui permette de développer une théorie sur un troisième sexe ou sur une hypothétique fluidité du réel sexuel.

Lacan contre le féminisme

Tentative genriste de faire exister *La* femme qui n'existe pas

En traitant des directions possibles du développement de la féminité, Freud avait déjà évoqué depuis longtemps l'écueil du complexe de masculinité chez la femme que les féministes refusent d'admettre et qui peut devenir une pathologie. Voici ce que Freud en dit.

« *Les féministes n'aiment pas entendre signaler les répercussions de ce facteur sur le caractère féminin moyen* » (Freud, 1933, p. 213). De quel facteur parle Freud ? Il s'agit bien du complexe de masculinité. Et il reprend son explication. « *La fille se refuse en quelque sorte à reconnaître ce fait désagréable, que dans une révolte pleine de défi elle exagère encore la masculinité qui était jusqu'ici la sienne, qu'elle reste attachée à son activité clitoridienne et cherche refuge dans une identification avec la mère phallique ou avec le père* » (Freud, 1933, p. 213).

N'oublions pas que le complexe de masculinité des féministes peut également se combiner avec un autre facteur pathologique, l'angoisse de la maternité de chair ou la froideur dans la maternité de cœur. En effet, selon Freud, « *l'acte de se détourner de la mère se produit sous le signe de l'hostilité, la liaison à la mère débouche dans de la haine* » (Freud, 1933, pp. 204-205). Et ce facteur peut se déplacer dans la relation avec les hommes. « *Il peut ainsi facilement arriver que la seconde moitié de la vie d'une femme soit remplie par le combat contre son mari, comme la première, plus courte, l'a été par la révolte contre sa mère. [...] Sous l'impression de sa propre maternité, une identification avec sa propre mère, contre laquelle la femme s'était rebellée jusqu'au mariage, peut être revivifiée et attirer à elle toute la libido disponible, de sorte que la contrainte de répétition reproduit un mariage malheureux des parents* » (Freud, 1933, p. 217).

Les chemins si complexes de la libido chez les femmes sont ainsi déterminés par la différence très aiguë entre les sexes et notamment par leur relation au sexe masculin, à travers toutefois le filtre de l'identification, acceptée ou contrariée, à la mère.

En partie, une femme se trouve alors dans la dimension du sexe masculin, mais en partie seulement. Si Freud disait que la libido est toujours masculine y compris chez les femmes, il ne voulait pas dire que les femmes sont masculines, mais que la part de libido, ou de désir, qu'elles possèdent est, comme celle des hommes, *active* (donc masculine). D'ailleurs, cette considération freudienne a un fondement biologique. Les femmes sécrètent naturellement des œstrogènes, hormones féminines. Cependant, pour pouvoir entrer dans le jeu libidinal, le corps féminin a besoin d'une petite dose naturelle de testostérone (Meyer, 2016), ce qu'elles sécrètent également.

En termes lacaniens, on peut dire que les femmes se situent dans la puissance phallique, c'est-à-dire dans une libido forcément masculine, sans toutefois demeurer totalement dans cette dimension. En termes lacaniens, cela veut dire que la femme n'est *pas-toute* vis-à-vis de la libido masculine ou de la jouissance phallique. L'autre part possible de la jouissance féminine se situe donc dans une dimension Autre.

Il n'y a pratiquement que les femmes qui puissent accéder à une Autre jouissance que celle phallique, « *pratiquement* » en ce sens que, chez les hommes, il y a peut-être seulement les mystiques, ou équivalents, qui rejoignent les femmes à ce niveau d'élévation. Lors de ses conférences à la chapelle de l'Hôpital Sainte-Anne, Lacan affirme que « *si la femme n'est* pas-toute, *c'est que sa jouissance, elle est duelle* » (Lacan, 1971-1972b, séance du 3 mars 1972). En effet, bien que *pas-toutes*, les femmes peuvent accéder, non pas à ce qui n'est pas du tout le complément de l'homme, puisque le rapport sexuel n'existe pas, mais bien à un supplément. La jouissance proprement féminine va bien au-delà de celle typiquement masculine. C'est cette part de supplément de la jouissance proprement féminine qui permettra à Lacan de dire que *La femme n'ex-siste pas*.

Certains diront que la part masculine de la sexualité féminine se retrouve dans la jouissance clitoridienne et que la part de supplément, spécifiquement féminine, se trouverait dans la jouissance vaginale. En tout cas, pour Jacques Lacan, l'expérience de l'Autre jouissance n'est pas donnée à toutes les femmes. Il y a des femmes qui peuvent traverser toute leur vie sans avoir jamais éprouvé cette Autre jouissance.

Quoi qu'il en soit, ce que Lacan veut dire ici est qu'il n'y a pas de correspondance, qu'il n'y a pas d'équivalence, qu'il n'y a pas d'harmonisation possible entre les deux sexes. S'il n'y a pas de rapport sexuel entre les hommes et les femmes, cela veut également dire que l'on ne peut pas non plus passer d'un sexe à l'autre. Évidemment, Lacan s'est toujours opposé, directement ou indirectement, à tout éventuel développement d'une quelconque théorie lacanienne du genre ou à quelque chose qui lui ressemble. À cette époque-là, soit au début des années 1970, la théorie du genre existait bel et bien, non seulement depuis les expériences à l'*Hôpital Johns Hopkins de Chicago*, mais surtout depuis la fin du XIXème siècle, sous l'appellation de « troisième sexe », ou encore avec les changements de sexe médicalisés de la société national-socialiste, comme nous l'avons vu précédemment.

Puisque *La* femme n'existe pas, le genrisme est bien obligé de supposer l'existence d'un sexe idéologique, le genre, qui vient tenter de se superposer à *La* femme. Cela veut dire que le genrisme veut faire exister *La* femme en termes imaginaires et identitaires, tentative qui fait que l'idéologie du genre devient alors une construction aliénante en termes d'identité. Le genrisme qui tente de faire exister *La* femme est aussi, au moins au départ et jusqu'à un certain point, un panféminisme contre lequel s'oppose la psychanalyse lacanienne.

En effet, lors des années 1972-1973, Lacan disait à propos du féminisme de l'époque ceci. « *Il n'y a de femme qu'exclue par la nature des choses qui est la nature des mots, et il faut bien dire que s'il y a quelque chose dont elles-mêmes se plaignent assez pour l'instant, c'est bien de ça — simplement, elles ne savent pas ce qu'elles disent, c'est toute la différence entre elles et moi* » (Lacan, 1972-1973, p. 68). Lacan s'opposait aussi à la thèse de la « domination masculine », notion si importante pour les genristes, en affirmant que « *les femmes s'en tiennent, aucune s'en tient d'être pas toute, à la jouissance dont il s'agit, et, mon Dieu, d'une façon générale, on aurait bien tort de ne pas voir que, contrairement à ce qui se dit [je souligne : contrairement à ce qui se dit], c'est quand même elles qui possèdent les hommes* » (Lacan, 1972-1973, p. 68). Reprenons ici le commentaire que j'avais fait de cet extrait de Lacan dans mon travail sur *Jouissance identitaire dans la civilisation*, en 2020.

Dans ce passage, Lacan marque bien le fait qu'il y a deux aspects très différents et irréductibles l'un à l'autre. D'un côté, il y a la nature des choses et la nature des mots, qui est au fond la même nature pour les deux. De l'autre, il y a les choses et les mots. Si les mots tentent de représenter la nature des choses, les mots eux-mêmes sont autre chose que la nature. Par cette nature, la jouissance de la femme en serait exclue du tout masculin, des choses et des mots. Pourquoi ?

Dans le rapport de chaque sujet avec la nature des choses, ou avec la nature derrière les mots, il y a, dans des conditions normales et stables, l'assomption spontanée d'évidences naturelles. Malheureusement, en dehors de ces conditions normales et stables, les évidences naturelles sont souvent *« idéologiquement corrompues par des mots, par des images, par des icônes voire par des identifications politisées. Si la nature est du réel, la plainte sociétale n'existe que par les mots et par quelques images-choc. La première est une évidence, la seconde, un voile, un leurre, un bla-bla qui ne fabrique que du semblant »* (Arce Ross, 2020a, p. 211). La culture, le fantasme, l'idéologie, la pensée magique vont dans un sens différent à celui de la nature et des évidences naturelles.

Si les femmes sont en partie exclues du domaine masculin par la nature, une telle exclusion naturelle des choses derrière les mots permet aux femmes de vivre la richesse, la spécificité et le relief que la féminité réelle possède. La féminité appartient au domaine des évidences naturelles, l'espace de l'exclusion des êtres pas-toutes.

Dès qu'une femme n'accepte pas cette exclusion et la conteste avec hargne devant une justice impossible, elle tombe inévitablement dans l'idéologie féministe ou genriste. Dans ce cas, plus cette femme s'enfonce dans la distance idéologique vis-à-vis des évidences naturelles, plus elle se coupe de la possibilité de vivre sa féminité réelle.

S'il n'y avait pas cette exclusion réelle qui la fait pas-toute, il n'y aurait pas deux sexes et *La* femme existerait comme un homme de plus. Dans ce cas, sans femmes, les hommes ne seraient pas des hommes. L'exclusion de la nature des choses derrière les mots produit une évidence naturelle selon laquelle aussi bien les hommes que les femmes doivent se confronter, se régler vis-à-vis de l'Autre sexe lequel représente la condition non seulement du réel de la sexualité mais également du réel du sexe. En ce sens, ce sont les femmes qui possèdent les hommes.

En résumé, *« dans le séminaire* Encore, *Lacan ne critique pas les femmes qui se rangent sous l'évidence naturelle du pas-tout. En revanche, il critique et se différencie de celles qui, comme il dit, se plaignent de la nature des choses, de la nature du pas-tout et qui, en avançant une attitude inconséquente et absurde, ne savent pas ce qu'elles disent. À la nature des choses, elles n'ont rien d'autre à opposer que des mots, des images, des icônes ; ce qui ne change rien à la nature des choses et à la nature derrière les mots, évidemment. Autrement dit, l'idéologie cause, déconstruit, feint, hystérise le sujet devant les évidences naturelles ou refait le monde mais seulement dans le domaine fantasmatique permis par le rapport du sujet aux mots. L'idéologie privilégie à outrance quelques chaînes de mots, d'images, d'icônes au détriment des faits qui représentent les évidences naturelles. Cependant, quant à la nature des choses ou quant à la nature derrière les mots, plus on a l'impression qu'elle change ou plus on fait semblant qu'elle n'existe pas et, paradoxalement, plus elle reste la même »* (Arce Ross, 2020a, p. 212).

ÊTRE DUPE DE LA DIFFÉRENCE DES SEXES

Contrairement aux dogmes panféministes et genristes, pour Lacan, les sexes ne se confondent pas. L'un des présupposés de la non-existence d'harmonie, de complémentarité, de convergence ou d'unité entre homme et femme est de venir à être dupe de la différence des sexes. Voici ce qu'il dit.

« *La bonne dupe, celle qui n'erre pas, il faut qu'il y ait quelque part un réel dont elle soit dupe* » (Lacan, 1973-1974, séance du 11 décembre 1973). Et à quel réel fait référence Lacan ici ? En partie, au réel de la différence des sexes ou, en d'autres termes, au réel de la sexuation. Pourquoi ? Parce que, dans la séance suivante, Lacan affirme « *quand je vous dis qu'il n'y a pas de rapport sexuel, je n'ai pas dit que les sexes se confondent, bien loin de là !* » (Lacan, 1973-1974, séance du 18 décembre 1973).

Une autre condition qui nous montre l'évidence que le rapport sexuel ne peut pas s'écrire est la non-équivalence homme et femme. À cet égard, Lacan considère que l'un des équilibres vitaux qu'il s'agit en permanence de rétablir et de renforcer est bien la non-équivalence entre désir et jouissance, entre demande et satisfaction, entre plaisir et douleur, entre désir et amour, mais également entre homme et femme et ainsi de suite. Voici ce que dit Lacan en 1976, c'est-à-dire lors de ce que l'on peut appeler la période de son dernier enseignement.

« *Dans la mesure où il y a sinthome, il n'y a pas équivalence sexuelle, c'est-à-dire il y a rapport. En effet, si le non-rapport sexuel relève de l'équivalence, c'est dans la mesure où il n'y a pas équivalence que se structure le rapport. Il y a donc à la fois rapport sexuel et il n'y a pas rapport. Là où il y a rapport, c'est dans la mesure où il y a sinthome, c'est-à-dire où l'autre sexe est supporté du sinthome* » (Lacan, 1975-1976, p. 101). Nous voyons bien ici que pour Lacan, dans des conditions normales, il n'y a pas de rapport sexuel mais lorsque fait intrusion le sinthome, nous pouvons observer l'irruption du rapport sexuel. Mais, dans ce cas, qu'est-ce que c'est le sinthome ?

Eh bien, selon les mots de Lacan, « *le sinthome c'est très précisément le sexe auquel je n'appartiens pas, c'est-à-dire une femme. Si une femme est un sinthome pour tout homme, il est tout à fait clair qu'il y a besoin de trouver un autre nom pour ce qu'il en est de l'homme pour une femme [...]. On peut dire que l'homme est pour une femme [...] une affliction pire qu'un symptôme. [...] C'est un ravage, même* » (Lacan, 1975-1976, p. 101). Lacan montre ici que c'est forcément par la non-équivalence que l'homme entre en lien avec la femme (ce qui fait éventuellement *sinthome* pour lui) et, vice-versa, que la femme répond à ce lien avec l'homme (ce qui produit éventuellement *ravage* pour elle). Entre *sinthome* et ravage, il n'y a pas d'équivalence, il n'y a pas d'échange, il n'y a pas de rapport.

Les velléités panféministes par lesquelles une femme peut venir à la place exacte d'un homme pour se rapporter à lui, ou celles genristes par lesquelles un homme peut devenir une femme; se heurtent toutes les deux à la non-équivalence entre homme et femme. Voici ce que dit Lacan pour résumer cette partie. « *Il n'y a pas d'équivalence [entre les sexes], c'est la seule chose, c'est le seul réduit où se supporte ce qu'on appelle le rapport sexuel chez le parlêtre, l'être humain* » (Lacan, 1975-1976, p. 101). En résumé, entre l'homme et la femme il y a monde, une béance, un obstacle insurmontable fait de sinthome, de ravage ou de jouissance selon les cas. C'est-à-dire qu'entre l'homme et la femme il y a, au fond, le réel de l'inconscient ou plutôt le sinthome et le ravage en ce sens que ledit rapport sexuel ne peut être tenu pour naturel (Lacan, 1975-1976, p. 102).

En résumé, lorsqu'un homme s'entête sensitivement à devenir *La* femme, il ne fait que se construire un sinthome (une suppléance) à laquelle il s'identifie au point d'en faire sa deuxième identité. Le sinthome du transsexes veut dire qu'il applique une suppléance identitaire à la place de son identité sexuelle. En ce faisant, il vivra toujours dans la dualité irrésolue entre son identité sexuée d'origine et sa suppléance identitaire en guise d'identité sexuelle.

Notons que quand Lacan parle du sinthome, il tient à marquer très clairement que le sexe n'est ni fabriqué ni choisi par quiconque et que chaque sujet *appartient inévitablement à son sexe*. Pour Lacan, sans aucun doute, on appartient à un sexe et non l'inverse.

Homosexualité et perversion selon Lacan

Pour aller à contresens du genrisme qui tente de dépathologiser cette condition de jouissance sexidentitaire, Lacan situe les difficultés des sujets homosexuels à accéder à une hétérosexualité accomplie dans leur drame passionnel d'une père-version qui cherchait, déjà à son époque, à devenir normalisée. Il ne pouvait mieux prévoir les questions sexidentitaires qui agitent la société d'aujourd'hui, où tout devient normal et où, en contrepartie, la psychopathologie envahit dangereusement le réel de la civilisation.

Difficultés de l'homosexuel à accéder à une hétérosexualité accomplie

Lacan semble avoir bien anticipé le fait que l'homosexualité allait devenir l'un des symptômes de la profonde déliquescence des complexes familiaux, du déclin de l'autorité paternelle et de l'inversion des valeurs dans la différence sexuelle. En le devenant, l'homosexualité s'est transformée pour se configurer, non pas en tant que structure clinique, mais plutôt comme un symptôme composite et transstructurel dont les traits se présentent dans d'autres structures psychopathologiques. Sans doute, nous sommes aujourd'hui confrontés à un grave problème de la fonction du père et cela a une incidence directe dans la fonction normativante de l'hétérosexualité. C'est d'ailleurs en ces termes que Lacan nous parle de l'hétérosexualité aussi bien que de la difficulté des homosexuels pour accéder à une hétérosexualité accomplie.

« *Si la théorie analytique assigne à l'Œdipe une fonction normativante, rappelons-nous que notre expérience nous apprend qu'il ne suffit pas qu'elle conduise le sujet à un choix objectal, mais qu'il faut encore que ce choix objectal soit hétérosexuel. Notre expérience nous apprend aussi qu'il ne suffit pas d'être hétérosexuel pour l'être suivant les règles, et qu'il y a toutes sortes de formes d'hétérosexualité apparente. La relation franchement hétérosexuelle peut receler à l'occasion une atypie positionnelle, que l'investigation analytique nous montrera dérivée par exemple d'une position franchement homosexualisée. Il ne suffit donc pas que le sujet après l'Œdipe aboutisse à l'hétérosexualité, il faut que le sujet, fille ou garçon, y aboutisse d'une façon telle qu'il se situe correctement par rapport à la fonction du père. Voilà le centre de toute la problématique de l'Œdipe »* (Lacan, 1956-1957, p. 201).

Dans cet extrait de son *Séminaire*, Lacan nous montre que, grâce à une fonction du père bien dosée et bien placée, le sujet ne dérive pas vers une position homosexuelle où il risque de prendre le phallus comme un fétiche et l'Autre sexe comme un objet phobique. Évidemment, dans le chemin d'intégration qui mène vers l'accomplissement d'une hétérosexualité typique et bien positionnée, le processus de confrontation avec la fonction paternelle est beaucoup plus simple pour la fille que pour le garçon. Pourquoi ? Parce que, selon Lacan, « *l'Œdipe est essentiellement androcentrique ou patrocentrique* » (Lacan, 1956-1957, p. 203). Et donc, pour le garçon, « *la fonction de l'Œdipe paraît beaucoup plus clairement destinée à permettre l'identification du sujet à son propre sexe, qui se produit, en somme, dans la relation idéale, imaginaire, au père* » (Lacan, 1956-1957, p. 204). Le but final étant que le garçon accède un jour à la position d'être un père, à la fonction paternelle, qu'il devienne père dans le réel ou non.

Ce n'est pas que Lacan repousse l'homosexualité de l'hétérosexualité, mais qu'il la considère comme une hétérosexualité non accomplie, non parvenue à sa fonction naturellement normale. À trop insister dans l'impasse homosexuelle, l'homme se voit contraint de développer toute une série de père-versions, des versions multiples de père, sans créer pour autant les conditions d'une véritable paternité entendue forcément dans le sens hétérosexuel.

PERVERSION ET DRAME PASSIONNEL DE L'HOMOSEXUALITÉ

En 1953, lors du début de son enseignement, matérialisé par le séminaire sur *les Écrits techniques de Freud*, Lacan situe clairement l'homosexualité dans la structure perverse comme l'avait déjà fait Freud en son temps. Pour Lacan, la perversion « *n'est pas simplement aberrance par rapport à des critères sociaux, anomalie contraire aux bonnes mœurs, bien que ce registre ne soit pas absent, ou atypie par rapport à des critères naturels [...]. La perversion est une expérience qui permet d'approfondir ce qu'on peut appeler au sens plein la passion humaine* » (Lacan, 1953-1954, p. 246). Voilà, une définition très lacanienne de la perversion : non seulement aberration, anomalie ou atypie, mais surtout un drame passionnel. En tant que passion, dans la perversion, il s'agit d'un processus variable, « *toujours fragile, à la merci d'un renversement, d'une subversion* », à savoir que cette « *incertitude fondamentale* » peut la transformer en des versions multiples. Est-ce que l'on peut y voir un aperçu de Lacan sur la plasticité et la réversibilité de l'homosexualité que l'on observe dans la clinique ?

En tout cas, c'est justement là où Lacan situe « *le drame de l'homosexualité* » (Lacan, 1953-1954, p. 246) comme ayant une face dans la relation perverse. Il s'agit donc dans l'homosexualité, selon Lacan, d'un drame tout à fait passionnel, imaginaire et incertain « *qui ne trouve à s'établir dans aucune action satisfaisante* » (Lacan, 1953-1954, p. 246). Très probablement, pour Lacan à ce stade de sa recherche, l'homosexualité pourrait être comprise comme une problématique imaginaire et passionnelle envers le personnage du père, ce père dont le sujet ne peut incarner la fonction. Il ne fait que reproduire un « *miroir aux alouettes* », comme dans le cas de l'homosexualité d'Albertine Simonet, décrit par Proust. Dans ce drame homosexuel de jalousie passionnelle, « *le sujet s'épuise à poursuivre le désir de l'autre, qu'il ne pourra jamais saisir comme son désir propre, parce que son désir propre est le désir de l'autre. C'est lui-même qu'il poursuit* » (Lacan, 1953-1954, pp. 246-247). N'est-il pas justement dans ce désir pour le Même et dans ce désir du Même, auquel il est aliéné par équivalence chez l'Autre, que le sujet homosexuel trouve la relation féconde et perverse de son drame passionnel ? D'ailleurs, en 1960, Lacan rappelle que la duplication de l'objet (le Même) se retrouve dans le drame de l'homosexualité masculine laquelle serait liée à un traitement particulier de l'objet, à un traitement qui trouve son sens dans le fétichisme (Lacan, 1960, p. 60).

Et à quel endroit pouvons-nous situer, selon Lacan, la source d'un tel drame ? Nous savons qu'à l'orée de l'Œdipe, il y a une confrontation à l'ordre symbolique « *qui fera de la fonction du père le pivot du drame* » (Lacan, 1956-1957, p. 200). Le sujet dépasse ou ne dépasse pas cette dernière barre. S'il ne le fait pas, il reste capturé par la relation passionnelle et imaginaire vis-à-vis de la fonction et sa réponse pourrait être de développer une père-version ou des multiples père-versions.

Père-version des homosexuelles

Voici ce que dit Lacan en 1957 sur la relation excessive et passionnelle des homosexuelles avec leur père et leur complexe masculin vis-à-vis de la maternité. « *Les homosexuelles en effet, contrairement à ce qu'on pourrait croire, mais comme l'analyse l'a fait voir, sont des sujets qui ont fait à un moment une très forte fixation paternelle* » (Lacan, 1956-1957, p. 109). Cela les mène au point malheureux de s'identifier au père et de croire qu'elles peuvent se passer du masculin. En plus, elles croient qu'elles peuvent réaliser ce fantasme sans tomber pour autant dans un complexe de masculinité. Notons aussi que ce complexe va parfois tellement loin, normes sociétales aidant, qu'elles peuvent développer une identification identitaire à la paternité. À savoir que si elles se font elles-mêmes une version fantasmatique du père, c'est qu'elles deviennent elles-mêmes une père-version. Comment ? En voulant s'occuper fantasmatiquement, ensemble, d'un enfant réel.

C'est pour expliquer ce processus que Lacan distingue « *cinq temps dans les phénomènes majeurs de l'instauration de cette perversion [de la jeune homosexuelle]* » (Lacan, 1956-1957, p. 121). Si, à la suite de Freud, Lacan situe évidemment l'homosexualité dans la perversion, il note aussi qu'au début la jeune homosexuelle est « *bien orientée* » dans le sens de la maternité, dans la mesure où elle chérit un enfant qu'elle soigne. Cependant, après la puberté, se produit un détournement qui l'a conduite à s'intéresser à des femmes en situation « *néo-maternisante* » (Lacan, 1956-1957, p. 121). Nous avons ainsi le couple fantasmatique formé par la jeune homosexuelle et une femme en situation de porter la maternité. Un tel moment du fantasme homosexuel est caractérisé par une « *passion dévorante* » (Lacan, 1956-1957, p. 121).

Lacan se demande ce qui s'est produit entre ces deux moments de la construction de ce fantasme de masculinisation du désir. Pour lui, l'une des choses qui se produisent est qu'il y a une « *substitution imaginaire phallique* » où elle s'identifie à une « *mère imaginaire* » (Lacan, 1956-1957, p. 124). C'est-à-dire que dans cette figure identitaire de la père-version homosexuelle une femme identifiée à la « *mère imaginaire* » entre en couple fantasmatique avec une femme potentiellement mère réelle. Or, le fantasme de la mère imaginaire peut se dédoubler, ou se transformer, en identification au père imaginaire d'un enfant réel qui n'est pas le sien. Mais qui est celui de la femme qu'elle aime autant qu'elle a une phobie des hommes. Comme le dit Lacan, ce système la fait passer de l'identification à la mère imaginaire vers une identification au père imaginaire.

À la fin, « *par une sorte d'interposition, le père est maintenant réalisé sur le plan de la relation imaginaire, il est entré effectivement en jeu comme père imaginaire, et non plus comme père symbolique* » (Lacan, 1956-1957, p. 129). Si, pour Lacan, cela aboutit à une perversion (ce sont ses mots), c'est parce que « *la fille s'identifie au père et prend son rôle. Elle devient elle-même le père imaginaire* » (Lacan, 1956-1957, p. 129).

C'est exactement ce qui se passe avec la PMA (Procréation Médicalement Assistée), que nous pouvons appeler *Père-version Maternelle Augmentée*, en ce sens que la PMA pour deux femmes ensemble serait une perversion sociétale par laquelle on tente de faire exister une version parodique, panféministe et imaginaire du père. Cette imposture est le produit de la mise en acte du fantasme identitaire d'une femme ne pouvant accéder à la maternité qu'à travers une autre qu'elle aime d'une passion dévorante. La masculinité fantasmatique portée par un couple de femmes homosexuelles est alors une parodie de celle, réelle, du vrai père. Et si la masculinité réelle du père réel est soumise à une forclusion c'est parce que la médecine actuelle apporte à ce couple identitaire une augmentation transhumaniste de la maternité.

Comparée au sujet transsexes, si celui-ci ne veut plus du phallus pour le signifier, l'homosexuelle ne risque pas de prendre le phallus pour un signifiant de la jouissance sexuelle. Il s'agit de deux positions différentes, mais les deux évacuent le phallus. « *Il est fâcheux pourtant que cela ampute pour elle, l'homosexuelle, le discours psychanalytique. Car ce discours, c'est un fait, les remet, les très chères, dans un aveuglement total sur ce qu'il en est de la jouissance féminine. [...] L'homosexuelle n'est pas du tout absente dans ce qui lui reste de jouissance. Je le répète, cela lui rend aisé le discours de l'amour. Mais il est clair que cela l'exclut du discours psychanalytique, qu'elle ne peut guère que balbutier* » (Lacan, 1971-1972a, pp. 17-18). Le transsexes ne veut plus participer du discours sexuel en tant que signifié phallus, alors que l'homosexuelle « *soutient le discours sexuel en toute sécurité* » (Lacan, 1971-1972a, p. 17) et se maintient signifiée phallus. Le résultat est que cela la coupe de la jouissance féminine et l'exclue du discours analytique.

CRITIQUE DE LA NORMALISATION SOCIÉTALE DE L'HOMOSEXUALITÉ

POUR LACAN, L'HOMOSEXUALITÉ EST UNE PERVERSION

Par opposition à la normalité naturelle de l'hétérosexualité — où se situent d'ailleurs forcément les homosexuels —, l'idéologie genriste a développé la notion identitaire et communautariste de ce que j'appelle une normalité sociétale. La normalité naturelle n'est en rien un principe moral comme veulent le faire entendre les genristes. La normalité naturelle est la façon habituelle, réelle et adaptée à leur fonction qu'une chose, un événement ou un être vivant présentent. En revanche, la normalité sociétale est une manière politique et idéologique d'accorder une valeur de normalité naturelle à un phénomène purement identitaire, donc antinaturel. L'homosexualité ou la transexualité le sont, mais il se trouve que le genrisme veut homologuer ces phénomènes comme des traits d'identité sociale et des modes d'être en société tout en minimisant ou en niant leur drame psychopathologique.

Il semblerait que Lacan — lors de la période considérée comme le début de son dernier enseignement, c'est-à-dire l'année 1971-1972 — s'est aperçu ou, d'une certaine façon, a anticipé le risque de ce mouvement que je considère genriste et sexidentitaire. Déjà, au début des années 1970, on observait les effets de l'idéologie du genre ayant officiellement commencé vingt ans plus tôt, bien que l'on trouve, comme nous l'avons montré plus haut, les premières manifestations du genrisme dans la société national-socialiste entre la fin du XIXème et le début du XXème siècle. Voici donc la critique émise par Lacan en 1972 sur la normalisation sociétale de l'homosexualité par le genrisme identitaire.

« *Pour que quelque chose ait du sens, dans l'état actuel des pensées, c'est triste à dire, mais il faut que ça se pose comme normal. C'est bien pour ça qu'André Gide voulait que l'homosexualité fût normale. Et comme vous pouvez peut-être en avoir des échos, dans ce sens il y a foule. En moins de deux, ça, ça va tomber sous la cloche du normal, à tel point qu'on aura de nouveaux clients en psychanalyse qui viendront nous dire — "Je viens vous trouver parce que je ne pédale pas normalement". Ça va devenir un embouteillage* » (Lacan, 1971-1972a, p. 71).

Notons que Lacan évoque ici très clairement *le sens de l'état actuel des pensées*. On y est là sous les effets de la pensée de Mai 68 et, dans le domaine de la sexualité, sous la domination, déjà, du genrisme cette fois-ci américain. Il considère que le sens de ces pensées, à l'époque, était vraiment triste parce qu'il y avait la tendance à normaliser les sexualités périphériques, les déviances sexuelles, les anomalies multiples et les perversions. Ensuite, il situe clairement l'origine de cette tendance à la normalisation, que l'on peut appeler aujourd'hui sociétale, dans l'enseignement universitaire (Lacan, 1971-1972a, p. 72), ce qui est tout à fait une évidence de nos jours, tant le discours identitaire gangrène les universités aux États-Unis et en Europe. Voilà pour le contexte idéologique. Mais il y a aussi les tendances que Lacan semblait entr'apercevoir déjà il y a cinquante ans.

Lacan ironise sans ambages les velléités d'André Gide — celui qui s'autoproclamait « *pédéraste* » (Gide, 1911, 1924) et qui avouait ses actes pédophiles (Gide, 1887-1925, Vol. I, 1977, pp. 1070-1071) — pour rendre l'homosexualité normale. Et Lacan, du même coup, de s'apercevoir aussi que, de normalité forcée, ce qui adviendra, ce sera un symptôme de la jouissance identitaire : la norme sociétale et sexidentitaire fait de ces sujets *ne plus pouvoir pédaler normalement*. Il est vrai que cette dernière vingtaine, ou peut-être plus, de nombreux psychanalystes dont moi-même avons reçu des patients homosexuels se plaignant autant de vivre des multiples perversions que de leur incapacité à soutenir une vie sexuelle épanouie lorsqu'ils se trouvent en couple : éjaculations précoces, impuissances, infidélités effrénées, jalousies passionnelles, agressions et grandes violences, absence de l'intimité depuis parfois des décennies, tentatives de suicide, abus sexuels, etc. De toute évidence, fabriquer une normalité identitaire et artificielle, que ce soit par le fait de mimer le couple hétérosexuel ou par celui de mimer le mariage homme-femme, ne leur réussit pas.

Pour Lacan, ce que l'on appelle l'amour grec, l'amour des hommes pour les garçons, « *reste une perversion, toute sublimation qu'elle soit* » (Lacan, 1960-1961, p. 43). Et Lacan enfonce le clou dans l'éventualité justement d'une normalisation de l'homosexualité qui viendrait, à l'exemple des genristes, tenter de l'élever à la dignité d'un simple mode d'être comme un autre. « *Que l'on ne vienne pas nous dire, sous prétexte que c'était une perversion reçue, approuvée, voire fêtée, que ce n'était pas une perversion. L'homosexualité n'en restait pas moins ce que c'est, une perversion* » (Lacan, 1960-1961, p. 43). Dans le Séminaire sur *le Transfert*, Lacan revient sur la question de l'homosexualité en tant que perversion, comme en 1953-1954, tout en anticipant sur une éventuelle normalisation de l'homosexualité, thème qui sera beaucoup plus clair lors de son séminaire *...Ou pire* (Lacan, 1971-1972a). Il affirme clairement que, même approuvée et reçue, une perversion reste une perversion et il imagine même — en anticipant sur le phénomène exhibitionniste de la *Gay pride* — que la perversion homosexuelle contemporaine pourrait, comme elle l'était chez les Anciens en Grèce, devenir publiquement fêtée. C'est-à-dire que Lacan anticipait déjà à cette époque sur le fait que la perversion pouvait devenir au moins sociétale et pourquoi pas — en tant que fierté mal placée comme toutes les perversions — communautariste et identitaire.

Plus fort que cela, dans ce même séminaire de l'année 1960-1961, Lacan compare sans aucune précaution linguistique homosexualité et pédophilie (ou éphebopédophilie). « *La seule chose qui différencie l'homosexualité contemporaine et la perversion grecque, mon Dieu, je crois que l'on ne peut guère la trouver ailleurs que dans la qualité des objets. Ici, les lycéens sont acnéiques et crétinisés par l'éducation qu'ils reçoivent. Chez les Grecs, les conditions sont favorables à ce que ce soit eux les objets des hommages* » (Lacan, 1960-1961, p. 43). Dans les deux cas, selon Lacan, il s'agit d'une perversion pédophile.

Une telle position de Lacan ne se résume pas à son premier enseignement car, au milieu des années 1970 (lors de son dernier enseignement), il revient sur le sujet et tout à fait dans le même registre de parole. « *Nous ne viendrons jamais à bout du rapport entre ces parlêtres que nous sexuons du mâle et ces parlêtres que nous sexuons de la femme. Là, les pédales sont radicalement perdues* » (Lacan, 1974, p. 94).

SELON LACAN, LE MARIAGE EST TOUJOURS HOMME-FEMME

Il est clair que, pour Lacan, le genrisme n'apporte rien d'autre qu'une confusion des termes connus depuis toujours et, en outre, il prévoit (inconsciemment peut-être) ce qui adviendra du mariage identitaire puisqu'il tient, en 1971, à affirmer son point de vue sur le fait que le mariage ne peut exister qu'entre un homme et une femme. Voici ce qu'il en dit. « *L'identité de genre n'est rien d'autre que ce que je viens d'exprimer par ces termes, l'homme et la femme. [...] Ce qui définit l'homme, c'est son rapport à la femme, et inversement. Rien ne nous permet d'abstraire ces définitions de l'homme et de la femme de l'expérience parlante complète, jusques et y compris dans les institutions où elles s'expriment, à savoir le mariage* » (Lacan, 1971, p. 32).

Nous devons souligner ici que, selon Lacan, on ne peut pas faire *abstraction* des rapports entre l'homme et de la femme dans une institution comme le mariage. Lacan veut clairement dire que l'on ne peut pas isoler ou séparer les caractères de l'homme de ceux de la femme présents dans le domaine du couple et du mariage, ni faire comme s'ils n'existaient pas.

À cet égard, tous les autres couples ou mariages en dehors de la différence sexuelle ne peuvent être qu'imaginaires ou ne peuvent appartenir qu'à des jeux de rôles voire à des croyances identitaires. Pourquoi ? Parce qu'il n'existe que deux sexes, lesquels ont tendance à se mettre ensemble pour se reproduire et pour s'entraider selon les caractéristiques de chaque sexe forcément manquant chez l'autre. Même non accomplie, la potentialité de la reproduction naturelle est ce qui fait couple.

Nous venons de voir donc que la position de Lacan en vingt ans, de l'année 1953 à l'année 1972, ne variera point au sujet de l'homosexualité. Malheureusement, il est mort quelques années avant l'apparition des années SIDA, moment à partir duquel l'homosexualité a été placée comme fétiche sacré et valorisé pour écarter, en termes macropsychiques, le risque d'une nouvelle pandémie d'origine sexuelle incontrôlable et largement meurtrière. Lacan n'a pas pu alors vérifier dans le vécu de l'expérience que ses propos allaient trouver réalisation assez rapidement.

LACAN SUR LA PSYCHOPATHOLOGIE DU TRANSSEXUALISME

ON NE PEUT PAS S'AUTORISER À NE PLUS ÊTRE SEXUÉ

Je souligne ici l'un des arguments par lesquels Lacan s'oppose à toute ingérence du genrisme ou idéologie du genre dans la psychanalyse, malgré la très mauvaise interprétation que font certains psychanalystes sur le sujet. En effet, dans le but de satisfaire leurs intérêts de *marketing politique*, quelques psychanalystes sexidentitaires, particulièrement des postlacaniens syncrétiques, ont cru trouver des justifications pour leur projet dans une relecture erronée et idéologique du dernier enseignement de Lacan.

Ils ont par exemple repris une citation de Lacan sur l'être sexué et son autorisation qu'ils ont pourtant complètement retiré de son contexte d'origine. Je veux montrer ici, au contraire, qu'en suivant Lacan, il n'y a pas de place dans la psychanalyse pour des idéologies prônant l'existence de plus de deux sexes ni la transformation volontaire de l'un en l'autre. Voici la citation en question et son contexte.

Il se trouve que, dans son excellent séminaire sur *Les Non-dupes errent*, Lacan constate le phénomène du transsexualisme qui prenait corps déjà comme contagion sociétale à l'époque et il affirme à ce propos que « *l'être sexué ne s'autorise que de lui-même et de quelques autres* » (Lacan, 1973-1974, séance du 9 avril 1974). Ces psychanalystes ont cru trop rapidement que Lacan faisait référence à un supposé embarras du choix concernant l'être sexué. Ils ont cru comprendre que, selon Lacan, on pouvait choisir non seulement son objet sexuel, non seulement son orientation sexuelle, mais également l'être sexué en soi. Cependant, cette lecture est malheureusement erronée, ingénue ou malhonnête.

La vérité est que, dans la même séance, Lacan reprend cette question et affirme ce qui suit. « *M'autoriser, ça peut encore aller, hein, mais l'être, c'est une autre affaire. C'est là qu'évidemment se forge ce que j'ai énoncé du verbe "désêtre". L'analyste, je le "dé-suis", l'objet petit* a *n'a pas d'être* » (Lacan, 1973-1974, séance du 9 avril 1974).

Lacan souligne bien clairement que *s'autoriser*, ou s'autoproclamer, n'a pas d'équivalence avec *être* ou que s'autoriser n'est pas *être*. S'autoriser est même presque l'opposé d'être et de son corollaire, le manque-à-être. Par conséquent, la sexuation, que chacun reçoit par le réel de ses racines sexuées, indique l'être sexué et le manque-à-être sexué qui ne sont, par définition, ni modifiables ni réductibles.

La phrase de Lacan, dans cette même séance du 9 avril 1974 du séminaire *Les Non-dupes errent*, sur le fait que l'être sexué ne s'autorise que de soi-même, veut dire qu'il a seulement le choix de *comment vivre* son être sexué, à savoir côté homme ou côté femme. Mais cela ne veut pas dire que l'être sexué peut s'autoriser à devenir l'Autre sexe ou à choisir son sexe. L'autorisation ne porte que sur la manière où le sujet pourra vivre son être sexué. Ainsi, un être sexué femme peut s'autoriser à vivre sa sexuation de manière masculine si elle y est poussée. Mais cela ne fera pas pour autant d'elle un homme.

Autrement dit, lorsqu'il parle d'autorisation de l'être sexué, Lacan est en train seulement de parler d'identification sexuée, ou de déclaration ou d'annonce. Et plus loin, dans ce même séminaire, Lacan dit que l'absence de rapport sexuel fait qu'il n'y ait d'identification sexuée que d'un côté. À savoir que, selon lui, ces identifications possibles, « *il n'y a qu'une femme qui est capable de les faire* » (Lacan, 1973-1974, séance du 11 juin 1974, p. 183). En fait, une femme est bien obligée, au moins en partie, de s'autoriser à l'identification sexuée de la jouissance phallique. « *Pourquoi pas l'homme ? [... parce que] l'homme, lui, il est tordu par son sexe. Au lieu qu'une femme peut faire une identification sexuée. Elle n'a même que ça à faire, puisqu'il faut qu'elle en passe par la jouissance phallique qui est justement ce qui lui manque* » (pp. 183-184).

D'abord, nous voyons ici que l'être sexué qui ne s'autorise que de lui-même c'est seulement une femme. Puisque, contrairement à l'homme, elle a forcément rapport à deux types différents de jouissance : une jouissance phallique et une jouissance proprement féminine. Ensuite, on peut s'apercevoir que l'autorisation de l'être sexué femme ne peut s'effectuer que sur la base d'un manque, de ce qu'elle n'a pas, à savoir la jouissance phallique. Enfin, cette identification sexuée au manque nous fait conclure que l'autorisation de l'être sexué ne se substitue au sexe auquel le sujet appartient. Une chose est d'appartenir à un sexe et une autre, toute différente, est pour une femme de s'identifier au sexe qui lui manque. Lacan place ainsi la question de l'autorisation de l'être sexué sur le versant, dirions-nous, de l'identitaire, terme qui néanmoins lui fait défaut à l'époque et à la place duquel il utilise celui d'identification.

Sans doute et en suivant Lacan, on peut dire que les avatars de l'identification sexuée peuvent venir couvrir ou rendre illisible la base réellement sexuée du sexe d'appartenance sans jamais toutefois pouvoir la supprimer. Mis à part les sujets intersexes, tout homme possède et appartient forcément à un être sexué d'homme, pour plus féminisé qu'il soit selon les modes d'expression de sa masculinité refoulée, forclose ou torturée. Pareillement, sauf les sujets intersexes, toute femme possède et appartient forcément à un être sexué de femme, pour plus masculinisée qu'elle soit selon les modes d'expression de sa féminité refoulée, forclose ou appauvrie. Plus que cela, tout homme a non seulement un être sexué masculin mais aussi un manque-à-être sexué de femme, comme toute femme a non seulement un être sexué féminin mais aussi un manque-à-être sexué d'homme.

On peut s'autoriser à se sentir femme bien que l'on appartienne au sexe masculin, mais cela ne fait d'aucun homme une femme réellement, c'est-à-dire une femme possédant un manque-à-être sexué propre au féminin. Tant qu'il s'autorise de lui-même et de quelques autres, le sujet reste au niveau du discours. Que ce soit d'un discours véhiculant du semblant ou d'un discours qui ne serait pas du semblant, l'autorisation subjective ou l'autoproclamation sociale dépendent assurément du discours et non pas du réel auquel nos racines appartiennent.

Dans ces cas, il y a une confusion entre identité sexuelle et ce que j'apporte dans le présent travail, à savoir l'identité sexuée. L'identité sexuée est une donnée d'origine qui provient de la n'essence tout en se matérialisant pour le sujet plutôt comme sa perte, désormais incarnée par la mémoire inconsciente du placenta perdu.

Aucun être ne peut ni choisir ni créer ni modifier son identité sexuée. Elle nous détermine en tant que racine de vie. De son côté, l'identité sexuelle est une réponse identificatoire exercée, grâce au langage et à l'histoire de vie, de la naissance à la puberté ou au-delà, pour affirmer, moduler ou éventuellement nier l'identité sexuée. Le sujet transidentitaire en général, dont celui avançant sous la modalité du transsexes, se place justement sous l'empire moral d'une négation farouche de l'identité sexuée.

L'être sexué *s'autorise* d'un choix sexuel, mais il *n'est pas* ce dont il s'autorise, car l'être de la sexuation ne dépend pas de lui. De la même manière que l'on ne peut pas choisir de ne pas être mortel, l'être sexué ne peut pas choisir de ne pas être sexué. Ou de l'être autrement. On peut choisir d'anticiper sa mort, on peut choisir de la désirer, on peut choisir aussi de se la donner, mais on ne peut pas choisir de cesser d'être mortel. On ne peut pas choisir d'être né des parents que l'on a. On ne peut pas choisir la date ou le lieu où l'on est né. On ne peut pas choisir les traits que l'on porte, l'histoire familiale dont on provient ni la culture dans laquelle on a vécu pendant l'enfance. On ne peut pas choisir le placenta où l'on a commencé à vivre la vie psychique. On ne peut pas refaire dans le réel ses origines, son histoire de départ et ses racines, même si on se créé une fiction autour de ces questions.

Pareil pour le sexe, on peut choisir de désirer de mille façons, on peut choisir de jouir d'une diversité d'objets, mais on ne peut pas choisir de ne pas être sexué comme on ne peut pas non plus choisir son être sexué ni l'échanger contre l'autre. À cet égard, on ne doit pas confondre être homme ou être femme avec le fait, comme dit Lacan, de s'autoriser à jouir de telle ou telle façon. Si l'on peut s'autoriser à vivre une fiction sur son sexe ou ses modes de jouissance, le sexe réel et les modes réels de jouissance ne se choisissent pas car ce sont des données existantes d'emblée à toute historicité de l'être. Définitivement, le sexe réel est anhistorique en termes ontologiques.

En outre, il ne faut pas confondre trois termes bien différents, à savoir le sexe, le désir et la jouissance. Le sexe est conditionné par le biologique ou plutôt par le naturel, le désir est déterminé inconsciemment par le vécu psychogénique, alors que seule la jouissance peut être en partie choisie par l'exercice d'une volonté souvent rétive. De nos jours d'ailleurs, comme j'essaie de le montrer, la jouissance prend une tournure identitaire et sexidentitaire saturée d'une volonté rétive. Selon Lacan, le sujet s'autorise de lui-même (et de quelques autres) à la jouissance et non pas au désir ni encore moins à être sexué.

Cependant, concernant la jouissance, l'autorisation uniquement de soi-même peut aller tellement loin que — si assez souvent elle dérive vers une perversion contrôlée et stable, sans danger pour personne — quelques fois elle peut prendre une tournure dramatique, passionnelle et déboucher dans le passage à l'acte pervers. Ainsi, par exemple, le pédophile s'autorise uniquement de lui-même de la même façon que le violeur s'autorise uniquement de lui-même. Le pédophile s'autorise de lui-même à la jouissance de l'enfant, ou de l'adolescent, comme le violeur s'autorise de lui-même à la jouissance de sa victime.

Lacan a raison de soulever cette question. Mais c'est surtout pour parler de questions pathologiques et non pas de postures éthiques ou encore moins réelles ou naturelles. Le transsexes s'autorise de lui-même à faire semblant d'appartenir à l'Autre sexe. De la même façon, il s'y autorise en plus de quelques autres qui le secondent dans cette initiative factice : les médecins-chirurgiens, les psys sexidentitaires, les sociologues genristes, les législateurs naïfs ou complaisants, etc. Et nous arrivons ainsi à la société sexidentitaire où n'importe qui peut s'autoriser à la jouissance de n'importe quoi, conforté en cela par un système juridique, technomédical et communautariste hautement complaisant. C'est en partie cela la jouissance identitaire.

Nous voyons qu'en 1973-1974, Lacan aborde avec anticipation le grave phénomène de la jouissance identitaire, laquelle n'est pas encore appelé par ce terme ni même conçue comme une entité pathologique isolée à son époque. J'ai moi-même introduit ce terme et formalisé son concept pour faire référence à une partie des graves troubles de civilisation vécus en Occident depuis la fin du XXème siècle (Arce Ross, 2020a).

Appartenant au réel, l'être sexué est un impossible. L'être sexué implique des conditions positives inamovibles aussi bien que des caractéristiques négatives d'origine. Celles-ci sont à repérer et à respecter tout en prenant en compte le fait que l'être comporte sa part de manque-à-être. Un sexe est toujours le manque-à-être de l'autre ; au point qu'un homme ne peut pas trouver en lui-même les conditions sexuées d'une femme ; comme une femme ne peut pas trouver en elle-même les conditions sexuées d'un homme.

L'être sexué s'autorise de lui-même en ce sens qu'il ne peut s'autoriser qu'à partir des conditions intrinsèques de l'homme sexué qu'il est, ou de la femme sexuée qu'elle est, selon les cas. En contrepartie, l'être sexué ne peut s'autoriser que des conditions intrinsèques de son propre manque-à-être sexué de femme s'il est un homme, ou de son propre manque-à-être sexué d'homme si elle est une femme.

L'être sexué ne peut s'autoriser, forcément et *in fine*, que du réel de son être sexué et de son manque-à-être sexué, même s'il veut les nier ou les rejeter.

Un cas de transsexualisme fétichiste selon Lacan

Lors de la période de son dernier enseignement, plus précisément au mois de février 1976, Lacan reçoit à la présentation de malades, à la demande de Marcel Czermak, Monsieur H., de 22 ans, un patient transsexes. Cet homme, qui voulait transformer son corps avec le but d'avoir une apparence féminine, était accueilli à l'Hôpital Sainte-Anne pour avoir commis une tentative de suicide.

FÉTICHISATION DE L'APPARENCE FÉMININE

Depuis tout petit, Monsieur H. revêtait en cachette les vêtements de ses sœurs pour lesquelles il éprouvait une immense jalousie. Il caressait dans la salle des bains les vêtements féminins de ses sœurs, principalement les combinaisons et le nylon mais son obsession absolue ne se cantonnait pas au travestissement. Par le déguisement en femme, il voulait absolument se sentir femme et en devenir une. Il voulait plutôt devenir une femme *habillée en femme*, non pas forcément pour être aimé par un homme, mais pour satisfaire le personnage féminin qu'il s'était construit comme nouvelle identité. Et si ce nouveau personnage était féminin, c'est parce qu'il était habillé en femme, parce qu'il en avait l'apparence.

C'est ainsi que l'apparence, le semblant, l'image, représentés par les étoffes douces et délicates des femmes, constituaient pour cet homme haïssant son être masculin la véritable essence d'une femme. À cet égard, le sujet ne semblait pas délirant, ni dissocié ni halluciné, sur rien d'autre que deux points précis : la négation ou le rejet radical d'être un homme et l'envie obtuse de devenir femme.

Si le sujet n'a pas tout à fait développé une stricte pensée délirante sur le fait de ne pas être un homme et s'il a conscience qu'il est bien un homme, il ne l'accepte pourtant pas. Il ne veut absolument pas être un homme. Et, bien entendu, on peut s'interroger sur cette négation ne conduisant pas à un véritable délire psychotique à la Schreber. En revanche, s'il y a une sorte de cotardisation, ou délire de négations des organes, elle n'est que relative, partielle et strictement concentrée sur le réel de la sexuation et sur le sexe d'appartenance. Cependant, cette cotardisation du sexe réel apporte comme conséquence le fait de s'attaquer non seulement aux organes sexuels, mais également aux fonctions sexuelles internes ainsi qu'aux éléments anatomiques secondaires, c'est-à-dire pratiquement à l'ensemble du corps en lien avec la sexuation. Bien que le sujet ait pleinement conscience qu'il n'est pas une femme et qu'il est impossible de se transformer en femme, il veut au moins avoir l'apparence anatomique et vestimentaire d'une femme.

Nous visualisons la jouissance transidentitaire, lorsqu'il dit que quand il a des vêtements féminins sur le corps, « *cela [lui] procure le bonheur* » (Lacan, 1976, p. 2). Ce point est important parce qu'il nous montre qu'un type de bonheur — ou la recherche de ce bonheur, de cette euphorie ou joie pathologique car en dehors du réel — est bien la source de ses tracas et la raison de ses passages à l'acte transidentitaires.

Remarquons que Catherine Millot évoque les interventions appuyées de Lacan lors de cette même présentation de malades. « *À un transsexuel qui revendiquait sa place de femme, [Lacan] ne cessa de rappeler au cours de l'entretien qu'il était un homme, qu'il le veuille ou non, et qu'aucune opération ne ferait de lui une femme. Et pour finir, il l'appela "mon pauvre vieux"* » (Millot, 2016, p. 50). En effet, dans cet entretien, Lacan lance à Monsieur H., « *Écoutez, mon vieux ; vous avez quand même de la barbe au menton, vous n'y pouvez rien* » (Lacan, 1976, p. 4).

Si le fait d'être transsexes ne l'a pas empêché de vivre en couple avec une femme pendant un an, M. H., toujours travesti à la maison, accomplissait toutefois l'acte sexuel habillé en femme comme quand, petit, il se déguisait avec les vêtements de ses sœurs.

« *M. H. — Je faisais des travaux, des bricoles à la maison. Je ne travaillais pas. On a eu quelques rapports par la suite avec elle, et lors des rapports…*

LACAN — Qu'est-ce que vous appelez des rapports

M. H — Par la suite, on a eu des rapports sexuels.

LACAN — Qu'est-ce que c'est qu'un rapport sexuel ?

M. H. — La pénétration. J'étais habillé en femme toujours, même lors de la pénétration, et je me sentais femme lors du rapport sexuel.

LACAN — Expliquez ce que vous appelez vous sentir femme.

M. H. — J'avais une personne à mes côtés qui admettait que je sois femme. Alors, j'arrivais à oublier que j'étais un homme.

LACAN — Qu'est-ce que vous voulez exactement ?

M. H. — Je ne vis que pour être une femme. Depuis tout petit, j'ai toujours eu ce désir-là, et tout ce qui est autour de moi ne m'intéresse pas, je ne m'intéresse à rien. Là, maintenant, j'ai goût à rien, comme toujours. Je désire seulement être une femme.

LACAN — Quel serait votre vœu ?

M. H. — Devenir une femme.

LACAN — Ça, vous savez bien que vous ne pouvez pas devenir une femme.

M. H. - Je le sais, mais... On peut avoir quand-même l'apparence d'une femme. On peut changer un homme sur le physique extérieur, les traits. On peut transformer un homme » (Lacan, 1976, p. 19).

Le fantasme fétichiste des vêtements féminins accompagne sans doute la construction de sa jouissance transidentitaire qui s'appuie également sur la négation prédélirante d'être un homme qui veut devenir femme. N'oublions pas que pour tout homme transsexes, la condition prédélirante est celle *d'être un homme qui veut à vie, en permanence, devenir femme.* Comme au fond de lui et parfois pas si au fond que cela, le sujet sait qu'il est vraiment un homme, sa négation d'être un homme et sa velléité de devenir femme, s'il les maintient malgré tout, il doit les garder constamment pour toujours, jour et nuit, tout le temps.

Est-ce cette fuite si importante de l'énergie psychique qui provoque chez lui une déperdition progressive mais inévitable de la perte totale, ou presque totale, de libido ? C'est possible. En outre, il y a également la perte d'intérêt et de désir étendue à beaucoup d'autres domaines de la vie. Et ces deux pertes (d'intérêt pour plein de domaines de la vie et d'énergie pour la libido) sont déjà deux éléments psychopathologiques supplémentaires qui viennent s'ajouter à la négation du sexe d'appartenance ainsi qu'à la velléité impossible de devenir femme.

Devenir Corinne

Le personnage Corinne, une femme blonde, douce et angélique, revient dans ses rêveries, ses rêves et ses cauchemars. Elle y revient tantôt comme femme gentille, tantôt comme destructrice mais toujours comme nouvelle identité s'opposant avec vigueur contre son être sexué d'homme. La femme qu'il veut devenir semble être une suppléance pathologique à l'objet de son rejet, son identité d'homme, même si cela lui est arrivé de fonctionner comme tel avec trois femmes.

Avec l'une d'entre elles, il a même vécu en concubinage pendant un an. Ils avaient des relations sexuelles où il ne manquait pas de la pénétrer, bien que toujours habillé en femme. Selon lui, ils étaient ensemble « *comme deux gouines* », comme si la femme avec qui il sortait couchait avec Corinne.

Le personnage Corinne provient de cauchemars récurrents qu'il aurait eu étant petit, à l'époque où il dormait dans le lit de ses parents.

« *LACAN — Qu'est-ce que c'était que ce cauchemar ?*

M. H. — Quand j'étais petit, c'est une femme qui dans mon cauchemar venait faire du mal à ma famille. Elle coupait des jambes, il y avait du sang dans ce cauchemar-là. Son visage m'est un peu revenu dans mes pensées.

LACAN — Ça vous est arrivé, après tout, de vous couper vous-même. Cela ne vous paraît pas avoir un rapport avec ce rêve ?

M. H. — Là, je me faisais du mal à moi-même.

Non, je ne crois pas. J'ai fait pas mal de rapprochements avec mon rêve, d'ailleurs un peu vite. Les rapprochements que j'ai fait avec cette femme blonde... Ce cauchemar-là, je l'avais oublié, et pourtant il y a un an, je me suis teint les cheveux en blond. J'avais les cheveux beaucoup plus foncés. Et dernièrement, je me suis coupé les cheveux et j'ai mis une perruque blonde. J'ai fait la comparaison, le rapprochement : la femme blonde et moi qui suis blond.

Ce rapprochement-là, je l'ai fait. Il y a la méchanceté aussi, la méchanceté de la femme blonde, peut-être que c'est la méchanceté, la peine que je donnais à mes parents en me travestissant. Cela peut leur faire du mal... des petits rapprochements comme ça » (Lacan, 1976, pp. 25-26).

En fait, la femme blonde, la Corinne de ses rêves et cauchemars, était au fond un agent de castration pour sa famille. Ce personnage se présente comme une figure n'appartenant pas à son histoire de vie du sujet, mais à celle de ses parents, comme un personnage transgénérationnel qui fait retour dans un présent le concernant, lui, l'élu, avec une énorme valeur de signification personnelle.

« LACAN — Qu'est-ce qu'elle faisait, la femme blonde, en rêve ?

M. H. — Elle faisait du mal. Elle coupait des membres du corps.

LACAN — Elle coupait des membres exactement comme vous avez voulu vous couper un membre. Après tout, c'est peut-être...

M. H. — Oui, bien sûr. Dans mon rêve, elle ne m'a jamais fait de mal, cette femme blonde. Elle faisait surtout du mal à mes parents ; mais sur moi, non.

LACAN — À la famille, à qui encore ? À vos frères, bien sûr. Elle leur coupait aussi ?

M. H. — Les membres, les pieds. Je me rappelle les pieds seulement.

LACAN — Et le rapprochement ne vous frappe pas ? Le fait que vous ayez essayé de...

M. H. — Si le rapprochement... ça ne concorde pas vraiment effectivement, couper un membre.

LACAN — Ce membre... qu'est-ce que vous en avez fait, la première fois où vous vous êtes aperçu qu'il existait, ce membre qu'on appelle masculin ? » (Lacan, 1976, p. 27).

Cette femme blonde et méchante à laquelle il s'identifie de manière si masochiste et fétichiste, en plus de prédélirante, est-ce la mère ? Ou plutôt la grand-mère maternelle, celle qui était injuste et violente envers sa fille ? Ne voit-on pas le germe d'une posture d'autopunition opéré par le patient, peut-être comme objet de sacrifice pour sauver fantastiquement la mère aimée ? Est-ce une autopunition où, en agissant comme la blonde Corinne, il se sent obligé de se prêter à une opération chirurgicale aussi irréversible qu'inutile ?

Rappelons ici que dans mes derniers travaux sur la jouissance identitaire, je considère que ce type de personnage est composé comme une image-écran qui vient progressivement se substituer, se superposer, à l'identité réelle rejetée.

RECHERCHE DE LA DIVISION DU SUJET

Très explicitement et fermement, Lacan tente de pousser ce patient à accepter l'ensemble de ses troubles comme une maladie métaphorique, anomalie psychique ou psychopathologie. Une telle acceptation est nécessaire pour qu'une plainte, une adresse à la psychanalyse s'établisse.

Ensuite, Lacan lui lance que le patient lui-même sait très bien qu'il ne peut pas devenir une femme, que c'est impossible car de l'ordre du réel et qu'il ne s'agit pas d'une défaillance de son corps. Le problème est ailleurs. Chez lui. Mais pas dans son sexe.

Après, alors qu'ils discutaient sur la manière originale du patient lorsqu'il a des rapports sexuels avec une femme ou lorsqu'il se masturbe, Lacan intervient encore pour que le sujet formule une véritable plainte permettant peut-être le développement d'une demande psychanalytique. Voici comment il s'y prend.

« LACAN — Alors, qu'est-ce que vous demandez, maintenant ?

M. H. — À devenir une femme. Vu le problème, d'une autre manière, devenir une femme en servant de cobaye ; devenir une femme si mon état de santé le nécessite. J'ai envisagé plein de choses.

LACAN — Si vous n'êtes pas en bonne santé, si vous êtes malade…

M. H. — Actuellement, là ?

LACAN — Oui. Qu'est-ce que vous en pensez de cette hypothèse que tout ça ne soit que maladie ?

M. H. — Je ne pense rien.

LACAN — Vous pouvez y penser que ça ce soit une mauvaise position dans le monde, si je peux dire.

M. H. — Si je suis malade, je suis toujours un homme, non ? La position envers moi-même, d'ailleurs.

LACAN — Oui.

M. H. — Elle est normale, ma position.

LACAN — Qu'est-ce que vous envisagez comme solution, si vous êtes malade d'être un homme ?

M. H. — Continuer à me prendre pour une femme et oublier mon personnage, en espérant que je n'aurai pas des angoisses d'être un homme.

LACAN — Parce que... qu'est-ce que vous appelez angoisses ?

M. H. — C'est terrible d'être un homme, pour moi.

LACAN — C'est terrible, mais il faut que vous vous y fassiez » (Lacan, 1976, pp. 28-29).

La phrase « *Mais il faut que vous vous y fassiez* », laquelle comporte une connotation de castration symbolique, au lieu de dériver vers une castration réelle ou vers un suicide, fait tandem avec les phrases antérieurement dites : « *Écoutez, mon vieux ; vous avez quand même de la barbe au menton, vous n'y pouvez rien* » ; « *Vous savez bien que vous ne pouvez pas devenir une femme* » ; « *Vous êtes malade d'être un homme* ». Ce sont des interventions qui pointent vers le réel. Trois phrases qui évoquent la négation du sexe réel, le rejet psychique d'être un homme ; l'autre, qui tente recadrer l'impossibilité de devenir l'Autre sexe ou *La* femme habillée en femme qui n'existe pas.

THÉRAPIE DE CONVERSION TRANSSEXUELLE ET SUICIDE TRANSIDENTITAIRE

Dans les états les plus radicaux des transsexes, on observe l'alternative thérapie de conversion *versus* suicide, à savoir que ces patients posent au fond la transsexion avec une valeur de suicide, ce en quoi ils ont tout à fait raison. Opérer une thérapie de conversion transsexuelle est non seulement une *via crucis*, mais également une véritable rampe pour le suicide identitaire.

« *LACAN - Comment envisagez-vous d'aller n'importe où ?*

M. H. — Au Maroc.

LACAN — Au Maroc, ce n'est quand-même pas n'importe où.

M. H. — Non, ce n'est pas n'importe où ; c'est dans le but de pouvoir travailler. Travailler, puis pouvoir...

LACAN — Pouvoir quoi ?

M. H. — Me faire opérer.

LACAN — C'est cela qui vous oriente vers le Maroc, parce que vous croyez qu'au Maroc on vous opérera ?

M. H. — Bien sûr.

LACAN — Comment savez-vous ça ?

M. H. — Je l'ai lu sur des bouquins.

LACAN — Vous faire opérer c'est quoi ? C'est essentiellement vous faire couper la queue.

M. H. — Il y a la castration, mais il y a aussi la transformation du corps, les hormones.

LACAN — Les hormones, ça vous paraît fixer spécialement votre espoir. C'est la seule chose qui vous soutienne, pour l'instant ?

M. H. — Il y a ça, bien sûr, et principalement c'est mon visage, parce que je ne peux pas le cacher sous des vêtements. Mon visage... il choque dans la rue n'importe qui le verra...

LACAN — Alors, c'est pour cela que vous allez voir des chirurgiens esthétiques. Qu'est-ce que vous attendez de la transformation de votre visage ?

M. H. — La barbe, déjà. Une épilation ; c'est une chose majeure. Puis il y a des opérations qui s'effectuent sur le menton, sur le nez. Obligatoirement, cela peut embellir le visage. Je ne dis pas pour cela qu'on a un visage de femme après une opération comme ça, mais il est un peu arrangé.

LACAN — Pauvre vieux, au-revoir » (Lacan, 1976, pp. 32-33).

Après avoir vu ce patient, un débat s'instaure entre les présents, mais Lacan n'a pas d'espoir pour le pronostic de ce cas. Il est sûr que ce patient ira jusqu'au bout de sa démarche transsexualiste et que personne ne pourra l'en dissuader. C'est pour cela que Lacan considère que, par la psychanalyse, *« on n'arrivera à rien. Cela a été fait, ça n'a rien donné. Cela date de la petite enfance. Il est décidé pour cette métamorphose. On ne modifiera rien »* (Lacan, 1976, p. 34). Notamment parce que cette histoire scabreuse de devenir femme est, au fond, une autodestruction dont témoigne le fait qu'un jour qu'il était seul, habillé en femme devant le miroir, il a brisé le miroir.

Dans cette discussion, Solange Faladé insiste à juste titre sur la question de l'apparence qui joue un rôle prépondérant dans la conversion transsexuelle. Et concernant l'apparence, ce n'est pas tant le corps que les vêtements, la démarche et le visage qui revêtent de l'importance pour lui.

Identifié qu'il semble être à une douce mais passive version maternelle, il doit également accomplir et souffrir paradoxalement des méchancetés de la grand-mère sous les traits de la blonde Corinne. Voici la fin de la discussion sur ce cas.

« FALADÉ — Avec la première, dans cette maison de campagne, ses copains avaient une certaine attitude, et l'obligeaient, lui aussi, à

donner cette illusion, à faire l'homme comme les autres.

CZERMAK — Très rapidement après, il en est venu au point de se satisfaire d'une vie entre femmes ; avec la fille dont il a partagé la vie un an. Il lui a posé comme exigence qu'elle accepte de le voir habillé en femme et il a dit : "nous avons vécu comme deux gouines".

FALADÉ — La dernière, c'était différent, puisque dès le départ, ils s'étaient entendus comme cela. Mais je parle de la toute première et de la seconde. Il s'est trouvé dans une situation où il fallait faire l'homme comme les autres.

LACAN — C'est ça l'élément majeur de mon pessimisme.

FALADÉ — Le fait qu'il se soit senti au début obligé de faire l'homme. Et c'est pourquoi ?

LACAN — Parce que c'est tout ce qu'il a d'attache avec l'homme. Il peut penser à faire l'homme quand on le singe. D'ailleurs, il a un singe.

CZERMAK — Il l'appelle mon bébé. Il dort avec lui. Près de lui, il dit vouloir déployer toutes les qualités d'une mère, sauf que cet enfant n'aura ni père ni mère.

LACAN — On ne ferait dans ce cas qu'une singerie de psychanalyse. C'est bien pour cela que je pense que c'est sans aucun espoir » (Lacan, 1976, p. 37).

UN SINTHOME QUI RATE

Le manque d'espoir de l'époque tient au fait que la pente du suicide transidentitaire n'était pas encore conceptualisée, même si Lacan se rend compte de la terrible tendance dans laquelle le sujet est lancé. Selon notre point de vue, le suicide transidentitaire débute lorsque le patient décide d'entamer une thérapie de conversion transsexuelle. C'est-à-dire que la transsexion, même celle apparemment réussie, implique une substitution impossible à assumer sur le long terme entre une identité transidentitaire écrasante et l'identité sexuée réelle. Bien que cette dernière soit écrasée par l'identité transidentitaire, elle se fait rappeler au sujet par mille et un effets des plus discrets aux plus criants jusqu'à établir un état très grave de *transschizoïdentité* (Arce Ross, 2020a, pp. 260-263).

Le sujet transsexes M. H. présenté par Lacan évoque la psychopathologie de Jean-Baptiste Grenouille. Si ce dernier voulait ôter l'odeur de chaque jeune et belle femme qu'il rencontrait pour construire le meilleur parfum capable de suppléer son anosmie absolue (Arce Ross, 2016, 2020), le patient transsexes de Lacan voulait s'accaparer la féminité à travers la possession de vêtements typiquement féminins.

D'un côté, M. H. s'était construit un personnage extraordinaire qui devait le représenter devant son monde intérieur au point de venir se substituer à son identité d'origine. Et, d'un autre côté, il devait matérialiser l'existence d'un tel personnage identitaire par des objets fétiches hautement valorisés (les odeurs, la douceur et le charme des femmes, les vêtements féminins).

Nous voyons que dans les deux cas, on ne peut pas parler seulement de psychose, même si cela lui ressemble en partie, mais également de perversion entre autres traits à isoler. Dans les deux cas, c'est comme si on était devant une pathologie des suppléances, comme si la psychose naissante avait pris un tournant pour se pervertir en se stabilisant de la mauvaise façon grâce à un sinthome, ou pour cause d'une suppléance qui rate.

SYNTHÈSE DES PROPOS DE LACAN CONTRE LE GENRISME TRANSIDENTITAIRE

SELON LACAN, LE TRANSSEXUALISME A UNE FACE PSYCHOTIQUE

En 1971, Lacan ne se retient pas de critiquer de manière très claire et nette l'idéologie du genre, notamment lorsqu'il prend le livre de Stoller, *Sex and Gender*, dont il note sans détours « *le caractère complètement inopérant de l'appareil dialectique avec lequel l'auteur de ce livre traite ces questions* » (Lacan, 1971, p. 31).

À cette occasion, Lacan tient à faire remarquer les grandes difficultés que rencontre Robert Stoller — l'un des premiers psychanalystes genristes qui, comme les autres, s'est démarqué de Freud — concernant les sujets transsexes. Et il souligne que l'une des choses les plus surprenantes, « *c'est que la face psychotique de ces cas est complètement éludée par l'auteur, faute de tout repère, la forclusion lacanienne ne lui étant jamais parvenue aux oreilles, qui explique tout de suite et très aisément la forme de ces cas* » (Lacan, 1971, p. 31). Lors de ce séminaire, Lacan évoque également les troubles de l'identité sexuelle en affirmant que « *l'identification sexuelle ne consiste pas à se croire homme ou femme [...]. Et ce qui importe ce n'est même pas ce qu'ils [hommes et femmes] éprouvent, c'est une situation réelle* » (Lacan, 1971, p. 34).

C'est pour cela qu'un homme transsexes est un homme appartenant au sexe masculin qui non seulement s'identifie à l'être femme, mais assume ce fait identificatoire comme une nouvelle identité psychique. Il se sent femme et croit l'être tout en refusant radicalement son identité masculine. Et une femme transsexes est une femme appartenant au sexe féminin qui non seulement s'identifie à l'être homme, mais assume ce fait identificatoire comme une nouvelle identité psychique. Elle se sent homme et croit l'être tout en refusant radicalement son identité féminine. Dans les deux cas, il ne s'agit ni tout à fait d'un fantasme ni tout à fait d'un délire systématisé, mais de ce que j'appelle la jouissance identitaire. C'est l'identité, et notamment l'identité sexuelle, qui pose problème.

Comme indiqué plus haut, pour contrer le transsexualisme et le genrisme de Stoller, Lacan soutient qu'il n'y a pas de rapport entre le sexe de l'homme et le sexe de la femme parce qu'il n'y a pas d'équivalence entre les deux sexes. *« Dans la mesure où il y a sinthome, il n'y a pas équivalence sexuelle, c'est-à-dire il y a rapport. En effet, si le non-rapport relève de l'équivalence, c'est dans la mesure où il n'y a pas équivalence que se structure le rapport. Il y a donc à la fois rapport sexuel et il n'y a pas rapport. Là où il y a rapport, c'est dans la mesure où il y a sinthome, c'est-à-dire où l'autre sexe est supporté du sinthome »* (Lacan, 1975-1976, p. 101). Ainsi, si l'équivalence n'est pas possible entre les deux sexes, on ne peut pas passer non plus d'un sexe à l'autre excepté dans la relation au sinthome. La conversion sexuelle est impossible de par la structure même de la différence sexuelle et par l'impossibilité du rapport sexuel. Cependant, s'il n'y a ni équivalence ni conversion sexuelle, il y a en revanche *sinthome*, à savoir des multiples modalités de faire suppléance sur l'impossibilité de devenir l'autre sexe. Si l'homme transsexes peut devenir quelque chose de l'Autre sexe, ce n'est que de s'identifier de manière radicale au sinthome, au clone de *La* femme, qu'il s'est construit pour suppléer la négation identitaire de son sexe réel.

LACAN SUR LA JOUISSANCE IDENTITAIRE

Souvent, quelques psychanalystes sexidentitaires s'appuient sur l'idée que les transsexes et les autres sujets des sexualités périphériques ont le droit de s'autoriser de leur jouissance pour réclamer une légitimité que la société leur dénierait. Ces psychanalystes devraient suivre ce que dit Lacan au sujet de s'autoriser de la jouissance. *« S'il y a quelque part quelque chose qui s'autorise de la jouissance, c'est justement de faire semblant »* (Lacan, 1971-1972a, p. 226). Ici, Lacan utilise le mot *faire semblant* comme aujourd'hui on pourrait plutôt utiliser le terme *identitaire*, *transidentitaire* ou *jouissance transidentitaire*. Car la jouissance transidentitaire est bien cela : le fait de fabriquer une existence sur une base jouissive (bonheur pathologique ou euphorie de souffrance) qui fait semblant de structure et qui se pose sur une équivalence factice entre les sexes, comme si le rapport sexuel pouvait s'écrire. Et se traduire.

Par ailleurs, contrairement à la théorie genriste de Stoller, Lacan fait référence au drame passionnel où se trouve enfermé le sujet transsexes, à savoir que son tort serait que ce qu'il nie de lui-même l'est en tant que signifiant. « *C'est en tant que signifiant que le transsexualiste n'en veut plus, et non pas en tant qu'organe. En quoi il pâtit d'une erreur, qui est justement l'erreur commune. Sa passion, au transsexualiste, est la folie de vouloir se libérer de cette erreur, l'erreur commune qui ne voit pas que le signifiant, c'est la jouissance, et que le phallus n'en ait que le signifié. Le transsexualiste ne veut plus être signifié phallus par le discours sexuel, qui, je l'énonce, est impossible. Il n'a qu'un tort, c'est de vouloir forcer par la chirurgie le discours sexuel qui, en tant qu'impossible, est le passage du réel* » (Lacan, 1971-1972a, p. 17). Au lieu de s'adresser au signifiant, le transsexes s'attaque au réel de son corps pour le détruire et lui coller une suppléance, c'est-à-dire un sinthome ou un ravage selon les cas.

Le tort du transsexes serait alors de confondre l'organe avec le signifiant. L'organe est du réel et le signifiant est du langage. Si le changement de sexe ne se passait qu'en termes de langage, c'est-à-dire s'il n'y avait qu'un changement de signifiant, ou d'une série de signifiants disant sa sexuation, alors le transsexes serait un patient plus classique, un véritable psychotique ou un sujet pervers, selon les cas et configurations de son histoire de vie. Cependant, comme il ne se dirige pas vers le signifiant, mais s'attaque à l'organe et à son corps sans présenter ni délires ni hallucinations, il est bien dans un passage à l'acte autrement bien plus complexe que la psychose classique.

Le passage à l'acte transsexes est complexe en ceci qu'il combine un prédélire, ou un paradélire, et quelques autres symptômes clairement psychotisants avec des traits de la perversion sexuelle, ensemble avec une extrême phobicisation du propre corps et du sexe d'appartenance dans un contexte de suppléance identitaire. Sachant également que, telle que je la formalise, la suppléance identitaire est l'une des modalités de la suppléance pathologique ou de la suppléance qui rate (Arce Ross, 2016, 2020).

On appartient à un sexe, sans pouvoir le changer

Pour Lacan, on appartient exclusivement toujours à un sexe en ce sens qu'être homme ou être femme ne s'invente pas, ne se fabrique pas, ne s'échange pas, ne se modifie pas car c'est du réel. « *Nous ne savons rien de réel sur ces hommes et femmes comme tels, car c'est de ça qu'il s'agit ; il ne s'agit pas de chiens et de chiennes. Il s'agit de ce que c'est réellement que ceux qui appartiennent à chacun des sexes à partir de l'être parlant. Il n'y a pas là une ombre de psychologie. Des hommes et des femmes, c'est réel »* (Lacan, 1971-1972b, conférence du 2 décembre 1971). Et par ailleurs, ce réel empêche aussi de devenir le propre sexe d'appartenance aussi bien que de devenir le sexe auquel on n'appartient pas, sauf si le sujet sombre dans l'identification pathologique à son sinthome ou à la suppléance qui rate. Voyons ce que cela voudrait dire.

Comme nous l'avons cité pour haut, concernant le non-rapport ou la non-équivalence entre homme et femme voire la non-appartenance à l'autre sexe, Lacan développe son propos en disant que *« le sinthome, c'est très précisément le sexe auquel je n'appartiens pas, c'est-à-dire une femme. Si une femme est un sinthome pour tout homme, il est tout à fait clair qu'il y a besoin de trouver un autre nom pour ce qu'il en est de l'homme pour une femme, puisque le sinthome se caractérise justement de la non-équivalence »* (Lacan, 1975-1976, p. 101).

La première idée que Lacan développe dans ce passage de son séminaire de l'année 1975-1976 est de bien pointer le fait que l'on appartient à un sexe et que l'on ne le devient pas. Pour un homme, se référer au sexe auquel il n'appartient pas, c'est-à-dire à la femme — là où se référer voudrait dire se rapporter, partager, échanger voire vouloir le devenir —, c'est rencontrer *le pousse au sinthome*, c'est-à-dire le pousse à *La* femme qui n'existe pas.

La deuxième idée tient au fait que si l'on appartient à un sexe, forcément on n'appartient pas à l'autre. Cela veut dire par exemple que si la femme est un sinthome pour l'homme, de l'autre côté, l'homme est pour la femme *« une affliction pire qu'un sinthome »*, c'est-à-dire un *« ravage »* (Lacan, 1975-1976, p. 101). Qu'un homme s'identifie au sinthome, c'est-à-dire au clone identitaire du sexe féminin, au point d'en vouloir faire sa nouvelle identité sexuelle, c'est équivalent à créer dans son corps même une suppléance qui malheureusement rate. Et si une femme s'identifie au sexe de celui pour lequel elle est un sinthome au point d'en vouloir faire sa nouvelle identité sexuelle, elle finit par succomber à un véritable ravage qui la consomme dans l'affliction de ne pas pouvoir l'être.

Dans les deux cas, il y a une véritable recherche de suppléance, ce qui en soi est positif. Malheureusement, d'une part, la construction de ces suppléances se fait sur le propre corps du sujet et non pas sur un support extérieur (comme c'est le cas habituellement dans l'art). Et d'autre part, ces suppléances ratent également parce qu'elles choisissent un objet imaginaire, une apparence à la nature, un clone identitaire, qui, appliqué sur le réel de son corps, sera impossible à réussir sans autodestruction et sans chemin vers le suicide identitaire.

Nous concluons sur le fait que, pour Lacan, il est impossible de changer de sexe dans le sens où, entre l'Autre-sexe-sinthome auquel il n'appartient pas et le ravage qu'il peut être pour elle, il n'y a pas d'équivalence entre homme et femme. D'ailleurs, dans les séminaires des années 1970, correspondant donc à son dernier enseignement, Lacan insiste bien sur cette question de la non-équivalence sexuelle, cet irréductible réel de l'inconscient.

À l'époque de Lacan, les négations du réel sexué appartenant au transsexualisme allaient prendre du temps pour être instrumentalisées par les idéologies genristes et constituer ainsi une nouvelle psychopathologie de l'identitaire. Aujourd'hui, c'est à partir de mes recherches sur le sujet, ainsi que grâce à celles de quelques autres, que l'instrumentalisation genriste est considérée comme partie intégrante de cette nouvelle psychopathologie. Le genrisme est, à ce titre, l'une des formes de la jouissance identitaire (Arce Ross, 2020). Cela dit, bien avant que ne vienne au jour la société identitaire, Lacan avait probablement déjà l'intuition, lors de ces mêmes années 1970, que certaines psychopathologies conçues jusqu'alors comme des psychoses, telles que les troubles graves de la sexuation, se situaient ailleurs que dans le fantasme du névrosé aussi bien que dans un domaine différent de celui du délire psychotique proprement dit.

C'est alors que, dans cette même période, Lacan situe la question du transsexes dans un forçage du réel par ce que j'appelle la transsexion (ou thérapie de conversion), ce qui est un mode très particulier de passage à l'acte qu'il effectuerait pour « *se libérer de l'erreur commune* » qui est de confondre l'organe avec le signifiant. Avec son obsession de réaliser *La* femme en tant que toute en lui, le transsexes s'attaque à l'organe au lieu de s'occuper du signifiant (Lacan, 1971-1972a, p. 17).

Ce positionnement de Lacan sur le transsexualisme, renvoie au début de son enseignement où il parlait de « *l'incertitude du psychotique à l'égard de son propre sexe* » et que « *ce n'est pas pour être forclos du pénis, mais pour devoir être le phallus que le patient sera voué à devenir une femme* » (Lacan, 1959, 1966, p. 545). Également, en 1962, dans son texte sur *la Sexualité féminine*, Lacan compare les styles féminin et masculin du phénomène transsexes. Dans ce texte, il affirme que les femmes qui « *assume[nt] le rôle du fétiche* » peuvent accéder au fétichisme qui leur manque si elles « *se réclament de leur qualité d'hommes* » avec un tel naturel qui semble s'opposer « *au style de délire du transsexualiste masculin* » (Lacan, 1962, 1966, pp. 734-735). Ces références entre la fin des années 1950 et du début des années 1960 peuvent laisser penser que Lacan reliait depuis toujours le transsexualisme à la psychose.

Cependant, déjà dans son texte sur *la Question préliminaire à tout traitement possible de la psychose* de 1959, Lacan tient à signaler expressément que la « *pratique transsexualiste* » n'est « *nullement indigne d'être rapprochée de la "perversion"* » (Lacan, 1959, 1966, p. 568). Et c'est donc dans cette connexion entre psychose et perversion que se trouve la possibilité d'une théorisation, plus tardive, sur la suppléance avec traits pervers qui viendrait tenter de stabiliser la tendance psychotique. D'où les développements plus récents de Lacan sur le sinthome et le ravage comme suppléances qui ratent à propos de ces cas que l'on ne peut pas tout à fait situer dans la psychose.

Nous allons justement terminer notre travail par une courte étude sur le statut des négations transsexes dans la psychopathologie psychanalytique classique, à la lumière de la jouissance transidentitaire que nous sommes en train d'isoler et de formaliser.

NÉGATION TRANSIDENTITAIRE DE L'IDENTITÉ SEXUÉE

Nous nous sommes habitués à entendre de temps en temps des penseurs illuminés, des persécutés complotistes, des influenceurs fanatiques, des idéologues d'un monde meilleur qui cherchent à transformer la vie en opposant une restriction absurde ou une négation radicale au réel. C'est de cette façon que se sont formées les sectes extrémistes, comme la secte russe des castrats (Volkov, 1995), *La Famille Manson* (Gilmore, 2000), *l'Ordre du Temple Solaire* (Mayer, 1996), *Aum Shinrikyō* (Kaplan & Marshall, 1996) ou *Ashram Shambala* (Parfitt, 2013) aussi bien que les grandes révolutions totalitaires et criminelles dans le XIXème et le XXème siècle.

Cela a été aussi le cas du genrisme dont l'émergence résulte de l'incidence combinée du communisme, du fascisme socialiste et du national-socialisme. Chaque secte exige de ses membres ou adeptes une identification radicale à ses dogmes au détriment souvent de la propre identité personnelle. Avant l'émergence de ces mouvements totalitaires et criminels, personne n'avait par exemple eu besoin de s'identifier comme communiste, fascio-socialiste ou national-socialiste.

Au fur et à mesure que ces totalitarismes se répandent dans la société occidentale, ils commencent à influencer la manière de penser, d'agir, de travailler, d'aimer et de vivre la sexualité. D'où l'idée d'ailleurs, dans les institutions du pouvoir totalitaire, de créer une *sexpol*, une politique sexuelle stricte ou, au contraire, débridée. Ces mouvements idéologiques s'étendent en pénétrant les consciences au point de faire que les gens s'identifient au catalogue d'attitudes, croyances, sentiments et dogmes des communistes, des fascistes socialistes ou des national-socialistes.

Les impressions affectives, émotionnelles, sentimentales éprouvées directement ou indirectement par une génération ayant vécu des événements macropsychiques forts, notamment dans les cas de ruptures radicales du lien de civilisation — comme le sont les grandes guerres, les crises financières internationales, les pandémies ou les catastrophes naturelles à grande échelle — constituent le germe de ce que l'on peut appeler une macropsychopathologie. Ceci est d'autant plus clair lorsque ces impressions sensitives se transfèrent aux générations immédiatement successives, s'installant chez elles comme un ravage civilisationnel les poussant à répéter le noyau catastrophique sous la forme de la jouissance identitaire.

Compte tenu de ces constats, nous devons répondre maintenant à quelques questions qui s'en dégagent. Elles sont les suivantes. Comment pouvons-nous situer la jouissance identitaire sous sa version transidentitaire dans la macropsychopathologie sans tomber dans la fausse appellation de dysphorie de genre ? Pouvons-nous considérer la jouissance transidentitaire comme une macropsychopathologie du lien négativé, cotardisé au corps sexué ? Quel serait le statut de la négation et de la dissociation dans la jouissance transidentitaire ?

Place de la jouissance transidentitaire dans la macropsychopathologie

Depuis la Révolution française, qui tentait de supprimer les injustices sociales par des actes de terreur et des crimes en masse, les totalitarismes criminels se développent et se multiplient, surtout lors des moments de rupture, ou de transition intercycles, du système civilisationnel. Celui-ci traverse alors de longues périodes d'une pathologie macropsychique incarnée par ce que j'appelle *les troubles de civilisation*, lesquels se présentent en deux versions complémentaires. D'une part, la jouissance identitaire dont le genrisme est l'une de ses modalités d'expression. D'autre part, les normes sociétales se présentant comme des règles censées compenser des injustices inventées dont quelques-unes deviennent des lois perverses et inhumaines.

Version genriste de la jouissance identitaire

La jouissance identitaire se présente comme une rubrique psychopathologique nouvelle qui ne se réduit pas à la psychopathologie classique freudienne établie dans la triade névrose, psychose et perversion. Elle s'exprime d'habitude — dans ses versions politiques (les extrêmes droite-gauche, le panféminisme, le racialisme, l'animalisme), religieuses (le terrorisme islamiste) et genristes (le phénomène sexidentitaire et transidentitaire) — comme une pathologie nouvelle dans le rapport conflictuel de l'homme à son identité.

Dans les normes sociétales, comme nous venons de le dire, il s'agit de nouvelles règles parfois converties en lois qui tentent de légitimer les perversions du lien sexué et du lien social, telles que le mariage identitaire, le changement de sexe, la diminution de l'âge du consentement sexuel, la dépénalisation des drogues, la PMA et la GPA pour les couples déviants, l'écriture identitaire, la judiciarisation du lien sexué homme-femme, etc.

D'une façon ou d'une autre, aussi bien la jouissance identitaire que les normes sociétales s'appuient sur un délitement de la civilisation occidentale tout en le stimulant et le renforçant. En tant que moyens juridiques et législatifs pour établir une place privilégiée à la jouissance identitaire, les normes sociétales cherchent à ériger le lien sociétal, lien social perverti, en lieu et place du lien de civilisation. En termes de jouissance transidentitaire, celles-ci impliquent la forclusion du sexe réel et de la sexuation, à savoir le rejet radical du corps sexué, le négationnisme du sexe d'appartenance, le révisionnisme de l'identité sexuée, la mise à l'écart de ce qui était considéré avant comme normal et indispensable en termes de lien sexué et de lien au sexe réel.

Sans doute, le genrisme occupe une place centrale dans la classification des troubles de civilisation ensemble avec les extrêmes droite-gauche ainsi qu'avec le terrorisme islamiste, parce que ces trois grands systèmes idéologiques ont comme objectif commun de renverser la civilisation occidentale, en passant par la destruction de la famille et du lien sexué.

Sans avoir encore ce nom, le genrisme existait déjà dans les idéologies perverses du communisme et du national-socialisme. Ainsi, l'idéologue communiste et panféministe Alexandra Kollontaï militait explicitement pour la destruction de la famille et du lien mère-enfant, ce qui est aujourd'hui presque une réalité établie par le genrisme, par la jouissance transidentitaire, par les normes sociétales comme le mariage homosexuel et par la création transhumaniste d'un utérus artificiel. Voici ce qu'elle disait. « *L'État ouvrier remplacera la famille, la société assumera progressivement toutes les tâches qui, avant la révolution, incombaient aux parents individuels. [...] La mère ouvrière doit apprendre à ne pas faire de différence entre les siens et les miens ; elle doit se rappeler qu'il n'y a que nos enfants, les enfants de la Russie ouvrière communiste* » (Kollontaï, 1920).

La destruction de la famille et la liquidation totale de la différence des sexes était également le projet en Occident d'autres féministes communistes, souvent lesbiennes et éprouvant une haine identitaire contre les hommes, contre les femmes féminines et contre le lien maternel. Ainsi, par exemple, les propos de Shulamith Firestone, féministe extrémiste, communiste et genriste. « *Le but définitif de la révolution féministe doit être, contrairement au premier mouvement féministe, non pas de mettre fin au privilège masculin, mais à la distinction des sexes elle-même : les différences génitales entre les êtres humains n'ont plus d'importance sur le plan culturel. [...] Si la révolution ne s'enracine pas dans l'organisation sociale de base — à savoir la famille biologique, lien par lequel la psychologie du pouvoir peut toujours subsister clandestinement —, le germe parasitaire de l'exploitation ne sera jamais anéanti »* (Firestone, 1970).

Aujourd'hui, un tel projet d'écrasement des libertés individuelles par un État atrophié, omnipotent, pervers et corrompu est presque devenu une réalité. À cet égard, des voix de protestation s'élèvent, comme celle de l'essayiste espagnole, Alicia Rubio, qui soutient que les genristes « *nous interdisent d'être des femmes, ils vous persécutent parce que vous êtes des hommes. [...] En conflit avec la réalité et la science, l'idéologie du genre utilise la coercition pour s'imposer, comme toutes les idéologies totalitaires, avec des tactiques telles que l'intimidation à l'école, l'intrusion dans les relations privées et la persécution des dissidents. [...] L'idéologie du genre est le support doctrinal du féminisme et de l'homosexualité et c'est ce qui fait la richesse et la puissance de leurs lobbies respectifs. [...] Bien sûr, en tant que femme, je prétends que l'idéologie du genre et le féminisme sont actuellement nuisibles à la femme réelle »* (Parrish, 2016 ; Rubio, 2016).

Comme dans les régimes criminels du communisme et du national-socialisme, le sujet du genrisme est obligatoirement un *Homme Nouveau*, une essence qui doit se distinguer d'avec tout ce qui a existé auparavant. En ceci, ces totalitarismes comportent une part maximale de transcendance malsaine et, à ce titre, ne peuvent donc pas cohabiter avec les religions, excepté si celles-ci se fanatisent ou deviennent fondamentalistes comme eux. C'est le cas du terrorisme islamiste.

À l'instar du communisme, du fascisme socialiste et du national-socialisme, le genrisme est en lui-même une parareligion, avec ses dogmes, cultes, phobies, haines pathologiques, impératifs catégoriques, normes sociétales, intolérances à la liberté d'expression et aux libertés individuelles, collectivisme extrême, propagandes antidémocratiques, manipulations des consciences, rejets du passé, négation des traditions, négligence de l'humain, recherche d'un perfectionnisme inhumain, *cancel culture* et création de politiques sexuelles. C'est pour cela que le fait même de parler de genre et d'agir selon le sens et la signification idéologiques de cette notion est déjà, en soi, une psychopathologie. Plus précisément, il s'agirait d'une macropsychopathologie et, en ce sens, le genrisme serait d'abord une psychopathologie du signifiant où le langage devient malade par la domination impérieuse qu'exerce l'identitaire et le semblant sur lui.

Cependant, le genrisme ne se cantonne pas à influencer les pensées, les sentiments et les croyances. Il s'agit également d'un mécanisme collectiviste qui cherche une servitude de masse par le moyen de passages à l'acte volontairement accomplis en vue d'une jouissance d'appartenance. En tant qu'idéologie fanatisée, le genrisme fait que les événements macropsychiques, mobilisant les éléments archéopsychiques fossilisés du lien de civilisation, se traduisent chez l'homme postmoderne, non pas seulement comme un communisme, comme un national-socialisme ou comme un islamisme, mais en termes de jouissance transidentitaire.

En effet, le caractère identitaire du genrisme, intrinsèque à sa présence macropsychique dans le monde occidental, possède deux modes d'expression. D'une part, il peut se manifester de manière sexidentitaire, à savoir qu'il force le sujet à développer une psychopathologie identitaire fluide, comme si les sexes n'étaient pas fixes et prédéterminés. Dans cette version, le sujet ne cherche pas à convertir sa nouvelle carcasse identitaire en semblant de l'Autre sexe, ou de n'importe quelle autre forme monstrueuse de la jouissance identitaire, mais à malmener et à détruire partiellement sa présence sexuée dans le lien au sexuel et à la sexualité. S'il se situe en partie dans la perversion sexuelle ou dans celle sociétale, ou dans les deux, le sujet sexidentitaire ne s'attaque pas toutefois au réel du sexe comme le font les transsexes. D'autre part, le caractère identitaire du genrisme peut également se présenter sous la forme d'une psychopathologie transidentitaire. Celle-ci peut parfois se développer par une aggravation de la version sexidentitaire et d'autres fois elle se forme directement sans transiter par des étapes sexuellement déviantes, mais par des croyances spécifiquement transidentitaires.

Si les confusions de l'orientation sexuelle et de l'identité sexuelle sont des souffrances psychologiques avérées, les passages à l'acte sous la forme des thérapies de conversion transidentitaire produisent une souffrance maximale à vie.

ALLIANCE DU GENRISME AVEC LE NEUROSCIENTISME

Il est devenu très courant, en ces temps de confusions identitaires, que des patients souffrent de fantasmes, de délires ou plutôt de phénomènes qui ne sont ni tout à fait fantasmatiques ni vraiment délirants concernant leur sexuation, leur orientation sexuelle, leur état civil ou leur place existentielle dans le monde. Néanmoins, il n'y a nullement lieu de trouver ridicule ou pathétique — comme le font sentir certains — qu'en ces temps convulsionnés des patients veuillent avoir le sexe qu'ils n'ont pas, devenir une poule, un ornithorynque, un lézard ou un extraterrestre et qu'ils demandent à des professionnels de les aider à changer leur aspect anatomique, comportemental et psychologique — cosmétique, en somme — pour avoir l'impression de se convertir en quelque chose qu'il est impossible de devenir naturellement.

Ce que l'on peut trouver, en revanche, ridicule et pathétique, voire même criminel, c'est justement que des médecins, des psychiatres, des psychologues et parfois même des psychanalystes, considèrent que la solution à ces problèmes d'identité passe par des opérations chirurgicales, par des lois créées *ad-hoc* et donc par des thérapies de conversion transidentitaire.

Le transsexualisme est une tentative transidentitaire de conversion du sexe, comme la femme ayant une transidentité de poule, comme tel homme navigant de chirurgie plastique en chirurgie plastique pour avoir une transidentité d'ornithorynque ou une transidentité d'extraterrestre et comme tous ces sujets BAFC, des fétichistes de couches pour bébés adultes, sont également dans une démarche spontanée et autothérapeutique de conversion transidentitaire.

Nous savons très bien pourtant qu'il n'existe aucune technique qui puisse véritablement changer le sexe d'une personne ou qui l'aide à devenir poule, ornithorynque ou extraterrestre. On peut lui ôter l'organe, lui en coudre un autre, lui faire une phalloplastie ou une vaginoplastie, lui apporter des hormones pour que plastiquement son corps ressemble à celui de l'autre sexe. Néanmoins, si un sujet homme est né homme, il le restera fonctionnellement toute sa vie, et c'est le même cas pour une femme. Le soi-disant changement de sexe est une chimère de science-fiction et une manipulation idéologique dont des patients en détresse sont les premières victimes.

Se situant dans la rubrique générique d'une macropsychopathologie, la jouissance identitaire ne se manifeste pas seulement dans les nouveaux troubles que les patients de ce type présentent. Telle que je la définie, la macropsychopathologie inclut aussi l'idéologie qui permet qu'un traitement médical, chirurgical, comportemental et juridique puisse être appliqué à ces troubles. D'une certaine façon, la macropsychopathologie induite par le genrisme est l'*alter ego* du neuroscientisme.

En établissant une critique sérieuse de la psychiatrie biologique et neuroscientiste, Christophe Lane affirme que ses représentants se situent dans une « *stratégie revisionniste* » de la psychanalyse. À savoir qu'ils tentent de réécrire l'histoire de la psychiatrie d'une manière si radicale « *que tout se passe comme si Freud et la psychanalyse n'avaient jamais existé. Ainsi l'inconscient peut-il apparaître soit comme une anomalie biologique, soit comme le produit des hallucinations d'un imposteur de la science* » (Lane, 2007, p. 42). Avec quelques différences des termes utilisés par les neuroscientistes, les représentants du genrisme établissent également comme ces derniers une relecture déconstructionniste, réductrice et révisionniste de la psychanalyse. La seule différence étant qu'à la place du biologique, ils mettent le social, le sociétal, le sentiment d'être ou, ce qui est équivalent, l'identitaire, comme si la sexualité et l'analyse freudienne et lacanienne de la sexualité n'existaient pas.

La plupart de ces psychologues, psychiatres et médecins appartiennent à des tendances cognitivistes et comportementalistes, c'est-à-dire qu'ils sont au fond des thérapeutes, des chercheurs ou des universitaires transhumanistes. Ce qui est pire, c'est que certains d'entre eux se réclament malheureusement aussi de la psychanalyse, phénomène ajoutant une touche d'absurdité à cette affaire. Avec raison, la véritable psychanalyse s'oppose à ces traitements et à ces « cliniciens » complices des dérives sexidentitaires.

Il s'agit d'une nouvelle psychopathologie bâtie, comme le montre l'archéogénétique, avec des éléments qui existent depuis les temps les plus primitifs ensemble avec d'autres tout à fait inédits et hautement technologiques. Si cette psychopathologie est considérée nouvelle c'est du fait que ces phénomènes sont désormais associés à la jouissance identitaire de notre époque (Arce Ross, 2020). Telle que je l'ai conceptualisée, la jouissance identitaire produit une myriade de nouvelles identités factices qui forcent le semblant social à s'adapter à une réalité psychique illusoire, dont les failles profondes qu'elle présente sont des réactions au déclin des fonctions paternelle et maternelle.

NOSOGRAPHIE PSYCHANALYTIQUE DE LA JOUISSANCE TRANSIDENTITAIRE

Comment pouvons-nous situer les sujets transsexes et transidentitaires dans la nosographie psychanalytique qui se divise en névrose, psychose et perversion ? Un problème se pose dans la mesure où le transidentitaire présente, en gros, un mélange de ces trois structures tout en les dépassant.

D'abord, le sujet transidentitaire peut avoir des traits de personnalité, des symptômes, des angoisses et des inhibitions que l'on peut situer dans la névrose obsessionnelle, hystérique ou phobique, mais sans en constituer classiquement aucune d'entre-elles vraiment. Ensuite, nous voyons qu'il présente quelques phénomènes évoquant une psychose non déclenchée, mais, pareillement, on ne peut pas situer des délires systématisés proprement dits et, de leur côté, les hallucinations semblent tout à fait absentes. Le sujet ne se crée pas une néoréalité, sauf dans le domaine très strict de son identité sexuelle. La jouissance est très localisée mais, paradoxalement, elle envahit toute sa vie bien qu'elle ne l'empêche pas de participer parfois activement du lien social. Pour ces raisons, on ne peut pas dire que le sujet transidentitaire soit clairement psychotique. Finalement, il présente également des traits de perversion très clairement notés comme le mélange entre un masochisme très aiguisé, un exhibitionnisme maximal et une sorte de fétichisme combiné à une phobicisation du sexe d'appartenance, sans que l'on puisse dire pourtant qu'il soit strictement pervers non plus.

En somme, le patient transidentitaire présente des symptômes de la névrose, quelques phénomènes de la psychose et des traits de la perversion sans que l'on puisse le situer complètement dans aucune de ces trois structures. En revanche, nous pouvons vérifier qu'il existe une quatrième structure pathologique possible qui serait la jouissance identitaire, laquelle je la divise en une partie sexidentitaire et en une autre partie transidentitaire.

La version sexidentitaire touche de préférence soit le vécu de la sexualité proprement dite, soit le rapport avec l'orientation sexuelle inversée, en aller-retour, en alternance, soit encore un mélange entre les deux. Concernant la jouissance transidentitaire, l'élément principal serait un double processus où, dans un premier temps, le sujet vient à nier la propre identité et, dans un deuxième temps, il passe à se construire une identité alternative laquelle aura comme fonction de tenter de remplacer la première. Il est évident que, dans le réel, cette identité alternative, factice, imaginaire, prédélirante ou postfantasmatique, ne pourra jamais remplacer l'identité sexuelle que l'on ne fabrique pas mais que l'on reçoit des origines, des ancêtres, de ce qui précède le sujet. En ce sens, comment pouvons-nous situer le sujet transsexes plus spécifiquement dans ce nouveau tableau ?

La question psychopathologique cruciale du patient transsexes c'est qu'à un moment donné, souvent de manière abrupte, invasive et non-dialectique, il vient à donner une trop grande importance à l'aspect sensitif du vécu, notamment en ce qui concerne son sexe d'appartenance. Sa vérité devient l'idée, l'impression, le sentiment, la croyance sensitive qu'étant enfermé dans un corps et particulièrement dans un sexe qui ne lui convient pas, il se sent appartenir à l'Autre sexe. Par le moyen de ce rejet très radical de son sexe d'appartenance, forclusion sensitive du sexe réel, il se créera une réalité alternative, mais seulement dans le cadre de l'identité sexuelle ; réalité alternative qui se dessine comme étant l'Autre sexe ou une autre forme d'existence que la sienne.

HYPOCONDRIE HYPERSENSITIVE

Ce qui pourrait éventuellement relier le patient transsexes à la psychose serait d'abord un aspect hypersensitif proche de l'hypocondrie délirante que nous pouvons appeler *hypocondrie hypersensitive*, laquelle se manifeste sous la forme d'un sentiment associé à la croyance que l'identité sexuée n'accomplit pas sa fonction et qu'elle doit être niée ou rejetée. Ce n'est que dans un deuxième temps que le sujet effectuera une révision de son rapport à l'identité sexuée, ce qui lui permettra la création d'une identité alternative qui se situera forcément sur la négation première. Dans cette démarche antiréel, le sujet s'obstine à éprouver le sentiment que cette identité alternative remplace l'identité niée, cependant, le réel lui montre l'impossibilité insurmontable d'effacer l'identité première (sexuée) même si elle est niée. Le résultat est malgré tout une cohabitation inévitable entre son identité sexuée niée et l'identité sexuelle alternative.

L'hypocondrie hypersensitive a comme conséquence que le sentiment de croyance devienne son être pour lui. C'est-à-dire que le sujet se dit : « *je me sens comme n'étant pas un homme. Je me sens plutôt comme une femme. Donc, je ne suis pas un homme, je suis une femme* ». La formule ici c'est « *je me sens, donc je suis* ». Le fait de sentir qu'il n'est pas ce qu'il est le mène directement à considérer qu'il est ce qu'il sent. C'est-à-dire qu'il devient la négation de ce qu'il est. Plus précisément, le sujet transidentitaire devient le sentiment de la négation de ce qu'il est. Dans son hypocondrie hypersensitive, il vient à être le sentiment même et, par-là, il vient à être l'affirmation d'une négation sensitive de lui-même.

DISCORDANCE IDENTITAIRE

Pour répondre à ce nouvel état de fait, le sujet se voit obligé de restreindre au maximum l'expression de son identité sexuée, celle réelle mais pourtant niée, tout en augmentant artificiellement l'étendue, la puissance et l'intensité de l'expression de son identité-écran, alternative et forcément factice. Ainsi, dans tous les cas de figure, le sujet vivra désormais sous le régime déstabilisant d'une double identité, même si son identité sexuée (réelle et niée) a été mise en sourdine du fait de la forclusion sensitive et de la tentative de remplacement par l'identité transsexuelle (alternative et factice). Partant de là, le sujet transsexes commencera à souffrir d'un deuxième aspect qui pourrait le relier à la psychose et qui serait *la discordance identitaire*, apportée par la présence contradictoire de ces deux identités inconciliables.

EUPHORIE DU CLIVAGE

Si l'hypocondrie hypersensitivite, d'un côté, et la discordance identitaire, d'un autre côté, le mènent à une position qui serait proche du schizophrène, il s'agirait néanmoins d'une sorte de schizophrénie relative qui ne l'empêche pas de vivre et qui au contraire lui permet de se forger une jouissance faite d'extrême euphorie. Une telle *euphorie dans le clivage* se manifeste justement par le moyen de l'aliénation psychique qui lui procure le clivage, état toutefois couplé avec l'extrême douleur de ne pas pouvoir y échapper.

Le sujet transidentitaire est condamné à être enfermé dans le passage entre un état et un autre, ce qui est signifié par le terme *trans*. Il se trouve clivé dans l'espace intermédiaire entre une identité et une autre sans pouvoir vraiment s'y situer définitivement. C'est-à-dire, sans pouvoir passer complètement là où il souhaite.

Son effort permanent pour passer de l'autre côté, dans le *wild side* (Algren, 1956 ; Reed, 1972), ensemble avec la discordance identitaire qui le poursuit sans cesse, peuvent le contraindre à developper une euphorie maniaque de son état constant de clivage. Le sujet devient par-là la parodie personnifiée de la discordance dans une mise-en-scène exagérée, tragicomique, euphorisante mais, pour cela même, profondément dépressivante. Il s'agit d'une terrible fuite en avant.

DISSOCIATION IDENTITAIRE

C'est en ce sens que je parle des *schizoïdentité* ou plutôt de *transschizoïdentité* (Arce Ross, 2020a, pp. 259-263), ce qui est au fond une *dissociation identitaire*, à savoir qu'il y a une double identité dans laquelle l'une d'elles essaie de subjuguer l'autre, même si elle n'y arrive pas. Cet état d'irréversibilité de la composante *schizo* produit une dissociation entre ce que le sujet est, son identité réelle, et ce qu'il sent qu'il peut être, son identité alternative. Il s'ensuit un moment où ce qu'il sent qu'il peut être devient une nouvelle réalité s'opposant farouchement au réel de ce qu'il est et qu'il ne peut absolument pas éviter, évincer ou supprimer.

Le sujet finit alors par devenir le clivage lui-même, tout en restant figé dans un état de désespération d'accomplir une quelconque unité logique de son être.

FORCLUSION PERMANENTE

Être une femme, pour un homme transsexes, équivaut à vivre dans le sentiment de quelque chose qu'il n'est pas. Si cela ressemble à une position proche du schizophrène, il s'agirait cependant d'un sujet qui parvient à travailler, qui peut avoir une famille, qui peut avoir une vie presque normale à l'exception qu'il est constamment accompagné par une dualité appartenant à une forclusion permanente.

CORPS MORCELÉ

La jouissance transidentitaire déconstruit et redéfinit *La* femme comme si son corps pouvait être construit à partir de pièces détachées.

Nous savons, au contraire, que les différences sexuelles sont profondément enracinées dans le corps, au-delà même de ce que l'on appelle l'anatomie. Notons à ce propos que, selon les anthropologues légistes, il y a des différences sensibles dans les squelettes des adultes au point qu'il est très aisé d'identifier le sexe d'un cadavre. Plusieurs os comportent des formes spécifiques et très différentes selon les sexes. Cela veut dire que « *le sexe chez les humains ne se limite pas aux pièces détachées. Longtemps après que nos organes se sont liquéfiés, que la peau s'est décomposée, que nos cellules se sont transformées en azote et que le ligament parodontal a disparu — lorsque tout ce qui nous rendait identifiables pour nos proches a disparu —, la masculinité ou la féminité demeure* » (Shrier, 2020, pp. 272-183).

Dans le meilleur des cas, l'homme transsexes ne devient qu'un homme ressemblant à une femme théorique par l'acquisition, l'augmentation ou le remplacement de quelques organes simulant le corps morcelé féminin. La série de pièces détachées de *La* femme (qui n'existe pas), appartenant bien au corps morcelé du délire schizophrène, est ainsi réalisée par les techniques médicales de l'entreprise de conversion.

L'aboutissement de cette technologie transhumaniste est de produire un corps qui se *montre* comme apparemment féminin, mais qui ne *montre* en fait qu'une forme approximative de ce qu'est en réalité une femme. Une telle simulation, comme la vocation du *monstre* qui se consacre à *montrer*, ne fait que leurrer ; et encore, seulement dans les cas les plus réussis.

Serait-ce la matérialisation imaginaire, toute en *monstration*, du « *monstre prometteur* » de Golschmidt, le concepteur de l'intersexualité ? Voici ce qu'il dit sur les animaux touchés par cette atypie de la nature et que l'on peut appliquer à ce que les thérapies de conversion transidentitaire produisent. « *Les monstres prometteurs [...] expriment l'idée que les mutants produisant des monstruosités ont pu jouer un rôle considérable dans la macroévolution. Une monstruosité apparaissant au cours d'une seule étape génétique pourrait empêcher l'occupation d'une nouvelle niche environnementale et donc produire un nouveau type en une seule étape. [...] Un poisson subissant une mutation qui entraîne une distorsion du crâne portant les deux yeux d'un côté du corps est un monstre. Le même mutant dans une forme beaucoup plus comprimée de poisson vivant près du fond de la mer a produit un monstre plein d'espoir* » (Golschmidt, 1960, pp. 390-393).

Si l'on suit Richard Goldschmidt, le corps réellement morcelé qui place le sujet transidentitaire dans l'entre-deux-vies, entre homme et machine ou entre homme et technique transhumaniste, serait-ce un grand espoir pour la robotique évolutionniste ? Serait-ce cette même production monstrueuse, morcelée, clivée, modélisée en tant que corps humain, une promesse pour l'évolution de la robotique comportementale et la vie artificielle (StoryShaper) ?

En tout cas, là où le névrosé vit harcelé par des fantasmes, là où le psychotique traîne accompagné par des délires ou des hallucinations, ou les deux, là où le pervers oscille entre des passages à l'acte et soumission à la Loi, le sujet transidentitaire se trouve attrapé dans des phénomènes de clivage entre son identité sexuée réelle et une identité sexuelle factice.

NÉGATION DE L'IDENTITÉ SEXUÉE ET CONVERSION TRANSIDENTITAIRE

COTARDISATION DU RÉEL, SUPPLÉANCE PATHOLOGIQUE ET HAINE DE SOI

Nous avons vu que la jouissance transidentitaire dessine l'un des contours d'une nouvelle psychopathologie, celle qui est à situer à un niveau macropsychique, où les nouvelles identités artificielles tentent de remplacer l'identité sexuée irréversible.

COTARDISATION DU SEXE RÉEL

Ces nouvelles identités artificielles reposent sur une cotardisation du réel du sexe, sur une fabulation de l'identité d'origine et sur un renversement de la personnalité pour être en adéquation imaginaire devant le regard de l'Autre.

En ce qui concerne la cotardisation, une précision est de mise. Dans le délire des négations de Jules Cotard, le sujet nie l'existence de certains de ses organes vitaux. Le sujet n'a plus de cerveau, n'a plus d'estomac, ou alors il n'est jamais né, n'existe pas ou ne mourra pas et pour cela il est condamné à être immortel. Aucun argument rationnel ni aucun constat démontrable sur le réel en jeu ne l'ébranle dans sa certitude. Voici ce que dit Cotard à ce sujet. « *Généralement, les aliénés sont négateurs ; les démonstrations les plus claires, les affirmations les plus autorisées, les témoignages les plus affectueux les laissent incrédules ou ironiques. La réalité leur est devenue étrangère ou hostile* » (Cotard, 1882). On voit ici qu'une telle description pourrait également être faite sur le sujet transidentitaire.

Cependant, il y a deux différences de taille. D'abord, le sujet transidentitaire ne nie pas l'existence de son sexe. Il sait très bien que s'il est un homme, il a bien un sexe masculin. Sa négation ne porte donc pas sur l'existence de son organe sexuel, mais sur le fait d'appartenir à son sexe réel. Ensuite, le sujet transidentitaire ne systématise pas sa croyance sur d'autres secteurs de sa vie. En revanche, comme le sujet cotardisé, il passera sa vie à se mutiler et tend vers le suicide ou l'autodestruction programmée.

SUPPLÉANCE PATHOLOGIQUE

Notons également que l'aspect du regard supposé de l'Autre est très important dans ces questions, le patient se contentant, par tous les moyens en termes d'aspect physique et psychologique à sa disposition, de ressembler à ce qu'il pense être selon l'image de lui-même qui lui renvoie en miroir le spectacle du monde. Il s'obstine à ne pas être, à ne plus être farouchement lui-même, mais un Autre qui l'habite. Il tue, par négation radicale, c'est-à-dire par une forclusion très particulière bien que partielle comme toutes les autres, ce qu'il est depuis toujours. Tout cela, pour pouvoir avoir l'impression de renaître, par transformation supplétive, en un Autre qu'il lui sera malgré tout impossible de devenir.

Le problème de cette suppléance pathologique est qu'elle est non seulement impossible à accomplir, mais également et surtout que cette tentative ratée s'effectue sur le corps du sujet lui-même. D'ailleurs, toutes les suppléances ratées ou pathologiques que j'étudie depuis des années ont cette double composante : elles sont impossibles à accomplir et se construisent sur le corps même du sujet, ce qui est forcément dangereux. En outre, par œuvre et grâce du genrisme, la jouissance identitaire n'est pas seulement présente chez les patients, mais également et surtout dans l'idéologie de quelques psychologues, psychiatres et médecins. Chez ces derniers, elle se présente sous la forme d'un développement de plus en plus poussé des thérapies de conversion identitaire, non pas pour aider les patients à se décoller de leurs identités factices, mais bien au contraire pour faire semblant qu'elles correspondent à une forme de réalité sociale.

Les thérapies médicales, juridiques et psychologiques de conversion identitaire tentent de faire correspondre le corps, l'aspect physique, les documents officiels d'état civil et les comportements des patients, aux nouvelles identités artificielles qu'ils croient être les leurs. C'est la convergence des techniques médicales pour une cosmétologie physiologique et des techniques psychologiques pour la mise-en-scène comportementale, avec un appareillage technojudiciaire pour un faux état civil tenant lieu de document légal, qui fondent les confusions identitaires des thérapies de conversion transidentitaire.

HAINE IDENTITAIRE DE SOI

La cotardisation particulière du sujet transidentitaire se place autour d'une haine insurmontable de soi incarnée par la relation de rejet radical du sexe réel d'appartenance. Grâce aux prévisions de George Orwell (1945 ; 1949), nous pouvons dire aujourd'hui que le paroxysme totalitaire de la haine de soi dans l'Autre, ou de la haine de l'Autre en soi — ce qui est une autre définition de la jouissance identitaire —, constitue un élément indiscutable de la manipulation mentale et linguistique ayant lieu au XXIème siècle. Un tel totalitarisme identitaire ne se caractérise pas tout à fait par l'exercice de la censure, de la répression ou de la contrainte, mais bien par une manipulation subtile des sentiments, des pensées et des croyances au moyen de la jouissance sans freins et tous azimuts.

La haine de soi dans la jouissance identitaire se présente comme une haine farouche de l'Autre en soi, un Autre détestable, barbare, étranger et illégitime qui se serait immiscé par intrusion violente dans le corps du sujet. La haine de soi dans la jouissance transidentitaire est une détestation non-dialectique de l'identité de soi en général et du sexe d'appartenance en particulier, parce que le sujet considère son sexe comme un Autre indésirable. Cette haine identitaire de soi exige des mesures radicales : mutilations, castrations, atteintes corporelles extrêmes, violences, abus sexuels, viols, suicide, homicides.

MACROPSYCHOPATHOLOGIE DES THÉRAPIES DE CONVERSION IDENTITAIRE

MANIPULATION GENRISTE DES PATIENTS TRANSSEXES

Un nouveau totalitarisme, alimenté par la jouissance identitaire et plus précisément par ce que le genrisme produit comme haine de soi ou comme haine de l'Autre en soi, attise le féroce individualisme des minorités radicalisées pour qu'elles dérivent vers une extraordinaire néoservitude volontaire. L'un des moyens utilisés pour l'exercice de ce programme de manipulation des sentiments, des pensées et des croyances est de proposer les normes sociétales, le renforcement des communautés identitaires, le démantèlement de la psychopathologie classique — par une pathologisation de la normalité et par une normalisation de la psychopathologie —, ainsi que les thérapies de conversion identitaire dont la transsexion.

C'est pour cause du matraquage médiatique et de la propagande de certains gouvernements occidentaux que l'on considère normal l'application des thérapies de conversion aux patients transidentitaires. Toutefois, il est pour le moins curieux que ces mêmes personnes, institutions ou gouvernements qui font l'apologie des thérapies de conversion transidentitaire, contestent vigoureusement les thérapies de reconversion hétérosexuelle aux patients homosexuels ou transsexes, thérapies parfois contraignantes et violentes, il est vrai, mais pas autant intrusives ou violentes que les premières. Il y a même des pays qui, à juste titre, ont créé des lois pour interdire ces dernières, tout en acceptant paradoxalement les premières. Cela, parce que, pour les genristes infiltrés dans les universités, les institutions d'État, les médias, les arts et le monde politique, on peut changer de sexe, mais on ne peut pas changer d'orientation sexuelle. Il y a là une incongruence, une incohérence et une contradiction qui ne peuvent être qu'une dérivation de leur fanatisme.

L'attitude logique aurait dû être, au contraire, que les gouvernements, les médias, les professionnels de santé et l'opinion publique en général saluent le fait de libérer chez ces patients — sans contrainte ni violence néanmoins — les passerelles vers l'hétérosexualité et vers leur sexe réel, au lieu de renforcer leurs addictions homosexuelles ou leurs confusions transsexuées. Malheureusement, c'est exactement le contraire qui se produit. Ces groupes extrêmement idéologisés ne veulent pas reconnaître qu'il serait bien plus facile de changer d'orientation sexuelle, ou bien plus simple et éthique d'accepter le réel de son sexe, que de s'obstiner à changer artificiellement de sexe. D'ailleurs, même si l'on pouvait vraiment changer de sexe en utilisant les thérapies de conversion transidentitaire ou n'importe quelle autre technique, ce serait alors infiniment plus simple et facile de réconcilier le sujet avec son sexe d'appartenance. On lui éviterait ainsi des opérations inutiles, des dressages contre nature et des souffrances inhumaines.

L'expansion de l'idéologie du genre est devenue monstrueuse en gangrenant la capacité critique de réfléchir et d'agir des décideurs, des législateurs et de l'opinion publique. Le politiquement correct du genre est devenu plus important que la démarche scientifique, au point de manipuler l'éducation, la sexualité, l'amour, le couple, la famille, la psychologie clinique et la psychopathologie. Cependant, malgré la domination de cette idéologie, le réel de la science freudienne refait toujours surface. Et dans le cas qui nous occupe ici, la science du champ freudien se manifeste dans la malléabilité ou la réversibilité de l'orientation sexuelle aussi bien que dans l'impossibilité réelle de changer le sexe d'origine.

Interdiction sociétale de la malléabilité et de la réversibilité sexuelles

Bien entendu, concernant les psychothérapies qui produisent spontanément ou délibérément la réversibilité de l'orientation sexuelle, on doit toujours s'opposer aux mesures coercitives, c'est-à-dire qu'elles ne doivent se faire sans le consentement du patient, d'autant plus s'il s'agit d'un enfant ou d'un adolescent contraint par ses parents. Toutefois, il est bienvenu que, sans intention déclarée au préalable, quelques patients découvrent, grâce à un travail sous transfert, leur capacité à la malléabilité ou à la réversibilité de leur orientation sexuelle.

Si la malléabilité et la réversibilité sexuelles n'étaient pas possibles, il n'existerait pas, par exemple, la psychothérapie des dépendants à la pornographie, des nymphomanes criminelles, des fétichistes agresseurs, des incestueux ou des pédophiles. Également, si l'institution judiciaire adresse des injonctions psychothérapeutiques pour éviter la récidive des agresseurs sexuels, c'est qu'elle sait que la malléabilité et la réversibilité de l'orientation sexuelle est réellement possible dans certains cas et sous certaines conditions. Dans d'autres travaux, j'ai pu d'ailleurs évoquer le fait que certains patients homosexuels, grâce à la déconstruction de leurs attaches sexuelles opérée par l'analyse, ont pu quitter temporairement ou définitivement leur dépendance homosexuelle et s'ouvrir à l'hétérosexualité (Arce Ross, 2016b). Et ceci, évidemment en toute liberté, sans aucune coercition et grâce à l'exercice de leur propre choix.

Pareillement, il est libérateur pour les patients transsexes de prendre conscience de l'impossibilité réelle de changer de sexe, cela leur permet de mieux vivre leur condition et éventuellement de la surmonter. Leurs sentiments, pensées, croyances et velléités de changer de sexe les bloquent et les emprisonnent à vie. Ils doivent alors en faire le deuil. Le véritable but psychothérapeutique étant d'identifier les facteurs affectifs et émotionnels en rupture avec les signifiants qui les représentent — signifiants rejetés par l'association entre violence et sexualité lors de la prime enfance — pour les connecter à nouveau entre eux.

Malheureusement, les thérapies de conversion transidentitaire ne visent ni cette analyse ni cet objectif. Elles procurent au contraire un renforcement des identités factices, tout en produisant un clivage grotesque entre deux versions opposées de l'identité. Elles font entrer en collusion une identité performative, artificielle, fausse et mensongère avec l'identité sexuée réelle, laquelle demeure présente en sourdine malgré tout. Elles interdisent toute possibilité d'expression de la malléabilité et de la réversibilité sexuelles en renforçant le mensonge identitaire. Et, comme l'annonçait Lacan dans son *Discours de Rome*, renforcer les mensonges du sujet ne fait que lui apporter de profonds ravages psychiques. « *Nous savons en effet quel ravage déjà allant jusqu'à la dissociation de la personnalité du sujet peut exercer une filiation falsifiée, quand la contrainte de l'entourage s'emploie à en soutenir le mensonge* » (Lacan, 1953, 1966, p. 277).

Dressage contre nature

La technoïdentité que le transhumanisme a fabriqué pour que le sujet confus de notre époque en consomme à sa guise ressemble comme deux gouttes d'eau à la notion d'image-écran de Ralph Greenson (Greenson, 1958 ; Arce Ross, 2020). Par ce mouvement multitechnologique, le sujet facilement psychiatrisé tend à quitter son statut de patient souffrant d'une pathologie pour devenir un consommateur de nouvelles techniques de conversion transpersonnelle. De son côté, le psychologue, le médecin et le psychiatre perdent leur statut de cliniciens pour devenir des vendeurs des techniques de développement identitaire.

Si ces thérapies de conversion identitaire étaient appliquées au champ animal, elles seraient assimilées à un dressage contre nature. Or, c'est exactement ce qui se passe aujourd'hui contre cette partie confuse de l'humanité. Et le plus grave est que, malgré les lourdes techniques de manipulation mentale et de dressage comportemental, il est impossible de durablement contraindre, forcer, dérégler, pervertir la nature ou la confiner sans contrecoups dans une identité factice pour asservir une humanité en ruines.

Suicide identitaire

Le résultat pathologique des thérapies de conversion transidentitaire se trouve dans le fait que le sujet passe à vivre selon une *transschizoïdentité*, processus où une technoïdentité vient se superposer, comme un calque photographique, aux ruines de l'identité réelle laquelle demeure forcément encore présente pour le reste de sa vie. Un tel système contradictoire, clivant au-delà du conflictuel, entre ce que le sujet n'est pas mais s'obstine à devenir et ce qu'il est mais qu'il nie, peut le conduire au suicide identitaire (Arce Ross, 2020).

Le suicide identitaire est l'acte violent contre soi figurant les outrages profonds d'un ancien état anomique concernant l'identité réelle du sujet, celle de ses origines et de son enfance précoce. Pour tenter de colmater ces failles anomiques de l'identité réelle, le sujet se lance à la recherche d'une ou de plusieurs identités factices qui s'opposent violemment à l'identité des origines qu'il s'agit de rejeter. Le suicide identitaire souvent est commis dans le cadre d'une expression publique ou politique extrêmement personnalisée par la psychopathologie de l'identité (Arce Ross, 2020, p. 173), bien qu'il puisse s'accomplir également dans l'anonymat ou se transformer en meurtre passionnel ou en crime de masse. En dirigeant parfois la haine identitaire contre le corps propre, ou en la canalisant par une manifestation à travers lui, le grand risque de la jouissance identitaire est son danger suicidaire et criminel.

Statut de la négation dans la conversion transidentitaire

Une identité négative selon Eric Erikson

Pour définir le statut de la négation dans la conversion transidentitaire, laquelle n'est autre que ce que j'ai circonscrit du terme de jouissance identitaire, nous pouvons nous inspirer de ce qu'Eric Erikson appelait *identité négative*. Erick Erikson avait développé ces idées lors d'un colloque impulsé par les travaux éthologiques de Konrad Lorenz et les recherches biologiques de Julian Huxley, frère d'Aldous Huxley, sur le besoin de la ritualisation (Lorenz, 1971 ; J. Huxley, 1971).

En s'intéressant à l'ontogénie de la ritualisation, Erikson situe les racines des rites « *dans l'expérience préverbale du nourrisson* » (Erikson, 1971, p. 140). Il vient à parler du sentiment de la propre identité que l'enfant peut progressivement éprouver partant justement de l'expérience précoce avec sa mère. La réussite d'un tel échange initial, à travers par exemple le sourire et la tendresse gestuelle entre mère et enfant, permet à celui-ci de s'appuyer sur un choix positif concernant ce qu'est l'expérience humaine. L'identité positive de l'enfant lui rappelle qu'il est un être humain et non un animal ou une chose, bien que ce constat et ce sentiment impliquent inévitablement la reconnaissance aussi d'une identité négative. Plus précisément, cette version négative de l'identité incarne non seulement ce que le sujet est, mais en plus « *tout ce qu'on n'est pas supposé être ou paraître* », c'est-à-dire ce à quoi « *il ne faut pas ressembler* » (Erikson, 1971, p. 148).

Erikson note dans ce texte que l'identité négative chez l'enfant viendrait d'une certaine imposition morale des parents pour qu'il ne ressemble pas à ce qu'eux-mêmes ne veulent pas être et qu'ils ne souhaiteraient pas qu'il le devienne. Pour Erikson, cette attitude des parents envers l'enfant peut induire, chez ce dernier, un « *doute de soi et une honte secrète* » aussi bien que la « *nécessité d'"éliminer" une partie de lui-même* ». Une telle réaction débouche sur « *une fureur pharisaïque qui peut dresser parent contre parent, parent contre enfant et l'enfant contre lui-même* » (Erikson, 1971, p. 148). À la base de l'identité négative, il y a bien un puissant conflit inconscient dans les relations précoces parents-enfant.

DIFFÉRENCES ENTRE NÉGATION TRANSIDENTITAIRE ET SYNDROME DE COTARD

Nous pouvons alors prendre cette idée de l'identité négative d'Erikson, mais dans un autre sens. Chez l'enfant qui risque de devenir transsexes, ou qui peut sombrer plus tard dans un autre type de confusion identitaire le poussant à se convertir à une idéologie radicale ou morbide par exemple, il peut exister une pareille identité négative. La différence serait néanmoins que, dans l'identité négative du transsexes ou du transidentitaire, le propre corps de l'enfant jouerait le rôle des parents qui le forcent à ne pas être ce qu'il est.

Pour des raisons qu'il faudrait encore élucider, le sujet transsexes, ou le sujet soumis à la jouissance identitaire, effectue une négation de son identité que l'on pourrait à tort confondre avec le délire des négations de Cotard. Pour préciser sa spécificité en la différenciant autant du fantasme du névrosé que du délire du psychotique, nous sommes invités à définir le statut de la négation identitaire en nous appuyant en partie sur l'identité négative d'Eric Erikson fondée sur une négation inconsciente des parents en relation à l'enfant.

Si Freud considérait que « *la force et le caractère inattaquable de tout délire se ramènent en effet à ce qu'il descend d'une réalité psychique inconsciente* » (Freud, 1922, p. 142), cette formule est aussi valable pour d'autres graves manifestations pathologiques que le délire. Ce serait également le cas des patients souffrant de la jouissance transidentitaire, chez qui cela supposerait une négativité inconsciente des parents en lien avec la sexualité en général et avec la sexualité à venir de l'enfant en particulier.

Plusieurs cliniciens, dont je fais partie, ont observé chez des sujets transsexes, de la même façon que chez beaucoup de patients homosexuels, un lien entre une certaine négativité touchant la sexualité des parents et les décisions ultérieures de nos patients d'inverser leur orientation sexuelle ou de nier leur identité sexuée. En 1981, Catherine Millot avait justement noté cette question à propos d'une patiente transsexes ayant transsexioné pour avoir l'apparence d'un homme. « *Le père imposait à la mère les relations sexuelles qu'elle considérait comme une corvée (la reprise par les femmes transsexuelles de cette plainte maternelle est fréquente)* » (Millot, 1981, p. 169).

Que ce soit par des relations sexuelles difficiles ou violentes entre les parents ou même par leur absence, que ce soit par des relations sexuelles dans la même pièce où dort l'enfant — ce qui implique une valeur de haute séduction sexuelle, même non intentionnelle —, ou encore par d'anciens traumatismes sexuels encore agissants et subis par l'un des parents ou par l'un des grands-parents qui l'élève, un enfant peut absorber la charge affective et émotionnelle perçue lors de ces événements intimes au point de développer progressivement une difficulté concernant son rôle sexuel ou son identité sexuée. Plusieurs patients homosexuels et transsexes ont pu en témoigner en ce sens.

Par exemple, une jeune femme homosexuelle qui, ayant vécu des scènes terribles de violence du père contre la mère et même contre les enfants, mais jamais contre elle, cristallise son orientation inversée en s'assumant dans les relations érotiques comme « *l'Autre méchant qui violente une femme victime* ». Ainsi, sur les facteurs de causalité que j'ai trouvé dans plusieurs cas de déviances de l'orientation sexuelle, il y a trois éléments pouvant les caractériser. « *Premièrement, il y a des ruptures familiales graves, c'est-à-dire des conflits conjugaux entre les parents, des violences des parents envers les enfants, le décès précoce d'un parent, un grand-parent orphelin de père ou de mère. Deuxièmement, il y a les événements de séduction pédophile homosexuelle ou hétérosexuelle pendant l'enfance ou l'adolescence. Troisièmement, il y a les excès sexuels du partenaire parental ou grand-parental, qui entraînent une profonde humiliation du féminin chez la mère ou la grand-mère, et une pénalisation du masculin chez le père ou le grand-père* » (Arce Ross, 2016b). Nous avons observé les mêmes caractères où la sexualité est ainsi négativée dans les cas des patients transsexes.

En effet, une jeune fille dérivant vers un destin transsexes, après avoir été victime du genrisme et de la jouissance transidentitaire, tient à affirmer que ce sont surtout les violences familiales qu'elle observait étant petite qui « *ont été les principaux instigateurs de son refuge dans la transidentité* » (Shrier, 2020, p. 312). Également, sur plein d'autres cas dont j'ai eu connaissance en dirigeant des contrôles de jeunes psychanalystes, des facteurs équivalents ont été perçus. Par exemple, les grandes violences dans le couple parental, les violences physiques sur l'enfant, les abus sexuels et les actes incestueux, la démission ou l'effacement paternels, la surpuissance d'une mère trop intrusive et étouffante et, ainsi de suite, tout un catalogue d'événements familiaux violents où, d'une façon ou d'une autre, la sexualité ou la sexuation sont négativées.

D'ailleurs, dans la mesure où elles ont l'air de participer activement du processus pathogène, on peut se demander si les mères des transsexes ne sont pas pour quelque chose dans la forclusion de l'identité sexuée de leurs enfants. À côté de cela, on observe un réel échec de la paternité, en ce sens que les pères des futurs transsexes sont souvent passifs devant l'ampleur du problème et ont laissé depuis longtemps les mères s'en occuper, au détriment de l'enfant.

Dans l'identité négative, la négation porte sur un « *je ne suis pas ce que je suis* ». Et elle est extrapolée au semblant sous la forme d'une injonction morale impérieuse : « *je ne dois pas ressembler à ce que je suis. Car ce que je suis doit être désormais considéré comme une identité négative, comme une identité que malheureusement j'ai, mais que je dois absolument rejeter. Il ne faut pas que je ressemble à rien qui pourrait faire penser que je suis ce que je suis* ».

D'abord, la négation transsexuelle ou transidentitaire porte sur l'identité réelle, qui est celle des origines, ce qui veut dire que la négation porte sur les racines de l'être et non pas sur un organe du corps, sur la grandeur, sur le gigantisme, sur l'énormité du corps ou sur la vie elle-même en tant qu'expérience temporelle, comme dans le syndrome de Cotard. Elle ne porte pas non plus sur les identifications de l'être, comme chez le sujet hystérique, mais sur l'origine de l'identité subjective. Cependant, nous devons tenir compte du fait qu'une telle opération de négation ne peut être que partielle car l'identité des origines ne peut jamais être complètement ôtée, sauf évidemment par le suicide.

UNE DOUBLE NÉGATION PERMANENTE

Dans ces conditions et tant que le sujet s'obstine à nier l'identité de ses origines, la négation devra rester toujours opérationnelle et opérante. Cela implique un effort négatif constant tout au long de sa vie. Ayant désormais une double présence intime entre son identité et la négation de son identité, sa vie devant forcément se construire sur la négation de lui-même, le sujet doit accomplir un effort psychique surhumain qu'il ne peut maintenir sans développer des effets secondaires malsains.

Ensuite, la négation transidentitaire opère également une modification radicale des relations du sujet à l'Autre en fonction de la forclusion de son être de désir. N'étant pas ce qu'il est, il ne doit pas non plus désirer ni faire semblant de désirer ni être pris comme s'il désirait en fonction de son sexe, de son origine généalogique ou de son statut réel en tant qu'être vivant. La négation transidentitaire est ainsi une négation absolue et absolutiste du désir.

Enfin, ayant nié l'identité originelle, la seule qui compte, aussi bien que le désir qui lui est corrélé, la négation transidentitaire appelle la création d'une Autre identité. Cette Autre identité, dépourvue de désir, sera complètement engloutie par la jouissance qui, elle, n'ayant pas été soumise à la forclusion du désir, trouve refuge dans une sorte de suppléance pathologique. L'Autre identité se pose de ce fait comme un écran massif, comme un voile épais, comme un camouflage trop lourd à porter par un sujet désormais fragilisé par l'injonction impérieuse de cette nouvelle jouissance.

La négation transidentitaire est l'équivalent d'une identité négative devenue monstrueuse. Elle devient bien plus importante que l'identité d'origine, laquelle, même niée, est malgré tout forcément toujours présente et tente par tous les moyens de se manifester. Partant de cette situation complexe, le sujet se voit pris en tenaille par une double identité. Il se trouve paralysé entre une identité réelle mais niée et une identité acceptée mais factice et totalitaire. Dans la suppléance pathologique du sujet transidentitaire, il y a ainsi une double valeur négative. D'un côté, l'identité des origines survit en tant que pure présence négativée et, d'un autre côté, l'identité-écran prend le dessus sur cette négation, tout en étant néanmoins elle-même paradoxalement niée en permanence par le réel du corps et par le réel des origines.

Le sujet transidentitaire vit, de cette façon, contraint et forcé, dans un espace confiné, par la lourde présence d'une double négation permanente.

INADÉQUATION AVEC LE RÉEL DU CORPS

Dans la jouissance identitaire en général et dans les thérapies de conversion transidentitaire en particulier, l'objet de la conversion est l'identité négative représentée curieusement par le propre corps. Comme s'il était fautif d'être ce qu'il est, c'est dans le domaine corporel principalement qui se jouera le processus de conversion transidentitaire.

Bien que la conversion transidentitaire soit foncièrement psychique, son application pratique ne peut être entendue que comme un processus de négation de l'aspect sensible du corps d'origine parce qu'il est absolument impossible de modifier l'identité réelle. Pour y parvenir dans le réel, il faudrait naître à nouveau des mêmes parents et dans les mêmes conditions de procréation du moment, ce qui est évidemment impossible. Pour cette raison, le sujet ne peut s'attaquer qu'à la seule apparence du corps.

Ce n'est évidemment pas l'être qu'il s'agit de convertir mais son apparence, qu'elle soit anatomique, d'accoutrement ou de style dont le maquillage, le camouflage, le voilage, l'augmentation ou la diminution des muscles ou du poids peuvent suffire pour l'aspect superficiel. Autrement, plusieurs techniques médicales ou assimilées sont utilisées de manière de plus en plus intrusive : une multitude de tatouages et *piercings* recouvrant des larges secteurs du corps et parfois du visage, des programmes hormonaux, des opérations chirurgicales parfois en séries interminables telles que la castration, l'excision, l'ablation, l'incrustation, l'imputation, etc.

Cependant, cette médecine commerciale a besoin d'un système judiciaire, complaisant et conçu selon les normes sociétales d'aujourd'hui, pour que la conversion identitaire trouve une assise légale et normative. Dans ce but, le législateur genriste invente de nouvelles lois pour homologuer des normes factices et perverses telles que le mariage identitaire, la famille sans père ou sans mère, la procréation transhumaniste, le commerce des enfants et des ventres de location, le changement imaginaire du sexe, le consentement sexuel des adolescents, l'hypersexualisation de l'enfance, etc.

Les thérapies de conversion transidentitaire comportent ainsi trois grands domaines réunis avec un seul but : l'application de l'idéologie du genre à l'être macropsychique du XXIème siècle. Les trois domaines de la conversion transidentitaire sont les technologies médicales, le système technojuridique et le conditionnement technopsychologique.

Si par les technologies médicales, on modifie l'aspect extérieur du corps sans pouvoir modifier le réel des origines, le nouveau corps opéré s'habitue alors à vivre selon deux versions anatomiques, plus ou moins présentes, qui ne s'accordent ni entre elles ni avec les fonctions pour lesquels ce corps a été conçu. Les technologies médicales se trompent de cible parce que le problème du sujet transidentitaire n'est pas son corps, mais bien les rapports négatifs qu'il entretient avec lui-même. Le problème du patient transsexes n'étant pas médical mais psychique, c'est dans ce domaine-là que sa psychopathologie devrait être traitée.

Si par le système technojuridique, on modifie l'apparence sociétale venant homologuer les modifications technomédicales, il s'agit à nouveau d'une modification anodine et en surface. En outre, le sujet transidentitaire acquiert par ce biais une identité légale en conflit total avec son identité réelle. Un autre biais est qu'à travers les normes sociétales le système technojudiciaire tente de guérir, ou au moins d'apaiser, un symptôme appartenant à la psychopathologie. En agissant de la sorte, le système technojudiciaire se trouve doublement en porte-à-faux. D'abord, parce qu'il fait intrusion dans un domaine, la psychopathologie, qui n'est pas le sien. Ensuite, parce qu'il tente de guérir quelque chose qui ne peut pas être guéri, bien qu'il puisse être psychiquement surmonté, à condition justement que l'on s'abstienne de toucher le corps. Il ne fait que le renforcer au lieu de l'apaiser.

Si par les protocoles technopsychologiques, on tente de modifier les comportements et non le psychisme du sujet transidentitaire, on n'obtient au mieux que l'apparence sociale du sujet transidentitaire ressemble à l'identité-écran qu'il s'est construite en imagination. Par la manipulation des conduites du sujet, ces techniques cognitivistes et comportementales tentent ainsi de le rendre visiblement cohérent et socialement adapté au rôle, au personnage et à l'identité qu'il veut désormais mettre en scène.

À aucun moment, les programmes technopsychologiques n'aident le sujet à percevoir son identité-écran comme une existence fausse ou feinte qui le fait souffrir. Elles ne tentent pas non plus de résoudre le profond conflit psychique qui consomme le sujet entre la forclusion de son identité réelle et la suppléance pathologique qu'il s'est créé pour lui servir de planque identitaire. Dans ces conditions, les manipulations technopsychologiques favorisent l'application de l'idéologie d'un genre autoengendré qui viendrait se substituer au sexe du sujet, à son statut d'être humain et même à ses origines. Un dessein évidemment grotesque, mensonger, inhumain et totalitaire.

BIBLIOGRAPHIE

ABRAHAM, Felix, "Genital Reassignment on Two Male Transvestites", 1931, *International Journal of Transgenderism*, Vol. 2, n° 1, 1998

ABRAHAM, Karl, « Esquisse d'une histoire du développement de la libido basée sur la psychanalyse des troubles mentaux », 1924, *Développement de la libido. Œuvres complètes 2*, Payot, Paris, 1966

ABGRALL, J.-M., *La Mécanique des sectes*, Payot, Paris, 1996

AGBARA, Kouame, MOULOT, Martial Olivier, EHUA, Adjoba, et al, "Priapism in the newborn: Management of a case", *Urology Case Reports*, n° 39, Sep 9, 2021

ALFANDARY, Isabelle, *Derrida-Lacan. L'Écriture entre psychanalyse et déconstruction*, Hermann, Paris, 2016

ALGREN, Nelson, *A Walk on the wild side*, Farrar, Straus and Cudahy, New York, 1956

ALLÉZARD, Clémence & ROBERT, Christine, « Le Cas Violette Morris », *France Culture*, le 3 mars 2019

ANDERSON, Ryan, "Sex Reassignment Doesn't Work. Here Is the Evidence", *The Heritage Foundation*, March 9, 2018

ANSERMET, François & MESEGUER, Omaïra, « Entretien avec P. Beatriz Preciado », *La Cause du désir*, n° 104, Huysmans, Paris, 2020, pp. 106-108

ARCE ROSS, German, « Facteurs de cristallisation de la bipolarité anorexie-boulimie », *Cliniques méditerranéennes*, n° 62, Eres, Ramonville Saint-Agne, 2000

ARCE ROSS, German, *Manie, mélancolie et facteurs blancs*, préface de Georges Lantéri-Laura, Beauchesne, Paris, 2009

ARCE ROSS, German, « Asexualité polysymptomatyique, homoparentalité et événements trans-limites », *Nouvelle psychopathologie et psychanalyse*, psychanalysevideoblog.com, 2013a

ARCE ROSS, German, « Le Vécu translucide », *Nouvelle psychopathologie et psychanalyse*, PsychanalyseVideoBlog, Paris, 2013b

ARCE ROSS, German, « Le Suicide selon les sexes », *Nouvelle psychopathologie et psychanalyse*, PsychanalyseVideoBlog, Paris, 2013c

ARCE ROSS, German, "Ni Una menos ni el Otro malo. Goce identitario y crimen de pareja", *Nouvelle psychopathologie et psychanalyse,* PsychanalyseVideoBlog.com, Paris, 2016a

ARCE ROSS, German, "Los Factores rosas de la homosexualidad y de otras condiciones de goce", *Nouvelle psychopathologie et psychanalyse*, PsychanalyseVideoBlog.com, Paris, 2016b

ARCE ROSS, German, *Jouissance identitaire dans la civilisation*, *Séries, Livre III*, Huit Intérieur Publications, Paris, 2020a

ARCE ROSS, German, *La Fuite des événements*, *Séries, Livre II*, Huit Intérieur Publications, Paris, 2016, deuxième édition : 2020b

ARCE ROSS, German (sous la direction de), *Les Ruines psychiques*, Gordiens & Borroméens, Huit intérieur publications, Paris, 2021

ARENDT, Hannah, *Condition de l'homme moderne*, Calmann-Lévy, Paris, 1961, 1983

AUDET, Elaine, *Centenaire de Simone de Beauvoir — Éloges et critiques*, Sisyphe.org, janvier 2008

AUSTIN, Ashley, CRAIG, Shelley, D'SOUZA, Sandra, & MCINROY, Lauren, "Suicidality Among Transgender Youth: Elucidating the Role of Interpersonal Risk Factors", *Journal Interpersonal Violence*, Vol. 37, n° 5-6, 2022

AYOUCH, Thamy, « Genre, classe, "race" et subalternité: pour une psychanalyse mineure. Pour un regard neuf de la psychanalyse sur le genre et les parentalités », *HAL, Archives ouvertes*, 2017

BAKER, S. W., "Biological influences on human sex and gender", *Journal of Women in Culture and Society*, n° 6, 1980, pp. 80-96

BANNERMAN, Lucy, "David Bell: Tavistock gender clinic whistleblower faces the sack", *The Times,* December 5, 2020

BARON-COHEN, Simon, *The Essential Difference: Men, Women and the Extreme Male Brain*, Penguin Books, London, 2012

BEAUVOIR, Simone de, *Lettres à Sartre. Tome I : 1930-1939, Tome II : 1940-1963*, Gallimard, Paris, 1990

BEAUVOIR, Simone de, *Lettres à Nelson Algren. Un amour transatlantique (1947-1964)*, Gallimard, Paris, 1997

BEAUVOIR, Simone de, *Le Deuxième sexe*, Gallimard, Paris, 1949

BEAUVOIR, Simone de, *La Force de l'âge*, Gallimard, Paris, 1960

BEAUVOIR, Simone de, *Mémoires d'une fille rangée*, Gallimard, Paris, 2000

BECKERS, A., VAN BUGGENHOUT, R., & VRIEZE, E., « Klinische zoantropie; een vrouw met de zeldzame waan een dier te zijn », *Tijdschrift voor Psychiatrie*, Vol. 62, n° 7, 2020, pp. 582-586

BENITEZ, J. J., *Ovnis, S.O.S. a la humanidad: la insólita experiencia de un periodista español en Perú*, Plaza & Janés, Madrid, 1979

BEYOND TRANS, beyond trans.org, 2022

BHARADWAJ, Prashant & LAKDAWALA, Leah, "Discrimination Begins in the Womb: Evidence of Sex-Selective Prenatal Investments", *The Journal of Human Resources*, Vol. 48, n° 1, Winter 2013, pp. 71-113

BIGGS, Michael, "The Transition from Sex to Gender in English Prisons: Human Rights and Queer Theory", *SocArXiv*, 17 May 2020

BLÜHER, Hans, *Secessio Judaica. Philosophische Grundlegung der historischen Situation des Judentums und der antisemitischen Bewegung*, Der weiße Ritter, Berlin, 1922

BLÜHER, Hans, *Streit um Israël : Briefwechsel mit Hans-Joachim Schoeps*, 1933

BLUM, Deborah, *Sex on the Brain: The Biological Differences between Men and Women*, Viking Press, 1997

BONNET, Marie-Jo, « La Lesbienne dans *Le Deuxième Sexe* : un universalisme sans universalité », *Études francophones*, Vol. XVI, n° 1, LaFayette University, USA, printemps 2001

BONNET, Marie-Jo, *Qu'est-ce qu'une femme désire quand elle désire une femme ?*, Odile Jacob, Paris, 2004

BONNET, Marie-Jo, *Violette Morris, Histoire d'une scandaleuse*, Perrin, Paris, 2011

BONNOT, Claire, « Violette Morris. Cette amazone qui voulait vivre comme un homme », *Àblock.fr*, le 8 avril 2020

BRIZENDINE, Louann, *The Female Brain*, Morgan Road Books, 2006

BROWN, Lee, "Vlogger Chris Chan arrested for alleged incest with mom suffering from dementia", *New York Post*, August 4, 2021

BRUGGEMAN, Rudy, « Violette Morris, sportive et collabo », *YouTube*, le 26 mai 2018

BRUNET, Alexis, « Êtes-vous prêt pour le transracialisme ? », *Causeur*, le 4 juillet 2021

BURKHARDT, Richard W., *Patterns of Behavior: Konrad Lorenz, Niko Tinbergen, and the Founding of Ethology*, University of Chicago Press, Chicago, 2005

BUTLER-BOWDON, Tom, *50 Psychology Classics: Who We Are, How We Think, What We Do. Insight and inspiration from 50 key books*, Nicholas Brealey ed., London & Boston, 2006

CALLAHAN, Carey Maria, "Unheard voices of detransitioners", in: BRUNSKELL-EVANS, Heather & MOORE, Michele, editors, *Transgender children and young people. Born in your own body*, Cambridge Scholars Publishing, 2018, pp. 166-180

CAMBON, Sylvie, « Modification corporelle extrême : qui se cache derrière le Montpelliérain Black Alien ? », *Midi Libre*, le 26 juin 2020

CAMPO PÉREZ, Ricardo, "Antecedentes ideológicos del culto contactista peruano 'Misión Rama'", *Micromegas*, n° 2, 2002

CANLI, Turhan, DESMOND, John, ZHAO, Zuo, & GABRIELI, John, "Sex differences in the neural basis of emotional memories", *Proceedings of National Academy of Sciences USA*, Vol. 99, n° 16, Departments of Psychology and Radiology, Stanford University, 2002, pp. 10789-10794

CAN-SG, *Clinical Advisory Network on Sex and Gender*, can-sg.org, UK, Irland, 2023

CAVANAGH, Sheila L., "Queer Theory, Psychoanalysis, and the Symptom: A Lacanian Reading", *Studies in Gender and Sexuality*, Vol. 20, Issue 4, 2019, pp. 226-230

CBS, "Amber McLaughlin set to become first openly transgender woman executed in the U.S.", *CBS News*, January 3, 2023

CDCR, "Number of Offenders Who Identify as Transgender, Intersex, or Non-Binary Housed in Male Facilities Seeking Transfer to Female

Facilities And Percentage Who are Registered Sex Offenders or Convicted of a Sex Offense", Division of Correctional Policy Research and Internal Oversight, Office of Research, *California Department of Corrections and Rehabilitation*, February 09, 2022

CERNOCH, Jennifer, & PORTER, Richard, "Recognition of maternal axillary odors by infants", *Child Development*, Vol. 56, 1985, pp. 1593-1598

CHANDLER, Christopher-Christine, "CwcvilleGuardian", *WikiTubia*, February 27, 2012

CHILDREN OF TRANSITIONERS, "How to Help Children of Transitioners", childrenoftransitioners.org, February 27, 2021

COLAPINTO, John, *As Nature made him. The boy who was raised as a girl*, Harper Collins, New York, 2000, 2001, with a *post-scriptum*: "David Reimer, A Tragic Update", 2004, pp. 10-13

COLDWELL, Will, "Buck Angel: 'The Man With A Pussy'", *Dazed Digital*, 30 December 2015

COLERIDGE, Samuel Taylor, *Specimens of the Table Talk of the Late Samuel Taylor Coleridge*, Harper & Brothers, New York, 1835

CONSTÂNCIA, Miguel, "Battle of the sexes' begins in womb as father and mother's genes tussle over nutrition", *Research of University of Cambridge*, cam.ac.uk, 27 Dec 2021

COOPER, David, *Mort de la famille*, 1971, Seuil, Paris, 1972

CORATTE, Margaux, « Des larmes et du sang : le terrible Brutal Black Tattoo Project », *Numéro*, n° 219, le 11 février 2020

CORBIN, Alain, « La Rencontre des corps », in: CORBIN, Alain, COURTINE, Jean-Jacques, VIGARELLO, Georges, *Histoire du corps, Volume 2 : De la Révolution à la Grande Guerre*, Seuil, Paris, 2005

CORTANZE, Gérard de, *Femme qui court*, Albin Michel, Paris, 2019

COTARD, Jules, « Le Délire des négations », 1882, *Études sur les maladies cérébrales et mentales*, Baillière, Paris, 1891

COTARD, Jules, « De l'origine psychomotrice du délire » (1884a), « Perte de la vision mentale dans la mélancolie anxieuse » (1884b), « Le Délire d'énormité » (1888), in : COTARD, Jules, CAMUSET, M., SEGLAS, J., *Du délire des négations aux idées d'énormité*, L'Harmattan, Paris, 1997

COTTET, Serge, « Freud et son actualité dans le malaise dans la civilisation », *La Cause freudienne*, n° 66, 2007, pp. 189-198

COUTURES, Alix, « Dans "Quotidien", Elisabeth Roudinesco choque avec des propos sur les personnes trans », *Huffington Post*, le 11 mars 2021

CPI, « Statut de Rome », Cour Pénale Internationale, le 17 juillet 1998

DAGNY, CHIARA, JESSE & HELENA, *Pique Resilience Project*, www.piqueresproject.com

DAKHLIA, Jocelyne, « L'Eunuque, intègre homme d'État. L'Historiographie fonctionnelle face à la précarité sociale et politique », *Presses de l'IFPO*, 2019, pp. 293-316

DALLAIRE, Yvon, « L'Intéressant paradoxe norvégien », *Journal de Montréal*, le 9 mars 2013

DARRIEUS, Pauline, « De transgenre à lanceur d'alerte, le cri du cœur d'Oli London », *Valeurs Actuelles*, le 22 février 2023

DAS, Shanti, GRIFFITHS, Sian, MACASKILL, Mark, "Online clinic Gender GP ignores ruling on puberty blockers", *The Times*, December 5, 2020

DAVID-MÉNARD, Monique (sldd), *Sexualités, genres et mélancolie. S'entretenir avec Judith Butler*, Campagne Première, Paris, 2009

DAVIDOFF, L., "Class and gender in Victorian England: The Diaries of Arthur J. Munby and Hannah Culwick", *Feminist Studies*, Vol. 5, n° 1,

1979, pp. 87-141

DAVIS, Douglas, « Pathologie de la haine », *Outre-Terre. Revue Européenne de Géopolitique*, n° 50, L'Esprit du temps, 2017, pp. 391-393

DEMEURE, Yohan, « Qui est ce "Black Alien" adepte des transformations corporelles extrêmes ? », *SciencePost*, le 5 novembre 2020

DHEJNE, Cecilia, LICHTENSTEIN, Paul, BOMAN, Marcus, JOHANSSON, Anna L. V., LÅNGSTRÖM, Niklas, LANDÉN, Mikael, "Long-Term Follow-Up of Transsexual Persons Undergoing Sex Reassignment Surgery: Cohort Study in Sweden", *Plos One*, February 22, 2011

DHEJNE, Cecilia, Öberg, Katarina, ARVER, Stefan, & LANDÉN, Mikael, "An Analysis of All Applications for Sex Reassignment Surgery in Sweden, 1960-2010: Prevalence, Incidence, and Regrets", *Archives of Sex Behavior*, Vol. 43, n° 8, 2014

DIAMOND, Marian, "Male and Female Brains", *Summary of Lecture for Women's Forum West Annual Meeting*, Johns Hopkins School of Education, San Francisco, California, 2003

DIAMOND, Milton, "A Critical Evaluation of the Ontogeny of Human Sexual Behavior", *The Quarterly Review of Biology*, Volume 40, n° 2, June 1965

DIAMOND, Milton, "Sexual Identity and Sex Roles", in: BULLOUGH, V. (ed.), *The Frontiers of Sex Research*, Prometheus, Buffalo, NY, 1979, pp. 33-56

DIAMOND, Milton, "Sexual identity, monozygotic twins reared in discordant sex roles and a BBC follow-up", *Archives of Sexual Behavior*, Vol. 11, 1982, pp. 181-186

DIAMOND, Diamond, Milton, & SIGMUNDSON, Keith, "Sex reassignment at birth. Long-term review and clinical implications", *Archives of Pediatric and Adolescent Medicine*, Vol. 151, n° 3, 1997, pp. 298-304

DIEGUEZ, Manuel de, *Science et nescience*, Gallimard, Paris, 1970

DIMITRIADIS, Yorgos, *Psychogenèse et organogenèse en psychopathologie*, Harmattan, Paris, 2013

DOR, Joël, *Structure et perversions*, Denoël, Paris, 1987

DORAN, Sean-Paul, DIAZ, Alex, MORIARTY, Richard, & WELLS, Tom, "Victims' fury as double rapist who attacked two young girls is moved to a women-only jail after £10k NHS sex change op", *The Sun*, 20 March 2017

DONOHOUE, PA., "Disorders of sex development (intersex)", in: Kliegman RM, Behrman RE, Jenson HB, Stanton BF, eds., *Nelson Textbook of Pediatrics*, Saunders Elsevier, Philadelphia, 2011, chap. 582

DREGER, A. D., CHASE, C., SOUSA, A., GRUPPUSO, P. A., & FRADER, J., « Changing the Nomenclature/Taxonomy for Intersex: A Scientific and Clinical Rationale », *Journal of Pediatric Endocrinology and Metabolism*, Vol. 18, n° 8, August 2005

DSMV, *Manuel diagnostique et statistique des troubles mentaux*, American Psychiatric Association, Washington, 2013, Elsevier Masson, Paris, 2015

DURAN COHEN, Ilan, *Les Amants du Flore*, France 3, France, 2006, avec Anna Mouglalis et Lorant Deustch

DURKHEIM, Émile, *Le Suicide*, 1930, PUF, Paris, 2013

ECO, Umberto (sous la direction de), *Histoire de la laideur*, 2007, Flammarion, Paris, 2011

EDWARDS, Mark, "Pervert jailed after up-the-skirt photo led police to find 1,400 indecent images", *SurreyNews*, 26 April 2015

EIA, Harald & IHLE, Ole-Martin, "The Equality Paradox", *Brainwash*, NRK1, Oslo, 1 March 2010

ELIAS, Norbert, *Über den Prozess der Zivilisations, II*, 1939

ELIAS, Norbert, *La Société de Cour*, Calmann-Lévy, Paris, 1974

ELIAS, Norbert, *La Dynamique de l'Occident*, Calmann-Lévy, Paris, 1975

ELIAS, Norbert, *Au-delà de Freud. Sociologie, psychologie, psychanalyse*, La Découverte, Paris, 2010

ELIOT, Lise, *Cerveau rose, cerveau bleu : Les neurones ont-ils un sexe ?*, Robert Laffont, Paris, 2011

ELLUL, Jacques, *Autopsie de la révolution*, Calmann-Lévy, Paris, 1969

ERASME, *De Pueris Instituendis*, 1529, Margolin, Génève, 1966

ERIKSON, Eric, « Ontogénie de la ritualisation chez l'homme », in: HUXLEY, Julien (sldd), *Le Comportement rituel chez l'homme et l'animal*, Gallimard, Paris, 1971, pp. 139-158

ERIKSSON, Johan G. et al., "Boys Live Dangerously In The Womb", *American Journal of Human Biology*, 2009

ESTELLON, Vincent, « Tatouage sur corps ou l'envers de l'expression », *Champ psychosomatique*, Vol. 4, n° 36, 2004, pp. 145-158

EVANS, Natalie, "Transgender rapist who attacked two young girls 'moved to women's jail after £10k NHS sex change surgery'", *Mirror*, 21 March 2017

FAUSTO-STERLING, Anne, *Myths of gender: biological theories about women and men*, BasicBooks, New York, 1992

FAUSTO-STERLING, Anne, "The Five Sexes: Why male and female are not enough", *The Sciences*, 1993, pp. 20-24

FAUSTO-STERLING, Anne, *Sexing the body: gender politics and the construction of sexuality*, Basic Books, New York, 2000a

FAUSTO-STERLING, Anne, "The Five Sexes, Revisited", *Sciences*, Vol. 40, n° 4, New York, 2000b, pp. 18-23

FAUSTO-STERLING, Anne, *Les Cinq sexes. Pourquoi mâle et femelle ne suffisent pas*, Payot, Paris, 2013

FARAGE, M. A., OSBORN, T. W., & MACLEAN, A. B. "Cognitive, sensory, and emotional changes associated with the menstrual cycle: a review", *Arch Gynecol Obstet*, Vol. 278, n° 4, 2008, pp. 299-307

FARBEROV, Snejana, "First trans woman on death row in US begs Missouri governor for mercy", *New York Post*, December 15, 2022

FICHARD-CARROLL, Agnès, « Théorie du genre : qu'en disent les neurosciences ? », *Cerveau & Psycho*, n° 63, le 7 mai 2014

FIGARO-AFP, « Athlétisme : les athlètes transgenres exclues de la catégorie féminine », *Le Figaro*, le 24 mars 2023

FINKIELKRAUT, Alain, *L'Identité malheureuse*, Stock, Paris, 2013

FINKIELKRAUT, Alain, *La Seule exactitude*, Stock, Paris, 2015

FIRESTONE, Shulamith, *The Dialectic of sex, The Case for feminist revolution*, William Morrow and Co., New York, 1970

FG, « La Castration physique en questions », *Le Figaro*, le 26 octobre 2009

FLYNN McCarthy, Laura, "What Babies Learn In the Womb", *Parenting Magazine*, Time Inc., January 1999

FOLLET, Ken, *Les Piliers de la terre*, Stok, Paris, 1990

FORGET, Jean-Marie, *Y a-t-il encore une différence sexuée ?*, Érès, Toulouse, 2014

FRAIN, I., *Beauvoir in love*, Michel Lafon, Paris, 2012

FRANCHINI, Maria, « Les Castrats : des milliers d'enfants sacrifiés au nom du bel canto », *Altritaliani*, le 16 novembre 2021

FRASNELLI, Johannes, « Le Développement de l'odorat chez l'enfant », *Naître et grandir*, 2017

FREEDMAN, Rosa, STOCK, Kathleen, & SULLIVAN, Alice, "Evidence and Data on Trans Women's Offending Rates", *Parliament of the United Kingdom*, 2020

FREGE, Gottlob, *Écrits logiques et philosophiques*, 1892, Seuil, Paris, 1971

FREUD, Sigmund, « Trois essais sur la théorie sexuelle », 1905, *Œuvres complètes, Vol. VI, 1901-1905*, PUF, Paris, 2006

FREUD, Sigmund, « Analyse de la phobie d'un garçon de cinq ans », 1909, *Œuvres complètes, Vol. IX, 1908-1909*, PUF, Paris, 1998

FREUD, Sigmund, « Rêve et télépathie », 1922, *Œuvres complètes, Vol. XVI, 1921-1923*, PUF, Paris, 1991

FREUD, Sigmund, « Le Problème économique du masochisme », 1924, *Œuvres complètes, Vol. XVII, 1923-1925*, PUF, Paris, 1992

FREUD, Sigmund, « Nouvelle suite des leçons d'introduction à la psychanalyse, Leçon XXXIII : La Féminité », 1933, *Œuvres complètes, Vol. XIX, 1931-1936*, PUF, Paris, 1995

GALIC, Bertrand, KRIS, REY, Javi & BONNET, Marie-Jo, *Violette Morris. À abattre par tous moyens*, Tome 1, Futuropolis, 2018

GALIC, Bertrand, REY, Kris Javi & BONNET, Marie-Jo, *Violette Morris. À abattre par tous moyens*, Tome 2, Futuropolis, 2019

GALSTER, Ingrid, *Beauvoir dans tous ses états*, Taillandier, Paris, 2007

GARDEY, Delphine & VUILE, Marilène, sldd, *Les Sciences du désir : la sexualité féminine de la psychanalyse aux neurosciences*, Le Bord de l'Eau, Lormont, 2018

GAYLE, Damien, "The Human platypus: Russian designer has eight parts of his face stretched a total of 9½ inches so he has a 'duck bill' like the Australian animal", *Daily Mail*, 18 November, 2014

GERACI, Joseph, & MADER, Donald, "Interview with John Money", *Paidika: The Journal of Paedophilia*, Vol. 2, n° 3, 1991, p. 5

GENSPECT, *A Healthy Approach to Sex and Gender*, genspect.org, 2022

GIDE, André, *Corydon*, 1911, Gallimard, Paris, 1924

GILBERT, J., *Une si douce occupation : Simone de Beauvoir et Jean-Paul Sartre, 1940-1944*, Albin Michel, Paris, 1991

GILLIS, Dany-Salomé, *Je suis né ni fille ni garçon. L'Intersexuation*, Eyrolles, Paris, 2011

GILMORE, John, *Manson: The Unholy Trail of Charlie and the Family*, Amok Books, Los Angeles, 2000

GMP, "Despite Endless Corporate Propaganda, Black Youth are not transitioning", *The Gender Mapping Project*, May 30, 2021

GOLDSCHMIDT, Richard, "Intersexuality and the Endocrine Aspect of Sex", *Endocrinology*, Vol. 1, n° 4, 1917, pp. 433-56

GOLDSCHMIDT, Richard, *Le Déterminisme du sexe et l'intersexualité*, Félix Alcan, Paris, 1932

GOLDSCHMIDT, Richard, *The Material Basis of Evolution*, Pageant Books, New Jersey, 1960

GOV UK, "The Queen's Birthday Honours 2022", *Cabinet Office, Gov.UK*, 1 June 2022

GOZLAN, Marc, « Priapisme : un cas exceptionnel d'érection persistante chez un nouveau-né », *Le Monde*, le 5 octobre 2021

GRAHAM, Claire, "Biological sex is not a spectrum: there are only two sexes in humans. An interview with Claire Graham", *Woman's Place UK*, womansplaceuk.org, 21st October 2019

GREENSON, Ralph, "On Screen Defenses, Screen Hunger, and Screen Identity", *Journal of the American Psychoanalytic Association*, n° 6, 1958, pp. 242-262

GREENSON, Ralph R., "On homosexuality and gender identity", *International Journal of Psychoanalysis*, n° 45, 1964, pp. 217-219

GRIFFITHS, Sian, "Autistic girls seeking answers 'are seizing on sex change'", *The Times*, January 9, 2021

GRINSHPUN, Yana, et SZLAMOWICZ, Jean, *Le Genre grammatical et l'écriture inclusive en français : entre grammaire et discours social*, Observables, Revue de linguistique, n° 1, Paris, 2021

GROSRICHARD, Alain, *Structure du sérail. La Fiction du despotisme asiatique dans l'Occident classique*, Seuil, Paris, 1979

GVWW, "Felix Abraham, 1901-1937", *A Gender Variance Who's Who (GVWW)*, Zagria Blog Spot.com, February 11, 2016

HADJIMATHEOU, Chloé, « Christine Jorgensen: 60 years of sex change ops », *BBC News*, le 30 novembre 2012

HAIG, David, "The Inexorable Rise of Gender and the Decline of Sex: Social Change in Academic Titles, 1945-2001", *Archives of Sexual Behavior*, Vol. 33, n° 2, April 2004, pp. 87-96

HARRIET, Alexander, SMITH, Jennifer, & SERNA, Vanessa, "Trans Nashville shooter is seen firing through door of private Christian school before stalking corridors with rifle as she prepared to kill three kids and three school workers", *DailyMail*, 28th March 2023

HARROD, Horatia, "The tragic true story behind The Danish Girl", *Telegraph.co.uk*, February 28, 2016

HARTZ, Andrew, "Leftist Extremism Is Turning Therapists And Counselors Against Their Own Clients", *The Federalist*, June 2, 2022

HAUSMAN, Bernice L., "Demanding Subjectivity: Transsexualism, Medicine, and the Technologies of Gender", *Journal of the History of Sexuality*, Vol. 3, n° 2, 1992, pp. 270-302

HAWKINSON, Kaitlyn, & ZAMBONI, Brian, "Adult baby/diaper lovers: an exploratory study of an online community ", *Archives of Sex Behavior*, Vol. 43, n° 5, 2014, pp. 863-877

HEGEL, Georg Wilhelm Friedrich, *La Phénoménologie de l'esprit*, 1807, Aubier Montaigne, Paris, 1941

HEIDEGGER, Martin, *Être et Temps*, Gallimard, Paris, 1986

HEINICH, Nathalie, *Ce que n'est pas l'identité*, Gallimard, Paris, 2018

HÉNIN, Emmanuelle, SALVADOR, Xavier-Laurent & TAVOILLOT, Pierre-Henri, *Après la déconstruction. L'Université au défi des idéologies*, Odile Jacob, Paris, 2023

HÉNIN, Emmanuelle, « À l'université, nous assistions à l'avènement d'un crétinarcat », *Le Figaro*, Instagram, le 22 mars 2023

HERZOG, Katie, "The Detransitioners. They were transgender until they weren't", *The Stranger*, June 28, 2017

HIRSCHFELD, Magnus, *Berlins Drittes Geschlecht: Homosexualität um 1900*, H. Seemann, Berlin und Leipzig, 1904

HIRSCHFELD, Magnus, *Vom Wesen der Liebe. Zugleich ein Beitrag zur Lösung der Frage der Bisexualität*, Verlag Max Spohr, Leipzig, 1906

HOOPER, Tom, *The Danish Girl*, Pretty Pictures, Harrison Productions, Senator Film Production, MMC Independent, USA, UK, Germany, Danemark, 2001, avec Eddie Redmayne, Alicia Vikander, Matthias Schoenaerts, Amber Heard

HOYER, Niels, *Man into woman. The First sex change*, 1933, Blue Boat Books Ltd, London, 2004

HULL, Carrie L. & FAUSTO-STERLING, Anne, "Letter to the Editor", *American Journal of Human Biology*, Vol. 15, n° 1, 2003, pp. 112-116

HUXLEY, Aldous, *Le Meilleur des mondes*, 1932, préface de l'auteur en 1946, Plon, Paris, 1977

HUXLEY, Aldous, *Interview on Mike Wallace's ABC TV show*, ABC, YouTube, le 18 mai 1958

HUXLEY, Julien, « Les Rites Vaudou et le symbolisme du corps », in: HUXLEY, Julien (sldd), *Le Comportement rituel chez l'homme et l'animal*, Gallimard, Paris, 1971, pp. 269-275

HVH, "The Danish Girl, 2015", *History versus Hollywood*, 2015

INSERM, « Syndrome des ovaires polykystiques (SOPK). Un trouble fréquent, première cause d'infertilité féminine », *INSERM*, le 27 août 2019

INVESTIGATION DISCOVERY, "The Adult Baby Diaper Lover | My Strange Criminal Addiction", *Investigation Discovery*, YouTube, August 25, 2018

ITM, « L'Enfant "transgenre" : comment expliquer cette grave dérive en pleine expansion ? », *Institut Thomas More*, YouTube, le 19 mai 2022

JARA VERA, Vicente, «Las Sectas Ufológicas en España», *Pastoral Ecuménica*, XVIII, 2001, pp. 52-54

JAQ, Christian. *Le Message des constructeurs des cathédrales : la symbolique des édifices. Une réponse au mystère de la vie*, Eighty-four Éditions, 1998

JE GALÈRE, « Découvrez l'homme ornithorynque, un homme faisant des trucs bizarres avec son corps ! », *Je Galère. Com*, le 27 novembre 2014

JEFFERSON, Thomas, "A Bill for Proportioning Crimes and Punishments", *Papers*, n° 2, 1778, pp. 492-504

JOHNS, Michelle et al., "Transgender identity and Experiences of Violence Victimization, Substance Use, Suicide Risk, and Sexual Risk Behaviors among High School Students - 19 States and Large Urban School Districts, 2017", *Morbidity and Mortality Weekly Report 68*, n° 3, 2019, pp. 67-71

JONES, David, & LYONS, Izzy, "The transgender paedophile who Sussex police insisted be called a woman had to move prison wings after starting a relationship with a 'vulnerable' female inmate", *DailyMail*, 30 September 2022

KANDEL, Liliane, « Sur quelques lectures féministes du nazisme », *1939-1945 : Combats de femmes Françaises et Allemandes, les oubliées de la guerre*, Autrement, n° 74, 2001, pp. 111-121

KAPLAN, David E., MARSHALL, Andrew, *Aum, le culte de la fin du monde*, Albin Michel, Paris, 1996

KAPPLER, Claude, « Le Monstre médiéval », *Revue d'Histoire et de Philosophie Religieuses*, Vol. 58, n° 3, 1978, pp. 253-264

KIMURA, Doreen, "Sex Differences in the Brain", *Scientific American Presents*, 1999, pp. 32-37

KIMURA, Doreen, *Cerveau d'homme, cerveau de femme ?*, Odile Jacob, Paris, 2001, pp. 14-15

KIMURA, Doreen, "Human Sex Differences in Cognition: Fact, Not Predicament", *Sexualities, Evolution & Gender*, Vol. 6, Issue 1, 2004, pp. 45-53

KOLLONTAÏ, Alexandra, *La Famille et l'État communiste*, FeniXX, Paris, 1920

KPSS, "Case Studies: Males en women's prisons", *Keep Prisons Single Sex*, kpssinfo.org, 2020-2023a

KPSS, "Women in prison speak out", *Keep Prisons Single Sex*, kpssinfo.org, 2020-2023b

KPSS, "About us", *Keep Prisons Single Sex*, kpssinfo.org, 2020-2023c

KRAFFT-EBING, Richard von, *Psychopathia Sexualis. Étude médico-légale à l'usage des médecins et des juristes*, 1886, Climats, Paris, 1990

KRESS-ROSEN, Nicolle, *Du côté de l'hystérie*, Arcanes, Strasbourg, 1999

LACAN, Jacques, « Discours de Rome », 1953, *Autres écrits*, Seuil, Paris, 2001

LACAN, Jacques, « Fonction et champ de la parole et du langage », 1953, *Écrits*, Seuil, Paris, 1966

LACAN, Jacques, *Le Séminaire, Livre I, Les Écrits techniques de Freud*, 1953-1954, texte établi par Jacques-Alain Miller, Seuil, Paris, 1975

LACAN, Jacques, « Discours de Rome », *La Psychanalyse*, n° 1 : « Actes du congrès de Rome : La Parole et le langage », Paris, 1956

LACAN, Jacques, Lacan, *Le Séminaire, Livre IV, La Relation d'objet*, 1956-1957, texte établi par Jacques-Alain Miller, Seuil, Paris, 1994

LACAN, Jacques, « La Signification du Phallus », 1958, *Écrits*, Seuil, Paris, 1966

LACAN, Jacques, « D'une question préliminaire à tout traitement possible de la psychose », 1959, *Écrits*, Seuil, Paris, 1966

LACAN, Jacques, *Le Séminaire, Livre VII, L'Éthique de la psychanalyse*, 1959-1960, texte établi par Jacques-Alain Miller, Seuil, Paris, 1986

LACAN, Jacques, « Subversion du sujet et dialectique du désir », 1960, *Écrits*, Seuil, Paris, 1966

LACAN, Jacques, *Discours aux catholiques*, 1960, *Le Triomphe de la religion*, 1974, Seuil, Paris, 2005

LACAN, Jacques, Lacan, *Le Séminaire, Livre VIII, Le Transfert*, 1960-1961, texte établi par Jacques-Alain Miller, Seuil, Paris, 1991

LACAN, Jacques, « Propos directifs pour un Congrès sur la sexualité féminine », 1962, *Écrits*, Seuil, Paris, 1966

LACAN, Jacques, « Kant avec Sade », 1963, *Écrits*, Seuil, Paris, 1966

LACAN, Jacques, *Le Séminaire, Livre XI, Les Quatre concepts fondamentaux de la psychanalyse*, 1964, texte établi par Jacques-Alain Miller, Seuil, Paris, 1973

LACAN, Jacques, « Petit discours à l'ORTF », diffusé le 2 décembre 1966, *Autres* écrits, Seuil, Paris, 2001

LACAN, Jacques, *Le Séminaire, Livre XVI, D'un Autre à l'autre*, 1968-1969, texte établi par Jacques-Alain Miller, Seuil, Paris, 2006

LACAN, Jacques, *Le Séminaire, Livre XVII, L'Envers de la psychanalyse*, 1969-1970, texte établi par Jacques-Alain Miller, Seuil, Paris, 1991

LACAN, Jacques, *Le Séminaire, Livre XVIII, D'un discours qui ne serait pas du semblant*, 1971, texte établi par Jacques-Alain Miller, Seuil, Paris, 2006

LACAN, Jacques, *Le Séminaire, Livre XIX, Ou pire*, 1971-1972a, texte établi par Jacques-Alain Miller, Seuil, Paris, 2011

LACAN, Jacques, *Le Savoir du psychanalyste*, 1971-1972b, Conférences à la Chapelle de l'Hôpital Sainte-Anne, Publication hors commerce, Association freudienne internationale

LACAN, Jacques, « L'Étourdit », 1972, *Scilicet*, n° 4, Seuil, Paris, 1973

LACAN, Jacques, « Freud per sempre », Interview avec les questions d'Emilio Granzotto, *Revista Panorama*, 1974

LACAN, Jacques, *Le Séminaire, Livre XX, Encore*, 1972-1973, texte établi par Jacques-Alain Miller, Seuil, Paris, 1975

LACAN, Jacques, *Le Séminaire, Livre XXI, Les Non-dupes errent*, 1973-1974, inédit

LACAN, Jacques, *Le Triomphe de la religion*, 1974, *Discours aux catholiques*, 1960, Seuil, Paris, 2005

LACAN, Jacques, *Le Séminaire, Livre XXII, RSI*, 1974-1975, inédit

LACAN, Jacques, « "L'Ombilic du rêve est un trou". Jacques Lacan répond à une question de Marcel Ritter », le 26 janvier 1975, *La Cause du Désir*, n° 102, Navarin, Paris, 2019, pp. 35- 43

LACAN, Jacques, *Le Séminaire, Livre XXIII, Le Sinthome*, 1975-1976, texte établi par Jacques-Alain Miller, Seuil, Paris, 2005

LACAN, Jacques, « Présentation de malades n° 8 », *Site de Patrick Valas*, Hôpital Sainte-Anne, le 27 février 1976, inédit

LACROIX, Xavier, *La Confusion des genres. Réponses à certaines demandes homosexuelles sur le mariage et l'adoption*, Bayard, Paris, 2005

LA GRANGE, Arnaud de, « Oxford s'enflamme sur la liberté d'expression », *Le Figaro*, le 22 mai 2023

LANE, Christophe, *Comment la psychiatrie et l'industrie pharmaceutique ont médicalisé nos émotions*, 2007, Flammarion, Paris, 2009

LASALA, Antonietta, PAPARO, Francesco, SENESO, Vincenzo Paolo & PERRELLA Raffaella, "An Exploratory Study of Adult Baby-Diaper Lovers' Characteristics in an Italian Online Sample", *International Journal of Environmental Research and Public Health*, Vol. 17, n° 4, 2020, p. 1371

LAROUSSE, *Grande Encyclopédie Larousse*, Éditions Larousse, Paris 1971-1976

L. D., « Le Violeur présumé du petit Enis demande à être castré », *Le Figaro*, 17 octobre 2009

LEFEBVRE, Lila, « Kurdes tués à Paris : le suspect présenté ce lundi à un juge d'instruction », *France Bleu*, le 25 décembre 2022, à 13:12

LEGLUDIC, Henri, *Arthur X, Mémoires d'un travesti, prostitué, homosexuel*, 1896, Harmattan, Paris, 2000

LESTRINGANT, Frank, *André Gide, l'inquiéteur*, Vol. 2, Flammarion, Paris, 2012

LEVET, Bérénice, *La Théorie du Genre. Ou Le Monde rêvé des anges*, Grasset, Paris, 2014

LEVY, D. J, LEVINE, L. S., and NEW, M. I., "Male Pseudohermaphroditism", *Pediatrics in Review*, Vol. 3, n° 9, March 1, 1982, pp. 273-283

LEWIS, William C., "Coital Movements in the First Year of Life-Earliest Anlage of Genital Love?", *International Journal of Psychoanalysis*, Vol. 46, 1965, pp. 372-374

LF, « Les Suédois bientôt forcés d'uriner assis ? », *Le Figaro*, le 26 avril 2013

LIEBERMAN, Tucker, "Transphobia Since the 1970s", *tuckerlieberman.medium.com*, April 19, 2023

LIFE DETRANSITION, lifedetransition.com, Berlin, 2023

LIFSHITZ, Sébastien, *Petite* fille, Agat Films, 2020

LIPOVETSKY, Gilles, *L'Ère du vide. Essai sur l'individualisme contemporain*, Gallimard, Paris, 1983

LIPPA, Richard A., "Sex differences in personality traits and gender-related occupational preferences across 53 nations", *Archives of Sexual Behavior*, Vol. 39, n° 3, 2008, pp. 619-36

LITTMAN, Lisa, "Rapid-onset gender dysphoria in adolescents and young adults: A study of parental reports", PloS One, Vol. 13, n° 8, August 16, 2018

LITTMANN, Lisa, "Parent Reports of Adolescents and Young Adults Perceived to Show Signs of a Rapid Onset of Gender Dysphoria", *PLoS One*, Vol. 14, n° 3, August 16, 2018

LITTMAN, Lisa, "Individuals Treated for Gender Dysphoria with Medical and/or Surgical Transition Who Subsequently Detransitioned: A Survey of 100 Detransitioners", *Archives of Sexual Behavior*, Vol. 50, n° 8, 2021, pp. 3353-3369

LIVELY, Scott & ABRAMS, Kevin, *The Pink Swastika: Homosexuality and the Nazi Party*, Founders Publishing Company, Keizer, 1996

LONDON, Oli, "Being KOREAN…", *YouTube*, le 26 juin 2021

LONGSTAFF, Jack, "Trans woman arrested for 'sex with her dementia-suffering elderly mother'", *Metro*, August 5, 2021

LORENZ, Konrad, *Der Kumpan in der Umwelt des Vogels. Der Artgenosse als auslösendes Moment sozialer Verhaltensweisen*, *Journal für Ornithologie*, Vol. 83, pp. 137-215 et 289-413

LORENZ, Konrad, *Évolution et modification du comportement*, 1966, Payot & Rivages, Paris, 2007

LORENZ, Konrad, « Évolution de la ritualisation dans les domaines de la biologie et de la culture », in: HUXLEY, Julien (sldd), *Le Comportement rituel chez l'homme et l'animal*, Gallimard, Paris, 1971, pp. 45-62

LUNDQVIST, Jesper, *Kivi & Monsterhund*, Olika Förlag, Stockholm, 2012

LUXARDO, Hervé, *La Révolution française et la violence. Une logique infernale… (1789 à nos jours)*, Clefs pour l'Histoire de France, Antony, 2023

MAGISTRETTI, Pierre, & ANSERMET, François, sldd, *Neurosciences et psychanalyse*, Odile Jacob, Paris, 2010

MARCHIANO, Lisa, "The Ranks of Gender Detransitioners Are

Growing. We Need to Understand Why", *Quillette Magazine*, January 2, 2020

MARLIER, Luc, & SCHAAL, Benoist, "Human newborns prefer human milk: conspecific milk odor is attractive without postnatal exposure", *Child Development*, Vol. 76, 2005, pp. 155-168

MARLIER, Luc, GAUGLER, Christophe, ASTRUC, Didier & MESSER, Jean, « La Sensibilité olfactive du nouveau-né prématuré », *Archives de pédiatrie*, Vol. 14, 2007, pp. 45-53

MARX, Karl, *Le Dix-huit Brumaire de Louis Bonaparte*, 1852, Flammarion, Paris, 2007

MATSUMOTO, David & JUANG, Linda, *Culture and Psychology. People around the world*, 4th Edition, Thomson Wadsworth, California, 1996, 2008

MAYER, Jean-François, *Les Mythes du Temple solaire*, Georg éditeur, Genève, 1996

McGUIRE, Michael T., "Social Dominance Relationships in Male Vervet Monkeys: A Possible Model for the Study of Dominance Relationships in Human Political Systems", *International Political Science Review*, Vol. 3, n° 1, *"The Biology of Politics"*, 1982, pp. 151-160

McKENNA, W., & KESSLER, S. J., "Retrospective response", *Feminism and Psychology*, n° 10, 2000, pp. 66-72

McLEOD, Keith, "Transgender murderer sparks inmate outrage in women's jail after being crowned prison's 'Miss Fitness'", *Daily Record*, 14 February 2018

MELMAN, Charles, *La Nouvelle économie psychique. La Façon de penser et de jouir aujourd'hui*, Érès, Toulouse, 2010

MELMAN, Charles, « Rencontre avec Charles Melman et Jean-Pierre Lebrun. La Dysphorie de genre », *Eres*, YouTube, le 21 février 2022

MEYER, Sabine, *«Wie Lili zu einem richtigen Mädchen wurde». Lili Elbe: Zur Konstruktion von Geschlecht und Identität zwischen Medialisierung, Regulierung und Subjektivierung*, Queer Studies, Transcript Verlag, Bielefeld, 2015

MEYER, Patrick, « Place de la testostérone dans le trouble du désir sexuel hypoactif chez la femme », *Revue médicale suisse*, le 16 mars 2016

MFC, *Parent Resource Guide*, Minnesota Family Council, GenderResourceGuide.com, Minnesota, 2019

MILLER, Jacques-Alain & MARTY, Éric, « Entretien sur "Le Sexe des Modernes" », *La Règle du jeu*, le 30 mars 2021, https://laregledujeu.org/2021/03/30/36921/entretien-sur-le-sexe-des-modernes/

MILLER, Jacques-Alain, *Ce qui fonctionne en psychanalyse*, Conférence à l'Université de Médecine de Moscou, YouTube, le 15 mai 2021

MILLETT, Kate, *Sexual politics*, Doubleday, New York, 1970

MILLETT, Kate, *The Loony-Bin Trip*, University of Illinois Press, 2000

MILLOT, Catherine, « Un cas de transsexualisme féminin », *Ornicar ?*, n° 22-23, Paris, 1981

MILLOT, Catherine, *Horsexe*, Point Hors Ligne, Paris, 1983

MILLOT, Catherine, *La Vie avec Lacan*, Gallimard, Paris, 2016

MOJ, "Her Majesty's Prison and Probation Service Offender Equalities Annual Report", *Official Statistics Bulletin*, Ministry of Justice of United Kingdom, London, 28 November 2019

MOMMSEN, Hans, *Le National-socialisme et la société allemande. Dix essais d'histoire sociale et politique*, Maison des Sciences de l'Homme, Paris, 1997

MONEY, John, *Hermaphroditism: An Inquiry into the Nature of a*

Human Paradox, Thesis Ph.D., Harvard University, 1951

MONEY, John, "Hermaphroditism, gender and precocity in hyperadrenocorticism: Psychologic findings", *Bulletin of the Johns Hopkins Hospital*, n° 96, 1955a, pp. 253-264

MONEY, John, HAMPSON, J. G., & HAMPSON, J. L., "Hermaphroditism: Recommendations concerning assignment of sex, change of sex, and psychologic management", *Bulletin of the Johns Hopkins Hospital*, n° 97, 1955b, pp. 284-300

MONEY, John, HAMPSON, J. G., & HAMPSON, J. L., "An examination of some basic sexual concepts: The evidence of human hermaphroditism", *Bulletin of the Johns Hopkins Hospital*, n° 97, 1955c, pp. 301-319

MONEY, John, HAMPSON, J. G., & HAMPSON, J. L., "Imprinting and the establishment of gender role", *Archives of Neurology and Psychiatry*, n° 77, 1957, pp. 333-336

MONEY, John, & EHRHARDT, Anke, *Man and woman, boy and girl. The differentiation and dimorphism of gender identity from conception to maturity*, Johns Hopkins University Press, Baltimore, 1972

MONEY, John, "Gender role, gender identity, core gender identity: Usage and definition of terms", *Journal of the American Academy of Psychoanalysis*, Vol. 1, 1973, pp. 397-402

MONEY, John and TUCKER, Patricia, *Sexual Signatures : On Being a Man or a Woman*, Little Brown & Company, Boston, 1975

MONEY, John, *Genesis*, April 1977

MONEY, John, *Biological determinants of sexual behavior*, John Wiley and Sons Ltd., Chichester, New York, 1978

MONEY, John, *Lovemaps: Clinical Concepts of Sexual/Erotic Health and Pathology, Paraphilia, and Gender Transposition in Childhood, Adolescence, and Maturity*, Irvington, New York, 1986

MOREL, Geneviève, *Ambiguïtés sexuelles. Sexuation et psychose*, Anthropos, Paris, 2000

MORGENSTERN, Michael, « Hans Blüher: les héros masculins, porteurs d'Etat », *Voxnr*, le 26 janvier 2003

MULRANEY, Frances, "Inside warped world of Chris Chan who thinks she's a 'goddess' as comic creator arrested for 'incest' after house fire", *The Sun*, August 3, 2021

MURRAY, Douglas, *The Madness of Crowds: Gender, Race and Identity*, Bloomsbury Publishing, 2019

NICHOLSON, L., "Interpreting gender", *Signs, Journal of Women in Culture and Society*, n° 20, 1994, pp. 79-105

NISBETT, Alec, *Konrad Lorenz*, J.-M. Dent & Sons Ltd, Londres, 1976

ONFRAY, Michel, *Contre-histoire de la philosophie, Vol. 9 : Les Consciences réfractaires*, Grasset, Paris, 2013

ORWELL, George. *La Ferme des animaux*, 1945, Gallimard, Paris, 1964, 1983

ORWELL, George, *1984*, 1949, Gallimard, Paris, 1950

PARFITT, Tom, "Konstantin Rudnev: Russian cult leader jailed for sex abuse", *The Telegraph*, 8 February 2013

PARRISH, Andrew, "Gender Ideology is 'Perverse, Totalitarian and Lie-Based Social Re-Engineering'", *Stream*, November 23, 2016

PINKER, Susan, *Le Sexe fort n'est pas celui qu'on croit. Un nouveau regard sur la différence hommes-femmes*, Les Arènes, 2009

PIOT, Jean-Christophe, « Violette Morris, athlète et collabo », *Femmes combattantes*, n° 3, BlogFranceTVInfo, 2017

PLATON. « Le Mythe de la caverne », *La République, Livre VII*, Garnier-Flammarion, Paris, 1987

PLETIKOS, Mihovil and coll., "Temporal Specification and Bilaterality of Human Neocortical Topographic Gene Expression", *Neuron.*, Vol. 81, Issue 2, December 2013, pp. 321-332

PLUCKROSE, Helen, & LINDSAY, James, *Le Triomphe des impostures intellectuelles. Comment les théories sur l'identité, le genre, la race gangrènent l'université et nuisent à la société*, H&O, Saint-Martin-de-Londres, 2021

POLLAK, Michel, *L'Expérience concentrationnaire. Essai sur le maintien de l'identité sociale*, Métailié, Paris, 1990

POMPEIUS FESTUS, Sextus, *De Verborum Significatione*, Lib. XX, fin du IIème siècle ap. J.-C, repris par Marcus Verrius Flaccus Huguetan, 1700, Nabu Press, 2011

POWELL, Savannah Dawn, "Queer in the Age of the Queen: Gender and Sexuality of the Mid Modern Period in Victorian England and North America", *Queer in the Age of the Queen*, Molly Brown House Museum, Denver, 2016

PROGDKIDS, "Rapid Onset Gender Dysphoria", *Parents of ROGD Kids*, parentsofrogdkids.com, 2017

PROGDKIDS, "Our stories. Parent's voices", *Parents of ROGD Kids*, parentsofrogdkids.com, 2020

PROKHORIS, Sabine, *Le Sexe prescrit. La différence sexuelle en question*, Paris, Aubier, 2000

PROKHORIS, Sabine, *La Psychanalyse excentrée*, Paris, PUF, 2008

PROKHORIS, Sabine, *Au bon plaisir des « docteurs graves ». À propos de Judith Butler*, PUF, Paris, 2016

PURE PEOPLE, « L'Artiste star d'Instagram, Black Alien, se fait retirer le nez ! », *PurePeople*, le 17 septembre 2020

RANDALL, David, "Oklahoma Universities are teaching students to lie", *Oklahoma Council of Public Affairs*, May 20, 2021

RANK, Otto, *Le Traumatisme de la naissance. Influence de la vie prénatale sur l'évolution de la vie psychique individuelle et collective*, 1924, Payot, Paris, 2019

RAYMOND, Janice, *The Transsexuel Empire: The making of the she-male*, Beacon Press, Boston, 1979

REED, Lou, "Walk on the wild side", *Transformer*, RCA Victor, London, 1972

RÉUNION Z INFO, « Le Paradoxe Norvégien : la théorie du genre », *Reunionzinfo*, YouTube, 18 octobre 2013

RICHARD, Lionel, *Le Nazisme et la culture*, 1978, Complexe, Bruxelles, 1988

RICHARDS, David, "How Queer Can Psychoanalysis Be? Reflections on the Encounter Between Analytic Practice and Queer Theorizing of Sexuality", *Studies in Gender and Sexuality*, Vol. 20, Issue 4, pp. 231-233

ROTSCHILD, Nathalie, « Hen: le nouveau pronom neutre qui fait polémique en Suède », *Slate*, le 27 mai 2012

ROUDINESCO, Elisabeth, *Soi-même comme un roi. Essai sur les dérives identitaires*, Seuil, Paris, 2021

ROWLEY, Hazel, *Tête à tête. The Tumultuous Lives and Loves of Simone de Beauvoir and Jean-Paul Sartre*, Harper Collins, 2006

RUBIO, Alicia V., *Cuando nos prohibieron ser mujeres… y os persiguieron por ser hombres. Para entender cómo nos afecta la ideología de género*, Rubio Calle, Madrid, 2016

RUFFIN, Raymond, *La Diablesse. La Véritable histoire de Violette Morris*, Pygmalion, 1997

RUFFIN, Raymond Ruffin, *La Hyène de la Gestapo*, Éditions du Cherche Midi, Paris, 2004

RYAN, B.C; & VANDENBERGH, J.G., "Intrauterine position effects", *Neuroscience & Biobehavioral Reviews*, Vol. 26, n° 6, 2002, pp. 665-678

SABOURET, Amélie, FURELAUD, Gilles, DEVOS, Nabila, « La Mise en place de l'appareil génital chez l'être humain », *Planète Vie*, le 20 mai 2002

SAFOUAN, Mustapha, *Études sur l'Œdipe. Introduction à une théorie du sujet*, Seuil, Paris, 1974

SANDOVICI, Ionel et al, "The Imprinted Igf2-Igf2r Axis is Critical for Matching Placental Microvasculature Expansion to Fetal Growth", *Developmental Cell*, Vol. 57, n° 1, January 10, 2022, pp. 63-79

SAPIR, Edward, *Language: An introduction to the study of speech*, Harcourt, Brace & Co., New York, 1921

SARGENT, Alice G., *Beyond Sex Roles*, West Pub. Co., Saint Paul, 1977

SARGENT, Alice G., *The Androgynous Manager*, Amacom, New York, 1981

SAUVAGNAT, François et al., « Nomination, diffamation, différence des sexes », *Institut des Hautes Études en Psychanalyse*, Paris, 2013

SAX, Leonard, "How common is Intersex? A response to Anne Fausto-Sterling", *Journal of Sex Research*, Vol. 39, n° 3, 2002, pp. 174-178

SAX, Leonard, *Why Gender Matters: What Parents and Teachers Need to Know about the Emerging Science of Sex Differences*, Doubleday, New York, 2005

SCHAAL, B., MARLIER, L., & SOUSSIGNAN, R., "Human foetuses learn odours from their pregnant mother's diet", *Chemical senses*, Vol. 25, 2000, pp. 729-737

SCHAEFFER, Jacqueline, « Quelle indifférence des sexes ? », in: ANDRÉ, Jacques (sldd), *Les Sexes indifférents*, PUF, Paris, 2005

SCHMITT, David P., "The Evolution of culturally-variable sex differences", 2014, in: Shackelford, Todd K., & Hansen, Ranald D., (Eds.), *The Evolution of sexuality*, Springer, New York, 2015, pp. 221-256

SCHNEIDER, Maiko et al., "Brain maturation, cognition and voice pattern in a gender dysphoria case under pubertal suppression", *Frontiers in Human Neuroscience*, Vol. 11, 14 November 2017

SEARLES, Harold, *L'Effort pour rendre l'autre fou*, Gallimard, Paris, 1977

SERNA, Élodie, « De la castration thérapeutique à la vasectomie contraceptive », *Encyclopédie d'Histoire numérique de l'Europe*, *ehne.fr*, le 22 juin 2020

SEX MATTERS, "About Sex Matters", *sex-matters.org*, London, 2023

SHARMAN, Laura, "Adult baby struggles to find work as employers don't like him wearing nappies", *Dialy Mirror*, August 31, 2020

SHERWIN, B. B., "Estrogen and cognitive aging in women", *Neuroscience*, Vol. 138, n° 3, 2006, pp. 1021-1026

SHRIER, Abigail, *Dommages irréversibles. Comment le phénomène transgenre séduit les adolescentes*, 2020, Le Cherche Midi, Paris, 2022

SIMONNOT, Philippe, *Le Rose et le brun. Quel a été le rôle des homosexuels dans la montée du nazisme au pouvoir ?*, Dualpha, Paris 2015

SISK, C. L., & ZEHR, J. L., "Pubertal hormones organize the adolescent brain and behavior", *Front Neuroendocrinol.*, Vol. 26, n° 3-4, 2005, pp. 163-174

SLATZ, Anna, "USA: Almost 50% of Trans Inmates in Federal Custody for Sex Offences", *4W Feminist News*, January 3, 2022

SMITH, Linell, "Glossary of Transgender Terms", *Johns Hopkins*, November 20, 2018

STACK SULLIVAN, Harry, « Représentations archaïques de la sexualité et schizophrénie », 1929, *La Schizophrénie, un processus humain*, 1962 et 1974, Érès, Paris, 1998

STOLLER, Robert J., "Gender-role change in intersexed patients", *JAMA*, n° 188, 1964a, pp. 684-685

STOLLER, Robert J., "A contribution to the study of gender identity", *International Journal of Psychoanalysis*, n° 45, 1964b, pp. 220-226

STOLLER, Robert J., "Passing and the continuum of gender identity", in: J. Marmor (Ed.), *Sexual inversion*, Basic Books, New York, 1965, pp. 190-210

STOLLER, Robert J., *Sex and gender: The Development of masculinity and femininity*, Hogarth, London, 1968

STORY SHAPER, « De l'évolution darwinienne aux "monstres prometteurs" de Richard Goldschmidt. Quelle place pour la robotique évolutionniste ? », *StoryShaper.io*, Paris

STRYKER, (Susan) O'Neal, *Transgender History: The Roots of Today's Revolution*, Seal Press, Berkeley, 2008

THE WEEK, "Lili Elbe: the transgender artist behind Danish Girl", *The Week Magazine*, September 18, 2015

THOMAS, Val, *Cynical Therapies: Perspectives on the Antitherapeutic Nature of Critical Social Justice*, Ocean Reeve Publishing, 2023

THOUGHTFUL THERAPISTS, thoughtfultherapists.org, 2021, 2023

TOBACH, E., "Some evolutionary aspects of human gender", *American Journal of Orthopsychiatry*, n° 41, 1971, pp. 710-715

TRANSGENDER TREND, *Transgender Trend*, transgendertrend.com, London, 2023

TREVOR PROJECT, "2022 National Survey on LGBTQ Youth Mental Health", *The Trevor Project*, May 4, 2022

TRIBUNE PSY, « L'Humain est contraint, il ne peut pas tout. La tribune de pédiatres et psychiatres sur le documentaire "Petite fille" », *Marianne*, le 5 janvier 2021

TSOULIS-REAY, Alexa, "What it's like to be chemically castrated", *The Cut*, 1 December 2015

ULRICHS, Karl Heinrich. *The Riddle of "Man-Manly" Love: The Pioneering Work on Male Homosexuality*, 1864-1880, 2 vol., Prometheus, Buffalo, 1994

UNGER, R. K., "Toward a redefinition of sex and gender", *American Psychologist*, n° 34, 1979, pp. 1085-1094

VALLÉE, Jacques, *Anatomy of a Phenomenon: Unidentified Objects in Space, A Scientific Appraisal*, Henry Regnery Company, 1965, p. 90

VERSCHELDE, Sabine, "Psychiatrists Report Rare Case of Woman Who Thinks She's a Chicken", *MedScape Psychiatrie*, July 31, 2020

VIAUX, Sylvie, *Recherche Clinique en périnatalité : Impact du prénatal sur la psychopathologie du bébé et de la dyade mère-enfant*, Thèse de Doctorat, Université de Paris VI - Sorbonne, Paris, 2011

VICE, "The Brutal Tattoo Ritual Built on Pain", *Rites of passage*, YouTube, le 21 novembre 2017

VIDAL, Catherine, « Le Cerveau, le sexe et l'idéologie dans les neurosciences », *L'Orientation scolaire et professionnelle*, Vol. 31, n° 4, 2002

VIDAL, Catherine, *Hommes-femmes avons-nous le même cerveau ?*, Le Pommier, Paris, 2012

VIRUPAKSHA, H.G., MURALIDHAR, D., & RAMAKRISHNA, J., "Suicide and Suicidal Behavior among Transgender Persons", *Indian Journal of Psychology and Medicine*, Vol. 38, n° 6, 2016, pp. 505-509

VOLKOV, Nikolaï, *La Secte russe des castrats*, Les Belles Lettres, Paris, 1995

WALLEN, K., "Hormonal influences on sexually differentiated behaviour in nonhuman primates", *Front. Neuroendocrinol*, Vol. 26, n° 1, 2005, pp. 7-26

WALTON, Ernie, "Gender Identity Ideology: The Totalitarian, Unconstitutional Takeover of America's Public Schools", *Regent University Law Review*, n° 219, 2021

WATSON, Eve, "Psychoanalysis and Queer Theory: Towards an Ethics of Otherness", *Studies in Gender and Sexuality*, Vol. 20, Issue 4, 2019, pp. 242-244

WEBER, Christophe, « Droit d'inventaire. Ces Français qui ont choisi Hitler », *France 3*, Vimeo, 2010

WEBER, Max, *Economie et société, 1*, 1971, Pocket, Agora, Paris, 1995

WEBER, Max, *L'Éthique protestante et l'esprit du capitalisme*, 1904-1905, Gallimard, Paris, 2003

WEININGER, Otto, *Sexe et Caractère*, 1903, Éditions de l'Âge d'homme, 1975

WIGUMATHLETIC1, "La Abducción Extraterrestre de Charlie Paz (Verónica Paz Wells)", *Espacio en blanco*, España, 1993, YouTube, le 9 mars 2012

WND, Staff, "'Why are we teaching kids to lie?' Trans pioneer sounds alarm", *The Liberty Loft*, May 23, 2022

WOLF, O. T., & KIRSCHBAUM, C., "Endogenous estradiol and testosterone levels are associated with cognitive performance in older women and men", *Horm Behav*, Vol. 41, n° 3, 2002, pp. 259-266

WOLF, "Women's Liberation Front fights at the front line of feminism", *Women's Liberation Front*, womensliberationfront.org, 2023

WPATH, *World Professional Association for Transgender Health*, wapth.org, 1979

GERMAN ARCE ROSS

Ayant la double nationalité, Française et Péruvienne, et étant Docteur en Psychanalyse (Paris VIII, 1989), Docteur en Psychologie (Rennes II, 1999), psychologue par l'Université de São Paulo (Brésil, 1980) et psychologue clinicien (DESS) par l'Université de Rennes II (1997), German Arce Ross est psychanalyste.

Ancien membre de l'École de la Cause freudienne et de l'Association mondiale de psychanalyse, de 1997 à 2021, et membre de l'Évolution psychiatrique depuis 2001 et de la Société Médico-psychologique depuis 2016, il exerce depuis 1989 à son cabinet, à Paris VIème.

German Arce Ross a travaillé comme psychologue clinicien au CHS Prémontré (Aisne), de 1986 à 1990, et a ensuite effectué des consultations liées à sa recherche universitaire dans le service de Psychiatrie de l'Hôpital Saint-Antoine (Paris) aussi bien que dans le Service XV de l'Hôpital psychiatrique Paul Guiraud (Villejuif) auprès de patients souffrant de dépressions majeures, de mélancolies anxieuses, d'angoisses de mort et d'états crépusculaires. C'est dans ce cadre de recherche psychopathologique et psychiatrique qu'il rencontre notamment le professeur Georges Lantéri-Laura, qui devient son principal maître en psychiatrie.

Par ailleurs, il a également exercé en tant que psychothérapeute de jeunes adultes et en tant que superviseur clinique dans des nombreuses institutions liées, entre autres, à l'Aide Sociale à l'Enfance ainsi que dans des centres maternels à Paris.

Ancien enseignant de psychanalyse et de psychopathologie au Collège International de Philosophie et aux universités de Paris VIII, Rennes II et Paris X, German Arce Ross continue à faire de la recherche de façon indépendante. Dans ce but, il a créé le blog *Nouvelle psychopathologie et psychanalyse* aussi bien qu'une chaîne YouTube avec plus de 150 vidéos à ce jour, où il présente le progrès actualisé de ses recherches. Et il est l'auteur de plusieurs articles dans des revues spécialisées de psychopathologie et de psychanalyse en France, en Belgique, en Italie, en Russie et au Brésil.

German Arce Ross a publié les livres *Manie, mélancolie et facteurs blancs* (Beauchesne, aux Éditions du Cerf, 2009), *La Fuite des événements* (Huit Intérieur, 2016) et *Jouissance identitaire dans la civilisation* (Huit intérieur, 2020). Et il dirige également la collection de livres collectifs Gordiens & borroméens dont deux volumes ont déjà été publiés : *Les Ruines psychiques* (2021), *Inceste dans la famille occidentale* (2022) et un troisième, *Contrôle et transmission en psychanalyse*, est prévu pour 2025.

HUIT INTÉRIEUR PUBLICATIONS
PARIS, 2024

SÉRIE TROUBLES DE CIVILISATION

Dans cette série de recherches dont le présent volume est la suite logique du Livre III, il s'agit d'étudier les différents effets psychiques et sexuels ayant un rapport avec la macropsychopathologie actuelle du lien de civilisation.

La réalité macropsychique des troubles de civilisation a une relation avec un sujet bien singulier, le sujet du lien de civilisation. Celui-ci ne se résorbe pas dans le lien social car il appartient à ce qui permet que le social lui-même puisse exister. Le lien de civilisation comporte l'ensemble d'interdits, de règles et de limites qui fondent le socle essentiel de toute existence sociale et culturelle. Et, de la même façon qu'il y a un sujet conjugal, un sujet familial ou un sujet social, nous postulons l'existence d'un sujet inconscient du lien de civilisation.

Si les troubles de civilisation ont à voir avec ce que nous appelons la réalité macropsychique, c'est parce qu'ils se réfèrent à la réaction psychique collective de chaque sujet selon ses particularités, lorsque une collectivité est directement ou indirectement affectée par des troubles anthropologiques, ou plutôt archéogénétiques, dans une période précise de sa vie sociale ou politique.

La psychopathologie du lien de civilisation part de la conjonction entre violence et sexualité anomique et se manifeste de préférence par la violence du lien sexué, par le crime de masse ou par la jouissance identitaire. C'est à ce titre que cette nouvelle psychopathologie intéresse aussi bien le psychanalyste d'aujourd'hui que le renouvellement de sa praxis.

HUIT INTÉRIEUR PUBLICATIONS
PARIS, 2024

Huit Intérieur Publications

Huit Intérieur Publications est une marque enregistrée
à l'Institut National de la Propriété Industrielle dont l'avis officiel
a été publié au BOPI n° 15/15, Vol. I, du 10 avril 2015

Digital design : Caroline Arce Ross
Corrections et iconographie : Flore Arce Ross

Photo de couverture : German Arce Ross 2022

6 rue de l'Abbé Grégoire 75006 Paris, France
www.huitinterieur.com

Dépôt légal - Octobre 2024

www.ingramcontent.com/pod-product-compliance
Lightning Source LLC
La Vergne TN
LVHW091656190726
843493LV00001B/25